003
视野书系
梁由之主编

俞晓群 著

一个人的出版史

1982-1996

上海三联书店

目 录

序 **能量来自辛勤** 沈昌文 I

序 梁由之 III

1982 001 × 020

今天一早，骑上自行车，到我新分配的工作单位——辽宁人民出版社报到。心情很不平静。

1983 021 × 048

这是我真正从事编辑工作的第一年。

1984 049 × 080

我一方面写文章，另一方面开始构思选题。虽然我只是一个助理编辑，但是我不大甘心于坐等现成的书稿，我真的渴望能够早一天拥有“自己的作者”。

1985 081 × 104

今天，我心里想，我可能会在这一行当中工作一辈子了，因为我实在太喜爱这样性质的工作了。

1986 105 × 124

今年七月末，当出版局宣布我出任辽宁教育出版社副总编辑始，我的工作内容发生了巨大的变化。尤其是前些天的上海之行，一下子接触到许多自然科学之外的东西，大有“心灵回归”之感。

1987 125 × 154

表面上看，我们整天与学者打交道，与书为伴，还套用职称系列，弄得像个学者似的，其实一评职称，整理业务档案，就会发现“学术”一栏空空如也。

1988 155 × 170

近年来，以四川“走向未来”丛书为标志，出版界承接文化界、思想界的“思想启蒙”之理念，迎合改革开放之需求，“西学东渐”之风最为盛行。我们几个不满三十岁的人，由着心性，推出“当代大学书林”，也算无愧于这个时代。

1989 171 × 206

深圳灯红酒绿，我们只能吃盒饭；闷在一间房子里死抠书稿。

1990 207 × 240

刚过了年，就有不好的消息。省委宣传部转来上海方面的告状信，主题是“四人帮”爪牙人还在，心不死，蠢蠢欲动。

1991 241 × 298

编辑“国学丛书”，我时常思想：只有拿出好题目来，才会引来好作者。此中人物，多有高招展现，时时令我目不暇接，大长见识。

1992 299 × 328

因为派我去辽西地区支贫一年，今天到社里交代工作。一年之中，没有了编书的权利，心情自然不好。……回顾这一年的读书生活，我最重要的收获就是写完《数术探秘》。

1993 329 × 378

辽宁出版局局长突然找我谈话，辽宁教育出版社原社长李宝义调出，我仍为副总编辑，但主持全面工作。

1994 379 × 420

年终盘点，这一年何事最值得做“收官之笔”？当然是“书趣文丛”。

1995 421 × 492

这一年里，我的身心一直陷于王云五“万有文库”的“诱惑”之中。

1996 493 × 586

回顾这一年，我写的文字很多，经历的事情很多，非常累。有哪些事情最值得我在此时记载呢？思来想去，应该是一句话，或曰一个口号，或曰一个理念！那就是今年辽宁教育出版社提出的一个新的广告词：“为建立一个书香社会而奠基！”

后记 587

序

能量来自辛勤

沈昌文

关于俞晓群的出版活动，我曾说过，同刘杲老人“文化是目的，经济是手段”的主张十分契合。可以说，俞兄是刘公论说的有力实践者。但是，能做到这些，谈何容易。俞兄毕生，不说空话，贵于践行。他如何辛勤地实践这些高论，细读这本文集，方可知道。

在这本书里，他逐年记下自己的重要出版活动。看得出来，一切都是当时的写实，并非事后追忆。这一点，我自愧未能做到。我写的种种，全靠事后追忆，绝少文件依据。因为我是个懒人，稍有空闲，便把时间花在吃喝上。美其名曰“业务需要”，其实是天晓得！

例如，他在一九九七年八月十六日的日记中，写到我的老领导许力以：

> 读罢此文，我们赶紧寻觅作者，得到结论后，沈昌文与我们都大为欣慰。第一，经查实，这位“徐雨”正是中宣部出版局原局长许力以。许先生为官中规中矩，为人平静随和，做事不露锋芒却屡建大业，颇受文化界与出版界人士敬重。像他早在一九八九年开创的海峡两岸图书版权交易会，实在是当时的一个大胆之举、远见之为；还有他出任主编的“中华文库”（台湾称“锦绣文库”），促成三联书店与台湾锦绣的合作，也是开先河的作为。现在他出面赞扬我们，

我们自然备受鼓舞。第二，文章中提到“王云五”，也是解放思想的重要表现。因为我们号称追随王云五，一直颇受“左爷”们的攻击；其实商务印书馆也是在王云五的问题上犹犹豫豫，才让我们钻了空子，抢了他们的老品牌。现在许先生如此评价王云五与他的“万有文库”，表达了一种态度，也让我们体会到一种背景的声音。第三，文章中对沈昌文大加赞赏，虽然没有点破名字，但谁都能看明白。以许先生的身份，他这样说，也起到了为沈先生“正名”的作用。因为在去年沈昌文从三联书店退休的过程中，各种议论之声是很多的。那时，也有人从不同的渠道告诫我们，不要那样“重用老沈”，否则会惹麻烦的。实言之，我是一个书呆子，又是一个崇尚“文化至上”的人，哪里懂那么多云山雾罩的事情。说破了，现在编了好书、用了好人，也是所谓的“歪打正着”啊！

我对许老，一直崇仰，但是这个故事却早已遗忘。这里讲沈某某如何，并不重要，重要的是，描述了许公的若干业绩，特别如论王云五等事。直到前些时候我在三联书店大肆颂扬王云五时，还一点没记起这位中宣部的老领导。

俞晓群能写下这么多真实故事，并且得以保存和发表，主要出于他的辛勤。但同时我们也不能不说，这其实也是时代的功绩。我当年也不是不写日记，但是，没写多久，就全部销毁了事。那是因为我在“文革”中，为了自保，免受我的副手的攻击，投身造反派。造反派让我当了抄家文物的鉴定人，我于是亲见日记的作者如何因而受迫害。于是在我回家之后，就把自己的日记统统销毁，并发誓以后绝不再写。我很高兴，比我小几十岁的俞晓群没有这种记忆。所以，能让我们读到这些宝贵材料！

二〇一五年五月

序

梁由之

俞晓群兄《一个人的出版史》即将付梓，命我写序。辞不获已，只得勉为破例，硬着头皮应承下来。

机缘巧合，近年结识了一些出版界的朋友。其中，俞兄可谓是名气甚大、过从较多、了解稍深的一位。说到俞晓群，我常常想起我们共同的前辈钟叔河先生。

钟叔河当年心仪北京大学，拟学地理或考古。结果，尚久骖一声吆喝，不满 18 岁的他顿改初衷，立马报考了“新干班”，就此成为一名记者、编辑。没想到的是，尚久骖也考取了新干班却并没去读，而是不远千里，奔赴新疆。两人从此分手，天各一方。尚久骖是周南女中学生，聪明活泼，比钟叔河小两三岁，他们的通信频率，“已经密到两三天一封”。此前，钟叔河“没有想过弄文字，更没有想到会在新闻出版界度过一生”。人到老年，钟先生蓦然回首，深感人生的道路充满了偶然性。

无独有偶，俞晓群成为出版人，亦非本愿。

1977 年，21 岁的俞晓群参加“文革”后首届高考。他是理科生，成绩不错，第一志愿，填报了吉林大学物理系核物理专业。本来分数够了，政审也没问题，不料体检时却阴差阳错，因高血压被“限制专业”。档案甩出来，被另一家高校“超志愿”调剂录取，念数学系。四年后毕业，他谢绝留校，也没随波逐流合情合理地去当中学老师，而是主动入职出版社，成为一名编辑。

“三十八年过去，弹指一挥间。”今天的俞晓群，是一位成就昭彰的出版人，一位术业有专攻的文化学者，一位广受欢迎的专栏作家。他早已熟悉并热爱出版这个行当，以此为终身志业。他喜欢并坚持阅读与写作，极为勤勉，果实累累。如此说来，似乎在相当程度上，俞兄知行合一，实现了自己的理想。求仁得仁，又何怨焉？

但我还是不免这样假设：如果“七七级”的俞晓群如愿以偿，他现在又会是副什么模样呢？一名政客？一个商贾？一位科学家？一介提前退休的酗酒者？……成败得失难言乎哉，姑不具论。而他终以出版人名世，究属事出偶然。

钟叔河认为：“好编辑是编出来的，也是写出来的。”戏称编辑“要两支笔”：蓝笔自娱，朱笔编文。俞晓群对此深以为然，身体力行。他之所以在出版与写作两方面都卓有建树，其来有自。

老俞的工作轨迹很简单：1982—2002 年，他最初在辽宁人民出版社供职。后来，辽宁教育出版社挂牌，他是创社元老之一，从助理编辑、编辑、编辑部主任、副总编辑，一直做到社长兼总编辑。一步一个脚印，一手将一个不为人知的外省小社做大做强，成为令人瞩目的一方文化重镇，丛书纷至沓来，佳籍琳琅满目。当时的读书人，谁不知道辽教呢？教育社渐成气候，成为出版界一大景观，除了辽教，河北教育、凤凰、大象……并驾齐驱，春色满园。俞晓群将生命中最为健旺、最有激情、最具创造力的岁月献给了辽教。他与鼎盛时期的辽教，已融为一体，密不可分。

其间，还有两件事，颇值一说。一是他与刚刚退休资源富厚余热旺盛的京都名宿沈昌文沈公接上头，开始长期合作，一起做了不少大项目、好项目。二是他请稿源充沛满腹珠玑的沪上才子陆公子陆灏出山，创办了别致另类风行一时的《万象》杂志，开辟了一条新路，结纳了一批新作者。

2003—2009 年中，俞晓群升调到辽宁出版集团，专任副总经理，脱离了出版第一线。挚爱出版勇于任事的老俞外表若无其事，内心备感失落。他后来写道：

> 集团的工作性质与出版社大不相同，它真的使我远离了书稿，远离了作者，远离了读者，也远离了那么多志同道合的朋

友。但在此刻，我已经没有“重归书林”的退路。许多时候，我坐在静悄悄的办公室里，内心中经常会涌出极大的恐惧感和孤独感，眼前也会浮现出一些可怕的景象，一个孱弱的文化生命，在渐渐地衰竭、老去；一片贫瘠的心灵之田园，在默默地接受着沙漠化的现实。

事业出现挫折，情绪跌入低谷。俞晓群想起父亲早年的庭训：人生在世，务必“狡兔三窟”，这样，遭逢变故时，方能闪转腾挪，立于不败之地。他挖掘的“三窟”，是出版、学术和写作。

出版出了问题，他便遁入另外两个洞穴：学术与写作。学术方面，他的兴趣集中于中国古代数术研究。几年下来，老俞做了几厚本读书笔记，出版了这方面的第三本专著。写作方面，他有了空闲，文思泉涌，大写专栏，初尝了“专栏作家”的滋味，后来分别结集出版。

尤其重要的是，他趁此间隙，做了一件大事的预备工作。

俞晓群是个有心人，做事有长性。入行以来，他坚持写《生活日记》；1991 年起，又开始写《编辑日志》；逐日连年，从不间断。他从 1982—2002 年间的两种日记入手，“一面整理，一面搜集，一面做笔记，几年下来，竟然得到近百万字的资料积存”，对 21 年出版生涯中林林总总蔚为大观的人物、书籍和事件，进行了一次全面深入的梳理、回顾与反思：这便是《一个人的出版史》一、二卷的雏形。

2009 年夏秋间，俞晓群调到北京，出任海豚出版社社长。重回出版一线，是他念兹在兹的梦想。本来可以有更好、更大的平台，可惜世事难料，失之交臂。他只能退而求其次，先找到一个能够施展拳脚的地方，徐图进取。当时的海豚社，出品极少，生计艰难，无声无臭，罕为人知。而读者市场、出版业态乃至整个国家的面貌，都发生了巨大的变化。重出江湖的老俞，面临重重困难。沧海桑田，时移境迁，他能再创辉煌吗？不少人心里都打了个问号。

又几年过去，海豚社在出版界风生水起，逐渐有了声誉，影响越来越大。海豚版图书，除了花色和质地，印制水准更是秀出班行，得到了作者与读者的普遍认可。事实给出了答案：继辽教之后，俞晓群依托海豚这块方寸之地，做出了令人信服的成绩。前度刘郎，梅开二度，他人生的第二个高峰，不期而至。

国内知名出版人，升官晋级后主动重新回到出版第一线披荆斩棘从头再来的，就我目光所及，老俞当为罕见的特例。如果不是出于对文化、对出版、对书籍、对作者和读者的深度热爱，如果缺乏对自己能力和修为的高度自信，我想，俞晓群断然不会在年过半百之后，再作冯妇。他终于赓续旧梦，东山再起。

这几年，老俞工作越来越忙，专栏写作也愈发勤奋，接连出了好几本集子。明年9月13日，他将迎来六十大寿。刻下，《一个人的出版史》前两卷修订完毕。出版机缘，瓜熟蒂落，水到渠成。合作伙伴，是我的老朋友兼小兄弟周青丰先生。青丰与我合力推出过《梦想与路径：1911—2011百年文萃》（全三卷，商务印书馆，2012年）和《梦路书系》（已出4+1册，中信出版社，2013~2015年），他的统筹和细节把握能力，令人放心。

我与老俞、青丰商定：全书分为三卷。今年8月，出版第一卷（1982—1996）；明年元月，出版第二卷（1997—2002）；明年8月，出版第三卷（2003—2015）。其中第三卷，尚待作者整理修订。与“新世纪万有文库”相关的文字，正由老六亲自操刀，独立成篇，将在《读库1504》刊出。明年初秋，三卷出齐，作为俞兄六十初度的礼物，可算适时应景，铢两悉称。

太白诗：却顾所来径，苍苍横翠微。这部书稿，跨时长达30余年，真实连贯独一无二，凝聚展现了俞晓群多年来的成功与蹉跎、汗水与泪水、追求与挣扎、努力与无奈、光荣与梦想，从他一个人的成长记录，折射出整个出版行业乃至一个时代广阔深邃丰富复杂的面貌，兼以含蓄节制余味深长的笔墨，既有文本价值，亦不乏阅读快感。怎样读书、写书、编书、鉴书、做书、卖书？怎样联系作者？怎样争取资源？怎样筹划项目？怎样编组丛书？……各类读者，尤其是新闻出版界从业者及有志于写作者，都不难从中汲取丰盈有益的养分。难怪见多识广的王充闾先生读过初稿后，不由慨叹：接触各类人物如此之多，人物的层次如此之高，文化热点如此之丰富，资料汇集如此之生动，实在太有意思了！

我与老俞交往了几年，成为无话不谈的朋友。每次他来深圳或我去北京，只要对方没外出，总要在一起喝酒、聊天。说到底，做书就是做人。那么，我心目中俞晓群，究竟是怎样一个人呢？

老江湖，真性情，敢用人，能放手，有理想，有追求，有真爱，有干劲，有气魄，有度量，酒量大，酒品好。

喜欢读书、写作，真懂且爱文化。尤其善于组织大项目，打大战役。

英华内敛，气定神闲，身材魁梧，笑容可掬，像一尊佛。温文尔雅，彬彬有礼，网上应答甚至会给人“老好人”之类的错觉。其实，这厮曾经沧海，阅尽世相，外表温和且圆融，内心强大而骄傲。

重感情，与人为善。对前辈尊重体贴，对平辈推心置腹，对晚辈提挈关照。

摊子铺得过大，项目设置未尽精准。面皮薄，疑似有些许不达标的关系书稿滥竽充数。细节把握时或粗疏，编校环节有待进一步提升。对个别时贤吹擂过度，用力过甚。

……

胡言乱语，畅所欲言。老俞倘若以此认定梁某“不够知己”，也由他去，非我所计。

最后，我感觉，俞兄晓群，这位世人眼中的成功者，心境是寂寞的。他曾经说过，除了看稿写作、读书会友，他几乎没有别的兴趣爱好。只是在假日或周末的时候，眼花的时候，疲倦的时候，偶或孑然一身，来到燕山脚下，寻一处小亭，兀然静坐，独与青山相对。

2015 年 7 月 7 日，夏历乙未羊年小暑，记于深圳天海楼

1982

事件：大学数学系毕业，分配到辽宁人民出版社，校对一年。

图书：《中学数学习题集》

文章：《“相亲”数对的启示》

人物：王文英，杨力，黄造，王越男，刘红，王大路，张思德，毛泽东，欧拉，祝晓萱，卓别林，王申，刘士群，周广东，宋江，耿英，赵铎，金铎，厉风，夏炎，陈贵田，郑真，周全，陈文本，张放，辛晓征，季米多维奇，阿瑟·黑利，杰克·伦敦，西德尼·谢尔顿，贝利，阿里，巴尔扎克，华罗庚，王元，卢嘉锡，徐利治，梁宗巨，傅钟鹏，叶永烈，菲尔兹，吴振奎，李木，莫由，方嘉林，周玉政，杨振宁，王常珠，王若，王鸿宾，陈志强，沈国经，林萍，赵秉忠，魏运佳，袁闾琨，于海寰，金汤，于乞，陈铎，赵忠祥。

HISTORICAL
RECORDS
OF
MATHEMATICS
數學
歷史典故
梁宗巨 著·辽宁教育出版社

1月18日

今天一早，骑上自行车，到我新分配的工作单位——辽宁人民出版社报到。心情很不平静。这些天的事情一件连着一件：三日，学校公布毕业生分配去向；六日，办好毕业生手续离校；十四日，到街道办事处办理结婚手续；今天，到新单位报到；下周，就是春节了，我还要举办婚礼。

在路上，我在想，就是在几天前，我对出版社还知之甚少。只是在校期间，曾经听几位老教授不无骄傲地说，出版社又找他了，让他写稿云云。尤其是我在做毕业论文时，我的题目是《拓扑反例》。导师看了之后不断叫好，还说等我们做好了论文，他可以向出版社推荐。那时在我的心目中，出版社是一个很虚无的东西，似乎也很崇高。

说来也巧，我的妻子是一位报社记者。记得大学四年级时，我找到一本英文版的《趣味数学》，就在课余时翻译出来，有几万字。当时我正在与妻子谈恋爱，她偶然看到我写得乱七八糟的文稿，就对我说，她认识出版社的一位编辑，名字叫杨力，拿去请他看看。过些天她说，杨力人很好，他看了你的文稿，说想出版很难，许多有名的作者都排大队等着呢。这事也就放下了。

毕业分配那些日子，我的思想乱极了。最初是校团委找我谈话，问我愿不愿意到团委来工作，我没同意。后来系领导又找我谈话，通知我留校工作；但要先做一年的政治辅导员，然后再去做业务助教。听到这样的安排，我很不愉快，当即表示，我只想搞数学专业，不想再做其他事情。系领导说，这是党的安排，必须服从。我也就无话可说了。

几天后，分配指标下来了，我们是公费师范生，毕业去向大部分都是各市的教育局，再由教育局分配到各个中学去。可是我们发现，其中有一个指标是“辽宁人民出版社”，这是在数学系的分配名额中，唯一的一个教育口之外的工作单位。大多数同学都不知道出版社是干什么的，也不知道这个名额从何而来。由于上面的经历，我倒是知道一点儿出版社的事情。我先去问妻子，她说出版社好，比留校好。回家后，我又与父母商量，他们也对出版社不甚了解。父亲突然说：“哦，我的一位老同事现任出版局局长，叫黄造。问问他吧。”黄局长回话说，出版社好啊，编辑的地位很高，很有发展前途，让孩子去闯一闯，比大学能锻炼人。

就这样，第二天我找到系领导，提出我不想留校了，希望去竞争那个“出版社”的名额。经过研究，系里同意了我的请求，据说有老师说：“这个学生留不住，早晚还会走的。去就让他去吧！”我才有了今天的分配结果。

到了出版社人事处，见到一位王文英科长。他说“文革”结束后，出版社已经被破坏得不成样子。这些年，一些老同志被落实政策，又回来了。但实际上，出版社已经多年没有接收毕业生分配了，只是从其他行业中招来一些人，或星星点点地来几位工农兵学员。这回好了，你们七七级的大学生，一下子就分来了八位。好好干吧，出版社很缺年轻人。我见到一位东北工学院毕业的男生已经来报到了，他叫王越男，提着一个小提琴，一身朝气，见了我很热情。一会儿，又有一位女生来报到，她毕业于沈阳化工学院，叫刘红。我们彼此聊了几句，王科长说你们先回家吧，春节后再来正式上班。

1月28日

年过完了，今天正式上班。对我来说，“上班”并不新鲜，不算“上山下乡”知识青年那段经历，一九七七年，我参加完高考之后，录取通知书还没下来，青年点又开始招工了。其实一九七六年招工时，我就被选上了；但是公社领导说要把知青中的骨干留下来，继续革命。我们公社就留下了十多个知青典型，不准参加招工回城，我也在其中。没想到一九七六年毛泽东逝世，“四人帮”被揪了出来；一九七七年，就要拨乱反正。主张留我们“继续革命”的那位公社领导，她也是下乡知识青年，名字叫祝晓萱。此时她也遇到了麻烦，成了清查对象什么的。她做的错事当然要纠正，所以上级落实政策，要了十几个名额，让我们那几个人都回城了。像我这样参加高考、等待结果的人，也没影响，先回城再说。

我被分配到沈阳大理石厂。上班报到之后，集中学习了几天，就被安排到二车间工作。工厂的一车间是天然大理石车间，二车间是人造大理石车间，也就是把天然大理石锯下来的碎料，粉碎成均匀的颗粒；再与水泥搅拌，一锹一锹地放到成型机的磨具中，压成水泥板；再打磨，显露出碎理石的花纹。我就被分配到“一锹一锹”撮灰的岗位上。机器是一个转盘，它定时转动，大约一二分钟转到我面前两个方框的磨具。我拿着一把铁锹，赶紧均匀地往模具里各撮一锹搅拌好的碎理石料，一位女工赶紧往上面放两根用于加固的铁丝，再用“抹子”抹平，机器就转动了。那边去加压成型，这边又转来了两个空的磨具方框，我又开始重复刚才的动作。

别看这件事简单，“撮灰”的数量一定要均匀，多了少了都会出废品。由于生产出来的水泥板需要“养生”，所以二车间里整天潮乎乎、热乎乎的。这我还能忍受，只是一天天同一个动作地“撮”下来，让我想到了卓别林描写工业时代的讽刺影片《摩登时代》。心里想，我的一生难道就这样“撮”下去？同时，我也想到了革命。难怪毛泽东说工人阶级最有纪律性，就说这“撮灰”吧，与农民“倒粪”几乎是一样的动作，但农民多一锹少一锹无所谓，工人就不行了，你哪锹不撮或撮多撮少都会出问题的。

那是我第一次上班。二十多天后，接到了大学录取通知书，我就告别了大理石厂，读书去了。

现在，大学毕业了，我又来上班了。还是先集中学习，地点是校对科，实习校对，实习时间大约一年。

1982

5月15日

几个月过去了，校对的方法也学得差不多了，我们开始有些躁动起来。在出版社中，校对员的地位是没法跟编辑相比的，他们就好像分属于不同的社会阶层。校对科中的老校对员大多数学历比较低，文字水平倒未必都很差，像我们的老科长陈贵田、郑真，老校对员周全、陈文本等，他们做了一辈子校对工作，文字功夫都不得了。但是，编辑们常常轻视他们，说他们那是“技术性”的功夫，与编辑业务不在同一个档次上。一些老校对员后来当了编辑，依然会遭到别人的讽刺，诸如“他是校对员出身”、“功底不行”等等。

在这样的舆论环境中工作，我们当然不会安心。工作太好了怕被留在校对科，工作不好了怕去不了编辑部。一些老编辑来核对书稿：耿英，曲艺作家；厉风，著名诗人；赵铎，资深出版人；金铎，摄影家……都是名人。看着他们走来走去，我们怎能不烦躁？另外，在一般的情况下，校对员是见不到作者的，因为校对的第一条原则是“尊重原稿”，你无权擅自改动原稿，那是作者与编辑的神圣权利。但是，你可以对原稿提出疑问，用铅笔标出来，打上问号，请编辑来甄别；如果编辑拿不准，尤其是在疑问较多的时候，就要请作者来当面核对了。所以，有时校对科也会过来几位作者，与校对员当面核对校样。此时，我们才有了一点儿编辑的感觉。

前几天我校对一部数学书稿，作者是一位中学数学老师，他编的《中学数学习题集》名声大极了，上市时购买者把书店的橱窗都挤破了。我在大学读书时，就对他极其崇拜。拿到他的书稿校样，我很激动，不分白天黑夜地校对，又非常认真，甚至把稿中的每一道习题都验算了，结果在答案中发现了许多错误。责任编辑看后，也拿不准，只好把作者请来。一见到作者，我激动坏了，想当初我上大学时，半夜三更地趴在桌子上，运算他书中的习题，差点儿没累死。现在终于见到作者了，我赶紧向他说明文稿中的一处处疑问。开始他还很高兴，不住地抬起头来夸我认真，发现了他的疏忽和笔误，他太忙了，自然会发生“智者千虑，必有一失”的事情。可是看着看着，他的面色有些变红了，因为失误之处越来越多。我看到他表情的变化，也有些不好意思，只好硬着头皮往下看。总算核对完了，你猜他说什么？他说：“谢谢你啦。看来我的稿子还要多让学生帮助算一算，越是水平低的人越容易发现问题。”你说这是什么话？我亲眼见到他对责任编辑点头哈腰，不就看我们是一些小校对员吗？后来编辑解释说，过去这位老师非常认真，从不出错；现在出名了，出版社都找他写稿，他忙不过来，就出了问题。

总之，我们大学毕业就是来当编辑的，没想到还会遇到这样的波折。忍不住，我们找领导谈了几次，问何时才能结束我们的校对实习。接见我们的领导叫夏炎，他人很客气，是人民社的副社长。他说：“当年我也做过校对员，将来你们就会知道，这一段的校对工作，会使你们终生受益”。

6月20日

在这几个月里，我最高兴的事情是读书。在大学时，我读的是数学系，那是学校中最累的专业。每天我们都捧着各种习题集，趴在桌子上解题。最难的习题是苏联的《数学分析习题集》，作者叫季米多维奇，书中共有四千多道习题，从大学二年级开始，我们就一道一道地做，直到三年级还没做完。同学之间一见面，最好问：“你做到第几题了？”那是水平与勤奋的标志。记得我与妻子谈恋爱时，有一天，她说要送给我一件重要的礼物，结果就是一套刚刚出版的《季米多维奇〈数学分析习题集〉答案》，它足足有七本之多。现在解放了，不用再那么用功了，可以读闲书了。出版社有一个好地方，那就是资料室。在国内的出版社之间，有一种“交换样本”的制度，你出了新书寄给我，我出了新书也寄给你。出版社就以这些样本作为基础，设立了资料室。那里什么新书都有，分类很乱，资料员也整理不过来，就让我们自己到架上找书。资料室是两层楼，正门在二楼，架上都是新书和一些采购来的工具书、编辑必备书等；从二楼的楼板上开了一个门，从这里顺这一个铁楼梯走下去，就是旧书库了。那里的书、杂志堆得乱七八糟，都是灰尘。我最愿意到那里去，一钻进去就是大半天，还一摞一摞地借回去翻看。

我主要读两类书，一是小说、传记，重点读翻译作品，这一段在读阿瑟·黑利的作品《航空港》、《大饭店》、《汽车城》、《钱商》和《最后诊断》等等；还有西德尼·谢尔顿的《天使的愤怒》

和杰克·伦敦的《荒野的呼唤》。传记有《巴尔扎克传》、《贝利传》、《阿里传》，还有《克格勃内幕》等等，整天读得昏头涨脑。这几天还发生了一件事情，有人反映我们专读一些“精神污染”的书。所以领导要到资料室调查了解，注意我们这些大学毕业生都在看什么书，注意我们的思想动态。再来借书时，资料室的资料员也不那么客气了。

二是数学科普类图书和杂志，因为此时我最大的愿望就是写文章、发表文章，可是一个学基础数学的人，能写什么呢？数学论文是写不出来了，即使是数学教授，一辈子能写出几篇像样的论文？何况我已经事实上离开了数学专业领域。那就试着写一点科普文章吧。一学习我发现，科普更不好做。第一，它需要文笔好，而我们数学系的学生从来没练过文笔，甚至连信都写不好；第二，它需要专业基础好，有观点认为，只有大科学家才能写出好的科普文章，像华罗庚、王元、卢嘉锡、王梓坤、徐利治等等；第三，知识面广博，最好文理兼通，像梁宗巨、傅钟鹏、叶永烈那些人一样。此时，我什么都没有，只有奋斗的勇气，只好从头学起。

近来，我开始做剪报和笔记，例如，剪报的题目有：

《数学的菲尔兹奖》，莫由，摘自《光明日报》；
《话说赌场赢输》，吴振奎，摘自《辽宁青年》；
《数学歌谣欣赏》，李木，摘自《青年科学》。

1982

徐利治教授

7月1日

今天，社里让我们填一个“个人家庭状况”的表格，好像跟计划生育、生活补贴什么的有关。领导说，填写的内容一定要真实，不许隐瞒任何事情。

说起来我们这批大学毕业生背景很复杂，大多不是从校门到校门的，而是来自社会的各个行业。从“文革”前一九六五年开始下乡，一直到一九七七年恢复高考，经过这十多年的折腾，年龄都不小了。年龄的跨度也很大，我们中最大的大姐王申生于一九四七年，最小的刘红生于一九五七年。王申是带薪上学，两个孩子都满地跑了；二哥刘士群的孩子刚出生，那天二嫂抱着大胖小子到办公室来，在办公桌上打开小花被子，小家伙哗地就是一大泡尿，像喷泉似的，我们一齐欢呼起来。

其余我们几个，都是五十年代中期出生的人。不瞒你说，毕业后我们大都悄悄地结婚了。为什么要“悄悄地”？你想，刚上班就结婚，多没有理想啊！不结又不行，都二十六岁了，还等什么？经过这一次核实，我们之中只有两位还没结婚，王越男和周广东，他们俩是外地人，正抓紧找呢。越男比较活跃，能拉会唱，体育也好。运动会上跑百公尺，从起跑就开喊：“啊……”一直喊到撞线；虽然跑在前面的人早把“终点线”撞走了，根本轮不到他撞，他还是啊啊地冲过去，引得一大帮女孩子围观。前几天，他处了一个对象，一个挺漂亮的女孩儿，也爱好音乐。她时常拎着乐器到独身宿舍里找越男，两个人一边合奏，一边聊天。他们真是一

对很有生活情调的人。 1

周广东是一个农村的孩子，山东郓城人，宋江的老乡，刚来 9
报到时又小又瘦。他人很好，文字好，字写得也好，没有对象。我 8
先给他介绍了一个，他嫌人家年龄大，长得不好看。我开玩笑说， 2
你长得也不好看哪，还想找什么样的？他说，总要像你妻子那样的。前几天，别人又给他介绍了一个女孩子，去女方家见面时，介绍人反复叮嘱他：“如果人家问你多高个儿，你一定说有一米六十多。”可是到了人家后，大家围着他问这问那，当问到身高时，他一紧张脱口说道：“一米六十，不多也不少。”把介绍人气得没办法。可人家女方却看中了他的诚实劲儿，很快就同意了这桩婚事。小周赶紧向家中报喜，一个农村的孩子，自己闯荡城市，还找到了一个城市的好女孩儿，多不容易啊。可是小周的家人却提出了意见，原来这个女孩子也姓周。家人说，就像姓孔的、姓孟的一样，自古以来，中国姓周的也都是一家人，不能通婚。这一下可把两个小周吓坏了，怎么办？不知是谁出了个主意：干脆把女孩儿的户口改为姓邹得了。闻此言，开始女孩儿还在笑，过一会就哭了起来：“怎么我嫁给你还要改姓？太欺负人了吧！”

11月15日

两个月前，校对科又分来两位一九七八届的大学毕业生，王大路和张放。大路是学中文的，毕业于辽宁大学。他是一九五〇年生人，长得黑黑胖胖的，一来就问我们为什么没去当编辑，怎么还在这里校对？领导说，让不让你们当编辑还没确定呢，关键是看你们的表现。闻此言，大路的表现好极了，他文字水平很高，校对起来，当然绰绰有余；每天工作之余，就在那里写论文，一写就是一万多字，写的是《高山下的花环》影评，发表在一个大学学报上。那时我和王越男也愿意写文章，说来惭愧，那也不叫文章，只是搞一些数学、物理小趣题，寄给报社，发表时连真名都不给署，只是落个“小越”、“小鱼”什么的。稿费只有二元，汇款单一到，大家就大声喊：“王越男，稿费二元。”接着全屋的人就会哄笑起来。

大路就不同了，他非常用功，大文章四处发表。我们在那里打扑克、玩笑，他从来不参加，认真看书学习。他还支持校对科的工作，很快就受到科长的重视。对此，越男有些不快。那一天，他从外面打电话到我们办公室，装出一种声音说：“我是人事科，请你们通知王大路，由于他表现好，我们已经确定把他分配在校对科了。”这一下可把大路吓坏了，黝黑的脸上，当时就滴下汗来。校对科的才子辛晓征给大路起个绰号，叫张思德。当时，我的办公桌与大路的挨着，他对我说：“你们多年轻啊，我年龄大了，不努力不行。”其实他也就三十岁出头，少年老成。

张放毕业于大连外语学院英语专业，这小子口语真好，整天 1
滴哩嘟噜，还时常到沈阳英语角去活动，据说在那里，他倾倒了 9
一大片英语爱好者。张放的业余爱好是写诗，写好了给我们看，写 8
得还真不错。 2

12月10日

十二月二日，对我来说是一个值得纪念的日子。《辽宁科技报》刊载了我的科普短文《“相亲”数对的启示》，虽然只有短短的七百多字，但这是我平生发表的第一篇略微像样一点的文章。还要感谢我的邻桌“校对员”王大路，我写成初稿后，总觉得不大通顺，就请大路修改。看到我的草稿，他非常善意地笑着说：“看来数学系的学生确实没有文字训练，这是一个缺项啊。”接着，他就像老师改作文一样，帮助我一字一句地改起来。一边改还一边与我商量，让我好一阵子感动。显然，大路的帮助起到了作用，报纸很顺利地通过了审稿，我的“处女作”也就诞生了。今天，我收到报社的汇款单，稿费七元钱，真让人高兴，总算不用怕被人嘲笑了。在这篇文章中，我写道：

> 远古时期，人类的一些部落把数字220和284两个数字奉若神明。男女青年缔结婚姻时，往往把这两个数字写在不同的标签上，两个青年在抽签时，若分别抽到了220和284，便被确定结为终身伴侣；若抽不到这两个数字，他们则因天生无缘，只好分道扬镳了。
>
> 这种缔婚方式固然是这些部落的风俗，但在某种迷信色彩的背后，倒也有些说道。表面上，这两个数字似乎没有什么神秘之处，然而，它们却存在着某些内部的联系：能够整除220的全部正整数（不包括220）之和恰好等于

284；而能够整除284的全部正整数（不包括284）之和 1
又恰好等于220。这真是绝妙的吻合！ 9

也许有人认为，这种吻合极其偶然，抹去迷信的色 8
彩，很难有什么规律蕴含其中。恰恰相反，这偶然的吻合 2
引起了数学家们极大的关注，他们花费了大量精力进行研究、探索，终于发现，“相亲”数对不是唯一的，它们在自然数中构成了一个独特的数系。1750年，瑞士伟大的数学家欧拉，一个人就找出了59个“相亲”数对！迄今为止，人们已经找到了如1184和1210，2620和2924，5020和5564等大约1200对“相亲”数对。

从两个数字偶然的相关性，竟引出了数论中的一个丰富的数系，确实让人惊叹不已。其实在数学史上，类似“相亲”数对这样的故事不胜枚举。

自然科学中的这些发明发现，使我们悟出了一个深刻的道理：任何事物都有其规律性，它们往往被一些表面的现象掩盖着。只有那些留心的人，才能够从一些偶然的现象之中，发现规律性的东西，对它们进行归纳、筛选和抽象，最终找到事物发展的内在的规律性，使人们的认识臻于完善。这正是“必然性寓于偶然性之中”这个哲学原理在自然科学中的具体体现。

此文是一个先声，我接着还写了几篇科普文章，都是一千字左右，已经陆续给报社、杂志社投了出去。无论如何，大学毕业之后，经过一段时间的思考和探索，我还是找到了一条发挥自己特长的道路。

12月31日

一年的时光，就这样匆匆地过去了。上周，出版社领导终于发话，宣布我们七七级毕业的大学生，校对实习阶段结束，分配到各个编辑室工作。王大路和张放还要继续实习一段时间。

我与王越男被分配到文教编辑室，跟随老编辑王常珠老师做见习编辑。王老师的身边聚集了一大批著名的作者，像梁宗巨、徐利治、方嘉林、傅钟鹏、吴振奎、周玉政等等。王老师很有风度，她告诉我们当编辑的几个要素：第一，编辑是“无冕之王”，你们见谁都不要害怕；第二，要想做一个好编辑，必须要文字好，必须要腿勤嘴勤；第三，当编辑最讲职业道德，与作者打交道，一定要洁身自好。接着，她就给我们每人一部书稿，让我们写一篇稿评。我知道这篇文章很重要，就下大力量看稿、写评论，也多亏有了这一段时间写科普文章的锻炼，我一口气写了七页稿纸的“阅稿意见”。王老师看后很高兴，说我很有心，也有一定的文字基础。

王老师还带着一位助理编辑，他就是杨力。他高高的个子，长着一副“将军肩”，为人宽厚极了。他的父亲是东北工学院物理学教授，曾经是杨振宁西南联大的同学。我对杨力提到我的妻子，以及当初我翻译的数学稿子，他一下子想了起来，笑着说：“原来那位投稿的译者就是你啊？太有意思了。”我当时就感觉到，在未来的编辑生涯中，我们俩会成为最好的朋友。

在编辑室中，主任王若，是一位老革命，整天摇晃着他的“五十岁肩”，说话从来不直着说，人称“弯弯绕”，副主任王鸿宾、陈志强。在编辑之中，王常珠老师已经说过了，还有一位让我尊敬的老编辑沈国经，白面书生，一位江南才子。沈老师文笔极好，他出版一套“外国文学小丛书”，序言就是他写的，被我们奉为范文。《历史典故》也是他责编的书，销量极大，名气也大，中央电视台的陈铎都来电话，专门要买这本书。再有，林萍，她是诗人厉风的夫人，端庄大方、不苟言笑，她的专业是俄语，曾经是赵忠祥的同事。袁闾琨，辽金史研究专家。于海寰，一位来自部队的摄影家，知识面很广。赵秉忠，原来是中学历史老师，不大说话，很有学问。魏运佳，原来是三十八中学语文老师，最好说话，文字功底也最让人佩服。另外，有两位极老的编辑金汤、于乞，据说他们是建国前的老报人，每天也不遵时上班，来了就嘻嘻哈哈，称杨力为老杨，杨力也戏称他们为小金子、小于子。于老师爱喝酒，开始是晚上喝，每喝必醉；后来中午也喝；再后来早晨也喝了。他一来，袁老师就开玩笑说：“老于，又来发醉稿了？”在办公室里，老编辑的办公桌对着墙围了一圈，我们几个年轻人被围在中间，开始连大气都不敢出。

就这样，我的编辑生涯开始了。

1983

事件：编辑“大学自学丛书”数学部分，编辑中小学练习册、寒暑假作业等。

图书：《点集拓扑学》,《数学分析》

文章：《自然数中的瑰宝》,《几何学中一座碑》,《谁是布朗的儿子？——布尔代数趣谈》,《妙趣横生的纵横图》,《东家流水入西邻——二进制趣史》

人物：梁宗巨，王常珠，杨力，王鸿宾，欧几里得，梅森，欧拉，科斯特纳，高斯，费马，赫姆斯，李芒，温泽尔，方嘉林，徐利治，希尔伯特，布尔，迪克森，李俨，钱宝琮，严敦杰，郭书春，李约瑟，克莱因，柯拉，摩索普拉斯，丢勒，巴谢，周士一，潘启明，姬昌，莱布尼兹，鲍威特，鄂永昌，常晶。

〔美〕M. 克莱因 著
古今数学思想
上海科学技术出版社

2月1日

刚进入编辑室不久，领导我们工作的王常珠老师就说，你们不要以为从校对科学成，就可以直接做编辑了，你们现在连助理编辑还不是，只是见习编辑。因此在原则上，第一，你们没有独立审稿的权力，只能给老编辑打下手，比如整理书稿、接送材料、练习给作者写信、装订书稿、编印页码、助理老编辑核红、帮办编辑室杂务、打扫卫生，等等。第二，你们在帮助和学习审读书稿期间，没有署名权，也就是看过的稿子，不能在版权页上落“责任编辑”。至于何时才能过这一关呢？王老师说，一要看表现，看能力，比如你们中的某位青年人，写信不会用标点符号，只会打“隔点”；打电话都不会正确使用话语或谦辞，把“那就这样吧”说成“那就那样吧”，多别扭啊！二要获得“助理编辑”职称后，才能署名责任编辑。我们知道，评职称太难了，老编辑们都四五十岁了，还是中级职称，年轻些的杨力都三十多岁了，他是老知青，没赶上上大学，只有中专学历，因此没有办法评职称，已经做了六年编辑，还不让在书上署名“责任编辑”。

补注：那段见习编辑的经历，使我久久难以忘怀，直到二〇〇八年，我还在一篇文章《在路上，终难忘，依旧是书香》中写道：这本书的名字叫《世界数学史简编》（辽宁人民出版社，一九八〇），作者是梁宗巨先生。我最初知道此书是在一九八二年，当时我们几个理工科大学毕业的青年人，被分配到辽宁人民出版社文教编辑室工作。上班的第一天，一位老编辑给我们来个“下马威”，他指着桌上的一部书稿说：“读一读

世界数学史
简编
梁 宗 巨
SHIJIE
SHUXUESHI
JIANBIAN
1+2
辽宁人民出版社

稿子，限你们三天之内，每人写一篇审稿意见。”交稿的那天，老编辑把我们的“审稿意见”贴在墙上，让更多的老编辑们围观。他们一阵阵的议论，让我平生第一次品尝到“文化羞辱”的滋味。错字、标点、格式、文体……处处都是毛病。“这样的文字基础，怎么当得了编辑呢？”一位老编辑小声议论着。我忍不住接话：“我们是学理工的嘛，怎么能比得了你们这些文史哲出身的人呢？”闻此言，那位老编辑递给我一本《世界数学史简编》，他说：“读一读这本书，它的作者梁宗巨是复旦大学化学系出身，但他的文字水平远在我们这些人之上。”

当时，我晕头晕脑地捧着《世界数学史简编》，半为掩饰地翻读起来，没想到一下子就读进去了。它本来是一部地地道道的学术专著，梁先生的笔法却像讲故事一样，条理清晰，文字干净，注说完整，容易理解，妙趣横生。从那一刻起，我就爱上了数学史研究，并且后来在这一领域内徜徉了很久，读了很多科学史的书，编了很多科学史的书，还著译过几本相关的书，比如《自然数中的明珠》、《数学经验》等。我常想，当年如果不是我更喜欢出版工作，一定会皈依梁先生的门下。

在“审稿门”事件之后不久，我向那位老编辑表示对梁宗巨著作的敬佩。他把我领到书稿档案室，找出梁先生的原稿让我看。阅后，我更加折服得五体投地。整整四十万字的书稿，用钢笔一笔一划写成，没有一个错字，没有一处涂改。怎么会这样完美呢？老编辑说：“梁先生写作，选用比较厚的稿纸，写错字时，他就会用刀片将错字刮掉、重写，决不肯涂抹。另外，你仔细看梁先生的字，它们的笔画都是绝对准确的，‘点’就是点，‘捺’就是捺，决不会混淆。”接着，他还谈到注释，梁先生坚持在给外国人标注外文名字时，一定要首先标出他的母语国家的名字，然后再根据需要，标注英文或其他语种的译名。他还谈到索引，梁先生坚持一定要列出中文、外文两套检索，等等。实言之，对于一个青年人、一个小编辑来说，这样的书稿范例，无疑会产生终生难忘的记忆。一九九二年，我写《数术探秘》时，通篇书稿真的就没有一处涂抹。

4月4日

刚进编辑室，老师们都很严肃，环境很压抑，但高兴的事情还是有的。今天，《辽宁科技报》刊载我的文章《自然数中的瑰宝》。这是我在该报上发表的第二篇文章，栏目叫“趣味数学”，它给我带来的兴奋劲头还是不小。文中还加上一幅精美的插图，李芒绘画，图中是一位想象中的古希腊数学家，画得很好看。我写道：

公元前三百多年，古希腊伟大的数学家欧几里得在他编著的《几何原本》第九章中，有这样一段奇妙的记载：在自然数中，我们把恰好等于自身的全部真因子之和的数，叫作“完全数”。如6、28、496和8128这四个数就是完全数。验证一下：6的全部真因子之和1+2+3恰好等于6；28的全部真因子之和1+2+4+7+14恰好等于28。同样，496和8128也有相同的性质。多么神奇啊！难怪有人把它们称为自然数中的“瑰宝”。但是，完全数的神奇之处并不仅限于此，数学家们还在这寥寥无几的数字中，发现了更为令人惊叹的特征。请看：

（1）6=2的1次方+2的2次方；28=2的2次方+2的3次方+2的4次方；496=2的4次方+2的5次方+……

（2）6=1+2+3；28=1+2+3+…+7；496=1+2+3+…+31；……

（3）除6外，28=1的3次方+3的三次方；496=1

的 3 次方 +3 的三次方 +5 的 3 次方 +7 的 3 次方；…… 1

（4）完全数的全部因子的倒数和都等于 2。即 9

6：1 / 1+1 / 2+1 / 3+1 / 6＝2； 8

28：1 / 1+1 / 2+1 / 4+1 / 7+1 / 14+1 / 28＝2； 3

……

啊，这么多完美的性质，真无愧于“完全”数的美称！

然而，惊叹之余，数学家们还有更高的奢望，那就是如何找出完全数内在的规律性。这方面的“至圣先师”仍要首推欧几里得。他在《几何原本》第九章中，还给出了一个著名的命题，即“若 2 的 p 次方 -1 为素数，则（2 的 p 次方 -1）2 的 p-1 次方是一个完全数”。这就为后人寻找完全数伏下点睛之笔。但是，自然数浩如烟海，完全数又如沧海一粟，在这渺渺茫茫的数海中，寻找千古之谜的谜底，谈何容易！数学家们经过 1500 多年的探索，结果“上穷碧落下黄泉，两处茫茫皆不见”。

直至 1460 年，人们偶然发现，一位无名氏的手稿中，竟然神秘地给出了第 5 个完全数：33550336。继而，法国数学家梅森在寻找 2 的 p 次方 -1 形式的素数上有了突破，几个新的完全数又应运而生了。在 1730 年，瑞士伟大的数学家欧拉又给出一个惊人的结论：即“若 n 是一个偶完全数，则 n=2 的 p-1 次方（2 的 p 次方 -1）。”这一程就是欧拉与欧几里得在这一研究领域中平分秋色。

令人遗憾的是，到目前为止，人们仅找到27个完全数，它们都是偶数。是否存在更多的完全数或奇数完全数？这仍是一个待解之谜。

5月2日

五一节后上班，发生一件事情，使我的处境迅速发生变化。那就是我们文史编辑室副主任王鸿宾老师，从东北师范大学组来一大批书稿，是为自学考试用的教材，其中有中文、历史、数学等部分。数学稿子来了，数学编辑王常珠认为书稿质量太差，篇幅又大，就是一些未加整理的讲义。她说："怎么能这样编书呢？我们又不是印讲义的印刷厂！"因此，她拒绝接受审稿任务。王鸿宾生气了，他说："你不审，就让晓群他们审，边干边学。"王常珠老师说："俞晓群他们连助理编辑都不是，不能独立发稿、署名。"王鸿宾主任说："我们就打破框框，让他们这些新来的大学生署名。"此时我连大气都不敢喘，一边是领导，一边是师傅，听谁的呢？当然是听领导的了，连师傅都要听领导的，何况我呢？况且我心里还是挺愿意接这个任务的，不然那样按部就班地学习，熬到哪天才是个头呢？你想我们这些下过乡、做过知识青年的人，本来上大学就晚了很多年，大学毕业时年龄已经不小了，一个个都开始养家糊口，当然急于发展。就这样，我欣然接受了一大堆数学书稿，诸如《数学分析》、《线性代数》、《实变函数》、《复变函数》等等。每天都趴在桌子上，兴致勃勃地翻阅起来。王常珠老师时常会走过来，对我提示几句："要小心啊，出了错会惹大麻烦的，弄不好还会毁掉一生的前途。"闻此言我真的害怕了，只能更加认真阅稿，每天都累极了。

5月30日

今天,《科学爱好者》杂志给我寄来了样刊,它在第八页上,刊载了我的文章《几何学中一座碑》。这本杂志属于中国科普协会,编辑部在四川重庆。我是自然投稿,年初将这部稿子寄给他们,心中一直忐忑不安。奇怪的是,小半年都过去了,他们也不回话,也不说是否采用,“泥牛入海无消息”,让我觉得已经没有希望了。没想到他们一下子就把杂志寄来,又让我大喜过望。我的原题是《几何学中的一座丰碑》,他们改了。我在文章中写道:

在“数学王子”高斯的墓地上,绿草和鲜花环绕着一座独特的高斯纪念像。它以正十七边形棱柱为底座,造型朴实无华,然而,你知道吗?这独特的造型是按照高斯的遗嘱设计的,它蕴含着一段美妙动人的故事。

那是在1796年,19岁的高斯正在德国哥廷根大学读书。他勤奋好学,聪颖过人,在拉丁文、数学等许多领域都有较深的造诣,他正处在选择学科的“十字路口”。

一天,他在研究几何学时惊奇地发现,在欧几里得时期,人们就用圆规和直尺完成了正三边形、正四边形、正五边形以及由此推出的正六边形、正八边形、正十边形等等的作图法。但是,2000多年过去了,竟然没有一个人能用规尺作出正七边形、正九边形和正十一边形等图形。这是为什么?高斯向他的导师求教,导师却劝他退避三舍,

莫为此空耗青春。这更引起高斯强烈的求知渴望。他有超 1
人的天赋和毅力，无穷的“数学魅力”使他的思维在“理 9
想王国”的上空飞腾起来。 8

首先，高斯从正多边形的边数入手，他很快就发现，迄 3
今已用规尺作出的正多边形的边数，可归结为下述几种：2的n次方 × 3，2的n次方 × 5，2的n次方 × 15（n=1，2，3，…）和2的n次方（n=2，3，…）。这里有什么规律呢？高斯的天才，就在于他能在繁杂的现象中迅速摸到事物本质的脉搏。果然他总结出，这里2、3和5都是素数，而15=3×5。于是，他采取类推法判断：大概以素数为边数的正多边形是可以用规尺完成作图的。然而，7是素数，为什么正七边形的作图却百思而不得其解呢？这时，高斯感到了知识的贫乏，他跃出几何学的范畴，对数论进行了认真的研究。偶然间，他惊喜地发现，3和5都是2的2次方的n次方+1形式的素数（即：3=2的2次方的0次方+1，5=2的2次方的1次方+1），这不是著名的“费马数”吗？高斯迅速地紧缩了他的推测范围，再次判断：大概以费马数中的素数为边数的正多边形，是可以用规尺完成的。这样，他越过了7、9和11等数字，开始致力于下一个“费马素数”（2的2次方的2次方+1=17）为边数的正十七边形的几何作图。果然，高斯成功了！他用圆规和直尺完成了正十七边形的作图。进而，他又天才地把几何问题同代数问题结合起来，用降次法解出了方程x的17次方－1＝0。从而完成了正十七边形作图的第一个证明。

伟大的成功使19岁的高斯惊喜无比，他兴冲冲地跑到他的教授、著名数学家科斯特纳那里说："我做出了正十七边形！"教授哑然失笑，他连看也不看，就像今天的老师赶走自称证明了"三等分任意角"的学生一样，企图将高斯赶走。并轻视地说，他定错无疑。高斯反驳说，他已经用降次法解出了十七次二项方程，并且由此给出了正十七边形作图的证明。科斯特纳认为高斯是在梦呓，就像读诗一样嘲笑说："哦，好。我已经这样做了。"历史证明，他的这一番诗一样的嘲讽，只不过使自己遗笑千古。

"青山遮不住，毕竟东流去。"正十七边形作图的成功，坚定了高斯从事数学研究的决心，他进而推断，一个正多边形可以作图的充分必要条件是：它的边数等于2的L次方。$P_1\times P_2\times \cdots P_n\times$ 这里，$P_1\times P_2\times \cdots\times P_n$是费马素数，L为正整数或零。高斯完成了这个推断的充分性的证明；而它的必要性的证明，却一直到1837年才由一位叫温泽尔的数学家完成。因此，它被称作"高斯—温泽尔定理"。

在当时的几何学中，这个定理是一个重要的突破。它填补了几何学中的一大空白，也引起了许多人的好奇心。有人不厌其烦地作出了正257边形（257＝2的2次方的3次方+1，它是第4个费马素数）；更有趣的是，一位叫赫姆斯的德国人，竟然花费了10年时间，画出了正65537边形（65537＝2的2次方的4次方＋1，它是迄今已知的5个费马素数中最大的一个），他的图纸装了整整一大箱子，被存放在哥廷根大学的图书馆中。

许多年过去了，高斯在数学领域建立了无数的丰碑，这使他荣获“数学家之王”、“数学王子”等美誉。但是，当他在人生的十字路口徘徊时，“正十七边形”为他诱发的数学灵感，仍使他终生难忘。因此，他留下遗言：“我死后，请后人在我的墓地上，建一座正十七边形的墓碑。”它既是高斯人生路途上的一段记录，也确是几何学中的一座丰碑！

补注：这段故事还有一个有趣的背景。关于高斯的纪念碑上，有一个正十七边形底座的说法，来自梁宗巨教授《世界数学史简编》。后来，梁先生认为此事需要核实，就在徐利治教授去德国访问时，委托他到哥廷根大学看一看，确认一下高斯的纪念碑到底是什么样子。徐先生回来说，在高斯的纪念碑处，并没有“正十七边形的底座”，只是在碑体上刻有一个正十七边形。这件事情给我留下深刻的印象，因为梁先生的《世界数学史简编》影响巨大，后来无论怎样说明，国内依然有许多地方都沿用着错误的说法。近年来，因为工作需要，我多次去德国参加法兰克福书展。哥廷根大学距离法兰克福有200多公里的路程，我一次次说要去看看那所让我神往的学府，高斯、希尔伯特……但始终未能成行。我们住的那家旅馆沃尔道夫的老板是一位中国人，她三年前就说，愿意为我们免费出车，去一趟哥廷根大学。因为排不开时间，一直未能成行。

7月5日

跟王常珠老师出差，去朝阳新华印刷厂，为数学家方嘉林教授的书稿《点集拓扑学》校对。今年这是第二次来朝阳下厂了，方老师也来了，他在四平师范学院任教授。我们整天在检字车间里，与工人打成一片；回到招待所里也是改稿子，改啊改啊。数学稿子真是太难排版了，有时一个符号要用四个铅字拼接，才能将那个符号完整表现出来，即字母、上角标、右上角标、右下角标，特殊符号还要刻字。那一大片铅字架啊，密密麻麻地嵌满各种型号的铅字，排数学稿子，许多铅字极小、极薄，经常有半角、四分之一角、上角、下角等等的要求，甚至工人师傅要用镊子把字夹出来、嵌进去。老师傅眼睛一花就干不了了，另外铅有毒，干久了还会有职业病。检字师傅对我说，你们大编辑可不要随意改来改去啊，有时我们刚刚拼好一块版，你们又改乱了，那时我们死的心都有啊。文科的书就好排多了，字号一样大小，一般不用特殊拼版。

朝阳市位于辽西地区，半城半乡，农产品很多。我工作之余买了很多鸡蛋，提回去孝敬母亲，她身体一直不好。另外我的儿子（B超确认）要出生了，当然也要买一些鸡蛋，给妻子补养。

7月18日

总体而言，这两年，我一直在学习“数字史”，国内这方面的专家和专著极少，只有一些科普文章和文集，内容又大多不权威和准确。我只好找一些英文原版书，从中找到一些资料。像迪克森的《数论史》，我从辽宁省图书馆找到的，已经破旧不堪。看了一个月，又赶紧续借，最后还是依依不舍地还回去了。这本书不得了，其中有大量的脚注，都是一个个数学家的故事，我都把它们穿插到我的文章之中了。

在阅读中我认为，《古今数学思想》确是不可多得的好书。它的作者是M.克莱因，译者是一大群数学家，四卷本，本本都好看。我从中采取了许多数学史的信息，丰富了我的思想和写作。

补注：直到二〇一四年，我还在一篇文章《数学史》中写道，我爱读数学史，记忆尤深的是M.克莱因《古今数学思想》，一九七〇年代上海科技出版社出版，四大卷，写得好，译得也好。译者如江泽涵、姜伯驹、程民德和吴光磊等先生，都是数学家。我一九八〇年代读大学数学系时见到此书，爱不释手。后来还发现文中两处小错，一是把1644年误为1664年；再一是三对“亲和数”，第二对17298和18416、第三对9363584和9437056，都是错的。我写信给出版社，一位参译的北大教师回信感谢；再版时，出版社修正过来。奇怪是近些年此书又再版，我发现出版者将错处又改了回去。

《古今数学思想》出版后，引出两个尴尬故事。其一，据一位数学家G先生说，此书译出时间较早，国内法制未健全，拿来外国著作就译，实为盗版。译者没有版权观念，其中一位J先生参加国际会议，大会发言时突然捧出译著，郑重送到原著者克莱因先生手上，试图给他一个惊喜。克莱因先生对中译本一无所知，大惊失色，尴尬局面可想而知。现在版权问题应该解决了。其二，这套洋洋百万言的数学史，对中国几乎只字未提，还在前言中写道："为着不使资料漫无边际，我忽略了几种文化，例如中国的、日本的和玛雅的文化，因为他们的工作对于数学思想的主流没有重大的影响。"此为西方文化主流论之流布，长期以来，势力很大。海内外有识之士一直痛心疾首，努力开展相关研究，力图填补历史空白，有成就者如李俨、钱宝琮、严敦杰和郭书春先生，以及英国剑桥大学李约瑟博士等。

今天，《辽宁科技报》登载我的一篇文章《谁是布朗的儿子？——布尔代数趣谈》。报社的记者非常欣赏这篇文章，他们希望我多写一些。其实这样的短文是很难写的，此文中的数学题译自一本英文原版书，我又把它编成了故事。这一段时间里，在科普写作方面，我有了一种枯竭的感觉。我的这篇文章写道：

据说在英国举办的一次智力测验中，"智慧老人"讲了一个有趣的故事：在伦敦城中有一个三口人的家庭——约翰和他的妻子、女儿，多年来他们和睦相处。可是有一天，却为一件小事发生了争吵。原来在约翰一位久别的老朋友布朗拜访他们的时候，约翰说："布朗先生，听说您有一个儿子叫杰克，他今年已经21岁了？"而约翰的妻子说："不，你记错了。布朗先生的儿子叫吉姆，他才18岁。"这时，约翰的女儿说："你们都错了，布朗先生的儿子不是杰克，并且他应该是25岁。"听到这里，布朗笑着说："朋友，你们每个人都仅猜对了一半。推想一下，到底谁是我的儿子，他多大年龄？"

智慧老人的故事把大家都难住了。可是，一位在场的数学家，寥寥几笔就给出了正确的答案。首先，他设“说对的”$=1$，“说错的”$=0$；并规定：$1+1=1$，即“说对的”+“说对的”=“说对的”。其他运算与普通的加法与乘法相同。按照上述定义，他运算如下：

设 A=杰克，B=吉姆，C=不是杰克，D=18岁，E=21岁，F=25岁。因为每个人的说法都有一对一错，所以 $A+E=1$，$B+D=1$，$C+F=1$，以及 $A\cdot E=0$，$B\cdot D=0$，$C\cdot F=0$。再由于布朗的儿子不能有两个名字和两个年龄，所以有：$A\cdot B=A\cdot C=D\cdot E=D\cdot F=E\cdot F=0$。根据 $A+E=1$ 和 $B+D=1$，所以有 $(A+E)\cdot(B+D)=1$，左右展开，并消去等于零的项，得到 $AD+BE=1$。再由 $(C+F)\cdot(AD+BE)=1$，化简后得 $BCE=1$，所以 $B=C=E=1$，即 B、C、E 是对的。因此，布朗的儿子是吉姆，他今年21岁。

1983

数学家的运算使大家大吃一惊，原来数学能解决争吵，这是多么新奇的事情。

其实这并不奇怪，它不过是一个逻辑推理的小问题，而数学中的独特学科“布尔代数”就可以解决许多推理问题。那位数学家正是运用了布尔代数的简单性质，解决了约翰家中的争吵。布尔代数是集合代数、开关代数和逻辑代数的抽象，它的特点是使用特质的符号和特殊的方法，进行演绎思维演算。它是现代计算机科学的理论基础。从上面的小故事中，我们可以体会到：布尔代数正是将“人类智能”转变成“人工智能”的重要媒介之一。

8月30日

《青年科学》第八期，刊载我的文章《妙趣横生的纵横图》。我写道：

我国是研究纵横图最早的国家，《周易》上记载的“河出图，洛出书”（图1），正是我们的祖先在公元前一千多年做出的纵横图（图2）。它的行、列或对角线上的数字之和都等于15。

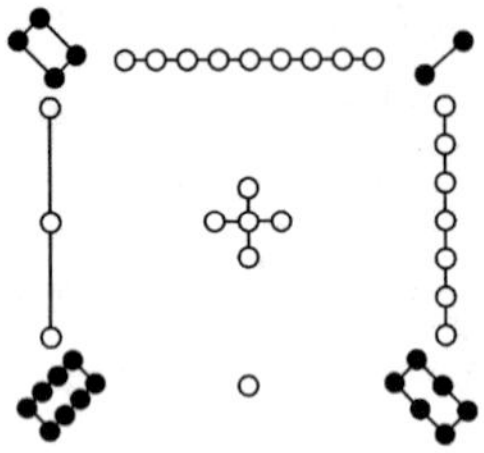

图1

8	3	4
1	5	9
6	7	2

图2

在国外，直到公元一世纪，才由伊拉克的数学家柯拉开始了纵横图的研究。大约在公元15世纪初，由拜占廷的摩索普拉斯将东方的纵横图介绍到了欧洲，他们称之为“幻方”。它立即引起了学者们极大的兴趣，有人说它产生于上帝之手，美妙无比；有人说把它挂在胸前，能驱魔避灾，逢凶化吉；最有趣的是，在德国大画家丢勒的著名版画《忧郁》上，出现了一个完整的四阶纵横图（图3），它的底行中间的两个数字15和14，恰好标明了这幅画绘于

1514年。这个纵横图不但行、列和对角线上的数字之和 1
都等于34，而且，把这个方图四等分后，得到的每个小方 9
图的数字之和，连同中心小方图的数字之和，都等于34， 8
实为“幻中之幻”！ 3

16	3	2	13
5	10	11	8
9	6	7	12
4	15	14	1

图3

15	10	3	6
4	5	16	9
14	11	2	7
1	8	13	12

图4

然而，“丢勒幻方”并不是“幻方之最”。请看在图4中绘出的四阶纵横图，它被古人称为“具有灵魂的幻方”。因为它不仅满足上述的条件，而且每四个相邻格中的数字之和，都等于34，甚至对角线上的数字之和也等于34。从这个纵横图出发，许多的四阶纵横图还可以纷至沓来，难怪人们惊呼它是“神来之图”！

惊叹之余，一些人潜心钻研，找出了纵横图的一些特性。

首先，他们推算出，任意n阶的正规纵横图（即由1到n的2次方的正整数作出的n阶纵横图），它的神秘常数等于n（n平方+1）÷2。其次，正规的三阶纵横图仅有一种（不包括翻转的情况），四阶的有880种，五阶的大约有13000000多种，等等。

数学家们的研究结果告诉我们，纵横图并非出于“上帝之手”，一旦掌握了规律，它的制作易如反掌。例如，在17世纪，法国数学家巴谢就发明了一种求奇数阶纵横图的简洁方法。我们以三阶为例，首先做一个图5a中那样的图形，再把从1到9的数字按照斜线方向排出，最后把虚格中的数字转放到所在行或列与它不相邻的空格中，就得到了一个三阶纵横图（图5b）。除此之外，还有许多求法，例如，求奇数阶纵横图的“印度法”、求偶数阶纵横图的“海尔法”等等，都有许多妙处。

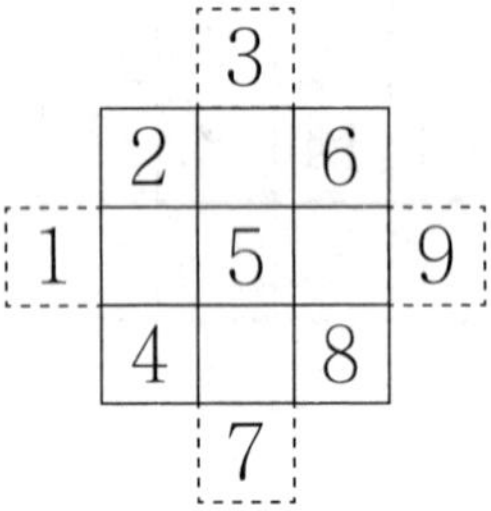

图5-a

2	7	6
9	5	1
4	3	8

图5-b

人们还给出了许多奇怪的纵横图。图6就是一个乘法纵横图，它的每一行的数字积、每一列的数字积，以及每一对角线上的数字积，都等于4096。而图7是字母纵横图，它相对应的行与列中，填着同一个单词。还有“乘—加纵横图”、“立方体纵横图”等等，五花八门，美不胜收。

128	1	32
4	16	64
8	256	2

图 6

G	A	P
A	R	E
P	E	T

图 7

随着科学技术的发展，纵横图的实用价值逐渐地显露 1
出来。在本世纪初，人们指出它与组合分析有关。目前， 9
它已经被广泛地应用于程序设计、图论、人工智能以及对 8
策论等领域之中。 3

9 月 20 日

儿子刚满月不久，妻子身体恢复很好。

今天，跟随王常珠老师到大连，拜见梁宗巨、王鸿钧、鄂永昌、徐利志老师。梁老师是数学史专家，一九八〇年在辽宁人民出版社出版《世界数学史简编》，王常珠老师就是责任编辑。由于出版这本书，梁老师名声大振，王常珠老师在出版社也有了地位。她不是学理科出身，能编出这么好的书，许多人都赞叹不已。我跟随王老师身边，很注意观察，她是怎样团结那么多大数学家的呢？我发现，她很关心这些学者的生活，问寒问暖，还经常帮助他们解决一些家庭困难。王老师的丈夫是老革命，当年在邹韬奋生活书店工作过，"文革"中被整得很惨。那些学者也都是"文革"中的受害者，梁老师挨批斗时，造反派把他的女儿都吓疯了；徐利治老师是数学天才，"文革"时他也被赶到乡下改造，他在田间休息时，还在推演数学题。所以他们都与王老师很谈得来，再加上王常珠老师阅稿极其认真，他们都愿意把书稿交给王老师。此时，梁老师正在准备写《世界数学全史》，徐老师正在为王老师组织一套"运筹学小丛书"。王老师与他们开会时，还经常让我讲几句，我会说什么啊，每次都吓死了。王老师私下对我说，怕什么，面对作者，你一定表现得要有信心，这样作者才会信任你，把书稿交给你。

总之，王常珠老师对我的影响太大了。辽宁大学数学系青年教师吴振奎老师，也是王老师的铁杆作者，那天他对我说："王老师眼睛真毒啊，别看她不是学数学的出身，见一次面，她就能看出来哪一位学者有水平，哪一个年轻人有前途，不过她对你印象很

好。”但王老师一直对我要求很严格，她几次对我说，人的一生很 1
难，会经历很多事情，就像大浪淘沙一样，一时一事的成败都算 9
不了什么，最后能够安全着陆的人，能有几个呢？ 8
3

12月1日

今天，《辽宁科技报》登载我的一篇“科学史杂谈”，题曰《东家流水入西邻——二进制趣史》。此时，我正在读一本名为《周易参同契新探》（湖南人民出版社，一九八二）的书，作者是周士一、潘启明，他们应该是在出书前，先将此稿寄给李约瑟博士，李约瑟回了一封热情赞扬的信，他们附于书中。此书最受我喜爱之处，是作者优美的文字，真是妙极了。尤其是其中对于古诗词的引用，时时处处妙笔生花。我这篇文章的题目，也是从他们的书中转引来的。文曰：

> 谈起二进制，人们马上会把它同现代电子计算机科学联系起来，因为二进制是电子计算机运算的基础。这独特的运算方法发源在我们中华民族的沃土之中……
>
> 这要追溯到公元前1000多年。相传商纣王暴虐无道，曾为排除异端，将周族领袖姬昌（即文王）无辜拘禁。姬昌忍辱负重，壮心不已，潜心推演出著名的经书《周易》。这部书在编排标题时，巧妙地使用符号“—”和“--”进行组合。即每次取出两个符号排列，组成“四象”；每次取出三个排列，组成“八卦”；而每次取出六个排列（有2的6次方=64种排法），就组成了全书64个卦爻辞的标题。
>
> 亲爱的读者，你知道吗？这编排中包含着二进制的原

1983

理和“排列”等数学知识的应用。但是许多年来，《周易》深奥的内容困惑了无数仁人志士，这数学原理的内涵，也落入江湖术士们布下的迷雾之中。正是“不识庐山真面目，只缘身在此山中”。

时至公元17世纪，一位名叫鲍威特的德国传教士，从中国将《周易》和两幅术士们绘制的“易图”带给了德国大数学家莱布尼兹，引起了莱氏极大的兴趣。他虽然对中文一窍不通，但是那神秘的“八卦”和由此衍生出来的“易图”，已使他浮想联翩：多么巧妙啊！仅用两种符号就排列出如此严谨的体系，这里似乎蕴含着一个美妙的境界。在苦思冥想中，莱氏蓦然醒悟：若把《周易》中的“—”记作1，“--”记作0，再按照“逢二进一”的法则，就会用所谓“二进制”表示出《周易》的全部标题。

在《周易》的诱发下，莱氏开始了完善二进制体系的工作。1703年，他发表了《谈二进制算术》一文，列举了二进制加减乘除运算的例子，从此确立了二进制学说。

伴随着时光的飞逝，二进制学说已经逐渐地由数学家的“古玩”，变成现代科学技术的重要基础。它像一只春燕，几乎飞遍了每一个科学原野，也飞回到给予它生命的中华沃土。炎黄的子孙啊，看到这似曾相识的归燕，你想到了什么？

12 月 30 日

这一年就要结束了。这是我真正从事编辑工作的第一年，编辑室又来一位新毕业的大学生常晶，兰州大学中文系。

总结收获，一是写了几篇小文章，都是科普方面的，能够在报刊上发表出去，是我一年中最大的欣慰。再一是跟老编辑学习组稿、审稿、处理日常编辑工作等，相信会对我未来的编辑生涯，产生巨大的影响。还有，此时我也发现编辑职业的一些特点，比如，原本在大学，老师对我们都很严肃，谈话时总有居高临下的感觉。可是我做了编辑之后，发现许多老师、专家和学者的态度都变了，他们不但会平等地与你交流，还会在言谈中、书信中，说出许多客套话，像“听你的意见”、“请斧正”、“你真是年轻有为啊”等等。还有一些老师、同学和朋友，也会拿着书稿跑来，甚至到你家中，求得你的帮助，比如近期来找我的有：

刘国才：省特级教师，省实验中学老师；

王闵东：我的大学同学，大连中学老师；

王恩哥：辽宁大学物理系研究生；

还有许多。没过多久，我们一些年轻编辑就陶醉了、迷茫了，以为自己真的那么有水平，真的在作者面前指手画脚起来，他们最爱说的一句话是：“这书稿的水平真差，还不如我们自己写呢！”那天，我们编辑室文史编辑袁闾琨老师对我说了一段话，很让我受到震动。他说：“记住，作者尊重的是你的职业，往往不是你本人。另外，创作与编辑工作是两件事情，不能混为一谈。我看你很爱写作，这是一个好习惯，但是最好不要在自己工作的出版单位，

出版自己的东西。”袁老师也是一位很有成就的学者，是一位学者 1
型编辑，写过几本专著，是辽金史专家，我经常向他请教学习方 9
法和工作方法，获益不少。 8

另外，这一年晚些时候，我也得到了助理编辑职称，能够比 3
较顺利地完成王鸿宾老师交办的审稿任务。在我手中积压的数学稿子越来越多，快十几部了，我还为此去长春东北师范大学出差一次，见到一些数学老师，他们年龄都不小，一辈子教书，又赶上“文革”时期，大多数老师都没写过书，只会写教学讲义，所以稿子大多很乱，与王常珠老师组织的书稿完全不同，我也逐渐理解了，当初王常珠为什么不肯接手这些书稿的原因。

1984

事件：母亲去世。首次进京组稿。文史编辑室拆分为三个部门，即辽沈书社编辑室、历史编辑室和教育编辑室，不久以教育编辑室为基础，成立辽宁教育出版社。

图书："运筹学小丛书"

文章：《现今最大的素数》,《别具洞天的数学领域——趣谈连续统假设》,《稀世奇珍的"梅森素数"》,《独辟蹊径的思维方式——趣话非构造性理论》,《一个令人慨叹的"规划"——趣话希尔伯特第二问题》,《数学中的可知与不可知——从希尔伯特第十问题谈起》,《在茫茫的数海中——"亲和数"趣史》

人物：欧几里得，欧拉，马林·梅森，史洛文斯基，德皮斯·斯勒文斯基，诺尔，洛克司，科尔，费马，李默，康托，希尔伯特，康斯坦斯·瑞德，亚历山大，李文林，袁向东，哥德尔，科恩，高斯，理查兹，赫姆斯，黎西罗，韦尔，闵可夫斯基，皮尔诺，丢番图，马蒂亚塞维，图灵，毕达哥拉斯，泰比特·伊本柯拉，笛卡尔，王常珠，杨力，吴方，越民义，徐利治，邓乃扬，诸梅芳，华罗庚，王元，罗素，吴振奎，梁宗巨，傅钟鹏，梁宗岱，盖莫夫，阿西莫夫，熊全淹，M·克莱因。

天龍八部

1月23日

今天，《辽宁科技报》刊载我的文章《现今最大的素数》。我追 1
踪这个问题已经很久了，相关的成果，都是国外科学家做出来的。 9
因为他们的计算机发达，近年来，此类运算量巨大的问题，大多 8
与计算机挂起钩来。可能有人会问：做这样的事情有什么意义呢？ 4
起码有两件事会产生出来：其一是在寻找“大数”的过程中，会引发出许多新的数学理论；其二是它们的实际应用也是广泛的，比如“大数分解”，就是军事工业或曰“破解密码”非常重要的理论基础。请读下文：

“素数是无穷多的。”这是古希腊数学家欧几里得给出的结论。但是，古往今来，许多数学家都对寻找世界上已知的最大素数有着极大的兴趣。当你回顾漫长的“数学历程”时，会发现许多妙趣横生的记载。让我们从1772年谈起吧。当时，瑞士大数学家欧拉在双目失明的情况下，证明出2的31次方－1＝2147483647是一个素数。它具有10位数字，堪称当时世界上已知的最大素数。这是寻找“最大素数”的先声。为了避免赘述，我们从欧拉开始，列一个寻找最大素数的年表吧：

1772年，2的31次方－1，10位数字；
1883年，2的61次方－1，19位数字；
1912年，2的89次方－1，27位数字；

1914 年，2 的 107 次方 -1，33 位数字；

1917 年，2 的 127 次方 -1，39 位数字；

1952 年，2 的 2281 次方 -1，687 位数字；

1957 年，2 的 3217 次方 -1，969 位数字；

1959 年，2 的 4423 次方 -1，1332 位数字；

1962 年，2 的 11213 次方 -1，3376 位数字；

1971 年，2 的 19937 次方 -1，6002 位数字；

1978 年，2 的 21701 位次方 -1，6533 位数字；

1979 年 2 月，2 的 23209 次方 -1，6987 位数字；

1979 年 4 月，2 的 44497 次方 -1，13395 位数字；

1983 年，2 的 86243 次方 -1，25962 位数字。

从这个表中，除了欣赏那些大得惊人的素数之外，你可能发现了一个怪现象：怎么都是形如 2 的 p 次方 -1 的素数呢？是的，这种数被数学家们称为“梅森素数”，这是为了纪念 17 世纪法国数学家马林·梅森的贡献而命名的。远在 1644 年，梅森就推测：2 的 31 次方 -1 和 2 的 127 次方 -1 是素数（他还推测了几个数字，是错的），但他没有给出证明。其中的“2 的 127 次方 -1”，直到 200 多年后才被证明，它是电子计算机诞生之前的最大素数。到目前为止，人们才找到 28 个梅森素数。并且按照年代，它们始终列于“最大素数”之首。多年来，谁也未能打破这种局面。

近几年，随着数字的增大，每一个“最大素数”的产生都艰辛无比。但依然存在着激烈的竞争。例如，1979 年 2 月 23 日，当美国数学家史洛文斯基宣布：他找到了“2 的 23209 次方 -1 是素数”时，人们告诉他：在两个星期之前，著名的诺尔先生就已经给出了同样的结果。为此，

> 史洛文斯基潜心发愤，终于在 1979 年 4 月和 1983 年，用计算机找到了两个更大的素数。

有趣的是，此文尚未发出，报社的编辑发现，又有报道说，有人发现了更大的素数。于是，他在我的文后注道："据《天津科技报》，美国的德皮斯·斯勒文斯基最近用超级计算机算出一个新的梅森素数：2 的 132049 次方 -1，它有 39751 位数字，这是截至去年年底，人类发现的最大素数。——编者"显然，这里的"德皮斯·斯勒文斯基"，就是我文中提到的那位"史洛文斯基"。

3月1日

今天接到出版局通知，把我借调到整党办公室工作。愁死我了，两面兼顾吧，“文革”的经历，家庭的遭遇，使我心底充满了对于政治运动的反感。

3月12日

今天，《辽宁科技报》刊出我的文章《别具洞天的数学领域—— 1
趣谈连续统假设》。我写这篇文章，与我最近的阅读有关。我正在 9
读《希尔伯特——数学世界的亚历山大》一书，这是一部传记，写 8
的是德国大数学家希尔伯特的故事。它的作者是传记作家、数学爱 4
好者康斯坦斯·瑞德，译者是数学家李文林、袁向东。显然，没有一定的数学知识，是没有办法写成此书、译成此书的。但是，读者却不一定是数学家或数学爱好者，瑞德的文笔好，叙事深入浅出。读着这本书，我就想，在20世纪初的数学大会上，希尔伯特发言的题目叫《数学问题》。他宣称，在新世纪到来之际，有哪些数学问题需要我们攻克呢？他提出了二十三个数学问题。说实话，我一个学数学的人，见到这些问题，不用说解决，有些题目连看都看不懂。所以我产生一个想法：能否把它们用科普的语言叙述出来呢？于是，我就从“希尔伯特第一问题”入手，即“连续统假设”。文章如下：

有人问：“自然数1，2，3，……的个数是多少？实数的个数是多少？”智者答道：“你数一数天上的星星吧！”是啊，在一望无际的宇宙中，谁曾探索过无限远处的奥秘？那是神话的世界，是一片无人把守、也无人涉足的地方。

但是，数学是思维活动的领域，在那里，无限与有限之间，只有一步之遥。早在1874年，年仅29岁的青年康托就大胆地闯进了这个领域。当然，康托也无力数出自然数或实数的个数，但是就像天文学家不知道星星的个数，却能够研究其特性，并把它们划分为恒星、行星和卫星，康托也发现了这些无穷集合的许多美妙的特征。例如，他曾证明：假设自然数一共有A个，实数一共有B个，则B=2的A次方。这个结论告诉我们，实数的个数比自然数多，即A＜B。当然，像自然数与实数这样的无穷集合还存在，若把每一个无穷集合的元素个数设为A_n（n=1，2，3，…）并按大小排成一列，A_1，A_2，A_3，…（成为超限数），它就像一行递增序列一样。1878年，康托猜想：在这个"递增序列"中，自然数的个数与实数的个数是紧挨着的。正如1和2或n和n+1一样。这个猜想就是著名的"连续统假设"。

最初，血气方刚的康托把这个问题看得太简单了。他几次在文章中许愿，不久将给出证明，却一次次食言。1882年，他甚至宣布已经做出了证明，结果还是不见下文。而他自己却因为不断的辛劳和世人的诽谤，患了精神抑郁症，在数学蓬勃发展的20世纪初，忧郁地死在精神病院中。

1900年，数学大师希尔伯特把"连续统假设"列为他提出的23个数学难题中的第一个，号召人们为之奋斗。1925年，他在《论无限》一文中宣布，他已经找到了解决"康托猜想"的方法；但人们很快发现，希尔伯特使用了一个错误的命题，证明无效。

两位大师的失败令人深思。1938年，哥德尔试图否定这个猜想，却意外地证出，在集合论ZFC公理（类似于几何学中的欧几里得公理）系统中，不能推出这个猜想的否定式。1963年，科恩又惊人地证明，在ZFC公理中，也不能推出这个猜想的肯定式。结论是，在这个现行的公理体系中，连续统假设是不可判定的，正如人们仅用圆规和直尺，不能三等分任意角一样。

人们知道，要想三等分任意角，需要引用新的工具。现在看来，要想解决“康托猜想”，只有构建新的数学体系了。至今，它仍然是一大数学难题。

1984

4月1日

今天收到三月刊《青年科学》，上面刊载我的文章《稀世奇珍的“梅森素数”》。在数论中，梅森数是一个结点。它与费马数、最大素数、大数分解等许多问题都联系在一起，我对它的历史产生了浓厚的兴趣。此文实际上是一月份《辽宁科技报》那篇文章的续篇，全文共分为五段，第一段“从最大素数谈起”，就是上面那篇文章了。接着，我写道：

名字的由来

马林·梅森是十七世纪法国数学家，形如2的p次方-1的素数，就是用他的名字命名的。其实这工作并非从梅森开始，在公元前300多年，古希腊学者欧几里得就已经开创了这项工作。但是到17世纪为止的两千多年间，人们仅找到了较小的几个：2的2次方-1，2的3次方-1，2的5次方-1，2的7次方-1，2的13次方-1。随着数字的增大，许多人都对庞大的验算量摇首咂舌，一筹莫展。这一切强烈地吸引着梅森，他早年就矢志解开这个千古之谜。几十年间，他同大数学家费马一起，求出了此类数字的许多重要性质。1644年，年过半百的梅森，在Cogitata一文中毅然宣布，他除了验证出p=2、3、5、7、13、17和19时，2的p次方-1是素数外，他还大胆猜测：

当 p=31、67、127 和 257 时，2 的 p 次方 -1 也是素数。 1
这一猜测引起数学界的极大震惊，因为其中最小的 2 的 31 9
次方 -1 也是一个近百亿的大数，人们多想知道梅森的根 8
据和方法呀！然而，当时的梅森已经年迈力衰，4 年后就 4
溘然长逝了。人们的希望同梅森的生命一起，泯灭在流逝
的时光之中。

欧拉的贡献及其他

时至 1707 年，正当人们悲叹“后无来者”时，瑞士大数学家欧拉诞生了。欧拉的天才举世公认，但是，也许需要欧拉解开的“千古之谜”太多了，或者梅森数大得人力所不及，直至 1772 年，已经双目失明的欧拉才验证出：梅森猜测中的 2 的 31 次方 -1 是素数！这宛如“东方的微光，林中的响箭”，为后人的工作带来希望。欧拉的艰辛也明示人们：伟人已不能及，看来必须寻找解决“梅森猜测”的捷径！果然，在 1876 年，一位法国数学家洛克司做出了一个推证梅森数的公式，把它同一些计算机械结合起来，人们陆续证出：当 p=61、89、107 和 127 时，2 的 p 次方 -1 也是素数。这说明，按照发现的顺序，梅森漏掉了 3 个较小的素数。

当 p=67 和 257 时，2 的 p 次方 -1 是素数吗？

人们开始怀疑“梅森猜测”的纯洁性了。有遗漏，是否还有谬误？首先是 2 的 67 次方 -1，人们为分辨它的真伪煞费苦心。直至 1903 年 10 月，在美国纽约市的一个数学会议上，当人们请著名的科尔教授作报告时，他走上讲台，一言不发，首先在黑板上将 2 的 67 次方 -1 全部展开，又将数字 193707721 和 761838257287 相乘，结果与前面的展开式完全相同！顿时，全场掌声雷动，因为科尔证明了 2 的 67 次方 -1 是一个合数。他清除了困扰人们 200 多年的疑团，是梅森错了。有人问科尔：“为了证明这个问题，你花费了多少时间？”他平静地说：“三年内的全部星期天。”澄清“梅森猜测”的最后一步是证实 2 的 257 次方 -1 是不是素数。它具有 78 位数字，是产生电子计算机之前，被人们怀疑为素数的最大数字。怎样验证呢？想重演科尔教授的那一幕喜剧吗？不可能。因为这数字太大了，笔算根本无法求出它的因子。20 世纪初，美国一位名叫李默的数学家，对数论研究造诣极深，他深为梅森猜测所迷恋。1930 年，李默改进了洛克司方法（这种方法一直沿用至今），并用新的思想方法修正了古老的筛法。终于在 1931 年，李默以苦苦推演 700 多个小时为代价，得出结论：2 的 257 次方 -1 是一个合数。后来，在 1952 年，美国的一台高速计算机 SWAC 验证这一结果，它仅用了 48 秒钟。至此，梅森猜测真相大白了，他说对了两个素数，说错了两个素数，其间还丢掉了三个素数。

后继的工作

伴随着电子计算机的产生，寻找更大的梅森素数已成为现实。1953年，那台SWAC计算机一举求出了5个梅森素数。即M512、M607、M1279、M2203和M2281。后来，人们又陆续作出M3217、M4253、M4423、M9689、M9941等28个梅森素数。

5月5日

我与杨力第一次到北京出差。我们此行的主要目的是去中国科学院应用数学所，拜见一些数学家。此事的起因是为了编辑一套“运筹学小丛书”，这套书的主编是大数学家、大连工学院徐利治教授。

其实，这套书稿是王常珠老师交给我们的老选题。王老师组织这套书稿已经有几年了，因为徐先生和那些数学家太忙，一直没有动笔。后来我们这些学理科的人被分配到编辑室，王老师就把理科的选题和书稿陆续地转交给了我们，“运筹学小丛书”就是她交给我和杨力的选题。去年刚到编辑室时，王常珠老师还带我们去大连，专门拜访过徐先生。此后，我又与徐先生通了电话、写了信。徐先生回信，将作者名单列了出来，他们大部分都在北京，所以徐先生希望我们去一趟北京，再落实一下写作任务。

到了应用数学所，那些大数学家都忙得不可开交。所长吴方与我们认真谈了一会儿，他也是华罗庚的大弟子，当年的才智与王元齐名，有“一圆一方”之美誉。吴方为小丛书写《线性规划初步》。在他的安排下，我们总算见到了大部分作者，逐一落实了任务。其中，有一位核心人物是越民义。越先生是老前辈，年龄大了，一般不到单位来上班，我们就去他的家中拜访。他写的书为《运筹学介绍》。

补注：这是我初次拜访一位大科学家，去时还真有些紧张。后来，我在二〇〇三年的一篇名为《谦虚的力量及其本原》的文章中还写道：“每

> 当我们叩开大学者的房门，他们最多的一致性，就是一个‘谦’字。谦逊，谦和，谦顺，谦恭……不同的才华，大同的谦虚，那是一种美德，一种风度，一种共同的规范。可是，他们如此不约而同，却让我震撼，让我思考！上世纪八十年代初，我刚做编辑不久，为出版‘运筹学小丛书’，赴京拜见数学家越民义先生。那是我参加工作后第一次出差，第一次到大学者的家，约定下午三点，我们准时到达。我清楚地记得，越先生已经准备好，他穿着一身深灰色的对襟罩衫，整齐干净，脸上含着微笑；即使我们是小小的晚辈，他的坐姿依然那样正式，谈吐那样谦和。一缕午后的阳光洒在越先生的身上，金色的，传统的，那情景使我至今难忘！其实，我所感动的，不单是他的学识，更是他温文尔雅的态度！”

说一点儿题外话。这是我第一次来北京，我与杨力两个人，每人提着一个旅行袋，与当年的下乡知识青年没有什么两样，其实我们俩本来都是知识青年出身。到了北京，我们连招待所都没住上，就住在杨力的妹妹（她在北京工作）为我们借的一间房子里。那里只有一张双人床，我们也只好“同居一床”了。北京太大了，我们出门见作者，上了公共汽车，一逛荡就是好几个小时。加上路不熟，找人还不顺利，第二天我一股火上来，嗓子全哑了。在与吴方那些数学家谈话时，只好让杨力一个人说，杨力的话又少，我站在旁边干着急。那些数学家都很洋派，许多是从国外回来的。他们看到我们俩灰头土脸、惊慌失措的样子，都善意地笑起来，本来傲气十足的态度没有了，对我们反而温和、关照了许多。

此行，我们还去见另一本数学专著《最优化方法》的作者邓乃扬、诸梅芳夫妇。我们按照线路图坐上公共汽车，就觉得他们住的那个地方有无限远。总算到了，谈完稿子，邓老师夫妇非要留我们吃饭。这还了得，我们刚做编辑不久，老编辑反复对我们说，吃作者的饭、拿作者的东西，那是一个原则问题，职业道德问题，绝对不准许。所以，我们俩起身就跑，这一下可把他们急坏了，尤其是那位邓乃扬老师，事后杨力说，邓老师一定是运动员出身，那手也太有劲了，抓住我们的胳膊，怎么都挣不开，把我们的手腕子都撸红了。最后，我们还是跑了出来，我回头看到他们夫妇站在楼前，表情失望极了。

书稿谈完了，杨力的妹妹犒劳我们，给我们做了一锅菠菜氽丸子，大米饭。那丸子真大，那顿饭真香。我们还上街去买北京特产，在买龙须面时，要收粮票。我们俩蹲在柜台下面查全国粮票，商量着价钱是否合适，因为我们为了到北京出差，专门换的全国粮票，而用地方粮票换全国粮票是要扣豆油的。等我们抬头一看，几个营业员都从柜台上伸出头来，好奇地看我们蹲在那里做什么。

回到单位之后，由于我们没住招待所，没有宿费，报账时还写了说明书。

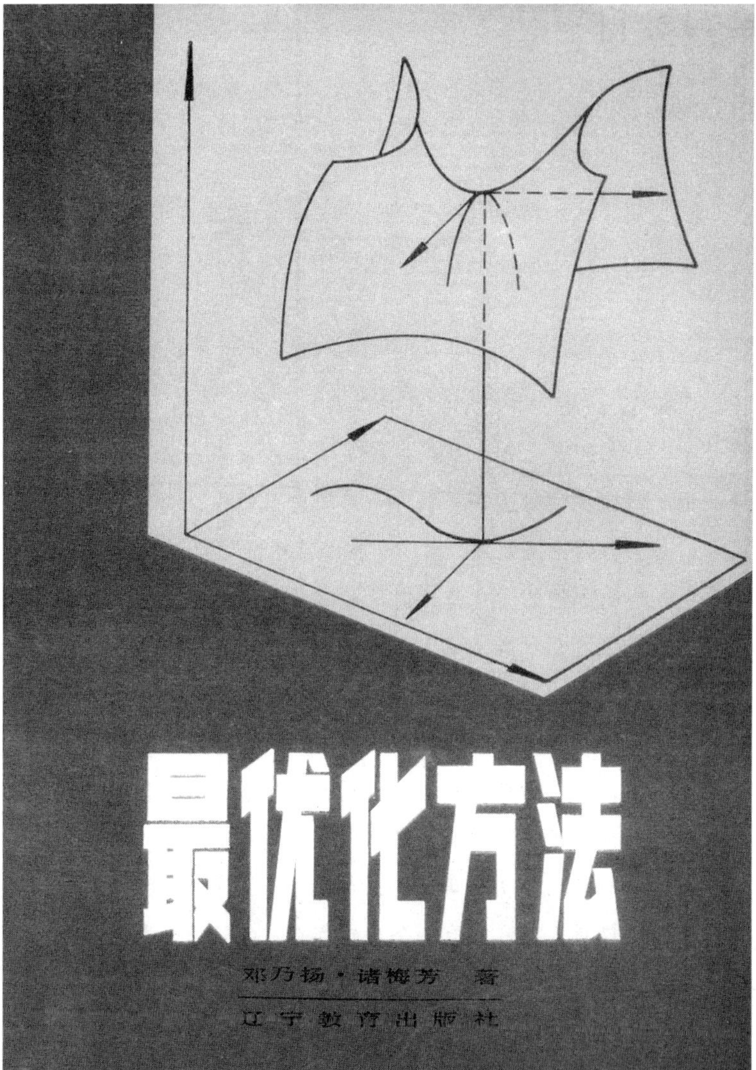

1
9
8
4

8月2日

我又写了《独辟蹊径的思维方式——趣话非构造性理论》，发表在今天的《辽宁科技报》上。文章如下：

> 在1796年，年仅19岁的高斯，用圆规和直尺作出了正17边形，并证明：凡是以费马素数为边的正多边形，都可以用规尺作图。这一段脍炙人口的故事，久为后人传诵。然而，你知道吗？在这个定理的证明中，高斯使用了一种独特的论证方法，即“非构造性理论”。
>
> 这类方法的大意是，对于某事物，即使无法直接找到它，只要利用间接推理确定它的存在，就是有效的证明。高斯的证明正是这样。你看，人们至今才找到五个费马数，即3，5，17，257和65537，还不知道是否有更大的费马数，并且高斯也没有给出更大的正多边形的做法，却巧妙地证明了费马素数的可作图性。这正显示了非构造性理论的威力。正如数学家韦尔所说：“这种方法的奥妙在于，它仅对人类宣布有一个珍宝存在，但没有泄露它在什么地方。”
>
> 非构造性的思维方法非常有用，许多著名定理的证明都是非构造性的。例如，欧几里得没有给出确定第几个素数的方法，却证出“素数是无限多的”。本世纪初，李默无力找出2的257次方的真因子，却肯定地证明了它是一

个合数。还有费马大定理、选择公理等证明，都是非构造 1
性的。美国当代数学家理查兹说：“这种方法体现了数学 9
家的创造力，也是他们与墨守成规的实践者的区别所在。” 8

但是，19世纪以来，一些直观主义者却怀疑非构造性 4
理论在无限意义上的可靠性，因为许多非构造性的证明都是无法彻底验证的。他们认为，间接推理的重要依据排中律（即肯定每一句有意义的话不是真的就是假的），在无穷集合上是不成立的。对此，著名数学家希尔伯特反驳说：“禁止数学家用排中律，就像禁止天文学家使用望远镜或拳师用拳一样。”

直观主义者还想在有限范围内，找出非构造性证明的错误。例如，1832年，一位德国人黎西罗不畏艰苦，作出了正257边形；继而，赫姆斯用10年时间，作出了65537边形，仅手稿就有一大箱子，至今保存在德国哥廷根大学中。对于此类事情，理查兹风趣地说：“事实上，如果数目很大，那个‘彻底搜查’是愚不可及的。数学家的‘一览无余’不是逐一枚举，而是巧运新思。”

8 月 15 日

前不久，总算从出版局整党办公室解脱出来，因为出版社工作太忙，同意解除对我的借调，让我长舒一口气。那几个月啊，整天坐在办公桌前，谈话、汇报、写材料，形式上与此前的政治运动大同小异，很让人无奈。

不过我最大的乐趣是读金庸的武侠小说，一位印刷厂的朋友，不知从哪里弄到一套香港版的插图本金庸武侠小说，印装都漂亮极了。我躲在办公室里，一看就是一天，最痴迷的是《天龙八部》，接着是《射雕英雄传》、《雪山飞狐》，后来那套"港版金庸"传看丢了，我就去找盗版来读，其实也无所谓盗版，文艺类出版社拿来就印，好像也无须授权，不付版税。但是，那套港版的书最让我难忘，那才叫书呢！当然，梁羽生、古龙的作品，我也很喜欢，却总觉得，其所思所想，还是达不到金庸的境界。

8月30日

我的连续文章《一个令人慨叹的“规划”——趣话希尔伯特第二问题》，载于今天的《辽宁科技报》。这也是二十世纪初，希尔伯特提出的二十三个数学问题之一。文曰：

> 1900年，德国数学家希尔伯特提出了23个尚未解决的数学问题，其中的第二个问题是“算术公理的相容性问题”。这一问题的提出，被后人誉为“数学史上的一个创举”！伴随着它的研究，数学家们付出了极大的艰辛。
>
> 人们知道，数学的内容是由大量的定理组成的。它们通过逻辑推理逐一导出，达到浑然一体。可是，如果溯流而上，寻找定理的根源，又会发现，一些直接承认下来的内容被称为“公理”。例如，几何学中的“一条直线上至少有了两个点”等内容，就是几何学中的公理。这种由公理引出数学知识的方法，叫作数学的公理化。它已经产生和发展了2000多年，被人们珍视为“数学大厦的基础”。
>
> 但是，“希尔伯特第二问题”却提出，要对于下述问题给出证明：在算术的公理体系中，公理之间是否相互独立（独立性）？每一个定理是否都可以由它们推出（完备性）？根据它们的推理，会不会引出矛盾的结果（相容性）？
>
> 这个问题的提出，曾经引起许多人的非议。因为严整的数学结构，就是建立在公理化体系之上的，所以有人认

为，这个问题没有价值；也有人认为，解决它易如反掌。例如，在希尔伯特发言后的讨论会上，数学家皮尔诺就声称，他的一位同胞已经解决了所谓“第二问题”，就连希尔伯特本人也认为，只要用一些熟知的逻辑方法，就可以得到结论。然而，此稿的审阅者、数学家闵可夫斯基却认为，这是一个具有独创性的问题，要准备一场与哲学家的战斗！事实却不幸被他言中了。

仅在两年之后，数学家罗素发现的悖论，说明了逻辑的缺陷，进而也说明，仅用传统的方法去解决“第二问题”是不可能的。但是，究竟用什么方法呢？希尔伯特为此苦思不已，并且整整沉默了十几年。

1922年，希尔伯特面对众多学派的挑战，毅然提出一个气势恢宏的“规划”，即所谓“希尔伯特规划”。在这个规划中，他为解决公理相容性问题，创立了一个崭新的数学理论——元数学（即超出数学的理论）。在希尔伯特的后半生中，他辛勤地致力于“元数学”的完善工作。他满怀着乐观主义精神，一次次宣称“规划”即将实现，解决“第二问题”已指日可待！

但是，就在希尔伯特退休的那一年（1930年），人们告诉他一个不幸的消息：一位25岁的青年哥德尔，天才地证明：用“元数学”解决不了“第二问题”，希尔伯特规划宣告失败。

直到今天，“希尔伯特第二问题”仍未解决。但是，人们慨叹之余，依然看到，元数学虽然没有按照希尔伯特的愿望解决“第二问题”，它却为数学领域打开一扇窗子，引导人们解放思想，展望数学的未来和方向。

11 月 26 日

今天，我的又一篇短文《数学中的可知与不可知——从希尔伯特第十问题谈起》，发表在《辽宁科技报》上。文曰：

数学的本质是什么？数学家希尔伯特说，就是提出问题和解决问题。那么，凡是提出的数学问题都可以解决吗？希尔伯特又说：“数学中没有不可知！”这一句充满乐观主义的名言，久为后人传诵。但是，事与愿违，从本世纪 30 年代以来，人们却在数学中发现了一些“不可知”的问题，引起极大轰动。例如，著名的“希尔伯特第十问题”，就是一个“不可知”的问题。

这个问题是针对丢番图方程提出来的。所谓丢番图方程，是指具有有理整系数的方程，这里仅研究它的整数解。例如，方程 2x 的平方 $-4y=3$，它没有整数解；而方程 $4x-y=3$ 却有许多整数解。那么，对于许许多多的丢番图方程，究竟哪个有解，哪个无解呢？希尔伯特在第十问题中认为，可以建立一种方法来判定它们。为了得到这个方法，数学家们整整奋斗了半个多世纪，仍然莫衷一是。直至 1970 年，一位年方 22 岁的苏联青年，惊人地证明：希尔伯特所期望的“判定方法”是不存在的，即“第十问题”是不可解的。

说到“不可解”，人们可能想到，大概是问题太难了，解不出来；或者是因为条件限制，才不可解，例如，仅用圆规和直尺三等分任意角就是不可解的。不，这是截然不同的两回事。“问题难”，显然不影响它的“可解性”；而对于“三等分任意角”，只要取消对“工具”的限制就可解了。但是，像“第十问题”这样的问题，是用任何计算方法都解决不了的。对此，1936年，英国20岁的青年图灵曾经作出了开创性的研究，他从理论上证明了“不可解问题”的存在，并且建立了判定的方法。此后，人们又陆续地发现了一些不可解的问题，例如，不可解的字问题，停止问题，以及上述希尔伯特第十问题等等。这样一来，数学问题就被划分为“可知”与“不可知”的两大类了。

不可解问题的出现，似乎降低了数学计算的威力。其实不然。实际上是人们计算了几千年之后，刚刚明确地认识到“计算”的真实意义。另外，通过对上述问题的研究，图灵早在电子计算机产生之前，就在理论上证明了它的可能性和适用范围。即凡是可计算的问题，在理论上都可以通过计算机解决；而不可解的问题，就是计算机也无能为力。

12 月 5 日

今天收到《中学生数学》第六期样刊，我急忙翻开，在“数学 1
史话”的栏目中，我见到了自己的名字。此文的题目是《在茫茫 9
的数海中——“亲和数”趣史》，一时间，我兴奋极了。 8

这是一本中国数学会主办的科普杂志，在大学时，我们作为 4
师范院校的学生，也是要订阅的。那时，我真的十分敬佩在杂志上写文章的作者，我的许多课本以外的数学知识，都是从这本杂志上学到的。今年，我在写科普文章的时候，大部分稿子都投到省内的刊物上，我毕竟是一个刚刚毕业的大学生，还不敢向全国性刊物上投稿。但是，半年前，我的作者吴振奎老师对我说：“我看你的文章很不错，数学基础就不用说了，你的文字功底也很好，我看你可以向《中学生数学》那样的杂志投稿，拓宽你的科普创作天地。”我就试着将这篇文章自然投稿，寄给了《中学生数学》编辑部。没想到他们真的采用了，我怎么能不兴奋呢？我的那篇文章写道：

数学的许多原理非常微妙，而发现这微妙的原理，往往又伴随着一些神奇的传说。

1 数学大师妙语惊人

据传在公元前 500 多年，在古希腊美丽的克罗托那城中，毕达哥拉斯学派正在讨论“数对于万物的作用”。一位学者问道：“在交结朋友的时候，存在数的作用吗？”毕达哥拉斯答道：“朋友是你灵魂的倩影，要像 220 和 284 一样亲密。”这话说得有些蹊跷，两个数字怎能谈得上“亲密”？毕达哥拉斯接着宣布：神默示我们，220 的全部真因子之和 1+2+4+5+10+11+20+22+44+55+110 恰好等于 284；而 284 的全部真因子之和 1+2+4+71+142 又恰好等于 220。他们是一对奇妙的“亲和数”。

毕达哥拉斯的妙喻使学者们惊呆了，折服了。

2 漫漫长夜中的微光

“亲和数的关系太微妙了。”数学家们在赞叹。然而关系愈微妙，它潜在的规律性就愈深邃。再加上神秘色彩的渲染，使这对珍奇的亲和数，孤独地度过了 1500 多年的漫漫长夜。

时至公元 7 世纪，在古老的巴格达城中，出现一位伟大的博学者泰比特 · 伊本柯拉。他是医生、哲学家和天文学家。暇余之际，他对亲和数的特性潜心思索，竟然惊人地发现了一个求亲和数的公式。即设 $a=3\cdot2$ 的 x 次方 -1，$b=3\cdot2$ 的（$x-1$）次方 -1，$c=9\cdot2$ 的（$2x-1$）次方 -1，这里，x 是大于 1 的正整数，则当 a、b 和 c 为素数时，2 的 x 次方乘上 a 乘上 b 与 2 的 x 次方乘上 c 是一对亲和数。泰比特 · 伊本柯拉给出了公式的证明，并验证，当 $x=2$ 时，就得到了 220 和 284。这一发现像长夜中的微光，点燃了寻找亲和数的希望之火。使围绕着亲和数问题的神秘色彩一扫而光。令人惋惜的是，泰比特 · 伊本柯拉并没有给出新的亲和数。

又过了700年，法国的数学界迸发出几束夺目的光华。在1636年，“业余数学家之王”费马再度独立地证明了泰比特·伊本柯拉公式，而且准确地给出了第二对亲和数：17296和18416。继而，另一位数学大师笛卡尔在给一位朋友的信中，又准确地给出了第三对亲和数：9363584和9437056。两对新的亲和数的发现，震动了数学界，这多么像后代在按照先祖的谶言寻找稀世的珍宝！从而使许多数学家都投身于这场“寻宝”的竞争之中。

1 9 8 4

3 两个100年后的启示

费马与笛卡尔以后约100年，伟大的数学奇才欧拉诞生在瑞士的国土上。亲和数的问题，当然不会在他超人的思维中溜过。1750年，欧拉宣布：他一举求出了2620和2924，5020和5564，6232和6368等60对亲和数（一说59对）。这样的战绩，使他在“寻数”的争夺中独占鳌头。

可是，又过了100年，奇迹出现了。在1866年，一位年仅16岁的孩子竟然正确地指出，前辈们丢掉了第二对较小的亲和数：1184和1210。这戏剧性的发现，使数学家们十分惊讶。

年轻的同学们，这一历史事实将会激励你们的雄心壮志，愿你们努力，将来也能超越杰出的前辈。

4 驶向“数海”深处

根据20世纪70年代的统计，人们已经找到了1200

对亲和数。并且，伴随着科学的发展，人们还找出了更加奥妙的“高阶亲和数”——联谊数。即，按照亲和数的运算法则，从一个数出发，经循环，还可以回到原数。例如，12496是一个5阶亲和数，其循环为：12496-14288-15472-14536-14264-12496。

无穷无尽的数字啊，像辽阔的海洋，那大海深处蕴含着一个五彩缤纷的世界。而数学家们，不断地发掘着大海深处的奥秘，把无价的珍宝献给人类。

12月15日

这一年，在我身边发生最大的事情，是编辑室分家，由一个文史编辑室列分为三个编辑室：历史编辑室、辽沈书社和教育编辑室。后来教育编辑室又改为辽宁教育出版社。最初的负责人是王若老师，后来成立出版社，组建班子由王鸿宾、马华和沈国经三位组成，王鸿宾任常务副社长，主持工作。王若退休。我们几位理科编辑都来到辽宁教育出版社。出版社成立之初，领导班子就闹不团结，上级领导几次做工作，都解决不了问题，班子被戏称为“一匹马，一头牛，一只驴”，不能在一个槽子里吃草，走不到一起来。就这样整整闹了大半年，我们几个年轻人倒不大理会这些事情，谁是谁非也搞不大清楚，反正我们都经历过“文革”时期，知道人与人之间的紧张关系，还没有完全消除。此时的我，却有些自由主义、无政府主义倾向，做人做事愿意走独善其身、我行我素的路径，静观时变吧，这样的局面，总不会无休止地发展下去。

12月31日

回顾这一年，我重点做了三件事情。

其一，我的绝大部分精力，都用在帮助老编辑处理书稿上。主要是“大学自学丛书”数学部分，从去年开始接手，二十多本，每本都是几十万字。由于这套选题是委托东北师范大学数学系组织编写的，所以每本书都是多作者创作，系主任按教研室安排写作任务，就像生产队派活儿一样，每一个老师都想多写一点，结果字数涨得一塌糊涂。我每天趴在桌子上看稿子，没想到用力过度，很快眼睛就出了问题，得了一种“飞蚊症”，整天有一些小黑点儿在眼前飞来飞去。我去看大夫，大夫给我看了眼底后说，主要是疲劳所致。你还很年轻，眼睛并没有发生新的病理变化。应该是你在胎儿发育期，眼睛晶体内的杂质吸收不好；这一年你用眼过度，将这些东西激发出来了。但是，你也要注意了，这是一个危险的信号。

有什么办法呢？领导催得太急，我初来乍到，又想好好表现，就玩命干吧。年末，编辑室的编辑们开玩笑，评这一年中“最可怕的声音”，就是“俞晓群的打号机声”。发稿前，我们用打号机打页码，我经常一打就是一千多页，弄得打号机的位数都不够用了。我的办公桌在办公室的中央，周围坐着一圈老编辑；我哐当哐当的，一打就是一个上午，把他们都震晕了。

其二，经过去一年的写作试验和心理准备，今年，我重点做了一件事情，那就是科普创作。一年中，我一共写了近十篇不大不小的文章，有一万多字，都陆续发表了。尤其是《中学生数学》采用了我的文章，让我对自己更有了信心。我发现自己酷爱写作，虽然文字不太好，但我总是充满了热情，一点一点地修改、思考，总是心甘情愿地苦自己、使自己孤独。因为我追求文章发表后的快感，那种体验销魂蚀魄，无以复加。所以，我下定决心，希望自己能伴随着出版工作，在写作的道路上走下去。

我是学数学出身，毕业后来到出版社。此前，辽宁出版局下属的出版社，除了科技出版社之外，其他出版社和编辑室是没有理科编辑的。当时，我被分配到人民出版社文教编辑室，室内的所有老师都是文科出身，受他们的影响，我们一开始就对自己的文字水平极为重视。另外，我最初接触的作者，也对我产生了很大的影响。他们一位是数学史专家梁宗巨，他是梁宗岱的弟弟，出身名门，他写《世界数学史简编》，通篇的文字好得不得了；还有傅钟鹏，他是一位建筑总工程师，业余时间搞科普创作，那文字写得像小说一样，有一些数学工作者不理解傅先生的文字风格，问道：他怎么能听到远古时代数学家“踢踏踢踏”的马蹄声呢？再有就是吴振奎，他也是一位痴迷的数学科普作家，经常为你讲解一个个诱人的数学难题。这三位学者都是老编辑王常珠老师的铁杆儿作者，我一到编辑室就跟着王老师打下手，很快就与上面的三位先生熟悉了，不但熟悉了人，也熟悉了他们的文字。这两年，我一直在模仿他们的写作风格：模仿梁先生的细心与严谨，模仿傅先生的博学与文采，模仿吴先生的勤奋与机智。总而言之，我是希望自己能走上他们那样的人生道路。

其三，我正在摸索着出版人的一种文化生活方式，即编辑、阅读与写作之间的有机结合与互动。两年来，我大量地购买和阅读科普图书，像《希尔伯特》（李文林、袁向东译），《从一到无穷大》（盖莫夫），《古今数学思想》（克莱因，四卷），《数论史》（英文），《数的趣谈》（阿西莫夫），《初等整数论》（熊全淹），《谈谈素数》（王元），《初等数论教程》（华罗庚），《世界数学史简编》（梁宗巨）等等，大约有一百多本。

在阅读的基础上，我一方面写文章，另一方面开始构思选题。虽然我只是一个助理编辑，但是我不大甘心于坐等现成的书稿，我真的渴望能够早一天拥有“自己的作者”。现在，我的思路已经日渐清晰起来，就从“数字史”入手，继续展开我的写作与组稿。

补注：这样的准备，后来产生了两个成果，一个是我的第一本独立创作的著作《自然数中的明珠》，另一个是我独立组织的书稿“世界数学名题欣赏”丛书。

1985

事件：任理科编辑室主任，启动“世界数学名题欣赏”丛书，策划《数理化信息》。

图书：“中学数学自学与研究丛书”，《不等式启蒙》

文章：《一百多年前的高斯猜测获解》，《数学家中的怪杰》

人物：贾非贤，王大路，金炎午，王常珠，魏运佳，赵秉忠，那英，姚玉强，吴振奎，希尔伯特，胡久稔，单墫，丢番图，陈省身，张运钧，徐利治，马忠林，梁宗巨，王前，王守理，杨力，刘文，王中烈，刘子静，杨振宁，赵多良，卡丹，巴巧利，塔塔利亚，费罗，莱昂纳多，布尔，伏尼契，王鸿钧，方嘉林，唐敖庆，朱水林，洪声贵，陈方培，刘振鹏，袁履冰，王一川，管梅谷，丁光桂，楼世拓，姚琦，杨东屏，郑毓信，林钧岫，洪盈，曹元宇，李迪，李文林，潘吉星，张奠宙，邓乃扬，胡作玄，李约瑟，约翰·冯·诺伊曼，越民义，采格尔，格里斯，高斯，海尔布伦，林富特，斯塔克，贝尔，哥特弗德，陈景润，张锦文，蒋声，罗见今，孙琦，周玉政，傅钟鹏。

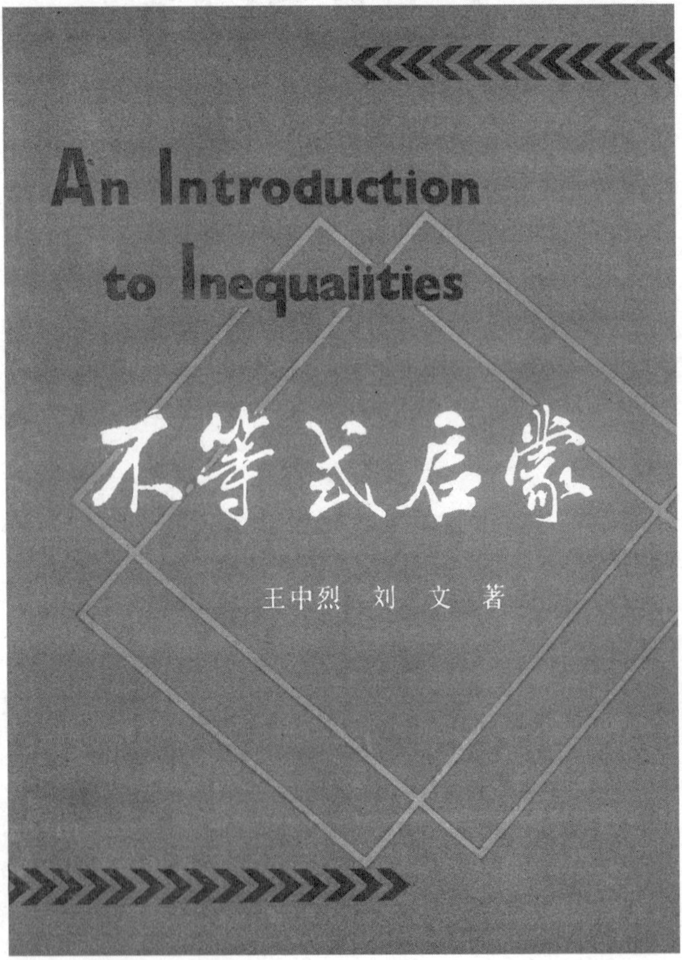
An Introduction
to Inequalities
不等式启蒙
王中烈 刘 文 著

1月10日

辽宁教育出版社的班子问题终于得到解决，出版局委派贾非贤出任社长兼总编辑。

贾原来是春风文艺出版社的社长兼总编辑，不知为何要到辽教社来。一九八二年我刚到出版社时，他还在辽宁人民出版社政治编辑室当编辑。当时政治编辑室人才不少（补注：后来出了好几位总编辑），像王大路在其中，只是最小的助理编辑。贾非贤很有才气，说话很冲，说不好一句话能把你顶到南墙上去，因此在“文革”中受过打击。据说在一次编务会上，王大路做事不慎，被他暴损过一次，从此大路再不敢在他的面前狂妄。

贾非贤解释说，他到教育社来也有些戏剧性。有一天晚上吃完饭，他在院内散步，遇见出版局局长金炎午。金随口说：“现在教育社很乱，没人敢去接那个烂摊子。”贾非贤是争强好胜的人，他接话道：“我去如何？”金说：“军中无戏言。”结果贾就离开了春风社，来到了教育社。

贾非贤是绝顶聪明的人，他主张“得青年者得天下”，对我们这些新人颇为扶持。此时理科编辑室的负责人王常珠老师已近退休的年龄，还有几位老同志都被贾任命为“直属编辑”，而让我们一些中青年编辑，一步跃上编辑室主任的正职。在这批新提拔的干部中，大多是“文革”前的老大学生，像文科编辑室的魏运佳，历史编辑室的赵秉忠，都是五十年代、六十年代的大学毕业生，当过多年的中学老师（补注：魏老师还教过那个歌星那英呢）。只有我才刚刚毕业不到两年，任命我为理科编辑室主任，其实是占了理科的便宜。“文革”前，辽宁人民出版社就是偏重于社会科学的综合类出版社，因此出版社中没有学数理化的老编辑。只是从我们开始，才进了一大批理科编辑，所以选拔领导时，也只好从这些人里“矬子里边拔大个儿”了，选上了我。

3月20日

今天，辽宁大学数学系吴振奎来，他的新著《数学解题的特殊 1
方法》出版，此书为“中学数学自学与研究丛书”中的一种。处 9
理完相关事宜后，我送吴老师下楼。在楼道上，我们又聊起一套 8
选题，即组织一套“数学名题”丛书。此事缘起于前些天，沈阳 5
教育学院数学教师姚玉强来投稿，题曰《费马猜想》。稿子的体例有一些问题，但由此我却想起德国数学家希尔伯特在一九〇〇年所作的著名演讲《数学问题》。他有一句话让我深深铭记：数学研究的目的，就是提出问题和解决问题。我与吴老师谈到这个想法，吴老师说，从数学问题入手，确实可以搞一套丛书。他就有一个好题目，叫作《菲波那契数列》。我们俩越谈越高兴，出题目，想作者，不知不觉地，竟然在楼道上站了两个多小时。

3月21日

我是一个急性子的人。今天就去中国社会科学院沈阳计算技术研究所，找到胡久稔。

胡老师六十年代毕业于中国科技大学应用数学系，他矮矮的个子，大大的脑袋，有些秃顶。他语言表达能力较差，说话慢吞吞的，许多数学界的人士都是这样。但是在沈阳数学界，胡久稔的数学才华是有名的，据说有一次数学竞赛，有一道题谁都解不出来。这时有人想到胡久稔，他来后坐在那里，手摸着自己的大脑袋，一会儿就解开了那道难题。胡老师爱好也很广泛，前些天我还请他来为出版社的桥牌爱好者讲“如何打桥牌”。

去年我组织一套“电子计算机科学普及读物”，请胡老师写了一本《数学趣题与 BASIC 程序》。我最初与他交流选题设计时，见到他的谈吐举止有些怪异，还担心他会写不好。没想到一个月之后，他就拿出了十万字的全部书稿。他写字很大，没有棱角，看上去很怪；但叙事清楚，逻辑严整，文笔也很好。数学界的怪人很多，胡老师还不算最怪的人。另外，一些数学家的名字也很有趣，其中经常有一些怪字出现。胡老师的“稔”字，有人错读成“念”；还有单墫（Shan Zun），有一位校对员竟然读成了 Dan Dun。所以，其他学科的编辑和我开玩笑说，你们数学界尽是怪人、怪事、怪名，让人摸不着头脑。

虽然胡老师没有吴振奎老师那样能说会道，这也是大学老师与研究所研究员之间的差异所在；但他的智商极高，有这样重要

的丛书选题，我很想听一听胡老师的意见。听到我介绍“数学名 1
题”丛书的设想，他连声说好，还愿意写一本《希尔伯特第十问 9
题》。这个问题与公元三百年左右，希腊数学家丢番图提出的“丢 8
番图方程”有关，但它直至一九七〇年才获解决。胡老师还提出， 5
此类书的写作应该建立一个统一的宗旨，比如：“历史叙述，夹叙夹议”云云。他的建议给了我许多信心。

在交谈的过程中，有一个消息让我很难过，胡老师说前些天南开大学数学研究所传来消息，希望他到那里去工作。我知道美籍大数学家陈省身在南开建立了数学研究中心，那里的条件远比沈阳好。像胡老师这样的人才，沈阳是留不住的。另外吴振奎老师也是天津人，他早就说要回天津去，天津商学院的商调函都来了。

4月13日

沈阳教育学院数学教师张运钧来到理科编辑室。张老师是有名的数学教师，当年课讲得好，很有风度，经常穿着西装，许多人都对他佩服得五体投地。一九七七年恢复高考之后，他经常在电视上讲辅导课，解题思路清晰、敏捷，教态温文尔雅。他经常到出版社来，一进屋就说，我又来领任务来了。我们就忙不迭地沏茶倒水，请他审稿子、解难题、写新稿。

近来，张老师身体不好，到编辑室来的次数日渐少了。今天，他的身体好像格外不好，穿着一身乱七八糟的衣服，早已经失去了当年的风采，甚至连整洁都达不到了。北方的四月，天气已经转暖，但他还穿着棉裤，我看见他的大腿侧面棉裤接缝处都裂开了，露出了里面的棉花。他坐在沙发上，几乎是仰卧在那里，我们稍不注意，就发现他有些神情迷蒙的状态。但是，他依然在问："有任务吗？"我回答说："暂时没有。我觉得您的身体也不大好。"张老师一下子睁大眼睛，挺一挺腰身说："不要紧，只要有写作任务，我就会好起来。"我赶紧把话题岔了过去，说一些嘘寒问暖的话，但心里确实为张老师的身体担忧。过一会儿，他迈着略见蹒跚的步履，离开了编辑部。

张老师走后，我的心情一直不好。一个曾经那样"英姿飒爽"的人，就这样一天天衰老了，连说话都没有了力气。没有办法，谁能跟命争呢？我向朋友讲述这个悲伤的感觉。朋友说，你小小的年纪，怎么如此多愁善感呢？

5月14日

今天,《辽宁科技报》刊载我的一篇小文章《一百多年前的高 1
斯猜测获解》。写此类文章，是一件很辛苦的事情。你所谈论的问 9
题十分艰深，所以首先要自己搞清楚，然后再把它通俗化，叙述 8
出来，让一般的读者都能看懂。我最佩服的这方面的专家是中国科 5
学院的胡作玄，他经常在《数学通讯》上发布这样一些消息，文字简短，叙述清楚。我在此文中写道：

> 1983年，西德数学家采格尔和美国数学家格里斯经过艰苦努力，彻底解决了代数数论中的“虚二次域类数问题”。这个消息在数学界引起极大轰动。
>
> 这个问题是1797年高斯提出来的。当时他试图把整数的概念推广到复数中去，结果发现了许多重要的性质。其中之一就是“唯一分解定理”的拓广。远在公元前300多年，欧几里得证出：每一个整数，可以唯一地分解为素数的乘积。例如，6=2×3，18=2×3×3，等等。高斯把这个定理应用到复整数a＋bi（a、b为整数）上，他发现，复整数也可以唯一地分解为“素数”的乘积。
>
> 当然，这个“素数”已经与自然数中的素数不同了。例如，5在自然数中是素数，但是在复整数的意义上，就不再是素数了。因为5=（1＋2i)(1－2i），并且1＋2i与1－2i都是复整数，所以5不是“素数”。

接着，高斯又考察了形如 $a+b\sqrt{-D}$（D为正整数）的复数，发现“唯一分解定理”不一定成立了。就是说，有些复数可以分解成两种甚至多种“复素数”的乘积。例如，当 D=5 时，取 a=21，b=0，则 $a+b\sqrt{-D}=21=(4+\sqrt{-5})(4-\sqrt{-5})=(1+2\sqrt{-5})(1-2\sqrt{-5})$。这就是两种分解！注意：这时的素数是指不能表示成 a + b 与 c + d（a、b、c、d 是整数）等乘积的数。而 21 的上述 4 个因数，在此意义上都是“素数”！所以，21 的因数分解是不唯一的。

于是高斯推想：当 D 取什么值时，$a+b\sqrt{-D}$ 只有一种分解呢？进而，当 D 取什么值时，它有两种、三种……分解呢？

对于只有一种分解的情况，高斯天才地预测：仅当 D=1，2，3，7，11，19，43，67 和 163 时，$a+b\sqrt{-D}$ 有唯一的素因数分解。这就是所谓的“高斯猜测”。

当时，高斯无力给出证明，仅把这个猜测记入《算术探讨》书稿中，并于 1780 寄给巴黎科学院。也许是此书过于深奥或作者过于年轻（那年高斯仅 23 岁），科学院拒绝接受这部著作，但是高斯自己发表了。

由于这个问题涉及代数数论领域的许多重要概念的定义，所以一直受到人们的关注。1934 年，数学家海尔布伦和林富特奇怪地证出：除高斯给出的 9 个数之外，最多还有一个数使 $a+b\sqrt{-D}$ 满足唯一分解定理。1966—1967 年，美国数学家斯塔克和英国数学家贝尔几乎同时证出：使 $a+b\sqrt{-D}$ 满足唯一分解定理的 D 值，只有高斯提出的 9 个！这样，类数为 1 的问题解决了。接着，他们又在 1975 年先后解决了类数为 2 的虚二次域问题。

1976 年，虚二次域类数的研究出现转机，美国数学家哥特弗德把它转化成寻找椭圆曲线的问题。采格尔和格罗斯花费了很大的气力，终于找到了特殊曲线，使高斯猜测彻底获解！但是，他们的手稿多达300页，极难核对。而一些专家们却肯定了他们的正确性。

1985

5月30日

从去年开始，我组织了一套“中学数学自学与研究丛书”，每辑五本。第一辑包括《初中数学专题选讲》,《高中数学专题选讲》,《错解分析》,《数学解题思路分析》和《数学解题的特殊方法》。显然，这还是教辅类的读物。但是在后来的组稿过程中，我总希望在作者阵容上、选题内容上，有一个较大的突破。于是，我请东北师范大学教授马忠林写《中学数学逻辑》，请大连工学院应用数学所教授徐利治写《数学方法论 ABC》，请辽宁师范大学数学系教授梁宗巨写《中学数学历史典故》，请辽宁教育学院学报王前写《大数学家的思维方式》等等。

补注：梁先生接受这个写作任务后很高兴，但是动起笔来越写越多，原定十万字的篇幅，他竟写了二十几万字还停不下来。尤其是书稿的内容极其丰富，独树一帜。我们商量，将此稿从“丛书”中撤出来，独立成册，做一本像样的专著，改名为《数学历史典故》。直至一九九一年此书才出版，台湾还出了繁体字版，中国出版集团又将此书收入“中国文库”中。实际上，此书已经成为数学史研究中的经典之作。这是一个启示：一套选题的组织，立意的正确性，常常会收到意想不到的效果。

中学数学自学与研究丛书
ZHONGXUE SHUXUE ZIXUE YU YANJIU CONGSHU
大数学家的思维方式
王　前　编译
DASHUXUEJIA DE SIWEI FANGSHI
辽宁教育出版社

1
9
8
5

6月15日

今天，辽宁师范大学数学系教师王守理《数学直观图画法》出版。拿到样书，我长舒了一口气。我想，王老师见到此书会落泪的，他写得太苦了，尤其是“直观图”一类的题目又没有现成的样子作参考。记得几次去大连，我们见到王老师，把稿子改来改去。我是一个新编辑，没有经验；王老师是一位新作者，人很老实，也没有著书立说的经验。他请我与编辑杨力去吃饭，我们死活不去。他就拿来几瓶鲍鱼罐头送给我们，我们死活不要。这下子把王老师急哭了，我们赶紧解释说，您放心，我们一定会帮助您把书稿改好、出版好，他才渐渐平静下来。

通过编辑这本书稿，我认识到，培养一个新作者是很难的事情；如果选不准人，那后继的工作就更难做了。

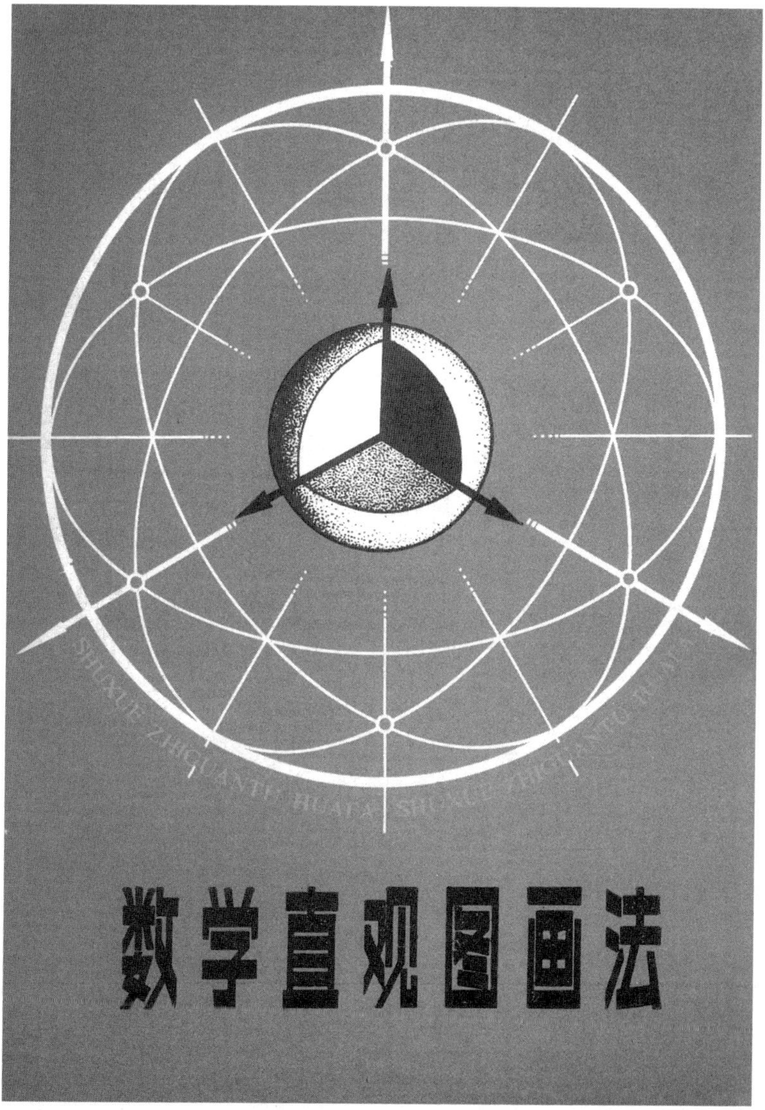

1985

8月1日

一本很小的数学书《不等式启蒙》出版。全书只有七万字，是我做助理编辑开始独立组稿以来，经手的第一本海外学者的著作。他的第一作者王中烈是加拿大里贾纳大学数学教授，第二作者刘文是河北工学院数学教授。

回想起组稿的过程也很有趣，那是在去年，我与杨力到天津拜见刘文，处理刘的书稿《测度论基础》。刘先生是王梓坤的大弟子，才华出众，谈吐不凡，完全是一副洋派的学者。谈完书稿，他对我们说，他的手头还有一部小稿子《不等式启蒙》，是他在加拿大讲学期间，与一位华裔教授王中烈合著的。他问我们是否有兴趣出版。我翻开手稿，它的"引言"部分一下子就抓住了我的心。文章开头引刘子静先生诗云："有法法有尽，无法法无穷。无法而有法，从一以贯通。"正文的叙述也与国内的数学书不同，其中蕴含了大量的哲学思考，有许多观点，让我这个刚从数学系毕业的人大有顿开茅塞之感。比如，他讲"相等"的相对性和"不等"的必然性，深深地影响了我的数学观念。

所以，我兴奋至极，马上与同行的数学编辑杨力商量，想回去申报选题，接受此稿。杨力比我大七岁，是"文革"前的老高中生，也是老知青。他为人极好，是我的老大哥。杨力是名门之后，他的父亲是杨振宁的同学，是一位颇有名气的物理学家。但是，由于文化大革命的折磨和冲击，此时杨力还心有余悸。听到此稿的背景，他并没有表现出太大的兴奋，而是想到这其中有海外学者，诸如海外关系、没有办法了解作者的政治面貌等问题，如何解决？做这样的书是有政治风险的。杨力的这些话我听不进去，坚持要采用此稿。杨力说，我可以支持你，但申报选题时，还是你自己去做吧。

今天，拿到《不等式启蒙》样书，我真喜爱。深蓝色的底色上，衬着一个褐色的数学图案，上面是黑色的英文书的名字，而中文书的名字和作者的名字采用漏白的方法，“不等式启蒙”五个字，用毛笔字写成。设计者赵多良是我们编辑室的美术编辑，早年毕业于鲁迅美术学院，书法写得绝好，他是我们这些小编辑的“大朋友”，他知道我颇看重此书，所以在设计上很下工夫。

9月10日

本月,《青年科学》杂志刊登了我的科普文章《数学家中的怪杰》。我自认为，此文的文学性较强，讲的是文艺复兴时期一个数学怪人卡丹的离奇故事。

我非常喜爱科学史的研究，大学毕业后就一直做这方面的搜集工作。资料多了，也写一些科普文章。本文中的“卡丹”，就是中学课本中“卡丹公式”中的那个卡丹。科学史中有大量的此类西方人物，由于文化隔绝，以及我国多年来思想的禁锢，我们根本不知道这些人的真实面目。我在此文中讲述的“卡丹”，许多内容与中学课本的介绍截然不同。这是一个真实的历史人物，我们不能因为他是一个科学家，就掩盖他身上的种种不端之处，美化他的历史。

近来，研究一些西方的科学人物，我发现两个重要路径：一是读英文原著，他们讲科学史非常开放。再一是读非科学史的著作，在那里找到这些人物的蛛丝马迹，因为这些科学家往往多才多艺，横跨文理两界。像卡丹就是这样，莱昂纳多更是如此。还有一个有趣的例子：大学数学系的学生都知道“布尔代数”，它是现代数学一个很重要的分支学科。前一段时间，我在重读小说《牛虻》，你知道我在简介中发现了什么？我发现，该书的作者伏尼契，竟然是数学家布尔的小女儿。近日我为一部数学辞典写“布尔”的词条，我就把这件事情写了进去。

下面关于卡丹的故事，许多内容都是非科学史范畴的，国内也从未有人写过。我是从英文版《数论史》中找到的。我想，如果我们的科学史也能够这样写，那才会成为一本有趣的书，那才是真正的“思想解放”。我写道：

> 16世纪意大利数学家卡丹是文艺复兴时期一位传奇式的人物。后人对他的记载充满光怪陆离的色彩：忽而貌似穷凶极恶的赌棍；忽而形如才智超群的学者；忽而又变成无耻之尤的“盗贼”。但是，真正的史学家中肯地说：卡丹是一个地道的时代产儿，他的一生是无赖与学者的一生。
>
> 一、扭曲的灵魂：1501年，卡丹出生了。在那个教会统治着的社会里，他得到的只有父母的遗弃和世人的鄙视，童年的凄风苦雨，使他贫病交加，生计无望，遂生成一副与世为仇的性格。他以狂暴好斗与追求色欲来发泄满腔的郁闷，以聚赌狂欢与恶语伤人去摆脱内心的空虚。在前40年，他把大量的时间耗费在下棋上，并且自称用了25年从事赌博与骗术的研究。在1663年(死后)出版的《论赌博》一书中，卡丹详尽地论述了赌博中的高超骗术，从而显示出他过人的天资。
>
> 二、数学的天才：在凄苦的生活中，卡丹聊以自慰的是对数学的研究。他不拘一格的思想方法和智慧，在数学领域内闪烁着夺目的光华。在《论赌博》一书中，卡丹给

出的压赌方法，常使赌徒稳操胜券。因为在卡丹的论述中，包含着概率论思想的萌芽，他是这一学科的先驱者之一。

在代数领域，卡丹那种“天不拘兮地不羁”的风格更显得出尘超逸。当时，欧洲数学界对于无理数、负数和复数的引入处于混沌初开，顽固的传统势力极力否认它们的存在。卡丹对此创建卓越，例如，他第一个认真地引入了复数，第一个肯定了虚数的存在。在当时的欧洲，这实属离经叛道，对此，卡丹的思想也很矛盾。

三、不光彩的记载：当然，在数学领域中，卡丹还有许多惊人之举。其中最为后人关注、也最使数学家为之耻辱的，就是关于“卡丹公式”（三次方程求根的公式）的争论。原来，在1494年，意大利数学家巴巧利在名著《算术、几何、比与比例集成》结尾处说：三次方程的一般解，正像“化圆为方”问题一样，不可能做出来。他的这段话，给当时的数学家以极大的刺激。1500年数学家费罗和1535年塔塔利亚（即口吃者）分别独立地解决了这个问题，但是按照当时的习俗，他们都秘而不宣，以求时机一到，一鸣惊人。1539年，卡丹厚颜无耻地乞问于塔塔利亚，塔塔利亚为其狡诈所惑，将他的方法写成一首晦涩的诗句送给卡丹。然而，1545年，卡丹背弃诺言，公然在《重要的艺术》中宣布了这一方法。这使塔塔利亚狂怒无比，愤然向卡丹挑战。1548年，卡丹让他的学生斐拉里面见盛怒的塔塔利亚，斐拉里能言善辩，才华横溢，他做出了四次方程的一般解。他的同时代人说：“他是一个玫瑰花般的青年，声音优美，面带喜色，有大才干，还有恶魔般的性格。”“口吃者”哪里是他的对手，在一片吵嚷声中，是非颠倒，鱼龙混杂，结果“卡丹公式”一直命名至今，塔塔利亚反而默默无闻。

四、真正的天职：然而卡丹的职业是什么呢？他在《我的生平》一书中说："医学是我真正的天职。"他毕业于帕维亚大学医科，相传他医学上的天赋并不亚于赌博。他曾使几位达官显宦起死回生，导致他后30年的生活出现转机，成为欧洲闻名遐迩的医生。

但是，那时欧洲医学和神学密不可分。所以，如果说卡丹以医学为天职，那么神学就是他天职中最重要的工作。对于占星术、符咒、手相术等荒诞行径，卡丹无不精通，更兼他才思敏捷，巧于应对，深为教会赏识。据说不可一世的教皇也雇用卡丹做他的占星术士，这地位不亚于皇帝的侍臣。

相传卡丹为此红极一时，顿生"昔日龌龊不足夸，今朝放荡思无涯"的狂想。1578年，他异想天开，公然给耶稣基督算命。致使教会震怒，将卡丹判以火刑。终因卡丹诡辩有术，且有贵人相助，才免于一死。

五、怪杰的晚年：卡丹的后半生充满了"明媚的春光"。他摆脱了贫困，经常出入于名宦门庭，还当上了帕维亚的市长。他著作浩繁，至今存留7000多页。当然，有些内容是从艺术家莱昂纳多和其他人那里偷来的。晚年，他幽默地说：他以有了名誉、一个外孙、财产、学问、有权势的朋友、笃信上帝以及有14颗好牙齿而自诩。

至于卡丹的死因，有一种异常残酷的说法。相传他不但为上帝算命，还为自己算命。他算出自己将在某年某月某日死去。到了那一天，他为了证明自己算命的准确性，毅然自杀了。

10月29日

当上理科编辑室主任之后，我启动了一项重要的工作，那就是全编辑室一同参加，“以书代刊”，编辑一个年鉴式的东西，命名曰《数理化信息》。我们编辑室的人员构成是：数学四人，物理二人，化学一人，生物一人。平均年龄不到三十岁，其中七七届的大学生四人。大家都进入出版行业不久，出版社又是新组建的，所以大家有工作积极性，但缺乏作者资源。我们现有的作者，大都是王常珠老师转给我们的，其中名家很多，像徐利治、梁宗巨、王鸿钧、马忠林、方嘉林、唐敖庆、吴振奎、周玉政、傅钟鹏，等等。但那时候是王老师一个人忙活，出书数量有限；现在人多了，我们的作者阵容就明显不足了。怎么办？我们在一起开会，想到搞一个杂志类的东西，既可以了解信息，又可以结识作者。由此产生了《数理化信息》的创意。

在大半年中，我们为这本二十五万字的“半刊半书”的东西忙得够呛，收获却不小，与许多大家、名家都建立了联系。今天，第一本《数理化信息》终于面世了，我将“要目”列于下：

徐利治《从数学结构主义到数学抽象度分析法》；

朱水林《谈谈数理逻辑》；

洪声贵《现代人工智能概论》；

陈方培《近二十年来引力理论的主要进展》；

刘振鹏《高温超导体的研究展望》；

袁履冰、王一川《现代化学进展》； 1
管梅谷《组合最优化介绍》； 9
梁宗巨《对祖冲之的一些误解》； 8
丁光桂《关于不变子空间问题》； 5
楼世拓、姚琦《关于相继素数差的问题》；
杨东屏《递归论介绍》；
郑毓信《西方数学哲学概论》；
林钧岫《激光及其发展》；
洪盈《食品添加剂的化学》；
曹元宇《霉毒物学介绍》；
李迪《1984 年中国数学史研究的进展》；
李文林《数学史研究动态几则》；
潘吉星《美国的化学史研究近况》；
马忠林《中小学数学教育改革的动向》；
张奠宙《二十世纪中学数学教育》；
邓乃扬《运筹园地勤耕耘——记越民义教授》；
潘吉星《李约瑟博士工作近况》；
胡作玄《约翰·冯·诺伊曼》。

12月31日

自从年初，出版社任命我担任理科编辑室主任，这一年做的事情就比从前多了许多。我们编辑部，几乎都是新人，没有太多的编辑基础。刚来时，老编辑王常珠带了我们一段时间，受益确实很大。我总结，其一，她让我懂得了编辑的社会角色，说是“无冕之王”有些夸张，但你必须敢闯，敢见各界精英；其二，她让我懂得了编辑的组稿对象，必须是各个领域的顶尖人物，这样才能组到好稿子，成为大编辑；其三，遇到好作者要抓住不放，保持热线，你有好事想到他，他有好稿想到你；其四，不要轻视编辑行业，这里如大浪淘沙，能做一辈子好编辑很不容易。

我从去年开始独立组稿，今年推出了一些从头至尾都由我编辑出版的新书。最让我看重的项目是《数理化信息》；最盈利的图书是“数学标准化丛书”，每本都印了十多万册以上；当然，最让我兴奋的是组建“世界数学名题欣赏”丛书。为了这套书，我通过各种渠道，结识了一大批数学家，与他们商量、讨论，最终拿出一个个题目。比如：陈景润、梁宗巨、马忠林、王鸿钧、张锦文、蒋声、张奠宙、徐利治、楼世拓、胡作玄、罗见今、朱水林、孙琦、刘文等等。

转瞬间，我大学毕业来到出版行业已经四年了。今天，我心里想，我可能会在这一行当中工作一辈子了，因为我实在太喜爱这样性质的工作了。

1986

事件：出任辽宁教育出版社副总编辑。首次去上海组稿。

图书："运筹学小丛书"

文章：参加编写《简明自然科学史手册》词条

人物：解恩泽，拉普拉斯，勒让德，阿贝尔，伽罗华，王前，王之江，王越男，王大路，朱水林，周山，张志孚，赵鑫珊，谭坚，陈景润，由昆，徐迟，哥德巴赫，张锦文，邵品琮，康托，希尔伯特，哥德尔，科恩，王常珠，杨力，越民义，徐利治，蒋茂森，吴方，许国志，马仲蕃，董泽清，刘克，韩志刚，宋国栋，杨敦悌，陈斌，张连诚，李约瑟，周山，苏步青，张奠宙，周昌忠，胡守钧，金炎午，李士群，王绍玺，李君如，张小泉，H·梅斯科夫斯基，毕达哥拉斯，阿基米德，库萨的尼古拉，巴斯卡，莱布尼茨，高斯，布尔，魏尔斯特拉斯，夏甄陶，康斯坦西·瑞德，袁向东，李文林，王梓坤，杨振宁，蒋声，龚昇，刘文，黎明，郭大钧，方嘉林，孙琦，张景中，白希尧，莫绍揆，梁宗巨，李迪，凌永乐，儿玉之宏，定光桂。

数理化信息
SHULIHUAXINXI
SHULIHUAXINXI
SHULIHUAXINXI
2
辽宁教育出版社

2月10日

年初，我派数学编辑谭坚去京，通过中国科学院软件研究所张锦文引见，拜访了陈景润，请他为“世界数学名题欣赏”丛书撰写《哥德巴赫猜想》。谭坚此行非常顺利，他见到了陈先生全家，还拍了许多照片。陈接受了写作任务，但是由于患帕金森氏综合征，陈先生写作很困难，为此，他提出与另一位数学家邵品琮合著，邵是曲阜师范大学数学系教授。陈景润是传奇式的人物，徐迟的报告文学《哥德巴赫猜想》把他推到“时代英雄”的巅峰。陈与夫人由昆的爱情故事也家喻户晓，这些都使谭坚的组稿增添了许多情趣。他回来后，写了一篇专访陈景润的文章，发表在《沈阳晚报》上。

另外，张锦文也是数学家，他为“世界数学名题欣赏”丛书撰写《连续统假设》。我读过他的《集合论与连续统假设浅说》(上海教育出版社，一九八〇)，还写过一篇读后感《别具洞天的数学领域——趣谈连续统假设》，发表在《辽宁科技报》(一九八四年三月十二日，见本书1984年)上。组织这套丛书时，我希望列入“连续统假设”，为此找到张锦文。张先生同意撰写此稿，还帮助我们结识了陈景润。

1987 年 9 月 20 日在陈景润（右）家中

3 月 25 日

我参加编写的《简明自然科学史手册》总算付型。此书由山东教育出版社出版，解恩泽任主编。这应该是我第一次参加写书吧，只是写了几十个数学词条，诸如拉普拉斯、勒让德、阿贝尔、伽罗华等等。去年交稿，经分科主编修改，满纸皆红，一无是处。看到这样的退改稿，我的脸也红了好一阵子。大学毕业快五年了，我越来越觉得需要学习的东西太多。参加此书的写作，本来就是资料的搜集和整理，再按照全书的体例要求落笔成文。即使是这样简单的事情，也不是一下子就能做好，更不是有了专业知识就万事可为，它还需要严格的写作训练。

我能被列入写作队伍，有三个原因，一是我的作者兼好友王前的引荐，因为此书主编解先生是王前的硕士生导师。“导师”就像一棵大树，他的学生就像大树的枝蔓，构成一个个学术团队。我本科毕业，没有真正意义上的导师，只好去依附别人的导师。二是我的编辑身份，许多学术圈子愿意吸收这样的人物加盟，好处是不言自明的。三是我大学数学系毕业后，就一直愿意写作。从写一些“豆腐块儿”文字开始，几年来也写了数十篇大大小小的科普文章。记得我的第一篇短文是一九八二年为《辽宁科技报》写的《“相亲”数对的启示》，七百多字，憋了好几天也写不好。当时我们几个刚刚毕业的大学生正在校对科实习，坐在我身边的王大路问我在做什么？大路毕业于辽宁大学中文系，年龄比较大，既有社会经验，又有文字能力，能写上万字的评论文章。我不好意思地说，正在写一篇小稿。他说："我帮你看看。"就这样，他一边改，一边告诉我写作要领，才完成了我人生中第一篇"见报"的文章。

今天，出版社来信说，我写的词条总算通过了。我高兴得不得了，虽然只有万把字，但这是第一本将会在作者的名单中，出现我的名字的书。此书约七十万字，共有三十多位作者。

6月27日

今天，《光明日报》“读者来信”题曰《好书，应让更多人知道》，其中写道：“最近，辽宁教育出版社出版一套‘运筹学小丛书’，主编与作者都是我国有名的运筹学学者、数学家，这是一套高质量、高水平的中级科普读物。但宣传不够，很多人不知道这套好书。”这段文字是批评我们的推销工作不到位，同时也赞扬了这套书的品质。列书目如下：

《运筹学介绍》越民义著；
《组合数学入门》徐利治、蒋茂森著；
《线性规划初步》吴方著；
《整数规划初步》许国志、马仲蕃著；
《马氏决策浅说》董泽清、刘克著；
《矩阵与投入产出分析》韩志刚著；
《管理科学中的图论方法》宋国栋著；
《动态规划简介》杨敦悌、陈斌著；
《决策分析入门》张连诚著。

早在一九八〇年左右，“运筹学小丛书”就列选了。那时我还没到出版社，组织者是王常珠。她找到数学家徐利治，请他出任主编。徐先生名声巨大，请出许多应用数学的名家大家加盟此事。一九八四年以后，王老师将这项工作转交给杨力和我。为此，我们多次到大连工学院应用数学研究所，拜访在那里工作的徐利治。徐先生是一位大才子，是数学天才。他早年在剑桥大学读的博士，当时李约瑟正在写《中国科学技术史》数学卷，徐先生也参加了李的工作。一九七八年，正值“文革”结束，我国翻译出版此书，在书前的“致谢”名单中，有“徐立志博士（剑桥）”，就是徐利治。因为“文革”中徐先生深受迫害，湮没无闻，译者甚至没有想到“徐立志”其人是谁。

在大连工学院，徐的地位很高，很受尊敬。我参加他们的学术会议，在发言席上，徐先生用英文与外国专家侃侃而谈，周围黑压压一片学生都聚精会神地倾听，时而发出会心的笑声。那情景让我记忆深刻，还想过不如返回学校，去做徐先生的学生。散会时，一大群学生围了上去，与徐先生交流；但他还是在人群中看到了我，赶紧与我打招呼，约定下午两点，让我到他的家中面谈“运筹学小丛书”的事情。我知道，徐利治在数学界是一位很高傲的人，但他又是一位完全西方化的学者，谈吐彬彬有礼，自有一种绅士的尊严。能够做他的出版人，我一直很激动。

补注：一九九五年，我为《光明日报》写专栏文章“蓬蒿人书语”，其中有一篇《捉刀弄笔万种情》，有一段写道：“大学者大多是不登出版社门槛的，编辑需要寻找他们的行踪和居所，以便有造访的机会。有学问的人都很忙，求见时遵守时间是重要的，迟到不好，早到更不好，我就曾经漫步于某教授的阁楼下消磨时间，以便遵时敲响‘学问’之门。其实学问愈大，人亦愈儒雅，一旦侃谈起来，学者的风度也各异。最令我动情的是一些耄耋老人，漫长的人生旅途使他们有机会把学问玩味得极为纯熟，操作起来从心所欲，身体的衰老与精神的长青形成强烈的反差；此时你凝视他的目光，倾听他的述说，再望一眼陈旧的书屋，老夫人温和的笑容，满是皱纹的手送上一杯香茶……啊！一代学人，一代风流，正等待着时光的尘封，只有精神还在奋力抗争！”其中说在“某教授的阁楼下漫步”，就是那次我与杨力访问徐先生时的经历。

7月30日

今天，出版局正式下文，任命我为辽宁教育出版社副总编辑。 1
此时，距离我三十岁的生日还有两个月。 9

从一九八二年一月大学毕业，来到辽宁人民出版社报到，在 8
校对科见习一年；一九八三年春节后，被分配到文教编辑室任助 6
理编辑；一九八四年辽宁教育出版社成立，我被划分到理科编辑室工作；一九八五年，我被任命为理科编辑室主任。应该说，我的业务发展非常顺利。但是，被任命为副总编辑这一步，还是出现了一些风波。一位老同志署名写上告信，给我列了八条罪状。为此，出版局人事处专门到出版社调查核实，逐一取证。我知道的罪状有：年纪太轻，不成熟；学数学的，不适合做综合性的出版工作；“文革”中成长起来的青年人，有“文革遗风”，等等。经过调查，局党组认为没有什么问题，讨论通过了对我的任命。据说在党组会上，金炎午局长说了一句话：“这些意见主要是针对年轻人来的，我们年轻的时候不也一样有缺点吗？对于年轻干部，我们应该扶持他们，而不要打击他们。”我想，他一定知道一个年轻人政治生命的脆弱，一棍子下去，可能会使他终生沦落，再难起身。

听老辈说，金炎午年轻时是青年才俊，很有理论水平，为人耿直。一九五七年被打成右派分子，吃了不少苦。一九八四年，金出任辽宁出版局局长，当时我正在局整党办公室锻炼。我记得，刚刚到任的金局长要在全局整党大会上作报告，我们办公室的三个人为他起草发言稿，整整干了一个晚上。第二天，我们一起去听金局长的修改意见，他笑着对我们说："就这样吧，把你们累坏了，还是我自己改吧。"后来听他的报告，我发现他只用了我们写的几段话，大部分内容都是他自己重写的。

9月10日

辽宁教育学院王前来，他的译作《大数学家的思维方式》付印。 1
此书是编译的作品，原作者是H·梅斯科夫斯基，王前编译了其 9
中的毕达哥拉斯，阿基米德，库萨的尼古拉，巴斯卡，莱布尼茨， 8
高斯，布尔，魏尔斯特拉斯，康托。此外，王前又加入了两位数 6
学家伽罗华和希尔伯特。此书的立意很好，题目也好。王前的译笔也不错，他能在大量的外文书籍中，选出这样的题目，实乃学术功力所致。

王前还谈到，他的导师解恩泽又在组织编写一部专著《潜科学导论》。他们在讨论作者时，提到了我，认为我在《简明自然科学史手册》的写作中很认真，有一定的文字能力，还想吸收我参加《潜科学导论》的写作。这一次我有一些胆怯，它毕竟是学术专著，与科普、词条不同。王前也注意到我的文字风格，他说我喜欢“历史叙述”，不善于“哲学思辨”。所以他提示我，应该补充对一些哲学基础知识的学习。他还说：“你已经有了很好的数学和科学史的基础，再读一些哲学书并不难。”他答应给我开一个书目。我知道，王前没有读大学本科，自学成才，直接考上了东北师范大学的硕士研究生，所以他对于自学的方法，还是很有心得的。他希望我读的书有：《数学方法论选讲》（徐利治，华中工学院出版社，一九八三），《希尔伯特》（瑞德著，袁向东、李文林译，上海科技出版社，一九八二），《认识论引论》（夏甄陶，人民出版社，一九八六）等等。他的这些话很中肯，我很往心里去，努力吧，天外有天。

认识论
引论
夏甄陶

12月20日

在担任副总编辑之前，我一直在自然科学的圈子里活动。前 1
些天，文科编辑室的编辑王之江找我，希望我能出面，组织一些 9
综合性的图书。之江一九八二年七月毕业于东北师范大学中文系， 8
爱读书，也很懂书。当时以四川人民出版社出版的“走向未来丛书” 6
为先导，国内的“丛书热”风起云涌。这股文化热潮的主题是解放思想。之江对我说，我们也应该顺应潮流，搞一套综合类的丛书，为当代大学生提供一些优秀的中外著作。为此，我们计划到北京去、到上海去，寻找好的作者和选题。

上周，我与王越男、王之江去了上海。

此前，我从未去过上海。在我们的编辑圈子中，谁要是能在上海文化界闯得开，是很让人敬佩的。我所认识的上海作者也不多，他们又都是自然科学方面的人，像苏步青、张奠宙、朱水林等等，屈指可数。最初，我找到朱水林，他是上海社会科学院哲学所的学者，搞数理逻辑的。他正在为“世界数学名题欣赏”丛书撰写《哥德尔不完全性定理》。朱水林的学科毕竟还有些横跨文理两界，就请他帮助我们推荐一些各方面的专家。朱先生答应接待我们，问我们希望住在哪里？我们没去过上海，也不知道有“哪里”，只是看过电影《南京路上好八连》，就说：“住在南京路吧。”这下子可难为坏了书生气十足的朱先生。南京路是商业街，很难找到住处，他只好求助他们研究所中一位叫周山的人，帮助找一家南京路上的招待所。周山比较有活动能力，他果然在最繁华的地段找到一

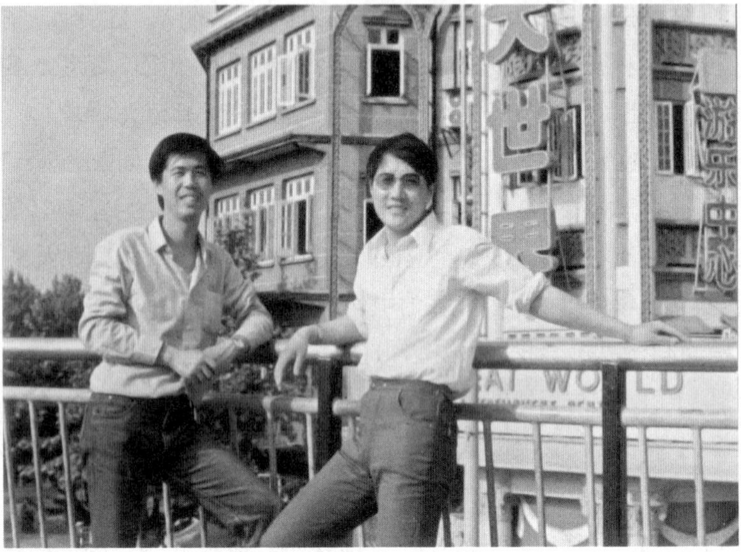

第一次去上海组稿，和王越男（左）等。

家小招待所，九元钱一个床位，楼下是卖张小泉剪刀的店铺。

朱水林还问我们希望见哪些人，我们提到赵鑫珊一类的作者。赵的《科学·艺术·哲学断想》（北京三联书店，一九八五）对我影响很大。朱先生说这方面的人物他不太熟悉，但他推荐了哲学所的青年学者李君如，李是搞毛泽东思想研究的，拟写《观念更新论》；他还引见了周昌忠，此君是大学者，很有水平。朱先生送给我一本他与周昌忠等人翻译出版的书《十六、十七世纪科学、技术和哲学史》（商务印书馆，一九八五），他说："此书很有价值，也很难译。只是其中没有提到中国。"

因为我们拟编的"大学生读物"希望兼顾文理两界，而且以人文科学为主；题目偏重于新学科、新观念、新思想，怎么办？言谈之间，帮助我们安排住宿的周山听明白了我们的想法，就聊了起来。周说，他正写历史小说，题曰《狐狸梦——乱世枭雄李世群外传》，是一部章回体的纪实作品，翻开一看，大有文采。最初我还想，这上海真是不得了，连帮我们安排住处的青年人都这么有学问。其实周山是朱水林一个研究室的同事，一位青年学者。他"文革"期间就学于复旦大学，是学自然辩证法出身。当时周山被作为重点培养对象，拜师于许多大科学家门下；"文革"中著名的《自然辩证法》杂志，都是在这些人的手中编辑出版的。后来周专攻中国逻辑史，对《周易》颇有研究。周山认识许多文化人，新派、老派的都有。他带着我们逐一拜访，有复旦胡守钧，他拟写《体制进化论》；上海大学张志孚，他拟写《文化的选择》；华东师大王绍玺，他正在写《贞操论》；还见了许多人，让我们的思路豁然开朗。

最让我难忘的是我们到周山家做客。周山的家在虬江路，一个破旧的小阁楼上。说是"家"，其实只有周山一人，他的家属还生活在老家崇明岛。所以那天晚上我们畅所欲言，一直聊到下半夜。后来张志孚也来了，谈论的话题集中在周山拟写的《情欲论》上。

周山谈到老子的“无欲而刚”；谈到由于社会的禁锢，许多名人对于“情欲”无知的趣事。当然，更谈到他从事学术研究的艰辛。

补注：一九九五年，我在回忆文章《莫道书途无知己》中写道：“确实，编辑不应该缺乏‘知己’，不应该让职业泯灭自己鲜活的个性。为了实现这一点，我们需要一种精神，一种蕴含着发现、创造和协作的精神。在我的编辑生涯中，有这样一位作者，他正值不惑之年已经有几部书稿等待付印；但命运似乎在与他作对，由于种种原因它们又纷纷被退回到他的案头上。他来信自叹人生‘不如意事常八九’，对前程毫无信心。我细阅他的作品，感到苦涩之中潜伏着一股不俗的灵气，它们不应该就此被扼杀在萌芽之中。于是我与同事远程来到他那间破旧的小屋，长时间的恳谈和交流孕育出全新的创意，接着对他的作品提出全方位的策划和包装……后来他的著作面市了，畅销了，稿约从此不断！但是他说，每当一部新作成功时，他都会自然而深情地想起那一次小屋的聚会，‘那一番漫话顿时如五彩云霞飘浮眼际……’”这里提到的作者就是周山。

这是我第一次接触到这么多“上海人”，他们喜欢自称为“文化人”，他们有思想、有热情、有奋斗精神，也很开放、包容；与北方人比较，他们还具有更多的学术商业化精神，这是一种不容忽视的东西，更是不能藐视的学者心态。因为它使上海文化人表现出极大的活力和竞争力。

12月30日

今年七月末，当出版局宣布我出任辽宁教育出版社副总编辑始，我的工作内容发生了巨大的变化。尤其是前些天的上海之行，一下子接触到许多自然科学之外的东西，大有“心灵回归”之感。因为我很早就喜欢人文科学，尤其喜欢文学、历史学、哲学等。大学读数学系也不是我的初衷，父母“文革”中挨整，觉得世事无常，不希望孩子再走他们的老路，最好搞自然科学，生活能安定些。就这样，高考时我报了一大堆专业，都是数理化一类的。念上数学系之后，成绩还可以，年年是“三好学生”；但实际上我还是喜欢文科，总愿意与中文系的学生聊天，谈什么“伤痕文学”、“知青文学”等等。现在，职务的变化又激活了我心底的欲望，所以王之江等人一鼓动，我立刻兴致勃勃，只是一趟上海之行，就有了全新的感受和冲动。可以说，这可能成为我职业生涯中一个非常重要的转折点。

补注：一九九五年，我在《孤灯童趣读书梦》一文中，谈到这次变动给我带来的人生转折：“我喜爱读书，并且与书有着很深的因缘。小时候虽然赶上‘诗书扫地’的年代，父母被关进了牛棚，我却因祸得福，有机会随意翻读家中四处散落的书籍。那时外界是无书可读的，所以家庭几乎成为我唯一的读书天地，每天都在几麻袋书中翻来倒去；一旦相中某书，便独卧灯下磕磕绊绊地读起来，其中自有无限的乐趣。我家的图书构成以中国古代典籍为主，尤其以文学名著和哲学经典居多，不料这样的书境竟然至今还影响着我的阅读兴趣和学术走向，它使我感悟到文化空间对于塑造一个人的文化修养的重要作用。‘文革’结束后，心头的余悸和厌倦之情，曾一度促使我试图削减自己对于文史哲的兴趣，转而攻读数学，并且就职于数学编辑岗位。但是早年读书的万种情愫依然萦绕心头，天罡地煞、水帘洞天、善狐恶鬼、绛珠仙草，编织着我儿时的五彩梦境；老聃的青牛、庄周的蝶梦、孔子的忧思、孟子的缺憾，深刻地嵌入我的心底，构成思绪绵绵的忧患基因。事实上当机会来到的时候，那段兴趣果然萌发了。在编辑工作中，我先由数学转向数学史，再接下去编辑‘人间透视书系’、‘中国地域文化丛书’直至‘国学丛书’，它们使我童年梦幻中的凤凰涅槃而再生，抖落空想的羽毛，翩翩然舞蹈于真实而蔚蓝的天空之中！”

今年，我自认为编得最好的一本书，是《数理化信息》第二辑。我们理科编辑室全体人员都参加了这本书的组织工作，请到许多一流学者撰写文章。此类题目不是做学术文章，不好写，一些专家也不愿意写。本辑的好文章有：

王梓坤《随机过程论的若干进展》；
蒋声《高观点初等数学研究》；
杨振宁《爱因斯坦和二十世纪后五十年的物理学》；
黎明《相转移催化反应的进展》；
郭大钧《正锥理论及其应用》；
方嘉林《经济学与一般拓扑》；
孙琦《丢番图研究中的某些方法》；
张景中《一条被漏掉了的基本定理》；
白希尧《静电技术在农业中的应用》；
莫绍揆《从希尔伯特第十问题谈起》；
梁宗巨《黄金分割的历史》；
李迪《近年来中国物理学史论文综述》；
凌永乐《炼金术与炼丹术》；

龚昇《华罗庚教授在纯数学方面研究的贡献》；

刘文《王梓坤教授近况》；

儿玉之宏《日本一般拓扑的研究现状》；

定光桂《瑞典皇家科学院米泰格》。

我们发现，编辑这样类似杂志的系列书很有意思。首先，丰富了我们的思想。我们编辑室可以以此为基地，经常展开讨论，学术气氛一下子活跃起来。其次，我们可以利用这样的出版形式结识更多的科学家，使自己的作者阵容迅速地丰富起来。另外，有了《数理化信息》这样的阵地，组稿工作就简单了许多，我们有了信息通道，有了沟通的缘由，有了更充实的组稿准备。我正在组织的“世界数学名题欣赏”丛书，就极大地受益于这项工作的“恩惠”。所以我非常喜爱这个项目，这也是我去年一月出任理科编辑室主任之后，自认为最成功的一项尝试。

1987

事件：启动“当代大学书林”丛书，获得中级编辑职称。

图书：《哥德巴赫猜想》，《潜科学导论》《自然数中的明珠》（完稿），《数学中的趣味问题》

文章：《几何学与集合论——数学中两大学科的比较》

人物：王前，夏甄陶，王越男，王之江，陈弢，张光直，郭净，弗洛姆，池田大作，弗洛伊德，张鸿雁，严博非，张锦，蒋述卓，余秋雨，赵鑫珊，陈克艰，陈学明，李君如，孙克强，郭大东，陈尧光，克里斯蒂，周山，王绍玺，胡守钧，张春桥，黄正中，徐利治，章立源，沈中城，刘婉如，张贵新，丢番图，费马，曹珍富，周学海，李泉，陈方培，罗见今，横地清，朱德祥，王鸿钧，李远哲，马忠林，周翰光，吴振奎，苏步青，谭坚，张锦文，由昆，部品琮，徐迟，哥德巴赫，梁宗巨，华罗庚，陈景润，吴方，朱梧槚，陆传务，潘凤云，肖奚安，康托，欧几里得，泰勒斯，基诺，豪斯道夫，罗素，策墨罗，希尔伯特，彭加莱，泽恩，巴拿赫，科恩，黎曼，罗巴切夫斯基，阿基米德，巴士，勒让德，布劳威，魏尔，李迪，张奠宙，蒋声，越民义，许国志，邓乃扬，诸梅芳，方嘉琳，张广厚，牛顿，李约瑟，谢遐龄。

解恩泽 主 编
刘永振 副主编
潜科学导论
光明日报出版社

1月5日

今天，辽宁教育学院王前来。他编译的《大数学家的思维方式》出版，来取样书。他还带来夏甄陶的《认识论引论》，送给我。我是数学系出身，相对来说，阅读面和知识面比较窄狭。当了副总编辑之后，很想跨出数理化基础学科领域，向更广泛的出版空间进军。为此，我曾经多次与王前交流思想。他说："你已经有了很好的数学基础，又读了许多科学史方面的书；从你写的科普文章中可见，你还有很好的文字基础。我觉得，下一步你应该读一些哲学著作。"去年他向我推荐了许多书，其中就有《认识论引论》。现在他干脆帮我买来。王前很赞扬夏甄陶，说认真读过他的这本书，非常有助于提高你的哲学思辨能力。

王前只比我大三岁，矮矮的个子，貌不出众，才气却惊人。尤其是他的学术判断力和做事的定性，最让我佩服。

1 月 20 日

去年末，我与王越男、王之江的上海之行，颇受时下学风的鼓动。同时，陈弢一行去了北京，也带回来一些让人激动的消息。有学者称中国正“走出十年浩劫的黑暗，迎来文化复兴的曙光”，我们这些时代青年该做些什么？这些天，我与刘瑞武、王之江、陈弢在一起探讨编一套综合类的丛书，定位于大学生的知识水平。王之江说，就叫“当代大学书林”吧。这真是一个好名字，此时国内的“丛书热”已经有了些阵势，尤其以四川的“走向未来丛书”最成功，我们当然不能等闲视之。

本月，我们在《光明日报》刊登了“当代大学书林”征稿启事，立即引起巨大反响。几天之内，投稿信收到数百封，其中也真有好书稿、好作者。例如，张光直的《美术 · 神话与祭祀》就通过译者郭净投了过来；还有弗洛姆、池田大作、弗洛伊德的书，都是译者投的题目。

5月20日

我与王之江、陈弢去上海。这是我从事编辑工作以来，第二次闯荡上海滩。此行重点做两件事，一是去华东师范大学，拜访张鸿雁博士，并由他引见一些人，诸如严博非、张锦、蒋述卓。几位老兄都在读博士、硕士，各有灵珠在手，也有了些名气。可能是用功过度，几位头发都不多（张锦除外），彼此自嘲曰“绝顶聪明”。二是在上海社会科学院周山引导下，拜访一些学者，诸如余秋雨、赵鑫珊、陈克艰、胡守钧、陈学明、李君如、孙克强、郭大东、王绍玺、张志孚。我们住在上海社会科学院招待所，在淮海路上。有趣的是，与我同住一个房间的一位前辈学者，竟是著名翻译家陈尧光先生，克里斯蒂的《东方快车谋杀案》就是他的译作。

由于去年的接触，周山已经是老朋友了。此次，他谈到他的书稿《中国逻辑史论》，他为此花费了巨大的功力，但出版不顺；我们对此稿件感兴趣。周山还谈到一些有趣的题目，比如华东师大王绍玺先生手头有一部《贞操论》的书稿，已有出版社约定，我们争取拿了过来。由此引发，我们又讨论是否可以搞一系列题目，像情欲、两性、死亡、伦理等等。赵鑫珊满脸胡须，颇有男子气。但此时他因《科学·艺术·哲学断想》一书，红得不得了，没有时间理会我们。陈克艰是华东师大名噪一时的才子，很受青年人的崇拜；他在四川“走向未来”丛书中出版《上帝怎样掷骰子》，但此时他身体不好，难以落笔，我们还专门乘轮渡到浦东他的家中拜访。胡守钧是大名人，“文革”时他因为反张春桥被关进监狱，差点儿丧命；此时他谈问题，还是那样冲动，有时还会有些偏激，他拟写的《体制进化论》也让人担心。复旦陈学明是研究西方马克思主义理论的，准备为“当代大学书林”写一部《西方马克思主义论》。他是周山的同乡，此时忙于翻译工作，代表译作有《爱欲与文明》、《逃避自由》、《寻找自我》等，空不出手来写专著，因此此次在沪未及详谈。

9月20日

前些天，去北京参加书展。出版社去了很多人，闹出许多不快 1
之事，也没什么。我最大的收获是与谭坚一同拜访了“世界数学名 9
题欣赏”丛书的作者陈景润。此行还是由中国科学院软件所张锦 8
文引见。在陈景润的家中，我们见到了陈的妻子由昆，还有他们 7
的小儿子。这次见面我很受刺激，因为在我的心目中，陈先生的形象实在太高大，徐迟的《哥德巴赫猜想》文学化、艺术化了陈的形象，即使是一个“书呆子”，在我的心目中也有着无穷的魅力。因为对于数学专业的人来说，陈景润就是智慧之神的化身。但是，此时陈景润已患帕金森氏综合征，走路、说话，甚至连睁眼、闭眼都很困难。他一笑起来就止不住。走路时要有人扶着他走起来，才能自己走下去。睁眼睛时，需要用手把眼皮扒开来。目睹此情此景，我们都有些难过，陈的研究生却对我们说：“你们不要看先生这个样子，他的数学思考依然是高超的。”陈的妻子由昆长得很漂亮，彬彬有礼，有大家之气，看上去也很善良。他们的小儿子非常淘气，上蹿下跳，一刻也不停止，这倒使我们略显压抑的气氛一下子轻松起来。陈景润的房子比较宽敞，据说是国家特批分配给他的。陈已经同意与邵品琮合著《哥德巴赫猜想》，邵是曲阜师范大学教授，这是一部科普作品。

10月20日

今天，我的编辑职称通过。也就是说，我是“中级知识分子”了。从大学毕业至今，整整五年了，在出版行业中厮混，是很容易让人懒惰的。表面上看，我们整天与学者打交道，与书为伴，还套用职称系列，弄得像个学者似的，其实一评职称，整理业务档案，就会发现“学术”一栏空空如也。发生这种现象主要有两个因素：一是出版行业没有学术管理和职业教育的压力，二是编书不同于授课或科研，很容易蒙混过关。我不太甘心这样的处境，但是，打开自己的学术档案，也暗暗流汗，我还会努力。下面，列出我的这些文章的目录：

《“相亲”数对的启示》，《辽宁科技报》1982年12月2日；

《自然数中的瑰宝》，《辽宁科技报》1983年4月4日；

《谁是布朗的儿子？——布尔代数趣谈》，《辽宁科技报》1983年7月18日；

《妙趣横生的纵横图》，《青年科学》1983年第8期；

《东家流水入西邻——二进制趣史》，《辽宁科技报》1983年12月1日；

《几何学中一座碑》，《科学爱好者》1983年第5期；

《现今最大的素数》，《辽宁科技报》1984年1月23日；

《别具洞天的数学领域——趣谈连续统假设》，《辽宁科技报》1984年3月12日；

《稀世奇珍的“梅森素数”》,《青年科学》1984年第3期； 1

《独辟蹊径的思维方式——趣话非构造性理论》,《辽宁 9
科技报》1984年8月2日； 8

《一个令人慨叹的规划——趣谈希尔伯特第二问题》, 7
《辽宁科技报》1984年8月3日；

《数学中的可知与不可知——从希尔伯特第十问题谈起》,《辽宁科技报》1984年11月26日；

《在茫茫的数海中——亲和数趣史》,《中学生数学》1984年第6期；

《数学家中的怪杰》,《青年科学》1985年第9期；

《一百年前的高斯猜测获解》,《辽宁科技报》1985年10月12日；

《简明自然科学史手册》(参加词条写作)，山东教育出版社1986年出版；

《几何学与集合论——数学中两大学科的比较》,《大学科技》1987年第4期；

《潜科学导论》(合著)，光明日报出版社1987年出版；

《自然数中的明珠》(已交稿)，天津科技出版社；

《今日数学中的趣味问题》(合著，已交稿)，天津科技出版社；

《数学美感的再现》(待发)。

12月20日

上海《大学科技》第四期，刊载我的文章《几何学与集合论——数学中两大学科的比较》。写此文，本源于我编辑的专著《几何基础与数学基础》。此书的作者朱梧槚在南京大学数学系工作，这部专著今年五月出版，黄正中、徐利治审校。数学界评价，此书将成为一部经典著作。朱先生是著名数学家徐利治的学生，早年被称为数学天才，毕业后做徐的助手。一九五七年因为一篇哲学论文，不幸被打成右派，遣送回乡；"文革"中又被诬陷为"叛国罪"，入狱十年，历尽生活的艰辛。"文革"后平反恢复工作，他又焕发了学术青春，迅速推出一大批学术成果。

去年，我去南京大学拜访朱梧槚，他个子不高，谈吐精练而有个性。他是在东北念的大学，所以在沈阳、长春有许多同学，也很熟悉东北的生活。但是他对我说："我不喜欢东北的气候，四季太分明了。尤其是冬天，万木萧肃，举目望去，一片苍茫，没有绿色，没有生机，太凄凉了。"

我是在沈阳读的大学数学系，朱梧槚的同代数学老师，现在都是我的祖师爷辈的。但朱先生对我很温和，甚至在来往的信中还称我为"兄"。他毕竟是经历过人生起落的人，理解我们这些小小晚辈的工作难处；他人品又好，我一直很尊重他。

补注：整理书稿时，我见到网上有《数学怪人朱梧槚》一文，录于下："1978年3月初，华中工学院陆传务教授，收到一篇题为《潜尾数论与非标准分析》的数学论文，署名潘凤云。陆教授一口气读完长达数万字的论文和学术通信。啧啧赞叹之余，首先萌生了‘抢人’的念头。于是，商调函旋即发出，第二封、第三封，紧追不舍。然而，迟迟的复信，使陆教授大吃一惊：原来，论文的真实作者竟是一个右派、刑期未满的‘叛国罪犯’——朱梧槚。陆教授不由得倒抽了一口凉气，心想，一名企图叛国的罪犯，竟写出如此高质量的数学论文，这是怎么回事呢？朱梧槚是个怪人，他的思维，他的行事，往往与常人迥异。即令被开除、关押、劳改 20 余年，也改变不了他视数学如命的‘怪癖’。1957 年，他这个 20 出头，留校（吉林大学）任教的高材生，由于‘鸣放’，结果，转瞬成了一名‘大右派’。按常人，‘认罪服罪’，满可以从轻发落，混上个‘饭碗’。然而，他竟用对待数学的态度对待政治问题：‘答案只有一个。要加强给我罪名，没门！’最后，遭‘开除回家’。回到江苏宜兴老家，朱梧槚原拟闭门潜心钻研数学，可是，祸不单行。父亲亦因‘叛徒嫌疑’，遭到关押。一家 6 口，每人平均生活费陡降到 10 元以下。朱梧槚只得去一家中学边代课，边钻研。‘文革’一到，朱梧槚的境遇更是雪上加霜，被升格为‘叛国犯’，判处 10 年徒刑。连续批斗、关押、折磨，朱梧槚体重降到 40 公斤以下，面对厄运，朱梧槚从容、坚定，生死荣辱置之度外，唯数学研究至死不丢。在劳改农场，朱梧槚反倒获得了钻研条件。就着那彻夜不眠的监视灯，伴着鼾声、呓语，他读、写不停，常常通宵达旦。他的‘怪劲’深深打动了场领导。3 年之后，长达 9 万余字的数学论文《潜尾数论导引》和《论一维空间的超穷分割》终于写成。然而，当时有谁敢为右派送出书稿？又有谁敢录用‘叛国犯’的作品？朱梧槚顿生‘怪念’——借用弟媳名义投递，所以出现了前文‘冒名顶替’的情节。论文在数学界引起震动。1978 年底，朱梧槚获得彻底平反。年初，他被南京大学聘为讲师，并连续晋升为副教授、教授。先后出版专著 5

部，译著1部，在国内外发表论文90余篇。他和肖奚安创建发展的中介逻辑系统和中介公理集合论系统，获国家科技进步一等奖，引起国际数学界的轰动。1989年初，朱梧槚调南京航空院任教，连续被航空航天部授予有突出贡献的专家和劳动模范。”

审读《几何基础与数学基础》，我做了一些笔记，也算是边工作边学习。因为我对数学史很有兴趣，虽然朱梧槚的著作讲的是数学方法论的内容，但是与数学史大有关联，所以面上的文字我还读得进去。下面我将《几何学与集合论——数学中两大学科的比较》一文摘录如下：

几何学是数学中最古老的分支学科之一，它的研究肇始于古希腊时期，至今已有两千多年的历史，而集合论的产生并不久远，它是19世纪德国数学家康托（Cantor）首创的。我们知道，这两大学科在数学领域中都占有非常重要的地位。可以说，它们恰好位于数学的直观与抽象的两极，各占一方，彼此辉映。20世纪以来，在数学思想发展史的研究中人们发现：这两个貌似分离的科学，在内部规律上存在着非常密切的联系。甚至有人认为，集合论能有今天的成就，在某种意义上实乃受惠于几何学发展的启示。为了说明这个道理，我们从三个方面比较一下几何学与集合论的发展。由此，还可以帮助我们概括地了解康托集合论的全貌。

一、早期历史的比较

众所周知，欧几里得（Euclid）几何学的公理化体系，有一个历史的的演变过程，大约在欧几里得之前三百年间

（约公元前6世纪），泰勒斯（Thales）等人在没有建立公理和公设的情况下，直接开创了几何学研究。他们得到了一些重要的几何学理论（例如，三角形全等条件、勾股定理等）。但是，由于他们尚未给出诸如“点”、“线”和“面”等几何元素的定义，更没有给出几何公理，所以曾出现了一些无法解释的悖论。例如，基诺（Zeno）悖论就是其中之一。它的大意是：一个人跑步，必须首先跑完全程的一半（1/2）；再跑完半程的一半（1/4）……因为这些中点是无止境的，所以这个人永远也达不到终点。为了消除这些悖论，公元前300年，欧几里得在《几何原本》中建立了公理化体系，使几何学的理论不再依赖于未加定义的直观概念。

对照起来，集合论公理体系的产生，也有一个历史过程。19世纪末，康托在前人工作的基础上，把对于集合论的认识由有限推向无限，从而创立了古典集合论，在数学理论中树立了不朽的功绩。但是，与泰勒斯等人类似，康托仅以朴素的形式陈述了几个理论，既没有明确原始概念，也没有罗列不证自明的思想规定。例如，他对集合的定义如下：“把一些明确的（确定的）、彼此有区别的、具体的或想象中抽象的东西看作是一个整体，便叫作集合。”而其中的“整体”恰是几个的等价概念，所以豪斯道夫（Hausdorff）说：“康托用莫名定义莫名”，结果，在古典集合论产生不久，罗素（Russell）就钻了康托的空子，提出所谓罗素悖论。它的大意是：集合可以分为两类，一是本身分子集（例如，若M={全体概念}，则由于M自身也是一个概念，所以它属于自身，是本身分子集），一是非本身分子集（例如，N={全体自然数}，显然N不是自然数，所以它不属于自身，是非本身分子集）。若设

$\Sigma=\{x \mid x \notin x\}$,

那么，Σ是本身分子集，还是非本身分子集呢？经过验证你会发现，Σ既不属于本身分子集，也不属于非本身分子集；罗素悖论的出现引起了数学界的恐慌，像古希腊时期出现基诺悖论一样，人们感到一次新的数学危机到来了。于是，数学家们开始忙于建立集合论的公理体系。不久，策墨罗（Zermelo）等人及时地建立了这一体系，从而消除了已知的悖论。

上述几何学与集合论公理化过程的比较，出现了惊人的相似之处。难怪西方数学史界认为，如果把康托比作泰勒斯，那么罗素就相当于基诺，而策墨罗就相当于欧几里得。当然，欧几里得是在泰勒斯之后三百年才建立了几何学公理体系，而策墨罗的工作都有一个公共的弱点，就是他们仅消除了当时已发现的悖论（而罗素认为，欧几里得甚至也没有解决基诺悖论，这一问题是在康托集合论产生之后，才得到准确回答），还没有认清他们的公理体系是否达到相容性、完备性和独立性。人们知道，几何学公理体系的严格化是19世纪希尔伯特（Hilbert）完成的。而对于策墨罗的工作，彭加莱（Poincare）指出："我们设置栅栏，把羊群围住，免受狼的侵袭，但是很可能在围栅栏时就已经有一条狼被围在其中了。"

二、平行公理与选择公理的比较

在几何学与集合论的比较中，一个最有趣的现象是：它们都有一个与众不同的公理，那就是几何学中的平行公理与集合论中的选择公理。

平行公理的内容是："如果一个平面上的两条直线与

另一条直线相交，并且如果同边内角之和小于两直角，则如果无限地延长着两条直线，它们必在内角之和小于两直角的一侧相交。”这一公理最早出现在欧几里得《几何原本》中，列为公设5。因此又有“欧几里得第五公设”之称。它早期引人关注的最主要原因是：与几何学的其他公理相比，它的叙述最繁琐，缺乏自明性，看上去像一个定理。这与人们对公理的早期认识（即它们应是自明的或是一个常识性的认识真理）相悖。所以在欧几里得之后不久，人们就开始了证明平行公理的尝试，试图把它从公理的阵容中清除出去。

无独有偶，在集合论中选择公理几乎遇到了与平行公理相同的问题。选择公理的内容是：如果 a 是任意一个集族{A，B，…}，并且在 a 中不存在空集（即 A，B，…均为非空集合），则存在一个集合 Z，它是由 a 中的所有元素（集合）A，B，…中各取出一个元素组成的。例如，如果 a 由下面两个集合组成：A={所有三角形}，B={所有正方形}，则 a 满足选择公理，我们可以分别从 A 和 B 中选出某一个特殊的三角形和某一个特殊的正方形，即组成 Z。19世纪，一些数学家在自觉与不自觉中，已经使用了未明确的选择公理。直至1904年，策墨罗为了证明良序定理，首先用现代术语严格地陈述了选择公理。从此，它堂皇地步入集合论公理领域，并且立即受到各方人士的特殊关照。其原因比平行公理复杂得多，但目的却相同：也是要把选择公理从集合论的公理体系中清除出去。这是一段非常有趣的历史过程，在一些内容细节上，与平行公理出现了非常惊人的相似之处。请看一下三方面的比较：

（1）首先，它们共同的特征是：都缺乏可构造性。就是说，它们的真理性，都不能在有限的范围内通过实际操作得到证明。例如，平行公理的含义是“两条平行直线在无限延长时，永不相交”。但是，不论在纸上或黑板上，都无法验证这一概念。任何人都不能把这两条直线永远地画下去，你说它们不相交，根据何在呢？再看一下选择公理。由于集族 a 的任意性，使我们在实际建立集合 Z 时，也出现了与验证平行公理同样的困难。我们知道，现实世界中存在着无穷无尽的各类集合，所以 a 之中也将包含着无穷无尽的“元素”（集合）。显然，对于这样一个庞大的集类，是不存在从所有的集合中逐一选出元素，实际构成 Z 的方法。有人对选择公理的构造过程，做了下面的比喻：有一个无限长的桌子上，依次摆着一盘盘各不相同的糖果，一个人端着一个空盘子捡一只糖果，放在空盘中，他能一直走下去，何时才能捡完？

平行公理与选择公理的不可构造性，已经十分清楚，但是，它们共同的症结何在呢？这就是无限！人们常说，欧几里得通过平行公理，将无限的概念明确地引入几何学公理体系，是一个伟大的创举；而康托用无限的观点认识集合论，创立了古典集合论，也是一个伟大的创举。有趣的是，这两大科学的风波又都产生在这创举之中。对此，从数学的宏观角度分析，确实是耐人寻味的！

（2）平行公理与选择公理的另一个共同特性是：它们都存在着大量的等价命题。例如，平行公理的等价命题有：平行于已知直线的直线，与已知直线有定常的距离；存在着相似（而不相等）的三角形，即角相等而边不等的三角形；至少存在一个长方形，即四个角都是直角的四边形；垂直于锐角的一条边的直线，也与这锐角的另一条边相交；三角形的各角之和等于两直角等等，如此下去，已发现了数百个！而选择公理的等价命题也十分可观，它的研究历史虽然只有几十年，却陆续发现了诸如：乘积定理、良序定理、极大定理、泽恩（Zorn）引理等成百个数学等价命题。这种现象在数学诸公理中，堪称“独此两家，别无分店”。这种历史的相似之处，单从形式上说，就足以令人惊叹不已！

然而出现这种现象的原因是什么呢？首先回顾一下平行公理的历史。前面提到，由于它缺乏自明性，所以两千多年来数学家们一直试图把它作为定理证明。在试证的过程中，目的虽未达到，“副产品”却大量地产生出来。它们曾一度引起历代数学家狂喜，结果均以发现“循环论证”而告失败。因此，那些所谓的副产品——平行公理的等价命题，就成了数学领域中一笔奇异的“遗产”。而选择公理的等价命题是怎样产生的呢？它的原因比较复杂，但总体说来，矛盾的焦点也是关于选择公理的公理资格问题。有些人认为，它作为公理是不合适的，其原因主要有两点，一是因为选择公理是策墨罗的证明实数的可良序性提出的，并且他达到了目的，证明了良序定理。但是，至今人们尚未找到实数集的良序关系，令人生疑。二是 1924 年，巴拿赫（Banach）等人利用选择公理，证明了所谓“全球悖论”，即把一个球切成有穷个片段，然后重新组合，可得到与原球尺寸相同的两个球。显然，这两个原因使选择公理处于十分不利的境地。而大多数数学家实际上已承认或准备承认选择公理。在广泛论证中，他们陆续发现了成百个有价值的等价命题。这说明，取消选择公理，我们将损失大批优秀的数学命题和方法。例如，我们甚至要抛弃数学归纳法！这显然也是一个令人无法接受的事实。至此，关于选择公理为什么有那么多的等价命题的主要历史原因，大概比较清楚了。

1987

（3）总结上述可见，人们关注平行公理和选择公理的根本原因，都是怀疑它们作为公理的可靠性。那么，它们的结局如何呢？让我们继续比较如下：作为平行公理，它的结局非常奇异。人们不但没能取消它的公理资格，相反由它的否定式意外建立了非欧几何学公理体系。而对于选择公理，结局更为有趣。它的突破点产生于1938年，当时哥德尔（Gödel）把集合划分为“有限制的集合论”（即不包含选择公理）与“标准的集合论”（即在有限制的集合论中加上选择公理）两类，结果他天才地证明：如果有限制的集合论是严格的，则标准集合论也是严格的；反之，如果标准集合论中有矛盾，则有限制的集合论中也必包含矛盾。这一结论说明：选择公理并不比其他公理更危险。哥德尔的工作，实际上解决了选择公理的相容性问题。

以上，我们仅在形式上比较了平行公理与选择公理的三点类同。有些人可能怀疑这种比较的科学价值，那就错了。事实上，这两条公理在各自学科中产生了如此类似的影响，是有科学渊源的。深入分析不难发现，它们都是科学变革的先兆，观念更新的转折点。

三、非欧几何学与非康托集合论的比较

19世纪以来，数学中出现了一种非常有趣的现象，那就是对应着许多古老的传统学科。例如，对应着欧氏几何学，产生了非欧几何学；对应着标准分析，产生了非标准分析；对应着康托集合论，产生了非康托集合论，等等。这些新学科往往都有一个共同点，就是它们的主题仍然建基在原学科之上，只改变了个别公理，从而改变科学的全貌。现在，让我们看一看非欧几何学与非康托集合论在产

生、演变和发展过程中，一些非常有趣的比较。再次说明，我们比较的目的，一是为进一步了解科学发展的深层规律性提供依据；再一是为了帮助人们能够较直观地了解陌生的新学科——非康托集合论的概貌。

所谓非康托集合论，产生于1963年，是美国数学家科恩（Cahen）首创的。它的含义是：取有限制的集合论中的公理，再加上选择公理的一种或另一种否定式，就构成了非康托集合论的公理体系。显然，这种构造方法与非欧几何学非常相似。在那里，我们是取除平行公理之外的欧几里得公理，加上平行公理的一种或另一种否定式，就得到了两种非欧几何学体系：黎曼（Riemann）几何学与罗巴切夫斯基（Lobachevski）几何学。两种学科在形式上和科学方法上的相似性，堪称科学界的一个奇迹。当然，这仅是一个开端。实际上，在非康托集合论短暂的发展史中，这种奇迹正在普遍地发生着。

首先，我们看一下两个学科在公理体系相容性问题上的比较。自从欧几里得在《几何原本》中建立几何学的公理体系之后，人们为完善它进行了两千多年的努力，其间有阿基米德、巴士、勒让德等许多大数学家的工作。撰成《几何学基础》一书，最终建立了完整的几何学公理体系。在此过程中，希尔伯特还创建了几何学公理体系相容性的证明方法。所谓相容性证明，就是说明公理之间彼此无矛盾性。希尔佰特的方法是：根据解析几何学原理，建立几何学与代数学之间的对应关系；进而建立几何学的性质与实数性质的对应关系。最后由实数的相容性，证明了几何学的相容性。同理，集合论的公理体系的相容性证明也是需要完成的，因为没有它的相容性为基础，就更谈不上非康托集合论的建立。况且，在集合论产生之后，它的公理相容性问题一直受到诸如布劳威（Brouwer）、魏尔（Weyl）和彭加莱等大数学家的异常怀疑（尤其是对选择公理的怀疑）。为了解决这一问题，1930 年哥德尔提出了不完全性定理，并且最终基本完成了集合论相容性证明，它的工作具有划时代的意义。实际上，科恩创立非康托集合论的工作，正是在哥德尔工作的基础上展开的。

在欧氏几何学与康托集合论各自的完备性证明完成之后，人们还进行了非欧几何学与非康托集合论各自完备性的证明。比较起来，它们研究的方向和方法，又出现了惊人的相似之处。我们知道，非欧几何学的相容性已经得到解决，它的方法十分巧妙。最初是因为在非欧几何学中有许多理论与人们的常识相悖，如“三角形的内角和大于或小于两直角”，等等。这是在我们生活的空间中无法理解的。但是。罗巴切夫斯基等人的工作体系严整，使它们成为数学中的“现实”。在这种情况下，人们希望能在现实世界中找到非欧几何学的模型。结果，目的达到了，数学家们在三维欧式空间中（即球面和伪球面上）找到了二维非欧几何学的模型，见图 1.2。

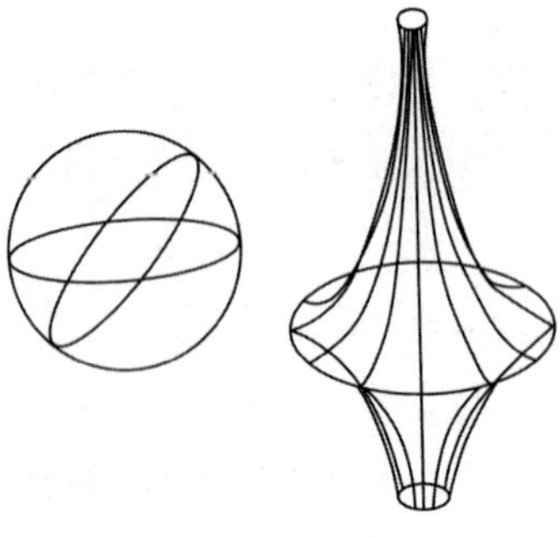

图 1.2

这种模型不但使人们在情感上接受了非欧几何学，而且使数学家们找到了证明非欧几何学公理相容性的途径。道理十分简单：因为三维空间中的欧式几何学是相容的，而非欧几何学可以与其建立对应关系，所以可证非欧几何学也是相容的。

与非欧几何学类比，人们自然想到：要想使数学界承认非康托集合论，必须解决它的公理相容性问题；要想解决它的公理相容性问题，似乎也要像非欧几何学那样，建立一个熟悉的数学模型。本世纪以来，哥德尔、科恩等人为建立非康托集合论的模型，作出许多非凡的工作。他们也把普通的集合论作为建立模型的基础（就像非欧几何学的模型建立在三维欧式空间中一样）；并且，在构造方法上，他们以使选择公理失效为宗旨（就像非欧几何学的模型以使平行公理失效为宗旨一样），在普通集合M上有针对性地加入一个非构造性集合 a，形成新的集族N。要求N具有特征：(1) 相对于M而言，是相容的；(2) 在这里，选择公理失效。这一思想过程，与非欧几何学的思想过程多么一致！

1987

当然，由于一些“技术性”问题尚未解决，所以现在人们还没能找到一个我们熟知的、易于理解的、构造性的模型（像非欧几何学那样），也可能永远找不到它们。值得一提的是：科恩的方法——力迫法已在构造数学模型和证明许多学科的相容性中，发挥了巨大的作用。

最后，再次强调指出：几何学与集合论的历史比较，并不是本文的唯一目的。众所周知，几何学的理论体系已经完善，其中有许多成功的经验；而集合论的研究，方兴未艾，还有大量的问题需要后人探索。若从几何学与集合论的比较中，能给人以有益的启示和引导，那将是一个了不起的收获！

参考文献

(1)《几何基础与数学基础》，辽宁教育出版社，1987。
(2)《数学——它的内容、方法和意义》，第三卷，科学出版社，1962。
(3)《数理化信息(2)》，辽宁教育出版社，1986。

12月25日

我参加编写的《潜科学导论》由光明日报出版社出版。主编为解恩泽，我与王前合写了第五章“科学猜想”。“潜科学”的概念是一九七九年才提出来的所谓“新学科”，我倒觉得它是方法论、自然辩证法之类学科的衍生物，或曰时髦化。其学术价值和意义是有的，但成为一个独立的学科就有些牵强。这话只能偷偷说，这些年，我东奔西撞，一会儿搞科普，一会儿搞科学史，一会儿搞方法论，难以定位。好不容易有个“潜科学”学科创立了，又肯于接纳我，让我写点儿东西，我哪敢说风凉话呀，尽力写就是了。

录一段“潜科学”的解说文字，倒也值得留存：

> “潜科学，是指孕育中的科学，是‘科学胚胎’、‘科学幼芽’。任何一种科学理论或学说的产生，都必然要经历一个酝酿、孕育和发展的过程，都有一段潜在期或孕育期。每一门科学在创建初期，往往以科学家头脑中的思想火花、瞬时灵感和科学家想象等形成出现，经过不断筛选、雕琢、组合，向某些难点发起集中思维攻势，终于形成一股定向的思维潜流，推动其跨入科学理论之列，这类似胚胎的个体发育过程。如果把已经成熟并被社会承认的科学称为‘显科学’的话，那么，对于那些尚未成熟，还处于幼芽阶段的科学则可称为‘潜科学’。潜科学具有许多明显特征：一是不确定性。在潜科学阶段，充满下意识的灵感、

直觉的猜测、模拟的语言和粗糙的模型。不确定性有模糊性的特点，也有不严格性的特点。二是反常性。潜科学思想常常向传统的概念、观念、定理、定律、结论、方法等提出挑战，因而往往具有批判性、革命性的认识。以‘反常’为起点，往往划出了新的概念，新的学说，新的学科，以至于新的科学革命。三是创造性。潜科学十分注重创造性、开拓性的工作。运用多种创造性技法，进行创造性思维和创造性想象，进行交织纵横交错的创造性活动。四是艰巨性，有来自社会条件的制约。一种新的思想、新的理论刚刚诞生时，往往是受到规范科学排斥，传统观念的指责。潜科学是相对于显科学而言的，潜科学和显科学又相互联系，在一定条件下互相转化。潜科学阶段对于任何科学来说是必不可少的，潜科学是显科学的基础和起点。科学的发展就是在潜科学和显科学互相影响、交替作用下前进的。研究潜科学有利于科学发展规律的探索和认识，有利于新学科创建和对新学科的扶持，有利于科学人才的发现和培育。世界上已有许多国家开始重视对潜科学的研究。西欧有‘拼盘学会’，美国有‘史密森学会’等，这些组织都注重对潜科学的研究，支持受压制的科学探索。我国是潜科学的首创国家，出版了《潜科学》杂志，在国内外学术理论界有深刻影响。”

12 月 30 日

到年底了。今年的《数理化信息》刚刚付印，比前两期的内容 1
少了不少，并且只印了几百本。这大概是最后一本了。回想起三年 9
前，我们理科编辑室的几个人心血来潮，创办《数理化信息》，当 8
时还真有些影响，《光明日报》都发了消息；没过三年，就要走到 7
尽头，心情当然不好。为什么会这样呢？因为去年我升任副总编辑，离开了理科编辑室；因为一年来我的编辑兴趣迅速扩展，或曰转移，搞上了“当代大学书林”之类的图书；因为理科编辑室的几位编辑没有了再将《数理化信息》搞下去的热情。

其实，《数理化信息》这个创意是很好的，它就像一本杂志，也像一本年鉴，可以传递很多学科内外的信息，也可以团结许多作者，很有特点。不过，“坚持”是一个很考验人的事情。请看这一期的要目：

《超导材料新进展及超导应用展望》章立源；

《高临界温度超导体研究的进展》沈中城；

《正交试验在中国的改革与实践》刘婉如；

《丢番图方程及其主要成就》曹珍富；

《费马大定理在 20 世纪的新研究》张贵新；

《如何评价欧氏几何的教育地位》周学海；

《传统医学领域正在受到数学的挑战》李泉；

《时空理论的进展与时空分类》陈方培；

《中国传统数学是离散数学》罗见今；

《伟大而普通的数学家苏步青教授》王运达；

《科学家近况——横地清，朱德祥，王鸿钧，李远哲》马忠林等；

《中国科学思想史研讨会综述》周翰光；

《一篇严重失实的报道》吴振奎等。

12月31日

岁末的最后一天，我的内心中充斥着思想的躁动。一九七七年恢复高考，我懵头转向地投身到数学系，学起了基础数学；一九八二年毕业后，我又懵头转向地投身出版界，做了理科编辑。今年，由于我担任了副总编辑，开始从理科编辑室跳出来，向社会科学转轨。说实话，在此之前，我满脑子装的都是大数学家、大科学家，对文史哲方面的人物、著作、学术动态等等，实在知之甚少。所以，回顾这一年，可以说我是一个被分裂的人，一方面继续编辑理科类的图书，此类事情我已经做了五年多，很有人脉。结识了许多有名的数学家，像陈景润，梁宗巨，徐利治，吴方，方嘉琳，朱梧槚，李迪，张奠宙，蒋声，越民义，马忠林，许国志；也出了一些很有影响的书，像《几何基础与数学基础》（朱梧槚），《最优化方法》（邓乃扬，诸梅芳），“世界数学名题欣赏”（十三本），《数理化信息》（三辑），“运筹学小丛书”（徐利治主编，九种）等等。至于社会科学领域，我知道谁？今年以来编辑“当代大学书林”，我发现了自己的差距，大有步入森林、满眼迷茫之感。怎么办？没有办法，只能学习。好在编辑行业还不像学术圈子里那样叫真，容易滥竽充数，也容得时间让你在“不懂”临头的时候，赶紧学习。正是在这样的情况下，我备感压力。下属们各个专业的都有，学有专长，领导起来自然有困难，彼此不服气的事情经常发生。我一个刚入三十的年轻人，没有丰富的阅历，只有热情和勇气。

在这一年中，我读《认识论引论》(夏甄陶)最认真，收获很大，学到了许多哲学的基本原理。尤其在方法论的意义上，知道了如何思辨，或曰知道了“怎样有条理地说话”。我也在五花八门的阅读中，收集了大量的资料，这一招是从梁宗巨那里学来的。有一次我去梁先生家中谈书稿，我见到他的桌子上放着一小块泛黄的剪报，定神一看，竟然是五十年代华罗庚写的“豆腐块”文章。我问：“华老竟然也写这样的东西？您竟然会保存至今。”梁先生答道：“那是几十年前的事情，现在看上去就很珍贵了。”他又说：“搞历史研究的人，坚持数十年收集资料非常重要。”这段对话给我留下深刻印象，近年来我开始收集各种资料，树立一个宗旨，大大小小、奇谈怪论都收，已经粘贴有几大本子，获益不小。列几个精彩的题目如下：

《素数与国家安全密码》,《世界科学》1986年11月；

《著名数学家张广厚遗体告别仪式在京举行》，新华社2月10日讯；

《科学头脑，各有类型》，新加坡《联合早报》6月1日；

《牛顿第八定理数值有误》，美联社芝加哥6月10日电；

《中国科学史权威李约瑟》，美国《读者文摘》8月号；

《请不要见了数学题就害怕》，美国《读者文摘》5月号；

《中国也有金字塔》,《新民晚报》10月15日；

《宗教对科学的发展有积极的作用》,《文摘报》10月29日；

《圣经的原名》,《人文杂志》第3期；

《本体论重兴之兆》(谢遐龄),《读书》第4期；

《以11为标志的城市》,《科学参考》10月30日；

《临死前的感觉》,《中国医药报》11月12日。

这样的剪报和资料积累，我从一九八四年就开始了。我常感慨地说：“阅读，我精神生命的源头活水。”坚持，即使再过二十年、三十年、四十年……我依然要坚持。引用毛泽东那句时髦的话：坚持数年，必有好处。

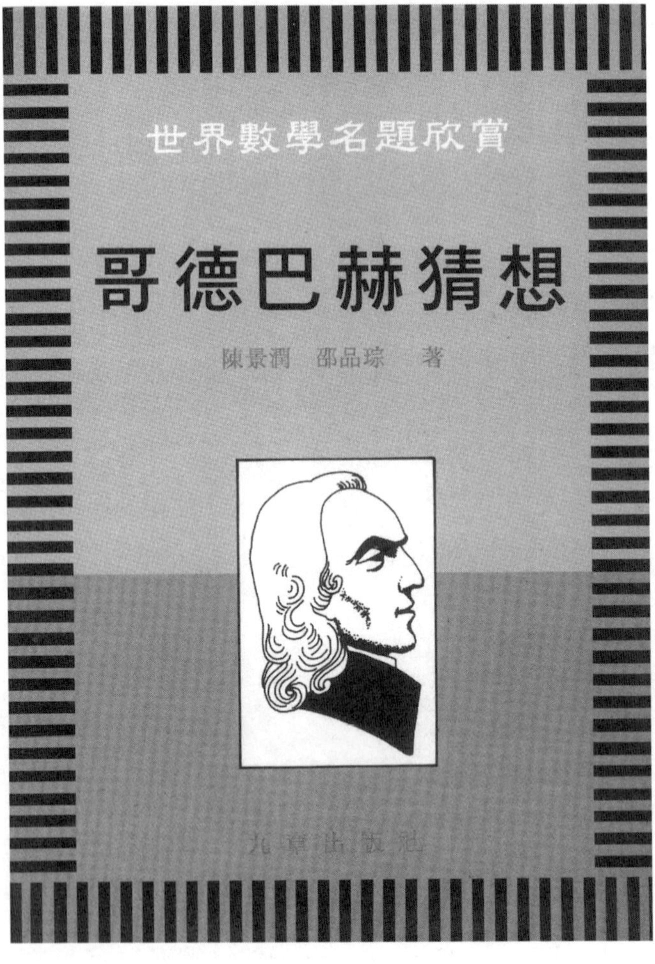

台湾九章出版社出版“世界数学名题欣赏”

1988

事件:“世界数学名题欣赏”丛书刚刚推出七本，获全国第一届优秀教育图书一等奖。

图书:《观念更新论》,《思考世界的十个头脑》,《美术 · 神话与祭祀》

文章:《数学美感的再现》,《数，一个神秘的文化现象》

人物：王大路，刘徽，祖冲之，沈括，杨辉，朱世杰，陈省身，华罗庚，苏步青，陈景润，丘成桐，费马，哥德巴赫，科克曼，哈尔莫斯，高斯，康托，罗巴切夫斯基，黎曼，希尔伯特，欧几里得，哥德尔，邵品琮，阿贝耳，斐波那契，杨辉，爱丁顿，孙宏安，梁宗巨，王鸿钧，吴振奎，王之江，陈弢，谭坚，柏拉图，奥古斯丁，维柯，康德，黑格尔，叔本华，弗洛伊德，萨特，卡西尔，波普尔，李君如，孟宪忠，高文新，秦光涛，邴正，张光直，薛华，吕振羽，邓正来，高清海，陈星灿，荣格，普特南，郭净，铃木大拙，弗洛姆，德马蒂诺。

6月5日

《博览群书》第五期刊载我的书评文章《数学美感的再现》，讲的是“世界数学名题欣赏”丛书的编辑思想。这大概是我所写的第一篇编辑出版随笔，写成后曾经投给《中国图书评论》，被退回，他们编辑部的负责人是王大路。大路还解释说，《中国图书评论》不登这种谈编辑经验、感想、案例类的文章。现在能在《博览群书》上发表，算是开了一个自己“新写作”的领域。全文如下：

古人云：数字是智者的逸园，愚者的囹圄。这话说得妙极了！

我国的数学研究有着悠久的历史。数千年来，伟大的民族文化孕育了一大批闻名中外的数学大师。像古代的刘徽、祖冲之、沈括、杨辉、朱世杰，以及当代的陈省身、华罗庚、苏步青、陈景润、丘成桐，等等，均在世界数学史上名声显赫。“中国人天生聪颖”，这已成世界公论。近年来，辽宁教育出版社怀着极大的热忱，带着问题请教了当代著名数学家陈景润等诸位先生：“在改革的形势下，为了提高全民族的文化素养，我们数学界该做些什么？”这一问题引起了许多数学家的兴趣，他们几乎一致地说：“应该让更多人了解数学！”

是啊！古往今来，任何学科都比不上数学那样更富有神秘色彩。在这个领域里，一切问题都剥去了五光十色的外衣，以水晶般透明的“玉体”呈现在人们面前，聪明勤

奋的人在这里流连忘返，情思绵绵；愚蠢懒惰的人却无意 1
涉足，只有望洋兴叹。那么，怎样才能使更多的人了解数 9
学呢？这一问题引起了数学家们的深思。近年来数学在飞 8
速发展，大量新知识、新学科的出现使人目不暇接。许多 8
人都感到数学过于艰深、复杂、枯燥，无法理解，甚至怀疑数学家的工作是否有价值。正如数学家哈尔莫斯所说："甚至受过教育的人们都不知我的学科存在，这使我感到伤心！"面对此情此景，数学界的有识之士认为：数学家不能孤芳自赏，一项重要的任务是向人们倾诉自己研究数学时的思想和感情。应当使人们懂得，数学同文学一样，其中蕴含着许多超自然的美，只有认识到这一点，你才能真正地欣赏她；而只有能够欣赏数学的人，才达到了一个较高的思想境界，领悟数学的真谛！

就这样，"世界数学名题欣赏"丛书的编辑构想产生了，来自祖国各地的作者纷纷献上一颗颗璀璨的数学明珠：费马猜想、哥德巴赫猜想、连续统假设、货郎担问题、科克曼女生问题等等。洋洋洒洒，如数家珍！在这里，作者们决心一扫以往数学论著的枯燥遗风，将这些艰深无比的数学问题用历史叙述、夹叙夹议的方法讲述出来，力求收到独特的艺术效果（当然，这是"数学艺术"）！在这种思想的统一指导下，大规模的创作开始了。

但是，构想仅仅是构想，动起笔来确实困难重重。作为一套高级科普读物，它们介绍的不是一般的数学趣题，而是高层次的数学理论。这些问题大多产生于历代名家之手，要想把它们用生动的语言叙述出来，就需要了解这些名家的思想过程。而这就是最难、最难的。因为许多数学先师都有一个习惯，他们往往不愿意暴露自己的研究经过（那里充满了错误和反思），只将完成后的数学结论公布于众。正如数学奇才阿贝耳（他发现了群论，仅活了27岁）评价数学王子高斯时所说："他像一只狐狸，总是用尾巴扫平在沙地上的痕迹。"所以，人们常会感到：一部严整的数学论著，往往具有一种冷峻的、冻结的美感！这种美是常人所无法接受和欣赏的。像陈景润证明哥德巴赫猜想的论文，中国乃至世界上能够鉴定的人也寥寥无几。

在这种背景下，丛书向作者提出了更高的要求：你们不但要有较高的数学修养，还要了解数学史，从中发现"狐狸的踪迹"。即把已经形式化（或称公式化）的数学知识，用生动的语言描述出来。当然，这种做法是违反数学传统的。数学界历来反对描述，仅推崇只有"骨骼"（即逻辑推导与公式）的作品。而现在需要为它增添"活组织"和服饰，这一下可难坏了那些历来"文字干瘪"的数学家。丛书的作者们狠下心拟订了编写的第一宗旨："要用数学家的体温去溶解冷冻的数学！"

宗旨确定了，丛书的每一册都从数学史入手展开论述。结果，一打开浩瀚的史册，数学的面孔立刻温和起来，许多神秘的数学发现、神化的数学家在这里都展现出活生生的真实形象。这里的思想者也是有血有肉、有情有义的人，只不过比常人更富有牺牲精神。例如，丛书中的第一册《连续统假设》，它讲述了一个"无限远处的数学问题"。这个问题一产生就充满了迷惘和神化。对此，不仅常人，甚至连一些不知底细的数学工作者也不理解它的提出者康托（19世纪德国人）何以对“无限远”感兴趣，或讽刺康托必是精神失常（凑巧地，后来确实患精神抑郁症死于精神病院）。以致社会上常认为数学界多产“怪人”。本书中清楚地介绍了“连续统假设”的数学地位，同时介绍了康托的思想和遭遇。他是一位离经叛道的思想者，他的学说触动了传统的数学观念，导致所谓的“第三次数学危机”，为此他受到一些守旧者的打击，最后身心交瘁，抑郁而死。这些故事阅后使人感慨万分，在了解数学的同时，还弄清了一个道理：天才需要勤奋和毅力，迎接成功的不一定都是鲜花！

数学中的问题是非常多的（因为数学本身就是由问题组成的），如何恰当地选择题目收入这本书，也是很有学问的。探讨中作者一致认为：入选的题目应能以不同的侧面反映现代数学的全貌，并且该问题应在数学中占有重要地位。例如，《黎曼猜想》一书告诉人们：如果黎曼猜想得到解决，数论将大变模样。难死人的哥德巴赫猜想、孪生素数猜想等问题都会迎刃而解，人们再不需要为那个“1+1”而苦恼了。这正揭示了数学问题的深层和内在的联系。《希尔伯特第十问题》一书，介绍了一个“失败”的证明过程。它是1900年德国人希尔伯特在巴黎数学家大会上提出的23个著名的数学问题之一，直至上世纪70年代末人们才证明了这个问题“不可解”。要知道，这个结论的本身就是非常重要的。它告诉我们：数学计算不是万能的，一些问题使用现在所有的数学方法都是不可解的。也就是说，人类从事了数千年的计算，直到本世纪才真正地认识了“计算”本身。同时，这种“不可解理论”对于计算机科学理论影响非凡。《欧几里得第五公设》一书，从公元前三百多年古希腊名著《几何原本》谈起，讲述了由第五公设引发非欧几何产生的全过程。在非欧几何的园地里，许多事情与人们的常识相悖：两条平行直线可以相交，三角形的内角和可以大于一百八十度、也可以小于一百八十度，等等。有些人觉得这是无稽之谈，它的发现者罗巴切夫斯基也为此备受打击。但是，这一学说的逻辑体系是严整的，并且已经在现实世界中得到了重要应用（比如相对论等）。

另外，本丛书中所列入的问题，或是某学科的“母理论”，或是某理论的先行者。比如，《无处可微的连续函数》一书，介绍了数学分析中一类特殊函数的发现。这一发现曾引起古典微机分界的恐慌，因为它动摇了数学分析的理论基础。但是反过来，这一发现又促使数学家为弥补理论上的不足制造新的方法，从而产生了泛函分析。《素数判定与大数分解》一书，讲述了一个十分有趣的事实：小学时代的一道习题：“已知一个数，问它是哪些数的乘积？”从这个问题出发，竟引出一个最新的数论分支——计算数论，并且在国防和军事科学（密码学）中得到应用。再如，《哥德尔不完全性定理》导致了现代逻辑学的改观；《科克曼女生问题》促进了组合数学的发展；《货郎担问题》在图论中产生重要影响，等等。通过对这些知识的了解，读者的思维将通过十分自然的“旅行”进入一个个崭新的数学天地。这时，再学起泛函分析、拓扑学、非欧几何、图论等深奥的数学知识，就不会感到突兀了，因为你已经了解它们产生的源与流，定会带着明确的目的和情感去迎接新数学的“挑战”！

这套丛书收入的题目可以分为三类：一类是已经解决了的问题。如《希尔伯特第十问题》、《欧几里得第五公设》、

《科克曼女生问题》等等。它们从提出到解决，留下许多可歌可泣的故事，是数学领域中一座座完整的丰碑。一类是未解决的问题，如《黎曼猜想》、《哥德巴赫猜想》、《费马猜想》、《连续统假设》等等，它们在丛书中占的比重最大，也最富于启发性，并且在数学中的知名度极高。比如“费马猜想”，它是十七世纪法国数学家费马提出的一个难题。从那时起，几乎每一位知名的数学家都研究过它，但无一成功。因此被称为数学中的“难题之最”。再如“哥德巴赫猜想”，它在世界上，尤其在中国几乎妇孺皆知，美称“数学皇冠上的明珠”。令人振奋的是，曾为解决这一猜想成就斐然的陈景润先生欣然命笔，与邵品琮教授合著了《哥德巴赫猜想》分册，有机会目睹这位传奇式人物的思想风采，将是热爱数学者的一大幸事。还有一类问题，如《不动点定理》、《货郎担问题》、《斐波那契数列》、《哥德尔不完全性定理》、《置换多项式及其应用》、《无处可微的连续函数》等等，它们代表一种或者一方面数学研究，具有极强的生命力，其价值往往高于那些孤立的数学问题。比如“斐波那契数列”是十三世纪意大利数学家斐波那契从小兔的繁衍规律出发，得出的一个增殖递推关系：

1，1，2，3，4，8，13……

表面上看这个数列平淡无奇，令人惊异的是在蜜蜂繁衍、树枝成长、树叶排序、钢琴键盘、黄金分割、杨辉三角等大量自然现象和学科中，都出现了斐波那契数列的递增规律。《斐波那契数列》一书，详尽地介绍了这些活生生的事例，读起来使人浮想联翩、感叹不已。

现在，“世界数学名题欣赏”丛书的第一批书稿已将面市，这无疑是数学界的一件大事。愿作者的初衷和希望，能在读者中得到实现和认可。

1988

10 月 20 日

收到《曲阜师范大学学报》寄来的第四期样刊，我的文章《数，一个神秘的文化现象》发表，一万多字。在我心目中，此文是我的第一篇所谓“大论文”，或曰真正的论文。写得不是很好，因为毕竟这个题目很少有人做，文、理科的人都有知识盲点，现行的教育结构中又没有相应的学科设置，所以我也仅是尝试而已，内心里总觉得这里有一个广阔的天地，很值得做一些深入、持久的研究。下面是此文中的几段文字：

> 当我们在文化人类学的意义上探讨数的时候，许多问题就会接踵而来：数是怎样产生的？为什么人类学习数数比学习其他知识困难得多？为什么有些民族崇拜某些数字，或厌恶某些数字？为什么自然现象中会屡屡出现一些恒定常数（诸如圆周率，自然对数的底数，无量纲数，斐波那契数）？尚无计算能力的原始民族为什么会有数觉（甚至一些动物也有数觉）？
>
> ……
>
> 素数与音乐表情素质有着神秘的对应关系：仅出现素数二的八度音程，具有单一、相像的表情素质；出现素数二和三的四五度音程，具有完全谐和乃至空旷单薄的表情素质；出现素数五的大小三六度关系的和声音程，具有相当谐和并且饱满丰润的表情素质；出现素数七和五、十七

和三、十九和三的增减五度关系的和声音程，具有不谐和、不稳定、充满紧张度的表情素质，等等。还有一个怪现象：素数十一和十三的艺术表现力尚未发现。

在生物界，植物的花蕾大都是五角对称的，并且在有机界，五的对称性也是常见的。但是，在无机界，除了二、三、四和六之外，却根本找不到五的对称性。再有，植物的叶的螺旋样分布的分数 u/v，其中的数字绝大部分都出现在斐波那契数列中。

在人体科学中，人类的生命节奏常常出现以 23 天、28 天和 33 天为一周期的现象。

在自然界中，观测到的电荷都是自然对数的底数 e 的倍数。物理学中最常出现的是“无量纲数”1030。世上最完美的形体——圆，却以无法用有限的数字表出的数 3.14159……作为圆周率。千姿百态的雪花都是六角形……

这类例子多得不胜枚举，人们往往是知其然，不知其所以然。于是，新的神秘主义又油然而生：看来“上帝用数来构造世界”的学说确有些道理吧？！事实究竟如何呢？请听爱丁顿的一段话：

“在未知的岸上，我们发现了一种奇怪的足迹。我们想出种种深奥的学理来推究足迹的来源。我们终于又成功地再造了印下此种足迹的生物。啊呀！原来就是我们自己。”

11月17日

收到辽宁师范大学孙宏安来信。孙是梁宗巨、王鸿钧二位教授的学生，梁搞数学史，王搞数学教育，都是数学界的大人物。孙宏安读到我的文章《数，一个神秘的文化现象》，他写道："文章非常有趣。怎样解释'数字崇拜'确实是一个非常有趣而又有意义的工作。如果我们能揭示你谈的那个'文化之谜'的话，就可以使数的神秘性不神秘起来。但在此之前，还要按'神秘性'的思路向前推进若干距离。这方面，中国古代的情况，《周易》为我们提供了关于数的神秘性的百科全书，在这里不仅单个的数，而且整个数学，都显示了与天地万物等同的神秘性质。中国古代数学界受《周易》的影响是不言而喻的，每本数学著作都毫不含糊地论及此。我想甚至算筹与蓍草也是同源的，有'策'字为旁证——《实用汉字字典》'策'字有'占卜用的蓍草'和'古代计算用的小筹'之意。我还觉得，古代数学著作的体例——问题、答案，算法（术）其中并没有讲'术'的来历，因而许多高超的'术'也就有了神秘性，再就是河图、洛书以及由此而来的各种幻方的神秘性，再结合八卦方位之类的东西，神秘性就更强了，这些都有进一步讨论的必要。现在的一般研究，主要从'数学成就'出发，且把中国古代数学贴上'唯物主义'的标签。但我觉得，真正的唯物主义是从实际出发，实事求是。例如，我认为古代数学的应用——如刘歆、一行这些数学家之所为。当时的'应用本身'是'神秘化'的，应用于神秘的方面和应用于生活中，古人认为是没有什么区别的。这

方面很有进一步研究的必要。你的文章在这方面也是很有意义的。 1
欧洲中世纪当有更多的数字神秘主义，最好能找到对此的系统论 9
述，把他们的神秘主义数学体系与《周易》比较，将更为有趣也 8
更加有益。现代有人认为，数学不是科学而是艺术，也很有一点 8
‘神秘’味道了，但未见深入讨论。我想，可否这样认为，神秘性是人作为主体对客体的一种间接的更为主体性的思考，它可能是人由无知到知的一个中介环节。人的宗教历程是否在一定程度上能说明这一点，更广泛一点，如果把无根据的认定叫作神秘性（非科学方式作出结论的过程）的话，似乎可以这样想。”

12月10日

“世界数学名题欣赏”丛书刚刚推出七本，就获全国第一届优秀教育图书一等奖。这个奖项是新设立的，也是中国教育出版界的第一大奖。本套书是我从事出版工作以来，独立编辑的第一套丛书。应该说，能够编辑这样一套好书，有三个因素起作用：一是多年来我一直热爱阅读和科普创作，从中获得许多策划的灵感；二是我的作者兼好友吴振奎先生，他是数学教授，科普作家，我们经常在一起交流，他给了我许多指导意见；三是丛书中的作者的支持，像陈景润先生，此时患帕金森氏综合征，身体已经很不好，但还是答应撰写《哥德巴赫猜想》一书。

补注：一九九五年，我在《不才独钟出心裁》一文中，回忆了这段往事：“我做编辑工作，最喜欢‘出奇’，虽然未必制胜，却常常可以扬长避短，创造取胜的机会。因为我自知原本平平之辈，所以或编、或撰，求稳、求全都是很难的。思来想去，自觉只有平中见奇、变中取巧最有突破的可能。也许有人说这是小家子气，但《孙子·兵势》中却写道：‘故善出奇者，无穷如天地，不尽如江河。’可见它是一种大智慧，至于大家小家，却在个人的悟性了。我倒是一个愿意‘做大’的人：好做大型丛书，好从大学科入手，好关注博大的文化主题……总之是想寓变化于大模样的不变之中，塑造几位独具姿色的‘大家闺秀’！其实这么美妙的事情谁不愿意去做？只是好想不好做罢了。说起来我一入编辑行业就开始想了，最初是想搞一套数学丛书，可是数学历史久远，分支林立，要想‘出奇’，谈何容易。为此我整天憋得头昏脑涨，一日有人问：‘数学是做什么的？’我引希尔伯特的话信口答道：‘提出问题和解决问题。’

突然我的心底一阵涌动：1900 年希尔伯特在数学家大会上提出了 23 个数学问题，它们几乎引导了 20 世纪数学的走向！我们何不从‘著名的数学问题’入手？于是‘世界数学名题欣赏’丛书的创意产生了。但数学知识的跨度很大，从哪一个层面嵌入呢？这时我想起历代数学家的一个习惯，他们往往不愿意暴露研究过程，只将结论公布于众，正如人们评价高斯：‘他像一只狐狸，总是用尾巴扫平在沙地上的痕迹。’所以说一部严整的数学专著具有一种冷峻的美感！这种美是常人所无法接受的，一位数学大师曾经叹道：‘甚至受过教育的人都不知我的学科存在，我感到伤心。’为此我决定做一套高级科普读物，旨在再现狐狸的踪迹，用数学家的体温融解冷峻的数学，让更多的人了解数学。后来这套书做成了，它包括哥德巴赫猜想、费马猜想等共十三部，海外有识之士还出了繁体字版……”

12 月 31 日

这一年，非常不平静。

自一九八六年我被提升为副总编辑，就产生了跳出数理化的领域、投身文史哲编辑工作的念头。去年，在编辑王之江、陈弢的鼓动下，开始启动“当代大学书林”。最初在《光明日报》上发出征稿启事，引来一大批学者与选题，提出数百个题目。我们用毛笔把这些写在大纸上，贴在办公大楼的墙上，把整整一层楼的墙面都贴满了。我们自称是征求意见，其实心里清楚，这是一种挑战，向教育出版社“以教材为主”的选题结构的挑战，向陈旧的图书门类的挑战，向落后于时代步伐的思想观念的挑战。今年以来，我们几个合作者之间发生了一些不愉快的事情，但我坚信，在思想的层面上，我们依然是大同的；在事业的层面上，我们仍然有着大同的追求。随着一本本新书的面世，激动的心情覆盖了现实的不快，想一想那书那人，很有一些值得记忆、让人高兴的事情。

《观念更新论》，作者是上海社会科学院的青年学者李君如。我与他面谈过多次，最长的一次谈到半夜一点。他是从事“毛泽东思想研究”的，一身上海人的精明之气，谈到理论问题不紧不慢、滴水不漏。

《思考世界的十个头脑》，作者是吉林大学的四位研究生：孟宪忠，高文新，秦光涛，邴正。今年年初，我与谭坚到长春去拜访他们，他们骑着自行车到火车站接我们；我们就坐在他们的自行车后座上，到邴正的家，在一起吃了一顿饭。吃的就是香肠、罐头什么的，转眼之间便成了好朋友。他们都是高清海的弟子，高师门下，谈吐不俗。我对吉林大学也有一段情结，那是在七七年高考时，我的第一志愿报的是吉林大学物理系；当时我还是铁岭县的下乡知识青年，而且我考得不错，在全县的考生中排在第二十七位，分数足够吉大的录取线。不过体检时遇到了麻烦，我被认定为高血压，因此限制专业，没被吉大录取，后来被别的大学“超志愿”强行录取了。所以，对吉林大学，我总有一种怪怪的感情。老孟他们确实有学问，“十个头脑”是说柏拉图，奥古斯丁，维柯，康德，黑格尔，叔本华，弗洛伊德，萨特，卡西尔，波普尔。

补注：此书在“思想启蒙”的历史阶段，起到了很好的思想导读作用。直到今天，还有人怀念这几位吉大才子的工作。比如，二〇〇四年，邓正来还在以“体制内外的学术及人文主义的丧失”为题的讲演中谈到：“吉大的非主流学术的学者们在一天天凋零。当年哲学系的五位教师写过一本《思考世界的十个头脑》，我们从那里感受到了哲学的人文气息，我们从那里知道了维柯的《新科学》（吉大老校长吕振羽的《史前社会研究》与《新科学》堪与比肩，我拜读过）、卡西尔的符号学。孟宪忠他们在那本书里写道：一个小伙子手中的‘勿忘我’花束，就是一个符号，爱的表达。”行文至此，我想起了一段玫瑰的故事——送人玫瑰之手，历久犹有余香！体制外的学术，该是一支带刺的玫瑰吧！她非嫡出，但非野生，她有自己的规则和天空。

《美术·神话与祭祀》，作者张光直名声大得很，1983 年北京三联书店就出版他的《中国青铜时代》，让我们这一代人心生崇拜之情。此次征集选题，译者郭净推荐张先生的这部大作，我们大喜过望。

补注：一九九八年，“张光直作品系列”落户辽教社，此书也收入其中，仍然由郭净译，二〇〇一年出版。张先生的学生、这套书的联系人陈星灿还写了“新版序”。

“当代大学书林”中还出版了一些重要的著作，像《哈贝马斯的商谈伦理学》（薛华著），这是我国第一部介绍哈贝马斯的专著；《人类及其象征》（荣格）；《禅宗与精神分析》（铃木大拙，弗洛姆，德马蒂诺）；《理性·真理与历史》（普特南）等。

近年来，以四川“走向未来”丛书为标志，出版界承接文化界、思想界的“思想启蒙”之理念，迎合改革开放之需求，“西学东渐”之风最为盛行。我们几个不满三十岁的人，由着心性，推出“当代大学书林”，也算无愧于这个时代。

1989

事件:“人间透视大型书系”启动,《自然数中的明珠》付印。

图书:“东方人生五大难题”,“苦丁香书斋”,《九章算术汇校本》

文章:《人类的烦恼:论“无限”的神学解释》,《一束淡淡的小花——组建“苦丁香书斋”的报告》,《权谋与菜刀》

人物:崔宪涛,林今开,郑毓信,罗见今,陆家羲,张奠宙,史树中,欧阳维诚,吴振奎,宋林飞,张相轮,郭沫若,村山孚,王子今,韩非子,孙子,李林甫,李义府,林彪,刘铭杰,谯燕,乐爱国,贾非贤,周山,王绍玺,王知常,李君如,陶远华,孟宪忠,郭书春,刘钝,林力娜,戴高乐,李俨,钱宝琮,陶铠,李春林,梁刚建,大仲马,黑格尔,罗素,帕斯卡,康德,康托,芝诺,希尔伯特,费尔巴哈,徐复观,巴赫,埃舍尔,默比乌斯,克莱因,霍夫斯塔特,韦尔,J·布罗诺夫斯基,黄立民,刘天华,陈从周,王征。

5月30日

收到中央党校崔宪涛来信，他推荐台湾林今开《新狂人百相》书稿，文字很好；文章内容却有"新寓言"的味道。比如，他讲到一个国家，国王是疯子；结果在他的眼里，百姓就都成了疯子。

补注：一九九九年一月二十一日，崔宪涛来信："多年不见，贵社如日中天，很令我们敬佩。相比之下，我们这些'出版人'汗颜不及。有两个选题，不是十分适合我们这种政治类出版社出版，请你过目一下，并及时告诉我意向。同时，我们还在计划一本《老人治国》书，你是否有兴趣。"崔宪涛随信寄来两个选题，《中国大悬案》和《世界大悬案》。

6月7日

收到上海社会科学院哲学所周山六月一日信。我曾于五月四日去信，向他请教编一套“国粹丛书”的事。周山复信曰：

> 文化遗产问题，大致可分为物态、礼态、心态三大类。物态即与人们的衣、食、住、行相关的方面，如建筑工艺、饮食、服饰三方面最为突出，也比较容易引起人们的兴趣。以建筑为例，从纵向看，有几千年绚丽的历史，各有特点；从横向看，建筑物样式、规格、图案乃至色彩，都渗透着中国文化的精灵，也渗透着中国文化封建等级观念的精神，大可一写。如服饰，不同时期有不同特点，不同阶层又有严格界限，不仅反映在质量上，而且反映在工艺的图案设计上，如帝王饰配物是龙，嫔妃是凤，平民是狮、豹、兔等动物乃至蜻蜓、蝴蝶之类的昆虫。冠，更是分别阶级的标志，越规一步，便带来杀身之祸。总之，既有工艺欣赏，又有中国传统文化的综合展示，亦可一写。又如国人的饮食，其重点在“色”之上，可远溯几千年，堪为人类之最。历史博物馆中陈列的早在数千年前的那些青铜器，大都是供上层阶级吃喝之用的酒、食器皿，这些大大小小、千形万状的东西，无论吃的用具、吃的品级，还是食品的工艺，均可大书一番。在礼态文化方面，中国无疑是人类历史上最完善的封建政体，其权谋术数，习俗

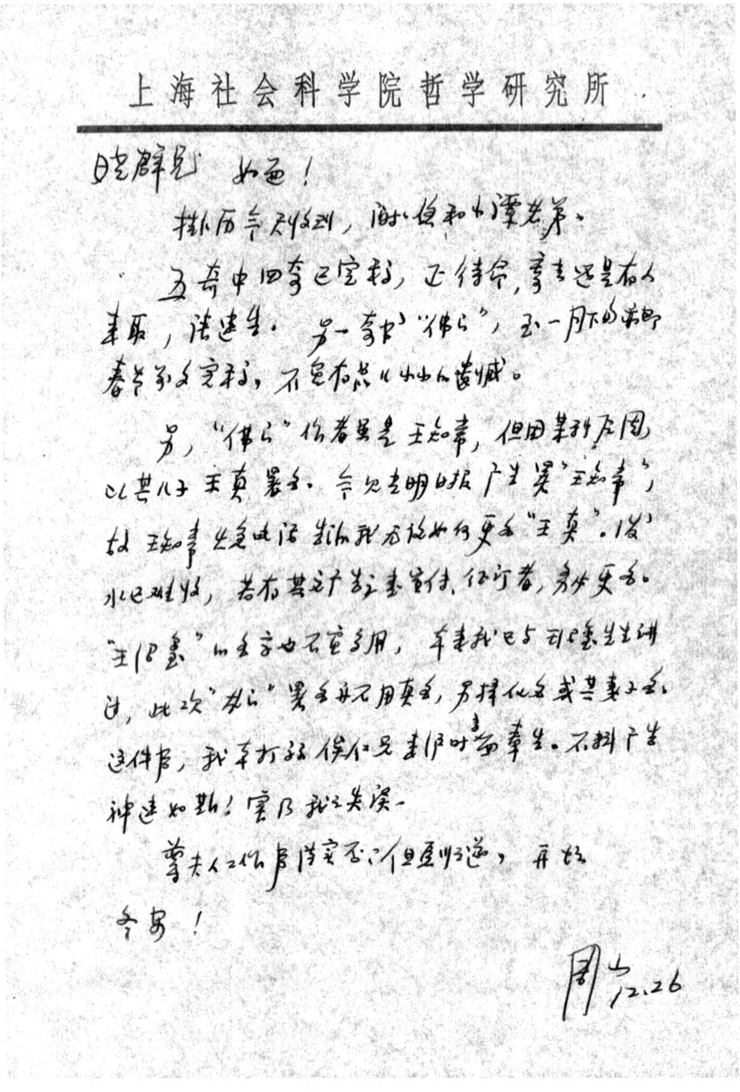
上海社会科学院哲学研究所

晓群兄 如面！

挂历今天收到，谢谢你和小潘老弟。

五书中四书已定稿，正待命，寄去还是有人来取，请速告。另一书即"佛学"，至一月下旬或春节前后定稿，不免有点小小遗憾。

另，"佛学"作者虽是王知常，但因某种原因以其儿子王真署名。今见光明日报广告写"王知常"，故王知常先生嘱我告诉你们更名"王真"。倘水已难收，若有其它广告书目宣传，仍可者，务必更名。

"王作泉"的名字也不宜多用，本来我已与刘隆生先生讲过，此次"佛学"署名并不用真名，另择化名或其妻子名。这件事，我本打算候你兄来沪时当面奉告。不料产生神速如斯！实乃我之失误。

尊夫人之作品待定否？但望到沪后再谈，并颂

冬安！

周山 12.26

礼仪，均可一展。尤其是中国那一套权、势、术、数，在皇权神授的掩护下，至今虽千年而不衰。至于心态文化方面，我以为最值得一书的是中国人的处世哲学。人身依附观念、均贫富观念、中庸无为观念等，深入骨髓，犹如武侠小说中描写的高手之内功，绵绵不绝，绝非西士之霸道外功所能一时摧折。

7月15日

收到华东师范大学中文系王绍玺长信，谈的是“中国古代文化奇观”的问题。他将“奇观”具体划分为习俗、宗教、政治、艺术、科技、人物等，其中不乏好题目。诸如：讳、门阀、小脚、妖怪、冤案、特务机构、艳后、名丐、名赌徒、溜须者等。怎一个奇字了得！他写了一本《贞操论》；他为“东方人生五大难题”所写的《东方两性论》将付印。

元群同志：

您好！

十月底承蒙枉驾寒舍，十分荣幸。但当时正值住宅大修，家事繁乱，诸多不周处，还望海涵。

您在寒舍时，曾讲起明年拟一部比较文化，并谈到粤、桂、滇诸地，为未物色到执笔人。当时我曾谈及，我试着物色一些作者，尚无回音。现在，回音都已有了，谨此将有关情况报告如下：

一、滇文化。我的两位学生，六一年华东师大中文系毕业生经思一致，他们的简况是：姚川律人，云南师大中文系主任、副教授，已有著作出版。（均在昆明）

蔡川依，云南民族学院语言系主任、副教授，已有著作出版。

这两人都是自六一年以来在云南工作至今，已三十年，所然实际经历丰，收集资料也较方便。这两人的来信及通讯地址，我均已不久前寄给刘瑞武。

二、粤文化。华南师大中文系傅剑平先生有意于此。他是博士，本来专攻先秦文学，现在讲授文化学。他也是师范院校统编教材《文化学通论》的编写成员。我曾与他会谈之，我感到他思想敏锐，知识丰富而又结构良好，通晓……。年龄不到四十，正是精力旺盛的时期。如果能由他写粤文化，我认为是可以胜任的。他的博士论文，已经成书出版。

三、桂文化。傅剑平曾介绍了一位华东师大的王元化先生的博士生，

名叫蒋述卓，现任暨南大学副教授。但我对此人不熟，不敢多说。现附上傅剑平先生的信，供参考。

这种冒昧的推荐、介绍，希望不会打扰您的原定计划。事实上我这都只是一种试探，希望为贵社的比较文化略尽微力。如果您感到并非合适人选，望收回信告知，我再推荐这几位。如果您认为可以进一步了解，则请直接与他们联系。有人能到广州、昆明当面谈谈，就更可放心了。若如此，亦可告知，让我了结这一先编引我的心事。

余不赘！ 祝

冬安！

王绍玺

1990年10月16日

又：现在我已迁到新居，也现在家作好了许多，但大约要到阳历年前才可搬迁。

你对此事的关心，能此告知。明春来沪，请到我的新居指导。

周山同志最近正在整理新居，家事忙碌，故未及先告作此。

10月20日

收到南京大学数学系郑毓信赠书《关系映射反演方法》（与徐利治合作）、《科学唯物主义》（与张相轮合译）。十月八日郑来信，谈到他的《现代逻辑的发展》推销情况。郑的才华与风度都让我敬佩，让他包销一部分书，以他的影响力，此事当然很轻松，我的心里却总有些过意不去。

11月3日

前几个月，接到几封关于“世界数学名题欣赏”丛书的来信，记于下：

八月八日内蒙师大罗见今来信，问《科克曼女生问题》进展。此书中收入了英年早逝的数学家陆家羲的成果，罗希望早日出版，以了心愿。

九月四日华东师大张奠宙教授来信，收到《不动点定理》稿费，并收到我的文章《论无限》。他回信写道：“拜读大作，似对数学哲学有兴趣。我近来考虑哲学范畴与数学学科的联系，每个范畴都有相应的学科，如偶然性与必然性对应概率论等。你可有兴趣？”

补记：张奠宙一直对我编辑的数学书十分关注，一九九一年九月，他在美国杨振宁研究所访问时，还曾写信请代购两册《九章算术汇校本》。

九月六日，湖南教育出版社欧阳维诚来信，拟为“世界数学名题欣赏”丛书写一本《正十七边形的作图与高斯定理》。此公在科普界也有名声，可惜“名题欣赏”已不再续出。他还提到正在写另一本小书《周易中的数学原理》，是用群论知识研究易卦的卦序问题。

补记：后来，欧阳维诚著书多部，我在不经意间，买到两本，一曰《寓言与数学》(湖南教育出版社，二〇〇一)，一曰《唐诗与数学》(湖南教育出版社，二〇〇二），每部书都有四十万字的篇幅。如今这种横跨文理两界的人物已经不多见了，他们不是专家，但他们是具有智慧的杂家。

11月6日

南京大学哲学系宋林飞来信。他的专著《当代西方社会学》正要付印，因为有“西方”二字，我们这里就要求宋的校方出证明，书中没有自由化倾向。宋按要求寄来南京大学成人教育学院证明，说此书是自考教材，也是本科生、研究生教材。他在信中写道：“我认为，这本书稿不会发生政治上的麻烦，因为这是学术，同时，我在理论部分适当作了批判，并不纯粹是介绍。”

11月16日

我参加了中国数学会传播委员会在南开数学所召开的会议，会上对“世界数学名题欣赏”很赞赏；并请我们为“中国数学会传播委员会推荐读物”设计图标。

补记：十二月初，我社安今生设计了一个双色图标寄上；十三日，主持者史树中回信说：“此标不能套色印刷时，就像一个美元符号。”因此，我们又做了修改。

11月20日

“东方人生五大难题”开始出版。它的总题目是“人间透视大型书系”，社长贾非贤出任主编，他还写了一个很好的序言《让阳光洒满人间——主编寄语》，其中写道：

> 混沌初开，阴阳交转，小小寰球，山河巨变，万物竞生。三界灵物，来去相继，繁衍无穷。可是，在人类没出现之前，这太阳系中的一颗小小行星，还处在洪荒之中。不知过了多少个世纪，生物大系中的类人猿，从四脚着地浑身披毛的族类进化成直立行走的人群，从此这地球便开始了一个崭新的世界……地球啊，地球！如果真的有外星人，他的大脑发达，思维正常，智慧超群，不存在任何偏见，他看到当今地球上的世界是怎样的情景呢？人类世界太美了——美不胜收；太丑了——丑不堪言。富有与贫穷，友爱与冷酷，先进与落后，文明与愚昧，理智与疯狂，喧闹与孤寂，施舍与贪婪，真诚与虚伪……这一切伴随着旋转的地球，构成一幅极其生动的画面。我们的世界是复杂的、矛盾的，同时也是充满生机和希望的。希望在人间，人间多磨难。
>
> ……
>
> 世界如此之大，事变如此之多，一套小书不会立惊天动地之劳，我们只求化作一阵清风，吹却广袤天地中一小

块乌云，并希冀大家都来做驱云散雾的清风，让阳光洒满人间。

就这样，通篇抒情，一抒到底。老贾是三十年代出生的人，六十年代的大学生，多年从事共青团工作。团干部是很有激情、也很善于煽情的；何况老贾他们历经政治沧桑，是很会写此类文章的，满纸正大光明，无论何时何地，你都说不出什么来。

补注：一次，我父亲问我："这个贾非贤是谁？"我回答时说了自己的观点。父亲说："他的《主编寄语》写得不错呀！你还应该学习人家的严谨和正规，不要信口开河。"

12月1日

九月以来，中央党校陶远华博士陆续来四封信，一方面催问 1
他主编的“西方社会五大弊端”的出版情况，这是“人间透视大 9
型书系”的第二批，它由《西方黑社会》、《文明世界的恐惧》、《家 8
庭震荡》、《瘾君子的王国》、《性的误区》组成。 9

另一方面，是关于一些书稿的讨论。九月十一日，推荐译稿《权力与社会关系》；十月十三日，谈到两本稿子《两种人：官僚与政客》，《权力的技巧》；十一月二十一日，为“当代大学书林”荐《西方文化的中国使者》(美)；十一月二十六日，为“人间透视书系”荐“时代心态五论”，包括《心中的魔鬼》、《被误解的自由》、《精神的荒原》、《感官的诱惑》、《世纪末的震荡》。他也谈到：“九月刚刚返校，这学期主要是解决思想问题，整顿组织……”从他研究的题目看，认真学习一下也好，防微杜渐么。

12月10日

“苦丁香书斋”出版，首批五本，即《权谋术》、《猜心术》、《独身者的挑战》、《人之将死》，以及《女性与上帝》。编辑这套小书，有些游戏或反叛的味道。我自命为“组建人”，并且为它写了一篇序言《一束淡淡的小花——组建“苦丁香书斋”的报告》。全录如下：

> “苦丁香书斋”是由译著组成的一套小丛书，它的组建非常偶然。记得有一次，几位好友聚在一起聊天。一时酒酣兴起，引出许多光怪陆离的奇闻：
>
> ——听说大兴安岭山火之时，一位气功大师在千里之外，屏气凝神，令牌一摔，顿时火区阴云密布，霪雨霏霏？
>
> ——听说一位个体户只为与一街市老妪斗气，甩手烧掉五百张十元大票？
>
> ——听说一位警察持一“老枪”追捕逃犯，一枪打入其口中，罪犯立仆；旋即坐起，吐出子弹及数枚断齿？
>
> ——听说近年挂历滞销，皆因千篇一律，都照着美人的正脸和前胸。明年“背影挂历”一定走俏！
>
> ……
>
> 听说，听说，听说……在这个多变的时代里，许多人都在充分地发挥着“听”与“说”的感官。“侃大山”——这个《现代汉语词典》中尚未出现的概念，已经成为当代

中国人最普遍的“公关”活动，随处可见，随处可谈，且谈且过，连地点都忘却了：在上海？在北京？在长春？还是在沈阳？……

不过，大概是出于职业习惯，那个“背影挂历即将走俏”的奇闻，令我久久难以忘怀。我感到，这不是一个简单的笑料，它似乎蕴含着某些微妙的哲理。由此，我联想起当前的图书市场，人们不也是追逐着时代的大潮，热衷于从“正面”寻找和谈论着社会和人生的热点问题吗？哪里的涌浪最高、回流最大，人们就涌向哪里，从中探索着、剖析着、呐喊着，以求顺应时代的潮流，这是无可厚非的。但是，不要忘记，我们的现实世界是由三维空间构成的，人生的自由度使我们不但能从“正面”看到一张张变换着喜怒哀乐的脸，而且可以走到背面，看到一个个蓄发的后脑和平板的躯壳。从这个视角一看，“人”变得模糊了，更加难以琢磨了。难怪禅语写道：真正的相术大师，是从背面占卜人生的。

是啊，在人生的旅途上，我们不但有自由、幸福、友爱、互助、进步、欢乐和健康的“正面”，而且还有禁忌、痛苦、孤独、压抑、失落、内疚、遗弃、衰老和死亡的“背面”。任何人都无法把这“背面”从现实世界和人类隐秘的心灵中清除，我们的精神和行为、机体和官能时时受到它们的威胁。难道我们不应该认真地思考和论证一下这些问题吗?

带着这样的初衷，我们组织了“苦丁香书斋”。首批五本译著包括：

——《人之将死》，讲述了人的濒死感受和欲望。

——《女性与上帝》，介绍了中世纪基督教文化中的女人生活。

——《独身者的挑战》，声言独身生活也是一个极好的生存方式。

——《权谋术》，指出“权”与“钱”是人生的两大劲敌，既没钱、又没权的人，只好巧用权谋、苦度人生。

——《猜心术》，阐释了从言谈举止中揣摩他人心理的方法。

显然，以上五本书从不同的角度论述了人生的危机。它们无论在历史上，还是在现实的社会中，都是真实存在的；正视它们，一定会对我们的生活产生积极的作用。

在“书斋”即将建成之际，我们静静地反思了它的构想，深深感到：它虽然不能与图书市场上那些林立的“大型丛书”相媲美，却也不失玲珑精巧的奇异。我们没有很高的奢望，只求在绿草如茵的郊外辟出一席之地，静静伫立。当人们在嘈杂的世间头脑发胀、无处排解的时候，尽可处身其中，伴着浩渺无际的宇宙，默默沉思。如果你由此引发，能将人生的种种烦恼渐渐悟透，那时一定会嗅到一束小花淡淡的幽香。

这就是“苦丁香书斋”的由来。

在这五本书中，《权谋术》销量最大，大约印了十万册。此书讲的是中国古代的权谋，却是日本人写的。《女性与上帝》最有学术价值，原名为《中世纪的妇女生活》，此名是我改的。我还在封四上引用郭沫若译《浮士德》中的诗：“一切无常者，只是一虚影；不可企及者，在此事已成；不可名状者，在此已实有；永恒之女性，领导我们走。”此书的译者乐爱国是厦门大学哲学系教师，文质彬彬，善于读书、选书。今年八月十一日他还来信，向我推荐书稿《自信的奥秘》；十二月七日又推荐《科学中的时髦与荒谬》(美)。

12月13日

夜读《权谋术》，感慨系之，信手写了一篇文章《权谋与菜刀》，录于下：

1986年，日本旺文社出版了村山孚先生的新作《权谋术》(原名《中国权谋术与人间学》)，最近已由王子今等人译成中文出版。当我拿到刚刚印出的译本翻阅时，一段醒目的文字赫然映入我的眼帘："有钱者只凭借金钱，有武力者只凭借武力，以此度过乱世。那么，既没有金钱也没有武力的人怎么办呢？——那就应该运用权谋术。"

这段"奇论"把我的心紧紧地抓住了。出于种种复杂的心态，我一口气读完了这部十几万字的小书，抬头望去，已是午夜时分。城市一片寂静，我的心中却充满了喧闹。掩卷沉思，种种奇思异想纷至沓来；仰望星空，我总觉得：作为一个中国人，面对这部怪异的小书，似乎应该说点什么，以解内心的感慨和迷惘。于是，才有了下面几段小议。

权谋——原来也是"国粹"？

所谓国粹，系指在一个国家的历史中，一些独创的文化精华。我国名列"四大文明古国"之一，历史悠久，人口众多，值得提及的"国粹"实在不少。诸如火药、造纸、印刷、指南针、气功、武术……等等等等，国人几乎家喻户晓。每每论及，常常会产生某种自豪之感：虎父无犬子，

强将无弱兵！祖先如此了得，后人自然不弱。于是，国粹 1
又有了振兴民族精神的“现实意义”。既然有意义，人民 9
便开始积极地寻找起什么“中国第一”、“中国之最”、“中 8
华集萃”来，似乎想以此证明点什么。 9

有趣的是，在国人流行“集粹热”的时候，外国人也来“赞助”了。村山孚先生的《权谋术》就是一笔不小的奉献。他在此书的前言中明确指出：“‘权谋术’产生于古代中国大约2700年前至2200年前之间，是一种被磨砺至于精纯的方法。具体地说，这一时代，就是被称为春秋战国时代的激荡的岁月，在这期间，完成了70多个国家相继被兼并的历史过程。当时生存竞争技巧就是‘权谋术’。”接着，村山孚先生在博引中国古代名著《韩非子》、《孙子》、《左传》、《战国策》、《史记》等的基础上，归纳出几十种“纯中国特色”的权谋术：破译术、预见与抢先术、操纵术、支配术、借用术、应对术、中伤术、韬晦术、防保术、乱中求稳术……他的论述引证精当，有理有据。单从他对中国古代文化研究的纯熟程度而言，就足以令国人叹服。

可是，叹服归叹服，细细思量起来，又总觉得这件“国粹”有些怪味。不知为什么，一说到“权谋”二字，就有许多怪诞的历史影像浮现在脑海中，口蜜腹剑的李林甫，笑里藏刀的李义府，手摇“红宝书”的林彪……无奈，取来《现代汉语词典》一阅，典中注道：“权谋，即权术、手段（多含贬义）。”一个“多含贬义”的行为又与“术”字相连，大概要“全含贬义”了。这样的行为不做“国耻”也就罢了，哪还沾得上“国粹”二字？看来人和学说都不可轻易“叹服”。

心里不服，眼还要读。结果一读之后，又生新枝，原来村山孚先生正举着一把菜刀，为一宗千古冤案平反……

菜刀——为权谋正名！

村山孚先生“举着菜刀”并不是想行凶，他是在做一个比喻：“你从权谋术这一词语中，得到怎样的印象呢？大概以为它与被称为‘阴险’、‘黑暗’、‘邪恶’的事物无异。这也是合乎情理的，因为‘权谋术’起初就被解释为‘巧妙地蒙骗人的谋略’、‘为达到目的而不择手段的统治的诈术’”等等。其实，这是妄加罪名的冤案。菜刀是用来做菜的厨具，然而也可以用来杀人。但没有人因为菜刀偶尔曾被用作杀人凶器而怀疑菜刀本来是做菜必需的厨具。

村山孚的这段“妙喻”很有点启发性，以此类推，我考察了那些古人的国粹，也有些愕然了：海盗用我们发明的指南针跨海来犯，“洋人”用我们发明的火药轰开了国门，恶盗强梁大多要练就几手高超的武功……如此分封起来，我们的国粹就要不“粹”了！

村山孚先生指出，许多事物或技法原本是中性的，它的好坏不能以使用者的身份或目的而论。权谋术同武术一样，都是一种中性的技法，只不过一种是砥砺身体的技法，一种是砥砺心智的技法。中国古人早已指出了权谋的中性特征：“夫权谋有正有邪，君子权谋正，小人之权谋邪。”村山孚批注：“甚至没有必要作这样的说明。不管是谁使用，权谋就是权谋。”事实上，我国的许多先贤们也曾论述过权谋术光明的一面。班固说：“权谋者，以正守国，以奇用兵，先计而后战，兼形式，包阴阳，用技巧者也。”（《汉书·艺文志》）唐孟氏说：“故其权术之道，使民商下同进趋，共爱憎，一利害。”（《孙子注》）

读到这里，人们可能要问：一位日本人为什么会对这个古老的中国问题如此关心呢？读一下《权谋术》的开头语，我们就会清楚地了解到作者的本意了：“当前是动荡不安的时代，是缺乏信任的时代。由于对前景的迷惘，以致对什么都不相信。首先不相信自己，进而不相信他人。……权谋术就是在这种缺乏信任的时代为求得平安的一种策略，一种技法。”从这段话中，我们不难体察到现代人的孤独感和危机感。看来，村山孚先生是想为那些“既没有权又没有钱”的人创立一条名正言顺的道路，它就是权谋术！

但是，村山孚先生的目的是否达到了呢？或者说，我们是否由此就可以大力弘扬权谋术这种技法了呢？

鸣金——“技法”不可多行？！

说到“弘扬”二字，我的心又有些不安了。可以肯定地说，无论是在学术价值上还是在现实意义上，《权谋术》都是一部独具风采的奇书。村山孚先生以此向传统的道德观念下了一张战表。他有学识，有气魄，有眼力，有胆量。但细细研读又会发现：他还有些心虚。不信你看他对于使用权谋术的限定：第一，只准许既没有钱、又没权的人使用；第二，只准许保护自己时使用；第三，只准许在乱世中使用；第四，不要轻用其中狠毒的技法；第五，……等等。显然，从这一连串的限定中看不出一点“弘扬”的意思，倒有点“不可轻用”的警告意味。

为什么要“警告”呢？村山孚指出：“权谋术不仅仅可用以防守，当然又是用于进攻的可怕武器。”“如果被可疑分子使用，就成为相当严重的事情。”“一旦采用阴暗的手段，本人和周围的人们就都堕入阴沉的精神境界中了。”显然，作者感到权谋术——这个中性的技法威力太大，它是处理人际关系中的“非正常手段”，很难把握。

事实上，古往今来，人世间有许多“技法”都是难以把握的，并且在是否可以“弘扬”的问题上争议颇多。比如，政变术、下毒术、格杀术、房中术、风水术、迷心术、占星术、炼丹术，等等。试问：哪一件可以妄加“弘扬”？即使是在现代科技领域，也有许多“需要”控制使用的技法。像医院中诸如“B型超声波”一类的仪器，既可以诊病，又可以“诊”性别，于是便产生了扼杀女性胎儿的危机。再如一则新闻报道：一位国外的象棋大师与一位有智能的电脑对弈，大师连胜三局，电脑大怒，当大师再按电脑键时，立遭电击，当即死亡。这段消息颇有些科幻的味道，真实与否我也无力考察，但总对高速发展的“人工智能”有点心悸。真怕“他们”有朝一日也学起权谋术来，再受到不良影响，于是两种“技法”齐发，那时真不知怎么样收拾才好。

最后——说几句心里话。

书看完了，议论发完了。最后，我想说几句心里话：

无论如何，村山孚先生的书写得确实漂亮。不管“炎黄子孙”的感受如何，“权谋术”确实是中国“土产”，至于是国粹还是国耻，只有仁者见仁，智者见智了。

无论如何，把这部书引入中国的王子今、刘铭杰、谯燕等人的译笔确实不俗。他们不但准确地译出了原书，还给出了每一段典故的出处和原文，为这部译著增色不浅。

无论如何，我总觉得著者和译者的这种治学精神是值得“弘扬”的。对于这一点，我想就不必有什么疑虑了吧？

12月15日

收到《上海大学学报(社会科学版)》第六期，其上有我的文章《人类的烦恼：论“无限”的神学解释》。我写此文的原因非常奇怪，最初是读数学著作，像《古今数学思想》、《希尔伯特》、《数，科学的语言》等。这一段时间里，我在阅读一些哲学著作时发现，哲学家们也有许多讨论“无限”的文章，他们述说的却是另一番天地，像黑格尔、罗素等。尤其是帕斯卡，此公又是数学家、物理学家，他的《思想录》极大地震撼了我的灵魂。从此，我的思想冲破了“科学至上”的禁锢，确立了我们这一代人不会再陷入“盲目崇拜”的基本标识。此文一万字，请看我在其中节录的几段文字：

> 历代数学家们都对无限怀有极大的敬畏心理。他们在整个数学研究中表现出的移情冲动，在无限的面前上升到最高峰。这种敬畏与宗教活动中人们对于上帝的崇拜或对于魔鬼的畏惧如出一辙。毕达哥拉斯说：无限标志着“恶”，它令人望而生畏。帕斯卡说：“这些无限空间的永恒沉默使我恐惧。”康德说：无限“有着令人恐怖的崇高”。康托说：“所有这些特殊类型的无限，都是永恒的，它们都具有神性。”希尔伯特说：“无限这个概念既是我们最伟大的朋友，也是我们心灵宁静的最大敌人……”
>
> 为什么会发生对于无限的回避和敬畏呢？这是一个异常神秘的问题。人们可以在哲学、人类学、心理学、社会学等各个领域中作出种种解释，但是，当我们剥去貌似神

秘的表面现象，深究问题的实质时，一个令人难堪的结论显露了出来，那就是数学家在如此广泛地使用无限的时候，尚未弄清关于无限的一些最基本问题。他们既不知道无限的定义，又不知道无限的属性；既无法步入无限，又无法回避无限；既不愿讨论无限，又忍受不了无限的诱惑；既怀疑无限的真实性，又在无限之中建立了庞大的数学体系……换言之，他们还不知道“无限是什么”，就，贸然接触或者说不得不接触无限了。这是一个事实。请听著名的数学哲学家T·丹齐克的一段叹词：“无限究竟是什么呢？……它是一种超乎自然的真理吗？是人类被造物主投到宇宙中来，赤裸和无知，唯有自由谋生的时候，造物主赐给他的少数几种天赋之一呢？还是这无限概念是试图达到最后的数的努力失败后在人的头脑中产生的呢？还是它只不过是人类无力做到用数来穷尽宇宙的一种表白呢？”这一串问句暴露了历代数学家对待无限的矛盾心境。

事实上，无限是人类从事“绝对性追求”的产物。应当指出，人具有追求绝对化的天性。诸如绝对的简单性、均匀性、齐次性、规则性、因果性等等，都对人类有着极大的诱惑力。而无限性正是这种追求的最高表现。那么，这种追求是靠什么来完成的呢？它就是人类所特有的想象能力。古希腊哲学家芝诺有一句名言：“说过一遍的话，可以永远的重复。”这是人类对自身想象力的一种肯定，它成为我们认识无限的原动力和逻辑基础。但是，这个理论具有幻想的成分，或者说它纯粹是一种幻想。你怎么知道人的头脑可以对一种可能的动作做无限次重复呢？这种“幻想”在数学中的最基本表现就是计数过程。每一位数学家都确信：任何自然数都有一个后继数，因此我们可以从“1”一直点数下去，直至无限远处，永无穷尽。这是一种真实的活动吗？显然不是，谁也无法把一切数字穷举完毕。可以肯定地说，这仅仅是一种“幻想”！或者用数学家的话说：这是算术的基本假设！令人不安的是素以严谨、完整和坚实而著称的数学体系，恰恰建筑在这个“假设”之上。对此，每一位数学家的心里都是十分清楚的，所以他们才如此回避和敬畏无限，陷入欲作不能、欲罢不忍的境地。请听希尔伯特的表白：“无限啊！从来没有别的问题这么深刻地打动人类的精神；也没有别的观念这么有效地刺激起人类的智慧；然而也没有别的概念能像无限概念这么需要澄清……”

事实上，“无限的假设性”不但引起了数学家的不安，也引起整个人类的不安。可以肯定地说，任何科学和艺术活动都与无限的概念密不可分，而无限又是假设存在的，这无疑会导致人类内心的缺憾。为了弥补这缺憾，人类在心灵深处建立起一座精神的高塔，以求与现实中的高塔达到平衡。这座“精神高塔”不是别的，就是宗教信仰！费尔巴哈曾明确指出：“宗教就是对无限的东西的意识。”徐复观先生也曾谈到：“人类对宗教的要求的主要内容之一，是要弥补现实中许多无可弥补的缺憾。”那么，这座“高塔”对于数学家产生了哪些影响呢？作为两个思想体系，数学无限与神学无限之间具有哪些神秘联系呢？无限的领域中，还有哪些待揭的谜团呢？

……

当数学家受到发散级数困惑的时候，哲学界也开展了所谓“真无限”与“恶无限”的分类。哲学家黑格尔认为，那些发散级数是有限量的不断延伸或积累，它是不可把握的，是恶的无限。他举例说：“我们发现哈勒尔在一首著名的描写上帝的无限性的诗里，说道：我们积累起庞大的数字／一山又一山，一万又一万／世界之上我堆起世界／时间之上，我加上时间／当我从可怕的高峰／仰望你，——以眩晕的眼／所有数的乘方／再乘以万千遍／距你的一部分还是很远。”这种无限的增长，的确是可怖、可恶的。黑格尔还认为，只有那些收敛的级数才是真的无限。它们不是在有限之外，而是在有限之中；它们不是无限多的意思，也不是永远达不到的“彼岸”，而是现实中存在的东西。

黑格尔的论点具有重要的哲学意义，他对于数学界的影响是巨大的。人们可以以此为依据，剥掉无限的一些神秘主义的外衣，比较理智和清醒地面对无限了。但是，事情并没有就此结束，理智泯灭不了人类穷研的狂热。在人们还没有弄清为什么无限会有收敛与发散之分的时候，大量所谓真的无限和恶的无限却在现实世界中神秘地涌现出来。诸如，默比乌斯带和克莱因瓶，它们分别在二维和三维空间中构成了用有限表现无限的模型；巴赫的乐曲《音乐的奉献》（其中的逆行卡农）和埃舍尔的版画《瀑布》、《上升与下降》，它们分别在音乐和绘画艺术中使人的听觉和视觉产生了有限中的无限遐想。这些现象是否属于真无限的范畴呢？

而最大的恶无限大概要属元数学理论了，它是专为证明数学本身的严谨性而建立的。但是，它的严谨性又要由谁来证明呢？一定是“元元数学”了。霍夫斯塔特用“神灯”的故事形象地描述了这种困境：“阿基里斯请神灯满足他的上百个愿望，灯神只好请出元灯神，元灯神又从自己的长袍中取出金制的元元灯神，它可以满足元灯神的希望……这个无限的过程通向上帝。上帝可以许诺无形的希望，包括任何希望的希望，但是这种希望是没有保障的。”

从这些例子中我们是否可以得到结论：当新的、更难以解释的“真无限”和“恶无限”大批出现的时候，神秘主义的东西又在人们的心灵中复活了。至于它们充任了什么角色，是值得深究的。本文仅指出了它们的存在性。

由于人类认识具有无限的特征，所以无限本身就像一个影子一样，时时地属随着我们。虽然大哲学家康德等人一再劝说人们，不要去追求那些虚无飘渺的东西，否则会陷入思想的迷径永难出头。但是，别人可以在三维空间和永恒的时间中忍耐，数学家却不能，因为数学恰恰是建基在无限的假设之上。况且数学中还有许多问题尚无着落，数学家的思想经常处于迷惘之中。正如韦尔所说：“关于数学最终基础意义的问题还没有解决，或者根本就不能期望会有一个最后的客观回答。数学化很可能是人的一种创造性活动，就像一段语言或音乐一样，具有原始的独创性，它的历史性决定不容许完全的客观的有理化。”韦尔的话是深刻的，它本来可以把我们从无限的神秘性中彻底解脱出来。遗憾的是，它仅是一个幻想。数学家就是因为太爱幻想了，才引出了这么多的烦恼。请听J·布罗诺夫斯基的一诗句：

“在叙述数学的进展时，我既觉得兴致勃勃，又有局促不安的感觉，因为数学中幻想的成分太多，在人类的智力攀登中，数学不但是理性的阶梯，也‘是神秘思想的阶梯’。”

12月26日

接到周山来信。这半年与其通信十三封，遇事最多。

其一，原组织“当代中国五大奇观”丛书，多为针砭时弊之力作，显然不合时宜；改作“中国古代五大奇观”，因京城学者心绪不宁，故请上海快刀手为之。此事委托周山命题、请人，其中建筑一题作者刘天华是陈从周弟子，原书名《佳构奇趣》即与其师商定；后由周山改为《巧构奇筑》。

其二，此前编写的“东方人生五大难题”，八月准备付印时，却有领导提出，《东方情欲论》（周山著）、《东方两性论》（王绍玺著）有思想问题，搞得周山大叹“人生不如意事常八九”。这期间，周山所写《周易与中国文化》也被一家出版社退稿，如此“不如意事”就八九不离十了。

其三，“东方人生五大难题”，只编了四本，即“情欲、两性、死亡、信仰”，作者都是上海人；还有《东方伦理论》，系请吉林大学孟宪忠博士撰写。孟的话我记得：“猫论之后，中国的伦理问题就严峻起来。”但今年时势风起云涌，孟始终未交稿，周山就提出是否另搞一本《东方子女论》，我只是笑了笑。

补注：一九九五年，我曾经在《光明日报》上开专栏“蓬蒿人书语”，一共写了八篇文章。有一篇名为《不才独钟出心裁》，其中写道：“其实奇巧的构思可大可小，放在细微的题目上，也能够曲径通幽，即使孕育几个‘小家碧玉’也不是坏事，世上毕竟小家居多。像‘人间透视书系’即以小巧取胜，五题一组：五大难题、五大弊端、五大奇观、五大层面

> 等等，销售得很好。只有一事时在念中，那就是在‘东方人生五大难题’一组中，情欲、两性、死亡、信仰四部均已多次再版，而《东方伦理论》至今尚未写成，我没有强求完整，其意或在‘大成若缺’？或惧‘亢龙有悔’？况且中国人的难题本来就不止这么几个！”

其四，周山推荐的两位作者王绍玺、王知常，水平很高，大概“文革”中有些问题；像王知常，写《佛门奇僧》，已见《光明日报》广告，他却要改署名为“王征”？隐隐听说，此事与“文革”中“四人帮”在上海的写作班子“罗丝鼎”有关。

当然，高兴的人和事还是有的。周山八月三十一日信中写道：“李君如兄目前情况甚佳。据他讲，香港亦在出版他的《观念更新论》，书目单上标明定价港币十七元／本。此一情况，兄等知否？系贵社举荐是书为全国优秀书，要我向兄等转达他的谢意。”李君如是上海社会科学院哲学所的学者，他的《观念更新论》是我社“当代大学书林”中的一本；前些日子风声鹤唳，还有人说此书有问题，说什么前不久的“政治风波”不就是“观念更新”带来的恶果吗？哪有这么说话的！“观念更新”当然有不同的内涵，如果一概而论，岂不成了新的“文字狱”！

12 月 27 日

这一年，我在天津科技出版社拟出两本书，一是《自然数中的明珠》，再一是《今日数学中的趣味问题》（与吴振奎合作），责任编辑是黄立民。整整忙了一年，直到前天，天津商学院吴振奎老师来信说，今年是出不来了，工厂已放假。

12月30日

今年最后一篇日志，应该记两件事。

其一，前些天去北京，寒风凛冽，却遇到几位绝好的人。他们就是《光明日报》评论部的陶铠、李春林、梁刚建。说到评论部，可能知之者不多，但是其中曾经有一人，近些年却大大地有名，她就是戴晴。当然，我们谈的不是她，她在风波之后也不在评论部了。我们议论的焦点是，在“全盘西化”戛然而止的今天，许多专家学者都在家闲着呢，我们该做些什么呢？春林主谈，他提出了“国学丛书”的构想。交往时，春林送给我一本他的著作《大团圆》，此书收入“蓦然回首”丛书；刚建送给我一本他的杂文集《风吹哪页读哪页》。此二君一文一武，处事相辅相成。陶先生是评论部主任，一副长者风度，说话不紧不慢，为人平和，无论面对何种人物，毫无冲撞之言。不自觉间，我就想到了大仲马笔下的“三剑客”。

其二，关于《九章算术汇校本》。这是中国科学院自然科学史研究所郭书春的心血之作，年初拿到深圳去排繁体字版。九月间，我陪郭老师去深圳校对，在今年的形势下，办边防证真是费了死劲。为了这次工作的成行，郭老师来来往往写了十余封信；我也打了无数次电话，真是比出国还难。深圳灯红酒绿，我们只能吃盒饭；闷在一间房子里死抠书稿。结果，今年还是难以出书。

补注：后来，我曾经写过一篇文章《我眼中的郭书春先生》，见《中华读书报》二〇〇五年十月十二日。此文的原名为《梦魇中奋起的那一代学者》，我是指六十年代那一批人的状况，他们经历了太多的政治运动，受到太多各种思潮的影响；但是，其中依然不乏优秀分子，无论文理两界，都可以找到典型的个案，郭老师就是其中之一。因此，我写道：

刚刚从《新京报》上读到一段消息，其中写道："近日，中法对照版《九章算术》由法国 dunod 出版社出版。这是《九章算术》首次出版中法对照本，该书厚 1150 页，售价高达 150 美元。……该计划由中国科学院与法国国家科研中心协同合作，具体工作由中国科学院自然科学史研究所郭书春研究员和法方代表林力娜博士完成。"

读罢，我的情绪激动了好一阵子。因为作为一个出版人，我多年来与郭书春先生有过长久的合作，这件事情实在是再熟悉不过了。它把我的思绪一下子拉到 20 多年前。那时我刚做出版工作不久，被安排编辑梁宗巨教授的《世界数学通史》。在我结识的作者中，可以不夸张地说，梁先生治学精神的严谨是绝无仅有的，甚至有些偏执。例如，他不允许自己的书稿中有一个错字，每一个字的笔画都不许缺少；一旦写错了字，他都会用刀片刮掉重写，决不涂抹。所以请梁先生推荐作者很难，几乎没有人能达到他的要求。不过有一天，梁先生却对我说："我向你们推荐一位《九章算术》研究者，他叫郭书春，很年轻，但做事极其认真，他的研究成果是靠得住的。"

那时我们出版社非常信任梁先生，立即派我到北京去找郭书春。实言之，我第一次见到郭先生颇有些失望，他不像梁先生那样学究气十足；看上去倒很有些工人阶级的气质，谈话极其朴实、坦率，加上高高壮壮的身材，一副典型的山东大汉形象。当时，我们谈论的就是郭先生关于《九章算术》研究的全部计划，包括出版《九章算术》汇校本，以及他与法国人合作翻译出版《九章算术》法文版等等。交谈中，我渐渐被郭先生的学术水平和专业精神折服了，理解了梁先生举荐的道理。

我记得，在 1989 年 9 月份，为了出版繁体字《九章算术》汇校本，我们与郭先生一同去深圳排版校对。我们几个人挤在一个房间里，没有去过饭店，每天吃盒饭；天气极热，酒店的空调只是晚间才开放几个小时。那时的深圳已经是花花世界，但是郭先生每天都坐在房间里埋头校对，他说：“此书的宗旨就是校勘古今版本的正误，自然不能再出一处错误。”

我记得，在 1993 年，我去西班牙参加第 19 届世界科学史大会。当时郭先生正在巴黎从事《九章算术》法文版的研究工作，我们相约在巴黎见面，再一同赴会。我独自一人乘机在戴高乐机场落地，郭先生把我接到他的住处，一个向当地华人租用的房子。它地处巴黎第 13 区，房间破旧得让我无法想象。但是郭先生在那里一工作就是一年，每天用功至极，还省吃俭用，甚至家人都不能前去巴黎探望。请记住，那时郭先生已经是这个项目的中方首席学者了！

我记得，在 1995 年，我们请郭先生与刘钝先生一起主持《李俨钱宝琮科学史全集》的编辑整理工作，他为此整整忙了两年。一天，郭先生来电话说：“书稿终于编完了，我也已经累得筋疲力尽，走出家门口都摔倒了。”

当然，我也记得一些有趣的事情。上面消息中的那位林力娜博士，曾经是郭先生的学生。郭先生说，林力娜是犹太人，非常聪明，只用一年就把中文学得很好了。我在参加西班牙科学史大会时，与林力娜有过一段接触。她中文说得真好，为人也很好。比如大会规定，专门资助“发展中国家和前社会主义国家的学者”，我们中国学者有很多都是接受资助才得以参加会议的。但是，会议期间一些重要的聚餐还要另收费，我们中国学者支付起来依然有困难。林力娜就主动为我们缴费，避免了我们的尴尬。尤其有趣的是，她认为，中国人凡事都会谦让三次，只有第三次才是真意。例如，她问你：“要咖啡吗？”你说：“不要。”她一定还要再问两遍：“真的吗？”才确认你的态度。

写到这里，我在感叹郭先生功成名就的同时，还勾起了心底对我国 20 世纪 60 年代走上学术之路的那一整代学人的思考。他们在现今的中国社会中占有很重要的位置。提起这些人，我的印象尤其深刻，因为从我 1977 年上大学，到后来分配到出版社工作，我的老师、领导、同事、作者等等，大都是由他们构成的。虽然朱学勤曾经说，“他们是至今尚难从苏联文学的光明梦中完全清醒的人”；虽然那场突如其来的“大革命”在他们的身上留下种种历史的印迹，甚至斑斑血痕；虽然社会的变迁铸成了他们复杂的“人格特征”，使他们的思想表现往往显得深邃而隐秘。

但是，他们还是承载了一个时代的责任，他们中的优秀分子依然无愧于时代，让人尊敬！

一九八九年，一个诸事都无结果的年份！

1990

事件:“国学丛书”,“中国地域文化丛书”启动。

图书:《自然数中的明珠》,“中国古代五大奇观”书系

文章:《论“易数”与中国古代科学的联系》,《论五行说与中国古代文化的联系》,《关于“素数无限性”的证明》

人物:胡作玄,赵斌,菲尔兹,华林,费马,梅森,Hilbert,Weyl,Courant,斐波那契,梁宗巨,周公,商高,毕达哥拉斯,雅各,伊绍,吴振奎,诺查丹玛斯,王前,周山,王绍玺,王知常,王征,刘宾,周谷城,匡亚明,胡友鸣,李侃,徐本顺,王建军,孙文先,杜石然,陈学明,孟宪忠,张鸿雁,严博非,蒋述卓,张岱年,庞朴,梁从诫,王世襄,王利器,方立天,刘梦溪,张政烺,李学勤,金克木,周振甫,徐邦达,袁晓园,傅璇琮,汤一介,陶铠,李春林,梁刚建,葛兆光,冯统一,王炎,郭书春,王一方,钟叔河,黄松,张荷,袁廷栋,冯宝志,周文英,欧拉,拉格朗日,达朗贝尔,拉普拉斯,李约瑟,孔子,王家华,陈士强,孟宪忠,方立天,张申府,毛泽东,启功,鲁迅,纳兰性德,吴彬,蒋孔阳,诺贝尔,傅剑平,王元化,丹皮尔,陈平原,夏晓虹,董洪利,詹鄞鑫,申小龙,张善文,杨煦生,刘钝,陈来,钟肇鹏,钱逊,廖育群,孔繁,朱越利,江晓原,张洪翼,冯不二,拓拔逢。

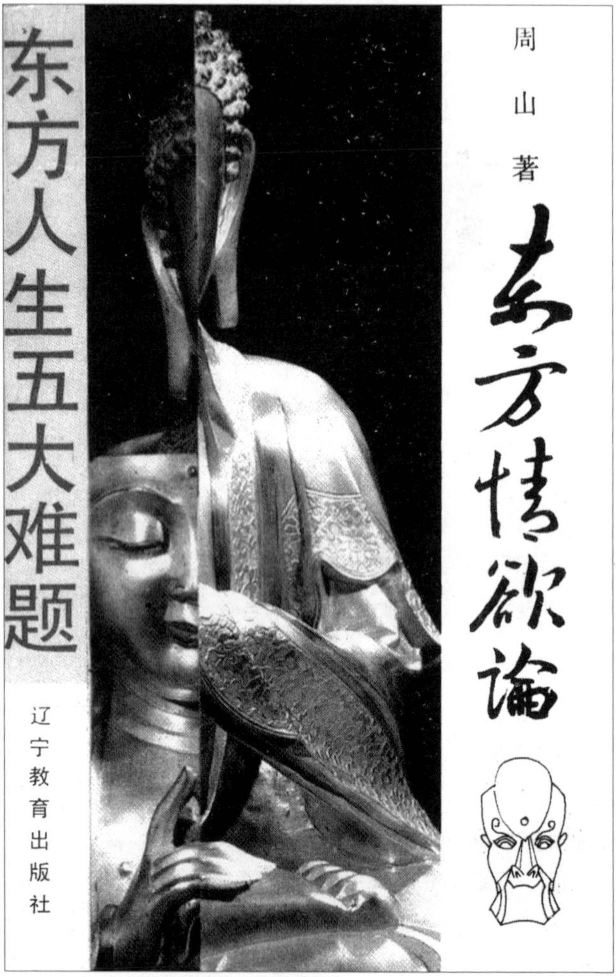
东方人生五大难题
周山 著
东方情欲论
辽宁教育出版社

1月12日

去年十一月在南开大学参加中国数学会数学传播委员会的一次会议，结识了中国科学院系统研究所胡作玄，我约他写一部《现代数学史》。我最早知道胡先生，是他与上海赵斌合译的《菲尔兹奖获得者传》；后来他经常在《数学通讯》上刊载一些数学进展的海外消息，像梅森数又算到第几位啦、费马数又如何如何啦等等，我最喜欢看。今天接到他的回信，同意写此书，并言与梁宗巨《世界数学通史》不会重叠，他将以一八七〇—— 一九七〇年为限。他还赞扬我们做的《数理化信息》很好，尤其是符号、公式、外文排得好。

补记：胡作玄是高产作家，会八国语言，四川“走向未来”丛书中有他的《第三次数学危机》；前些年他还出版了《影响世界历史的100名著排行榜》，曾经上了畅销书榜。

一九九一年，我们还请胡作玄写一部《华林问题》，收入“数海拾贝”系列。他在十月十九日复信写道：“我们的想法是从历史发展来引导，结合历史发展来叙述问题的方法并且阐明现状。这是一种独特的叙述方式，而不是把教科书通俗化。另外历史也不是乱讲故事，把不相干的东西也扯进来，写这种书的人，过去都是有哲学、历史、文化修养的数学大家，而不是狭窄领域的‘专家’。这方面的典范如Hilbert的《直观几何》，Weyl的《对称》，以及稍逊色的Courant《数学是什么》等。写这种高层次的学术著作，其难度不下于写本专著，我国就是专著及重复的趋俗著作过滥而高层次的著作太缺。”

2月5日

刚过了年，就有不好的消息。省委宣传部转来上海方面的告状信，主题是“四人帮”爪牙人还在，心不死，蠢蠢欲动。他告的是《东方两性论》作者王绍玺，说他是四人帮在上海的死党，这样的人，怎么还能让他写书呢？为此，我向王先生的引荐者周山询问，他谈到，“文革”之时，“四人帮”在沪组织写作班子，找了许多文化界的高手，文史哲、数理化生等各学科的都有，像我们前年寻访未见的余秋雨都在其中。这里面有两个人物的名气很大，一个是“大老王”，就是王绍玺；另一个是“小老王”，就是我们后来请他写《佛门奇僧》的王知常。告状者正是针对他们来的。

闻此言，我有些诧异。没想到“文革”已过去多年，历史印迹还在。实言之，此二人确实有水平，言谈落笔，颇有海派文化人的风范。其标志是知识面广泛，不为所谓专业禁锢，泛论文化，博采奇闻，信手拈来。我总觉得，使用此类人物，一要讲法纪；二要观其文，他们所作题目毫无政治色彩，且有益于文化传播。对于“告状、署名”之事，王绍玺颇不以为意，但我们避免麻烦，还是将他的第二本书《科举奇闻》用笔名“鲁威”。王知常是一个矮胖的小老头，据言是周谷城的研究生。我见过他一面，面目和蔼敦厚，言谈慢声细语，绝想不出“文革”时被描述的“霸道”的状态；他高度近视，却精于烹调，当场做菜，往锅里放油时，由于看不清多少，他的脸几乎都贴在锅底上。《佛门奇僧》、《戎马文化》都是王知常的作品，为了避免麻烦，他提出与他的儿子王征共同创作，署名“王征”就可以了。我也见过王征，是一个好青年，很老实。

晓群先生大鉴：

今送上《戎马文化》提纲一份，请审阅。此稿现已写近三万字，即第一章兵器与阵法将近完成。全书写完，约在十五万字左右。前面有一前言，提纲中忘了写上，但此前言不长，拟在三千字以内，否则，怕全书字数失控。此书的意图是由器物而制度而意识形态，从文化的角度来阐释中国古代战争中所出现的许多现象。如刀与剑，一般的兵器史论为介绍刀与剑的形制（种类）、用途、发展与改革，有的摘录咏刀与剑的诗词，已算是文字够琉璃的了。我今从文化角度去探索，阐释刀是俗文化，剑是雅文化，从战场上来看，是刀代替了剑；而在文学领域，则剑的地位却比刀要高得多。剑引起的联想，与宫廷、深山、白云有关，而刀则与草莽豪杰有缘。梁山泊一百零八将中，使刀的好汉甚多，如武松、杨志、刘唐、雷横等人，而使剑的只有二人：入云龙公孙胜与混世魔王樊瑞。这二人都不是冲锋陷阵的战将，而是道术之士即巫师，他们的剑是用画符念咒时用的而并不用于格斗中。（剑在未以战为战表示人身份等级的标志，[illegible]，[illegible]，等等。）倘无重要变更的话，拟争取一直写下去，估计约可于八月份写完全书。提纲中的篇目是暂定，写时或有变更（第一章已基本写成，不变了）。第六章拟视篇幅而定。倘或篇幅不容许，拟将本章删去。到时视情况而定。

顺颂

编安

张瑞

1991年5月18日

3月1日

陆续收到《自然数中的明珠》、《今日数学中的趣味问题》（天津科学技术出版社）样书。前一本书花费了我五年时间，是我大学毕业后出版的第一本个人著作。其中讨论了八种数字，即完全数、亲和数、梅森数、斐波那契数、费马数、形数、伪素数、勾股数。那时我对“数”的热爱有些痴迷，我在一篇文章中写道：

> 完全数：此类数生得蹊跷，它的全部真因子之和又等于自身。第一个完全数是“六”，奇怪的是《圣经》中讲述的“上帝造物”即用了六天；无独有偶，中国《周易》的体例也是“六爻成卦”！另外，你知道世界为什么不完美吗？因为在大洪水淹没世界的时候，诺亚驾着方舟救护了八个人，而不是六个，这便是乱世之源。第二个完全数是二十八，《圣经》的释注者说：上帝创造的月亮周而复始一轮大约二十八天，又是一个重大的天缘巧合！至今，人们只找到了三十几个完全数。
>
> 亲和数：号称“亲和”，因为这一类数字成对出现，并且互为真因子之和。第一对亲和数是二百二十和二百八十四，它产生于古希腊毕达哥拉斯之手。一次，有人问：“结交朋友时，存在数的作用吗？”毕达哥拉斯说：“朋友是你灵魂的影子，要像二百二十和二百八十四一样亲密。”他正是阐释了亲和数的机理。《圣经·创世纪》中记载：

> 人类的始祖雅各曾经送给他的长兄伊绍二百只母羊和二十 1
> 只公羊。后来的注释者认为，雅各也是运用亲和数的意义 9
> 表达对伊绍的情感。至今，人们已经找到一千多对亲和数， 9
> 最大的一对已达到一百五十二位数字。 0
>
> 勾股数：据载西周年间，周公与商高的一次调侃中即提出“勾三、股四、弦五”，对此中国人有口皆碑！那定理即有“商高定理”之称。然而，在大中华之外的古代文化群落中，却对这数的产生有着不同的认识。君不见在古巴比伦汉穆拉比时代的泥板上，那一行行斑驳陆离的六十进位数组。君不见在古印度的宗教规范中，那一项项微妙的运算机理。当然，最令人慨叹的还是古希腊的智者毕达哥拉斯，人类仰慕他的创造天才，惊叹他的创作氛围。至今提起他的名字，我们的眼前仍然会浮现出一些生动的景象：在远古的苍穹下，那一次次神秘的聚会，那不可解性激起的惊涛和智者手下屈死的冤魂！
>
> ……

《今日数学中的趣味问题》是我与天津商学院吴振奎合著的。吴老师从事科普创作成名很早，原来在辽宁大学数学系任教，近几年才调到天津商学院工作。在沈阳时，吴老师是出版社的常客，所以我大学毕业后到出版社就认识了他，经常与他交流、请教，也共同做一些项目。例如，“世界数学名题欣赏”这个选题，就是我们俩站在出版社大楼的走廊里聊天时，突然侃出来的；他也写了其中的一个题目《斐波那契数列》。

今年《中等数学》第一期上，我们还合作写了《关于“素数无限性”的证明》一文，文中给出了证明“素数是无限多的”这个命题的六种证明方法，其中有四种方法是我给出的，即欧几里得《几何原本》中给出的方法，由费马数的性质引出的方法，由梅森数的性质引出的方法，欧拉给出的方法；吴老师给出了两种方法。后来有读者来信，认为“梅森数”证法有误，其所言正确，我还做了修正。所以我经常说，吴老师对我亦师亦友。吴老师也时常在信中叹息，后悔不该离开沈阳，主要是舍不得我们这些朋友。

近来，吴老师对我的所作所为有些担心。事情起因于我的那两篇论文《论“易数”与中国古代科学的联系》、《人类的烦恼：“无限”的神学解释》，以及我编辑的“中国古代五大奇观”那一类的书。他看后给我写了几封信，信中说：“你还应该把‘世界数学名题欣赏’继续做下去，还有很多问题值得一做。像《货郎担问题》、《完美正方块问题》、《四色定理》等。”接着他写道：“看了你的近几篇文章，使我想到了诺查丹玛斯，他的不少寓言均出自‘数’（如‘七大’等）的启示。我很欣赏君的文笔，我过去讲现在仍讲，除了发稿子，你应该搞一点自己的东西——只是别陷入某些‘泥潭’中。神或许是人造的，但它不可亵渎。真搞不懂！”他还说，他曾经见过一本《古兰经与数》（油印本）的书。（二月二十日）

3月23日

一月五日，接到新疆社会科学院文学所刘宾来信。他是看到我社去年十二月二十五日《光明日报》上的广告，心有所感，向我们推荐两个选题题目。

其一，他写道："是否可建起一个有关'伊斯兰世界'的子书系？对外开放的含义当不仅指西方而言，中近东国家在本世纪末和下世纪初极有可能成为我国对外开放的最主要的对象之一。且这一地区在经济、文化等诸方面均有自己的突出特点，尤其是在对待'文化冲突'上有多种不同类型的超前经验；况且，就宗教和文化而言，中近东地区同我国西部地区有着密切的历史联系，出一些这个研究题目下的著作，无疑同样具有借鉴意义。随信附上一份写作提纲，系我院从事西亚、伊斯兰世界研究的一位同事的写作计划，题为《走出沙漠》，不知可否列入'当代大学书林'？"

其二，他还写道："建议拟定'中国地域文化研究'丛书，组织各地学者，对学术界目前划分出的中国地域文化类型分别作出理论上的归纳和阐述。如果说，周谷城先生主编的'中国文化史丛书'是对文化发展过程（包括各地域的、民族的、学科类别的等）的实证研究，匡亚明先生主编的《中国思想家评传》丛书（一百种）是以精英文化为线索、理清中国文化发展承先启后的思想脉络的话，那么拟定中的'地域文化研究'丛书，则可以从历史的、地理的、民族的、民俗的角度，对中华文化开展类型学研究，它将侧重于理论上的阐述，不妨视为上述著作的姊妹篇，无疑在推动我国文化学、文化人类学研究的开展上，将取得公认的好评。此议倘若被采纳，本人愿效微薄之力，承担有关新疆文化的选题。（此题可有两个思路：一个是对我国地域文化历史类型的研究，这种类型要确定时代的下限，如‘新疆文化论’可改为‘西域文化论’；另一个思路是按现今的地域文化类型划分，做纵贯古今的研究。后一思路似乎具有更为明显的现实意义。”

读到此信，我拍案折服。二月十三日我给刘宾去信，希望他能帮我们组织一套“中国五大地域文化”丛书，并请他出任主编。今天，收到刘宾复信，同意自己写《西域文化》；主编之事，却以“身居边陲，联系诸多不便”为由推辞。但他还是列了一个书目，供我们参考，即中原（或华夏）、西域、齐鲁、湘楚（或江汉楚）、巴蜀、闽粤（或岭南）、吴越（或江浙）、关东。信中还附有一篇长文《评“历史文化共同体论”》（《新疆日报》一九九〇年三月九日）。

补注：这应该是后来启动的“中国地域文化丛书”的先声。

4月20日

去北京，见到《光明日报》评论部陶铠、李春林、梁刚建。除了“国学丛书”的事，我又向他们谈了新疆刘宾关于“中国地域文化丛书”的选题。他们提到《文史知识》编委胡友鸣。见到老胡，他高高的个子，是北大葛兆光等人的同学。因为《文史知识》一直在做以地区为专题的“专刊”，在资料、作者等方面很有基础。所以老胡一下子就落实了五本书稿，即胡友鸣《台湾文化》、张荷《吴越文化》、冯宝志《三晋文化》、黄松《齐鲁文化》、袁廷栋《巴蜀文化》。此后，又蒙上海王绍玺请出江西教育学院周文英写《江西文化》。

补注：七月二十五日，刚建来信，提到胡友鸣请出李侃为“中国地域文化丛书”写序，李先生已经答应。

4月25日

二月收到剑桥李约瑟研究院来函，该所八月将举办中国科学史研究大会，邀请我参加，我已回复，并报上论文。今天收到大会秘书长库仑四月二日回信，他说我的论文《数在中国传统文化中的意义》已被采纳，并且让我在七月二日前，寄上一份二十分钟的发言稿。

补注：后来此次会议我未能参加，好像是经费问题。

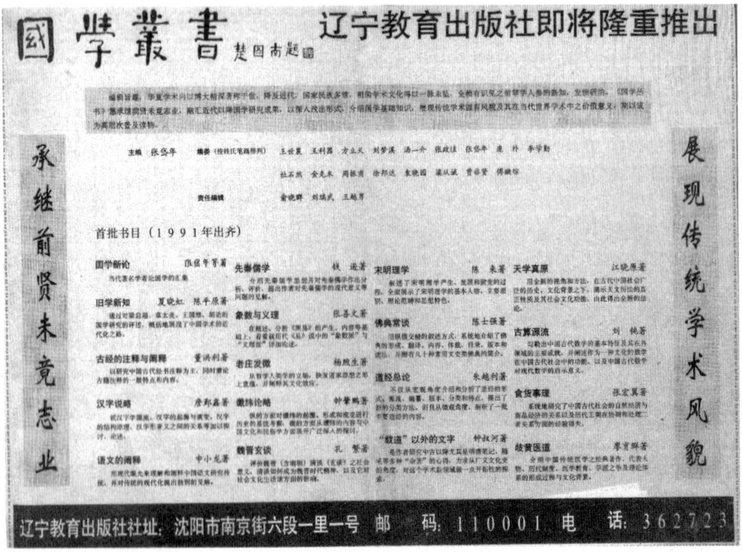

7月15日

曲阜师大学报徐本顺来信，其中附山东教育出版社约稿函，让我为《中外数学家思想方法》写词条：拉格朗日、达朗贝尔、拉普拉斯等。此前，我已经写了欧拉词条。

另外，年初我还向曲阜师大学报投稿《论“易数”与中国古代科学的联系》，一万五千字，已载第三期。在这篇文章中，我列举了大量与《周易》相关的古今数字，例如：大衍之数、天地之数、乾坤之策数、当期之数、万物之数、九九之术、度量衡、古历、六经与六爻、九候与三才、人的关节与周天之数、五脏与“河图”、三律、十二律、律管等等。我在文章中写道：

> 何谓“易数”？自然是与《周易》相关的数。对此，我们更关注两个方面的内容，一是再现《周易》中用于计算的数的非计算意义；再一是实证笼罩在中国古代科学之上的一个思想体系的存在性。其实中国古代并无明晰的“科学”体系，它们的存在，只是近百年来人们整理和剔出的结果。舶来的科学精神和科学方法，改变了人们的观念，它导致人们也试图改变古人的观念，让古人脱掉衣帽，甚至剔除肌体，只留下重新拼凑的骨骼！所以，在这一层意义上，我们“再现”的目的就清楚了。
>
> ……
>
> 应当指出，虽然“易数”只是整个“数文化”现象的

一个组成部分，但是由于《周易》在中国文化中的崇高地位，所以“易数”也就成了中国“数文化”体系的核心之一。它与“五行说”呼应融合，交错互补，在中国文化的深层纺织了一个独特的数字网络。这是一个不容忽视的文化现象，我们决不能因为价值取向的不同，或者历史文化氛围的不同，而否定“易数”的科学价值和文化价值。

但是，我们应该如何评价这一历史现象呢？这是一个十分复杂而艰巨的问题。显然，我们不能简单地说“易数”与古代科学的联系完全是牵强的、神秘主义的、毫无科学价值的（事实上，许多年来人们一直在这样说），而应该运用科学的历史观，恰如其分地评价这种文化现象。对于“易数”及“易文化”，一味地否定或一味地推崇，都是不恰当的；同时，我们更不能采取视而不见的态度。作为一个中国人，我们应当想一想：一部《易经》，它为什么能成为“六经之首”？它为什么能避过“秦火之厄”？它为什么能使孔子读之“韦编三绝”？它为什么能引导中国文化的“隐喻之风”？它为什么能使中国文人形成“忧患意识”？它为什么能被奉为“宇宙之学”？它为什么能让后人立说“汗牛充栋”？尤其是它为什么能在科学技术高度发展的今天，与诸多尖端科学产生“共鸣”？！

易道广大，易理玄秘。笔者力微，只能从读史心得中列出一些问题而已。

7月20日

江苏教育出版社王建军来信，说两件事情，一是我与辽宁教育学院王前合译的《数学经验》即将发排，他说中国科技大学的常庚哲教授也很关心此书出版；再一是他们出版社“数学方法论丛书”也被列入“中国数学会传播委员会推荐读物”，需要印上书标，这个书标是我社设计的，故建军让我提供样稿。

补注：二○○一年，我的母校沈阳师范大学数学系王家华老师找我，索要《数学经验》一书；他说前不久在一次会议上，徐利治教授向大家推荐这本书，还专门强调是王前、俞晓群翻译的。王家华是我的大学老师，教“解析几何”。

10月31日

收到郭书春来信，谈台湾九章出版社孙文先购买《九章算术汇校本》版权的事。此事有些误解，一是孙先生嫌费用太高，二是他对大陆出版人不太相信，好像最初进入大陆时，还受过骗。所以他与大陆出版界做事有一个原则，那就是必须要有学者出证明，他才肯相信。年初我给他打国际长途，他都很不礼貌地回绝了。结果还是郭老师等给他去信，说明我的“为人、品德、才气”云云，他才同意签了合同，从此我们也成了合作伙伴。

七月十九日，曾收到杜石然信，希望将“世界数学名题欣赏”推荐给孙文先，并且留了孙的地址。他写道：“孙先生致力于两岸数学教育，曾独资在北大、师大、复旦颁发数学学习奖，他不是大书商，但其爱国精神，在全国数学界是无不为之感佩的。”我遵嘱将样书寄上。

1990

俞晓群先生

尊函早已拜领，所寄图书今日也已拜见。谢谢。《国学丛书》蒙贵社不弃，使本人忝列编委。经本人介绍之《天学》《医道》《言数》之卷已出全，经作者努力及社方帮助，三册均属上乘，本人也算不辱雅命了。虽然很重，已赐下的前十卷，我已全背来日本。後十本出全之后，也望能全部赐下，以便拜观完璧。如不方便，寄至北京即可。

感谢您的好意，约稿之意殷殷，当奋力复命。唯各方原因，一时尚难就绪。一俟有定，当即奉闻。

您今夏未能来日本，实为憾事。如有兴趣，此地会议可谓月月都有。据闻您已荣升社长，有暇尚望来日本一聚。马芳处请代为问候。顺颂

冬祺

杜石然

十一月廿六日

11 月 15 日

上月去沪，见到复旦大学哲学系陈学明。学明是周山的同乡，都来自崇明岛。在新的学术思潮中，学明的名声很大，主要是他翻译了弗洛姆《逃避自由》和《寻找自我》、马尔库塞《爱欲与文明》等；他的《西方马克思主义论》是“当代大学书林”中一部，正在排印中。审读中有两点值得提及，一是学明请汪道涵题词，汪却引列宁的话写道：“从马克思的理论是客观真理这一为马克思主义者所同意的见解出发，所能得出的唯一结论就是：遵循着马克思的理论的道路前进，我们将愈来愈接近客观真理（但决不会穷尽它）；而遵循着任何其他的道路前进，除了混乱和荒谬之外，我们什么也得不到。”为什么引用这段“死译”的话？我想不明白。

二是周山为《西方马克思主义论》写的序，本来就写过几本小说的周山文笔绝好，他写的《狐狸梦》畅销一时。周山深情地回忆了学明的早年家境：“幼年丧父的他，曾与寡母一道，拖着一根破竹竿，冒着呼啸的西北风，行乞讨饭。海岛上的西北风，湿度大，无遮挡，如利刃割裂着他那稚嫩的脸，揪着慈母的心。”学明每读到这里，就会眼含热泪。

今天收到学明来信，谈了几件事。一是我托他催问复旦陈世强《佛典常谈》书稿，此为“国学丛书”中一本；陈说“不准备写了”，并已函告方立天。二是学明代为组织美学稿子，拜见蒋孔阳，拟搞一本《蒋孔阳美学集外集》，内容包括序跋、英德日三国游记等。

復旦大學

FUDAN UNIVERSITY

方家生先生，编辑同志：

上次信中曾托你们，关于“两宋词”的进度情况，请先写个回信，告诉出书时间。我托屯艺基芊了封信给陈永发，但他还没有给我回信，未知何故？

向为刘、章等编辑问好。

即颂

编安

学昕 11/15

回信请寄：

200433

上海灵丘路~~152~~ 151弄

19号102室

11 月 17 日

吉林大学孟宪忠来信，为去年的事。整党刚刚结束，他写道："11 月 1 日，经省里讨论，我算正式解脱，顺利登记。至此，运动之事全部完事了。"但是，列选"东方人生五大难题"之一的《东方伦理论》还是没写。

孟兄还介绍了他的其他研究，解脱后，《实践哲学》当即付印；又写了两本关于诺贝尔奖的书，《听文化巨人述说——获诺贝尔文学奖作家思想录和人生之旅》、《20 世纪文学规范——对诺贝尔文学奖综合研究》。

11月20日

近日有一事十分有趣。经华东师大王绍玺推荐，十一月九日收到华南师范大学中文系傅剑平愿意写《岭南文化》的信，信中又推荐一人可写《桂文化》。此人名曰蒋述卓，毕业于华东师范大学，是王元化的博士生，现在暨南大学学报工作。我与蒋兄倒有一面之识，那是一九八七年末在华东师大组稿，几个朋友侃谈，有张鸿雁博士、严博非硕士，还有蒋述卓博士。

有趣的是，十一月十八日蒋述卓来信，投稿《宗教与山水美》。他还说，他的博士论文《佛经传译与中古文学思潮》将在江西出版。我已回信，说到上述“中国地域文化丛书”之事。

11月25日

《辽宁教育学院学报（社会科学版）》第四期，刊载我的文章《论五行说与中国古代文化的联系》，七千字。在这篇文章中，我以“五行”为主干，引述了许多中国古代文化现象的哲学根源。例如：四时教令、河图洛书、祭祀演变、王朝兴衰、天人感应、人体结构等等。我写道：

> 我们在“数文化”的意义上，从天（世界图式）、地（社会构建）、人（天人观念）三个方面划分并剖析了“五行说”与中国古代文化的联系，这可以说是中国古代两个最有影响的思想体系——五行说与三才说——在宏观上和形式上的一种吻合。笔者的这种划定和分析是否合适，还需进一步探讨。
>
> 但是，遵循这一划定，我们会在“数文化”的意义上发现：“三”与“五”在中国古代思想史中具有极高的地位。“为天数者，必通三五，终始古今，深观时为，察其精粗……”“为国者必贵三五，上下各千岁，然后天人之际续备。”为什么会出现这种文化现象呢？笔者认为，这主要是中国两大文化主流运行的结果。其一是以《易经》为源头的“易数”的数字网络，即“六爻之动，三极之道也”；再一就是本文论及的“五行说”了。当然，“五行说”素以内容深广而见长，本文仅仅是在古代文化的范畴内，为其

构造了一个运行框架，还有许多问题尚未论及。诸如，“五行说”的产生和发展与古代冶炼、勘测等科学活动的关系，“五行说”与“阴阳说”的深层联系，“五行说”与儒、道、释三家的相互影响及地位对比，等等，这些都有待于另文阐释了。

12 月 1 日

到了年末，整理信件。共收到厦门大学哲学系乐爱国来信八封。其中琐事两件，一是收到《女性与上帝》样书。再一是我前年去厦大开会，在南普陀寺中买了线装《楞严经》和《华严经》，还有一本僧人的诗集，不料邮寄途中都丢失了。年初，请乐爱国帮助再买一套，僧人说这些书都卖光了，可见我无佛缘。

爱国兄又是一个勤于耕读的人，他不断向我推荐自己读到的新书，如:《科学哲学概念词典》、《太平洋岛国的土著文化》、《自然发展史》、《古典玛雅文明》等。他还认为《剑桥世界科学史》值得一译，“古代部分对中国的介绍较详细。较早出版的译著《自然科学史》(梅森著)要好，与丹皮尔《科学史》比较，在史料方面也略胜一筹。”(九月十日)

12月24日

收到郭书春来信。这是他今年的第十六封来信，大多是为了《九章算术汇校本》的事。遗憾的是此书仍然难产，十月付印，至今还未出来，主要是繁体字排版的问题。另外，郭老师说，出版此书的目的，就是校订古今版本的正误，所以我们不能再出一个错；不然此书一出，别人又要校订了，就失去了“汇校”的价值。为此，自然是一遍又一遍地调样、改样。当然，好事还是有的，郭老师九月二十九日通过正研究员评审。

12月30日

这一年选题的重中之重，当然是“国学丛书”。此事进展很快，大体的时间表为：

一月：由《光明日报》陶铠、李春林、梁刚建推荐，请出葛兆光、王炎、冯统一，与我们共同组成“国学丛书”编辑部。

二月：确定主编。约见了四位学者：张岱年，同意做主编；汤一介，不在国内；庞朴，以太忙为由，婉拒副主编一职；梁从诫，同意出任编委。

三月：组成编委会，在欧美同学会召开第一次编委会。名单为：王世襄、王利器、方立天、刘梦溪、汤一介、张政烺、张岱年、庞朴、李学勤、杜石然、金克木、周振甫、徐邦达、袁晓园、梁从诫、傅璇琮。除汤一介未到会，其余的都来了。

四—五月：推荐书稿，召开第一次在京作者会议，到会的有夏晓虹、刘钝、陈来、钟肇鹏、钱逊、廖育群等。

七月：敲定首批书目，包括《国学新论》（张岱年等）、《旧学新知》（夏晓虹、陈平原）、《古经的注释与阐释》（董洪利）、《汉字说略》（詹鄞鑫）、《语文的阐释》（申小龙）、《先秦儒学》（钱逊）、《象数与义理》（张善文）、《老庄发微》（杨煦生）、《魏晋玄谈》（孔繁）、《宋明理学》（陈来）、《佛典常谈》（陈士强）、《道经总论》（朱越利）、《“载道”以外的文字》（钟叔河）、《天学真原》（江晓原）、《古算源流》（刘钝）、《食货事理》（张洪翼）、《岐黄医道》（廖育群）。

十一月三日,《光明日报》半版广告，其上有楚图南亲笔题写的“国学丛书”，两边条幅曰：“承继前贤未竟志业，展现传统学术风貌。”其“编辑旨趣”写道：“华夏学术向以博大精深著称于世。降及近代，国家民族多难，祖国学术文化得以一脉未坠，全赖有学见之前辈学人参酌新知，发奋研治。‘国学丛书’愿承继前贤未竟志业，融汇近代以降国学研究成果，以深入浅出形式，介绍国学基础知识，展现传统学术固有风貌及其在当代世界学术中之价值意义，期以成为高层次普及读物。”

这期间发生一些事情：

其一,六月，春林胃出血。

其二,十一月，陈来找王炎，说他的稿子已写好，正在誊抄；为评职称，请出版社开一个证明。(十一月十日刚建信)

其三，陶铠来信,《光明日报》广告费一万元。

其四,十二月十五日复旦大学出版社陈士强来信，寄上照片，并在信中写道：“我手头的写作任务较重，原想如果有合适的人，这《佛典常谈》就请他人写好了。后经陶先生告诉情况，自己想想不管怎么忙，也不能辜负陶先生和方立天老师的一片好心，就决定把写作任务接下来。”

其五,十二月十四日，中国社会科学院哲学所周云之来信，谈写“名辩学”的事。

其六,八月十四日，葛兆光来信，推荐南京大学中文系朱晓进

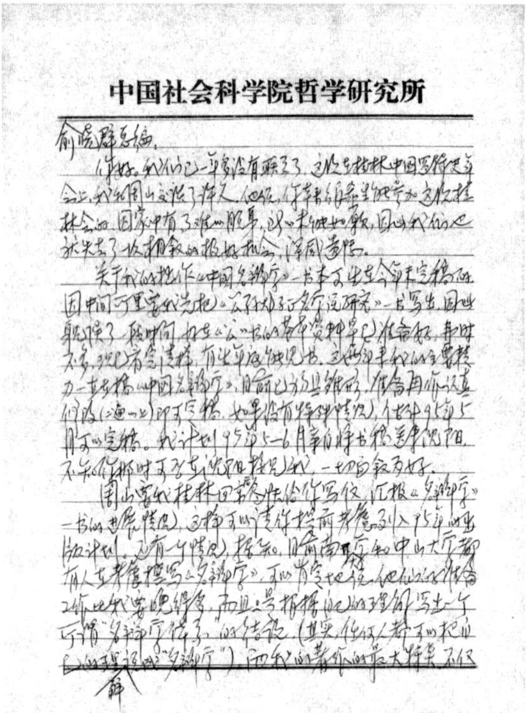

中国社会科学院哲学研究所

俞晓群总编：

你好。我们已一年多没有联系了。这次在桂林中国逻辑史学会上，我和周山交谈了许久。他说，你本来很希望能参加这次桂林会的，因家中有了难以脱身的事，所以未能如愿，因此我们也就失去了一次相叙的极好机会，深感遗憾。

关于我们推荐的《中国名辩学》一书本可在今年年底完稿的，因中间有一段时间我忙着把《公孙龙子的名实论研究》一书写出，因此耽误了一段时间。好在《公》书的基本资料早已准备好，并且时间不长，现已有家出版社出版此书。这两年来我们的全部精力一直在搞《中国名辩学》，目前已完成五分之四，准备再作认真修改（之适以上）即可定稿。如果没有特殊情况，估计95年5月可以完稿。我计划95年5—6月亲自将书稿送往沈阳，不知你那时可否在沈阳接见我，一切面叙为好。

周山要我在桂林回京后给你写信，汇报《名辩学》一书的进展情况，这样可以使你提前考虑列入95年的出版计划。还有一个情况，据知，目前南京和中山大学都有人在着手撰写《名辩学》，可以肯定地说，他们的准备工作比我要晚得多，而且只是按照自己的理解写出一个所谓"名辩学体系"的结构（其实，任何人都可以把自己的理解说成"名辩学"），而我的著作的最大特点不仅

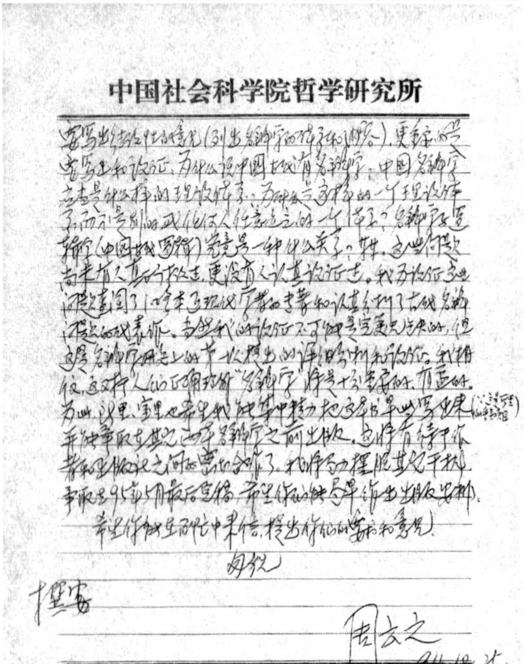

中国社会科学院哲学研究所

要写出这门学科的特点（列出名辩学的体系和内容），更重要的是要写出和论证，为什么说中国古代有名辩学，中国名辩学为什么是这样的理论体系，为什么是这样的一个理论体系，而不是别的或任何人任意造出的一个体系。名辩学与逻辑（中国古代逻辑）究竟是一种什么关系。对此，这些问题尚未有人真正提出，更没有人认真论证过。我为论证这些问题查阅了几十年来近现代学者的专著和认真分析了古代名辩问题的代表作。当然我的论证不可能是完美无缺的，但这是名辩学史上第一次提出的详细分析和论证。我相信，这对于人们正确理解"名辩学"将是十分重要的、有益的。为此，这里、家里也希望我能集中精力把这部书早些写出来（以之资助出版社），并能争取在其它的名辩学之前出版。这将有待于你和出版社之间的密切合作了。我将努力按照其它计划争取在95年5月最后定稿，希望你们能尽早作出出版安排。

希望你能在百忙中来信，提出你们的要求和意见。

敬礼

周云之

94.10.25

的书稿《历史转换期文化启示录》；八月二十日收到朱的提纲。

补注：此稿后来列入“当代大学书林”，一九九二年出版。

十二月十八日，葛兆光来信写道：“最近我与几个‘国学丛书’作者都通了信，总的看来情况很好。我想提个建议，请辽教于新年前给每个作者寄一张贺卡，一来联络感情，二来起个督促作用。”

其七，在组织书稿的过程中，我们遇到一个问题，那就是编委会中这些老先生写不写？当时，有些编委是要亲自写的，像刘梦溪、杜石然等。我们编辑部也觉得组成这样一个编委会，如果不让他们写一些东西很有些可惜。所以才有了《国学今论》的创意，请编委们自选他们最好的作品汇集成册。

最后，说一点儿此中人物星星点点的印象。

葛兆光：他当时已有《禅宗与中国文化》问世，名声很大，是那一代文化青年的偶像。我只记得，他身体很棒，像运动员；来时骑一辆单车，上车前把裤腿一扎，飞身而去。《文史知识》的胡友鸣是葛兆光的大学同学，老胡说：“在我们班里，老葛是天才。我们还在学习基础课时，老葛的论文已经名声大振，在许多一级刊物上发表了。”

王炎：他曾经在《读书》出任编辑室主任，此时在中国社会科学院政治所。王炎头很大，谈话间似乎无所不通，有“中国第一编”的说法。据说他原来的名字叫“王焱”，去年他受到一些冲击，为此名字也去掉了一个“火”字。

冯统一：他身着对襟上衣，穿一双中式布鞋，戴一副金属框的眼镜，光着头顶。他的夫人是《读书》的编辑吴彬。冯兄极随和，善讲故事、广交名流，对器物收藏、纳兰性德、武侠等都有研究。笔名冯不二、拓拔逢等，经常写一些我看起来有些奇奇怪怪的文章。

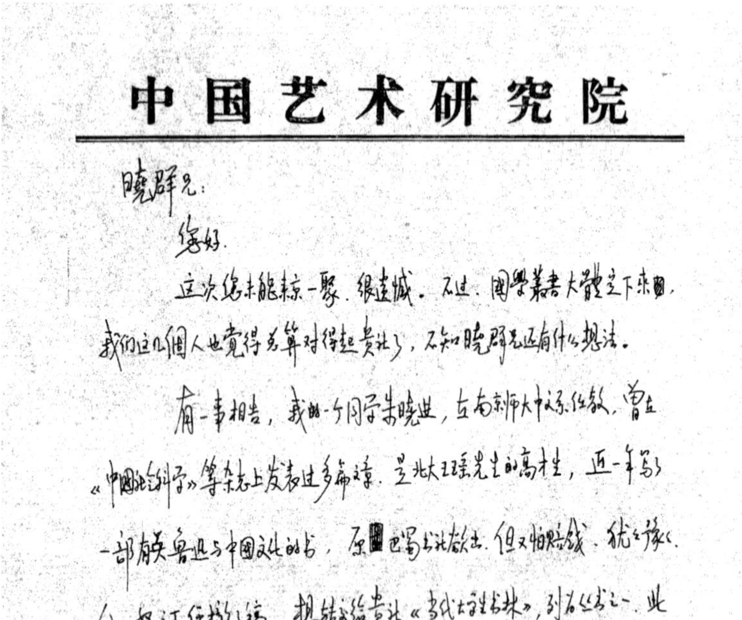

中国艺术研究院

晓群兄：

您好。

这次您未能来京一聚，很遗憾。不过，国学丛书大体定下来了，我们这几个人也觉得总算对得起贵社了，不知晓群兄还有什么想法。

有一事相告，我的一个同学朱晓进，在南京师大中文系任教，曾在《中国社会科学》等杂志上发表过多篇文章，是北大王瑶先生的高足，近一年写了一部有关鲁迅与中国文化的书，原[redacted]巴蜀书社答应出，但又怕赔钱，犹犹豫豫，他一怒之下便撤了稿，想转而给贵社《当代大学生书林》，列为丛书之一。此书我看过，写得不错，他还要对原稿加修改，使之字在十二、三万左右，并通俗一些，不知您意下如何？此事曾与小王说过。

有什么事请来信，我一定尽力。

祝

好。

葛兆光 90.8.14.

补注：后来我们常以哥们儿相处，围坐在一起听老冯讲故事。他讲道：王世襄是一个大才之人，他就是“玩儿”都能玩儿出学问来。比如斗蟋蟀、养鸽子，《北京鸽哨》就是老冯推荐给我们出版的。王先生又是一个美食家，还精于烹饪，他与朋友聚餐时，时常会自己背着一口锅参加，因为要想做出好菜，炊具是很重要的。老冯还讲道：王世襄与启功私交很好。一次王先生的儿子出国，想到启功家要几件字画什么的东西，好到国外送礼。启功说：“你随便拿吧。”王公子就把字画、砚台等拴上绳子往脖子上挂，压得都抬不起头来。启功站在一旁开玩笑说：“小子，当心别勒断你的细脖子。”

张岱年：张先生为人真好，即使到了老年，依然一副“翩翩君子”的风度。他的情绪总是那样平和，只是提到“文革”时，他突然激动起来，他说那时让他去扫大街，那才是真正的“诗书扫地”！我们会议期间议论张先生，不知是谁讲起两段旧事。一是张的哥哥张申府，据说有一次他与张岱年感叹：“当年在北大图书馆时，我真是有眼无珠啊！就看到一个肥头大耳的青年在我眼前晃来晃去，没想到他就是后来的毛泽东。”再一是他们回忆当年鲁迅在北大时，说鲁迅生性火气旺，冬天只穿着一件长袍，再冷也不穿棉大衣。他还好斗，走在路上，看到一只流浪狗，他一定要捡起石头打过去。

梁从诫、袁晓园：在编委之中，梁的着装最随意而时髦。他上身穿着一件夹克衫，下身穿着牛仔裤，几次开会都骑着一辆自行车。他说，他参加全国政协会议，是唯一一位骑自行车到人民大会堂开会的委员，警察都不知道把他的“车子”放到哪里了。

袁晓园是编委中唯一的女性，她年龄大了，但风采依旧。梁刚建说，每次去她家接她或会见，她都要非常正式地化妆后，才会出来见客人；有时化妆的时间会很长。召开编委会的那一天，袁晓园妆化得很重，穿着一件美丽的旗袍，言谈举止都是大家闺秀的风范。她的话题总离不开汉字改革，许多观点有悖于时下的政策，但是她侃侃而谈，锐气十足，毫无衰老的迹象。

补注：二〇〇五年，我曾经写过一篇回忆文章《国学丛书，一个社会转型期的文化结点》，载于《出版人》十二月。现将此文节录如下：

在1989年与1990年之间，中国文化曾经发生了一次重要的突变；它的标志是在短短的两年之间，两个学术思潮的浮沉与更替，一个是“全盘西化”，一个是突然兴起的“国学热”。前者是一件复杂的事情，就不必说它了；对于国学，却勾起我许多记忆。

今天学术界回顾上世纪90年代国学复兴的事情，大多以《人民日报》的两篇文章作为见证和标志，即《国学，在燕园又悄然兴起》（1993年3月16日），以及两天后头版发表的《久违了，国学》。以此为发端，围绕着“国学”的争吵一下子活跃起来，一些横七竖八的“主义”都找到了话语权，诸如国家主义、新权威主义、民族主义、新保守主义、新秩序主义等等，打得一塌糊涂。这倒也填充了“文化豹变”后的一段思想寂寞，只是那些煞有介事的拼杀让人有些莫名惊诧。尤其是一些“官方情绪”的介入，让学术问题走上庸俗政治的道路，事情也就更不好玩了。

我对这些深奥的理论不太懂，只是影影绰绰地记得，这“国学”概念的重提还要比上面的时间更早些。那是在1989年底，《光明日报》的陶铠、李春林、梁刚建与我聊天，他们说：“有一个好选题，叫‘国学丛书’，你们出版社愿意组织出版吗？”当时，我没听说过“国学”一词，还向三位仁兄请教了半天。后来就请出了张岱年、庞朴、梁从诫等，开始启动了“国学丛书”的编辑工作，在1990年底推出了第一批书目，那应该是重提“国学”概念的先声！尤其是主编张岱年为丛书写的序言，即发表在《光明日报》上的文章《以分析的态度研究中国学术》（1991年5月5日），应该是后来“国学热”的起点。不过回忆起来，当时的我并不理解大师的旨意，只是觉得这些学者呀，大概觉得西学不行了，那就再试一试国学吧！庸人之见，见笑了。

后来“国学热”闹得风起云涌，却不大有人提起“国学丛书”，似乎对张先生的想法也有些忘却、曲解或偏离。我是在今年陈来的文章《恺悌君子，教之诲之》（《文史知识》2005年第2、3期）的注释中，认证了这种感觉。陈来写道：“张先生为主编的‘国学丛书’出版后，国内一系列以‘国学’命名的出版物接连出现，1993年《人民日报》针对当时商品经济大潮对学术的冲击，也报道了北大学者从事国学研究的情况。这引起一些反对传统文化的人的注意……我看后对张先生说，您在‘国学丛书’的序言中已经把国学的概念讲得很清楚了，怎么说是可疑的概念呢？张先生说：‘现在看来有种种误解，研究国学不是复古。’”

在“国学丛书”的第一批书目中，收有陈来著《宋明理学》，出版后反响极好，很快就出了台湾版。后来因为出版社管理不好，引起陈先生一些不快，我至今还怀有歉意。最近读到他上面的这段话，自然又引起我对许多往事的联想，以及对那些实实在在的学者们的尊重。

这样一套书，它首先需要有一个好的编辑部。这件事的发起与组建者，正是上面提到的《光明日报》的三位，我当时戏称他们是“京城三剑客”。外在的总体印象是：陶铠先生是我们的领导，他做事稳稳当当，像带头大哥；春林谈吐儒雅，是诸葛亮式的人物；刚建刚柔兼济，他的策划和操作能力最让我敬佩。当时，我的助手王越男把他们称为“三位高人”；他们却说，做这样的书，光靠我们还不够，于是他们又请出了“三位更高的人”葛兆光、王炎、冯统一，让他们做编辑部成员。刚建、春林私下对我说，也就是赶上这一段文化沉寂，人们都不大顺当，否则，请出这样一些高手是很难的。

有了这样的编辑部，又催生出了一个大师级的编委会，我曾经为这次聚会而激动，在日记中写道：“那时学术风潮乍起乍伏、时缓时骤，我们三五同仁虽无杞人忧天之心，却有独出心裁之志，在某年冬日的京城聚合十余位历尽沧桑的学者，共谋中国学术的走向。于是久违的老人再度挽起手，擎一面国学的大纛，奏一曲传统的欢歌！这样才有了《国学今论》、《宋明理学》、《天学真原》等著作的问世，由青萍之末渐成浩荡学风。”

对于这些老先生，我们自然敬重有加，用刚建的话说：“他们都是顶天立地的大学问家！”今天，他们中的许多人都已经离开了这个世界，一个被人们称为当时“中国学术出版第一编委会”的架构，早已经不复存在了！

当然，在编辑“国学丛书”的过程中，也留下许多遗憾，其中最让我难忘的是一些好选题最终未能成书。像夏晓虹、陈平原拟写《旧学新知》，陈世强拟写《佛典常谈》，钟叔河拟写《载道以外的文字》等，都是绝好的题目，最终未能及时成稿。后来一阵国学热，出版界一哄而上，书稿、作者抢得乱七八糟，再想独打天下，再想静下来，已经是不可能的了。记得在1994年，我还请王一方致意钟先生，希望他能写出那本书；但钟先生没有回答，只是签送我一本他的新作《书前书后》。

1991

事件：我被晋升为副编审，“中国古代科技名著译丛”立项，《世界数学通史》签约。

图书：《九章算术汇校本》，“中国地域文化丛书”，《数学历史典故》

文章：《数在中国传统文化中的意义》，《内算与外算》，《谶纬与谶纬论略》

人物：周谷城，周俊羽，毛泽东，荣广润，余秋雨，王德禄，秦九韶，李冶，李约瑟，徐利治，莫雅平，廖耀东，王常珠，薄树人，潘吉星，席泽宗，李俨，严敦杰，林通雁，王迎，毛君炎，赵丽雅，陆灏，宋镇铃，郑在勇，施蛰存，张岱年，季羡林，李学勤，孟祥林，梁宗巨，郭书春，刘邦，沈括，刘向，刘歆，綦母怀文，李继闵，颜师古，皇甫高，曹元理，胡友鸣，王渝生，李醒民，王知常，袁纯清，李春林，周振甫，赵丽雅，蒋庆，孙文先，钟肇鹏，张善文，葛兆光、王炎、冯统一、陶铠、李春林、梁刚建，方复之，周学良，张小影，张奠宙，李侃，沈放，李文林，王建辉，黄新亚，陈广忠，张中行，沈昌文，顾颉刚，陈遵妫，孔子，王莽，刘秀，康有为，崔适，董仲舒，何休，唐君毅，熊十力。

周谷城文选
辽宁教育出版社

1月3日

今天出现一则奇闻,《博览群书》第一期封面，竟然用我们出版社领导班子的合影作图案。出现这种情况缘于两个原因，一是去年末我社调整了领导班子，这是所谓新班子首次亮相；二是杂志社为了广告费，擅自所为。

1月10日

收到周谷城之子周俊羽来信，此信长达四页，状告《周谷城文选》书稿联系人向其索要费用的事。他列出了四条罪状，怒斥联系人的无耻。信中也提到，周谷城特别喜欢这部文选，主要是其中收入了他青年时的作品“生活系统”，以及年迈时的“书法小集”。

出版此书，有几点小事值得记忆：

一是周谷城早年的读书生活，像“他常常把《史》、《汉》及《国语》、《国策》上一些难认的字塞进文章里，先生改文章，有时要查字典。”这是一个做文章时讨巧的好方法。

二是周与毛泽东的关系，此中也有记载。例如，周谷城写道：

> 我因不满苏联方面一些有关逻辑的著作，曾在《新建设》上发表一篇《论形式逻辑与辩证法》的文章，引起轩然大波。这事得到毛泽东主席的关心。一次毛主席在叶剑英、刘伯承、贺龙、徐特立、林伯渠陪同下到了上海，在展览馆电影院楼下西厅，准备吃晚饭之前把我召去，主席手拿一本《新建设》杂志，对我说：“关于逻辑，你说得最明确。”我说：“不得了，火炮似的批评冲起来，我受不了。”主席说：“有什么受不了，辩论就是嘛。”我说：“我的意见很少有人赞成，我很孤立，成了众矢之的。”主席说：“你的意见有人赞成，并不孤立，不要怕，你要积极地写。”后来《人民日报》上又有我一篇《论形式逻辑与

中国人民政治协商会议上海市委员会

俞总：您好！

不揣冒昧写信给您，因有件事不明白。承厚爱，家父又送一部由贵社於去年十月出版，并在北京搞了一个仪式。家父深感愉快，赠书已由他自己转送好友，留下的他自己不时翻看，特别是年青时的"生活系统"和年近时的"书法小集"。

最近收到由您签发的稿费单、税单和信汇票据，财务代为取出寄给家父的稿酬共一万二千三百六拾二元一角一分。个人纳税已由贵社代为扣除。原以为至此各项往来可告一段落。不料，该书主编前后两次讲起要我解出二千元交他，说是"外编费"。这里有几个问题：

一、您签署打印的稿费清单上注明是家

中国人民政治协商会议上海市委员会

父即作者的稿费，而主编的酬劳应由出版社支付而不应由作者从稿酬中支付，为什么贵社没有付给主编一定的报酬。通常手续都由出版社财务办理，我们支付印出的许多书都是作者和出版社只计稿费的。这次主编问我们要二千元是怎么回事。

二、完稿费税单上是以个人所得的全部来核计的，现在扣下二千元给主编，那么完税总数就超付了。简言之，作者实际收入减少，理应纳税也应减少。但我们相信贵社是全面核对全部稿酬后完税的，这一来交回二千元就不对了。

三、贵社信汇并附来完税单、稿酬清单，手续完备，清清楚楚，我们签名盖章由财务领取，当面清点收讫也手续完备。如果要我

中国人民政治协商会议上海市委员会

交回二千元，贵社以那一项目收支？日后再继续要二千元也不是没有道理，总有一个依据索要吧！很不理解。

四、要作者出"外编费"说是支付"封面设计、排版、审稿、校对"等，通常这些都在出版社支付之后再核计其他项目。而对作者来说只是稿费一项，写稿、完印，按国家规定字数、千字单价核发就可以了，作者本人不应支付审、校等费。

可能情况您不完全明了，所以您也不一定知道要我们交回二千元的事。另外，主编告诉我们贵社很困难，支付太多的款项有困难，又告诉我们主编自己生活拮据，希望作者解点出来的话也可能您也不一定知道。为此我写信与您联系，请您在

中国人民政治协商会议上海市委员会

百忙之中关心一下此事，并请您回信给我们。

贵社信汇来的全部稿费已转交住北京的家父，他收到后当即表示谢谢贵社，并请求对他未参加仪式和座谈会谅解。我们不准备交回贵社二千元，也希望这不会影响作者与贵社诸位领导的友好往来。

敬祝

大安！

周聚渊 元月八日

通讯处：上海市 北京西路860号
上海市政协 Tel. 2535080
2553532
Cal. 200041

1991

辩证法》，主席见了很感兴趣，并用长途电话把我叫到北京中南海。主席见了我说：“问题移到《人民日报》上来了，讨论可能展开。”我说：“我把形式逻辑与辩证法联在一块讲，都又把它们严格划分，恐怕不易有人信。”主席风趣地说：“formal logic本来就是formal的，要把它同辩证法混同，甚至改成辩证法，是不可能的，它是一门独立学问，大家都要学一点。’”

三是周谷城见到样书后，给我们提了一点意见，他说：“封面上的照片用得不太好，显得有些太霸道了。”我们觉得，周先生曾经沧海，为人、为文还是很谦和的；无论是学问还是与毛泽东的关系，都使他有资本“显赫”一些。我记得，去年我社几个小编辑曾经去周家送一些样书，他家中一位女士说：“都放到楼梯下面吧，送书的太多了，你看那些书还没开包呢！”

补注：后来，此书参评中国图书奖、全国教育图书奖，均遭淘汰。原因是作为单本文选，全书主题不明确。一位评委说：“这要是《周谷城教育文选》，早拿一等奖了。这个版本拿不了一等奖，而以周谷城的地位，又不能评二等、三等，只好不评。”

1月15日

收到上海戏剧学院荣广润来信，他写道：“我院余秋雨同志转给我王绍玺同志的信，关于《中西戏剧艺术比较》一书的撰写工作，我很乐意接受。”荣先生是副院长。

1月26日

去年末，我曾向《自然辩证法研究》投稿《数在中国传统文化中的意义》。今天，收到该刊编辑王德禄来信，他说此文可用，但提出四点修改意见，一是一万五千字太长，请改为一万字以下为好；二是材料丰富、分析欠缺；三是引文的标注方法；四是文章结尾的断语太长。

此稿去年十月写成，我曾经寄给中国科学院自然科学史研究所郭书春，请他指正。郭回信说：

> 讨论非计算意义的"中国数"非常有意义，你的许多论点也有创见，别开生面。但文中有几处不太准确，我用铅笔勾了一下。一是哲学界到宋代仍有"周三径一"的说法，我勾掉了"哲学界"，实际上，在数学与天文历法中也常使用周三径一，郭守敬制定授时历，使用周三径一。此句之前，中国人很早就认识到圆周率是一个小数，我改成了"不是整数"，小数的认识应在宋金时代。历法自汉至元停止了一千多年，提法不妥。迟迟没产生小数的问题，各个民族数学史中，都是先认识分数，很久之后才认识小数，尚未见到例外情况，这可能是一个规律，与"中国数"关系不大。中国人认识并使用小数在各民族中是最早的，小数的使用在唐中叶之后已屡见，宋秦九韶《数书九章》（1247），元李冶《测圆海镜》（1248）已有完整的小数表示。

补记：六月十六日王德禄来信写道："你的修改稿比以前丰富多了，改得也较完善。但字数15000超过杂志1万的要求，考虑到你的文章有一个完整的结构，决定破例15000全部发表。此稿将于7月份发表于《自然辩证法研究》第7期，而且作为头条文章发表，现在已经看了校样。"后来不知是什么原因，此稿改登在第九期上，也不是头条了。值得提及的是，此文发表后，文中最后一段文字受到很多读者的赞扬。节录如下：

在世界上，中国一直被看作"一个充满神秘主义的国度"。外国人这样看，久而久之中国人也感到自己的国度确实有些高深莫测，后学们有限的个体生命已经无法一无所漏地神游故国了。确实，历史的久远性和文化积淀的完整性铸成了一个大跨度的时空结构，它不但孕育了一个宏巨的文化群落，而且在特定的天地人三者的妙合之中又为这个"群落"增添了经久不衰的生命力和凝聚力，使中国成为人类古代文明史上仅存的一个在文化载体和文化创造者等方面均无断裂和变换的文明古国。如此漫长的历史和绵延未断的现实，本身就蕴含着某种神秘感，所以诸如"李约瑟难题"、"东方神秘主义"等文化探讨一直困扰着人们，令人"仰之弥高，钻之弥坚；瞻之在前，忽焉在后"。李约瑟凝视着瑰丽而深邃的东方，青春矢志，皓首穷研，献上了浩瀚的《中国科学技术史》；但"解铃还须系铃人"，中国人的事情还需要中国人自己最终解决。不过要想揭开古史的面纱，似乎需要运用某种带有神秘意义的"文化密码"。它是什么？是"中国数"吗？记住，神秘不等于迷信，前者是对明晰的追求，后者是对梦境的向往。"中国数"可能是一把钥匙、一种模式、一个网络、一点线索，真正揭秘不在数字本身，而是一个充满活力的古老民族的精神实质？我们从混沌入手，沿着古人用数字布下的恢恢天网，寻找着"文化之纲"的所在。愿我们不要像西方人那样陷入GEB的怪圈，大网落处，疏而不漏……

1月27日

大连理工大学应用数学研究所徐利治来信。他在一九八二年为我们主编“运筹学小丛书”，至今已过十年光景。他写道：“我年已七十，仍康健如昔，大学领导还不让我退休。目前身边还有五位博士生未毕业。”信中，他还用红笔写下了一段英文的新年祝词。

徐先生是一位传奇式的数学天才，他是剑桥的数学博士，李约瑟在写《中国科学技术史》时，曾经与当时还在剑桥的徐先生讨论过问题，这部书“数学卷”的致谢名单中就有徐的名字。徐先生的言谈举止非常西方化，据传他在一次讲课时说：“我昨天晚上做了一个梦，梦见自己又走在剑桥的大街上。”结果“文革”时被批判得很惨。但是，他的数学头脑是高超的，他说他在接受劳动改造时，在田间地头还证明了好几个数学定理。在数学界，因为他太聪明，就有了不怒自生威的一点高傲；不过他对我们这些小编辑一直很好。

5月18日

上海王知常寄来《戎马文化》写作提纲，信中讨论了刀与剑的文化含义，颇有见地。引记：“此书的意图是由器物而制度而意识形态，从文化的角度来阐释中国古代战争中所出现的许多现象。如刀与剑，一般的兵器史话为介绍刀与剑的形制（种类）、用途的发展历史等。有的插点咏刀与剑的诗词，已算是文字够活泼的了。我今从文化角度去探索，阐释刀是俗文化，剑是雅文化，从战场上来看，是刀代替了剑；而在文学领域，则剑的地位却比刀要高得多。剑引起的联想，与宫廷、深山、白云有关，而刀则与草莽豪杰有缘。梁山一百零八将中，使刀的好汉甚多，如武松、杨志、刘唐、雷横等，而使剑的只有二人，入云龙公孙胜与混世魔王樊瑞。这二人都不是冲锋陷阵的战将，而是道术之士即巫师，他们的剑是在画符念咒时用的，而并不用于格斗。剑后来已成为代表个人身份的等级的标志，如晋朝即已规定几品官佩何种剑，故文人学士、公子王孙多佩剑，等等。”

王知常的背景，我在去年二月五日的“编辑日志”中已有介绍。他的《佛门奇僧》以“王征”的名义出版，面世后果然反响不凡。甚至有人寄来贺卡，请出版社转给这位“无名气的高人”，一谢、再谢他优美的文笔。此次《戎马文化》，笔名“越客”。

5月25日

收到漓江出版社莫雅平信。他曾翻译《魔鬼辞典》(漓江)，另译《笑忘录》。(我记得前些年，他曾经向我社投稿《魔鬼辞典》) 莫雅平在信中写道："读了你责任编辑的《女性与上帝——中世纪的妇女》，觉得我手头这本《女巫史话》收进'苦丁香书斋'倒是挺合适的。据说女巫是魔鬼在人间的情人和使者。历史上有许多关于女巫的传说，中世纪对女巫的惩罚更是令人触目惊心。这本《女巫史话》介绍了女巫的历史，从心理学、社会学、宗教学等多角度探索了女巫存在的原因，它还通过描写西方历史上对女巫的残酷处罚，从一个特定的角度反映了女性所受的压迫。说到女巫，人们就会想到邪恶、想到歇斯底里、想到淫荡等等，还会问各种各样的问题，诸如：女巫们聚会时做些什么？女巫与魔鬼生出的孩子是不是长着羊角？女巫为什么常常骑扫帚？扫帚象征什么？等等。"

6月26日

今天传来消息，我被破格晋升为副编审。

6月30日

收到台湾护幼社来信，题曰：“紧急敬告海峡两岸各文化出版界同业书”，此文通告的是该公司原总经理廖耀东。我与廖有过业务交往，对其印象很怪，非一语说得清楚。此通告原本不值得记载，只是其行文绝佳，我们没有处理此类事情的经验，节录如下：

> 本通告所指之诈欺行为人——廖耀东，原在本公司任职，为因其在职期间，不顾操守，联合不肖者多人，以本公司名义在两岸文化界到处虚吹蛊惑，且已在台湾造成多家纸厂、制版厂、印刷厂、装订厂等很大的伤害，并经多家厂商告诉通缉中。
>
> 本公司原见其稍具悔意，除在一九九一年二月底解除其职务外，并未刻意通知各界廖某的欺诈行径，仅通知廖某已因故离职，以求其有悔过自新之机。然在解除其职务之际，廖某竟乘通知未发送之际，火速盗领本公司壹佰陆拾多万元应收账款，显见其外表之悔意乃虚装之态。本公司因一念之仁，再次为其所害。近日观察两岸文化界，尚有多位先进尚不断受其蛊惑，实是险象环生。本公司在深思之下，深感道义上的告之责任实不容推辞，并以能为文化界除害为当仁之务，故除向司法机关提出告诉外，特将此人之诈骗行径公诸于世，并通告其出没之处及相貌资料，以为各界受害者共伐之，未受害者共警之。

本公司深知不实之告将负诽谤之责，故对前述所言仅 1
据实以告，并无夸大渲染、恶意中伤之举，愿两岸文化界 9
共同防范之。 9
1

7月13日

这两个月，为《世界数学通史》等事，与辽宁师范大学数学系梁宗巨通了几封信。梁先生在今天的来信中说："这部书，我暂定名为《世界数学通史》。因为'世界数学史'的名称太普通，为了区别起见，称为通史，这也是名副其实的。它将是国内一部较详细的通史，在国际上也要站得住脚。要保证质量，必须有较充裕的时间。我初步计划分上下两册，每两年写一本，前后共四年。从今年8月起到1993年8月，写出上册交稿（从远古到解析几何出现之前）。再两年写下册。这样可以保证按时交稿，字数各50万，上、下册共100万。"

补注：在这封信中，梁先生在"1993年8月，写出上册交稿"一段文字的下面，加了重重的波浪线。实际上，梁先生写完上册之后，还没来得及写下册就去世了。他当时是否已经有了预感呢？

梁先生的信中还强调了两件事，一是责任编辑，他希望仍然由当年为他编辑《世界数学史简编》的老编辑王常珠担任。二是他对《数学历史典故》的封面提出意见，他说："听你说是以黑色为底，我觉得黑色不好看，如有可能，可否考虑用深绿、深蓝、深棕。如设计已定型，不好改就算了。中国人多半不喜欢用黑色。"按照梁老师的意见，我们最终采用了深绿色。

1991

晓群同志：

出版合同已填好，现寄上，请查收。字数、插图的数目都是暂定的，到时候可能有些变动。我将争取赶去完成这部书。目前也不再接受其他出版社大的项目。仍希望李琳同志担任这部书的编辑（特约：责任：）

《典故》的封面设计我没有看到，听你说是以黑色为底。我觉得黑色不好看，如时间可能，可否考虑用深绿、深蓝、深棕。如设计已定型，不好改就算了。中国人多半不喜欢用黑色。

即颂

暑安

梁宗巨 1991.7.13

郭书春汇校《九章算术》简评

《九章算术》是我国古代最重要的数学著作，在世界上也是几部影响最大的数学典籍之一。要总结我国的数学遗产，首先要研究《九章》。

然而这部巨著成书至今已历时两千年，辗转传抄，脱漏衍文在所难免，又经后人多处窜改增删，以致各种流传的版本之间有较大的出入。虽然经过清代戴震、李潢等人及当代诸家的数次校勘，但存疑之处仍不少。这对进一步开展研究大有妨碍。

郭书春同志近年来搜集所有可以见到的版本，对前人的工作细加鉴别，力图去伪存真，尽可能恢复原书的本来面目。对他人未见到的误讹多处指出有说服力的新见解，发前人所未发。郭同志工作严谨，锱分毫析，使本书成为近年来数学史方面不可多得的佳作。它将为进一步开展中国数学史发挥重要作用。

此外本书的印刷、纸张、装帧等方面也均属上乘。

7月30日

四月间，曾与李学勤、郭书春策划，出版一套“中国古代科技名著译丛”。郭四月十二日来信说：“为此事我征求了几位同志的意见，褒贬不一。薄树人等认为不好做，卖不出去。潘吉星认为很有意义，肯定有销路。席泽宗也认为可以做。”本月初，我们召开了第一次编委会，请李学勤做主编，郭书春做副主编；潘吉星等参加了会议。散会后，在七月十五日至十九日间，潘先生连续给我写了三封信，最长的一封达六页。他主要谈三个问题，一是对编委会的评价，言语激烈，我不复述；二是他谈了许多好题目，确实有水平，例如，他在谈首批书目时写道：“我提出《天工开物》、《齐民要术》、《花镜》、《洗冤集录》、《饮膳正要》、《救荒本草》。闵宗殿提出的《农书集锦》也很好，一本不成，再来一本，把讲斗鸡、斗蟋蟀、养鸟、养金鱼、栽果树、饮茶等都投放出去，看的人一定不少。”三是谈他的《天工开物》。潘曾在我社出版过《肖莱马》，与我们有着很好的业务往来；这一次他说：“我可以搞一些东西，但退出编委会。”

中国社会科学院历史研究所

骥群先生：

欣闻北方图书城揭幕，这是出版界、文化学术界一大盛事。爱书人俱乐部同时举办学术讲座，尤为美举。承蒙邀请，深感荣幸。惟已定于六月杪前往英國，難于更改，此次有負雅意，殊感歉恧。特在此致以热烈祝賀！希望有機會前來请教。专此

顺候

安好

李學勤 謹上

一九九五年六月廿九日

中国先秦史学会

晓群先生：

近来想一切安好。

"國學叢書"前年出版後，外面反映頗好，這一套書不知是否繼續下去？我收到天津南開大學古籍研究所趙伯雄同志來函，他正撰寫"春秋經傳研究史"（暫名），題目甚佳，他是王玉哲教授的弟子，博士，能力亦堪勝任。此書對研究經學、文獻學、政治思想史等將有貢獻。他想列入叢書，特此轉達，您如有興趣，請與他聯系，謝謝！

地址是：

天津南开大學古籍研究所

趙伯雄

郵碼：300071

趙有"周代國家形態研究"一書，湖南教育出版社出版。

順頌

近安 並望多指教。

李學勤 上

六、十六。

王越男等先生並此。

1991

中国社会科学院历史研究所

俞曉群先生：

日前中國科學院自然科學史研究所郭書春同志來訪，给了我一册滙校《九章算術》，我十分感謝。對于您們能出版這樣一本學術性很強的專著，表示欽佩。書春同志讓我寫一短短的推薦寄上，因"五一"前工作較忙，遲了幾天，深為歉意，現草出呈正。今後望能賜教。

謹祝

安好

李學勤 謹上

五月五日

9 月 21 日

在京，见到中国科学院自然科学史研究所王渝生博士。王有才华，文笔好，他经常为一些科学史杂志写一些趣味性的补白，我很爱读。尤其是他的身世还与我的前辈有些“牵连”，即他是我父亲早年抗日救亡时，一位老战友的儿子；父亲还与我谈起过他母亲的不幸。

补注：王渝生在《中国科学史通讯》（一九九二年至一九九三年间）上，就以“于生”的笔名写过一些小文章，像《事关学术》、《“严伯伯”与李公子》、《伟大的起点》等等；他还为许多数学史同仁画漫画，也是惟妙惟肖的。此处录一段《“严伯伯”与李公子》：

李俨先生（1882—1963）比严敦杰先生（1917—1988）年长二十五岁。严先生幼失怙恃，从小自立，十九岁开始发表中国数学史论文，受到李先生重视。他们从四十年代初开始频繁联络（当时李先生在西安，严先生在重庆），讨论学术问题彼此称兄道弟，虽可谓忘年之交，但并不知对方年龄。李先生哲嗣在重庆念大学，李先生将其子的生活费寄给严先生，嘱李公子到“严伯伯”家取用。李公子按门牌号数找到严先生家，敲开门见是一位二十多岁的青年人，便往门内张望：“我找严伯伯。”严先生一愣：“哪个严伯伯？”李公子：“令尊大人。”严先生大懔：“家父过世了。”李公子大恸：“怎么前几天还有信给我父亲，竟然去了？”严先生大骇：“家父去世多年，如何能给令尊去信？”半晌工夫，李公子才恍然大悟，心想弄错了，忙问严先生名讳，才知是一场误会。严先生与李公子只相差两岁。

9月29日

收到李学勤来信，他同意为“人类考古五大发现”组几本稿子；下午，我与李先生通电话，又向他请教了一番。

补记：李学勤建议作如下题目：中国殷墟、埃及吐坦哈蒙墓、两河流域与乌尔遗址（或特洛伊？）。后来涉及几位作者：林通雁《殷墟》，王迎《埃及》，毛君炎《苏美尔》。

10月8日

给李醒民寄上书稿合同，约写《理性的沉思》。我对李先生的 1
了解，是前些年四川“走向未来”丛书中，有他所写的《激动人心 9
的年代》。今年，我与他多次通信、通话，他是一位性情中人，交 9
流甚洽。 1

10月10日

“当代中国大学生校园文化丛书”付印，分诗歌、散文、小说、杂文、歌曲5个分册。这套书是全国学联在一九九〇年组织“校园文化”的产物，我们通过中宣部出版局宋镇铃引荐，认识了这个项目的主持者袁纯清（宋与袁是大学同学）。袁是共青团中央学校部部长，身材不高，但相貌堂堂，声音朗朗，为人很好。今年二月二十一日他还给我来信，说书稿已经全部收齐，落实这套书的出版问题。但是，在审稿和发排时却出现了争议。有人说，这些大学生刚刚经历“八九风波”，情绪不对，每篇文章都有问题，因此建议取消这项活动，停止出版此书。实言之，我审阅了全部书稿，有些文章、诗歌写得真好，但“真好”的也大都删去了；不过取消活动和出版，我是坚决不同意的。这事情就从年初一直拖到现在。

今天，袁纯清给我打来电话，他发火了：“晓群，这是团中央和全国学联组织的活动，我们知道应负的责任和分寸，你们不应该这样做。”于是此书才勉强付印，征订报数是一万册，而我们只印了一千册，供颁奖会用。

10月11日

到京，晚上与《光明日报》李春林长谈，他说道，应该编一套“茗边老话”，请那些历尽沧桑的老先生随性而为之。还应该搞一套“口述历史”，及时地去采访那些风烛残年的老人们，留下永久的记忆。

补注：这两个选题都很好，后几年我分别以此为题，做了两套书。“茗边老话”请赵丽雅、陆灏组稿，郑在勇设计，出了很多本小册子，三万字左右一本，精美至极；“口述历史”请中宣部出版局孟祥林操作，命名为“世纪老人的话”，采访了一大批名家，像季羡林、张岱年、施蛰存等等，并获国家图书奖。

10月20日

我的文章《内算与外算》（三千字）载《文史知识》十期。按照杂志风格的要求，此文的写作大不同于学报上的论文，从叙述到注释，都需要通俗、明白。此文应该说是我的学术思考的开窍之作，全文表记如下：

补注：此类问题的研究，国内几乎无人肯做。记得二〇〇四年我在google上搜索“内算”一词，竟然只搜到我十几年前的这篇文章。

“算术”一词通行于汉代，正式使用始于《九章算术》（约成书于纪元前后），但涵义与现代不同，当时它不但涵盖了数学全体，而且还包括许多其他的内容。

算术的基点是“算”字，《说文》中定义：“算，数也。”“数，计也。”就是计算之义。深究之，古人都算些什么呢？这就与今人大相径庭了。《汉书·律历志》中写道：“数者，一十百千万也，所以算数事物，顺性命之理。……探赜索隐、钩深致远莫不用焉。”其中给出了数的两个功能，一是“算数事物”，意义与现代相通；再一是“顺性命之理”，它超出了现代数学的范畴。仅就“算”字而言，古时有三种写法：筭，算，祘。《说文》注：“祘，明视以算之，从二示。”“示”的字义是什么？“示，神事也。”这便道出了“顺性命之理”的奥妙。事实上，古时的“算术”

更贴近于“术”，与“数术”为一体。数术又称“术数”，兴于秦流之际。当时“术”指占卜，“数”指历数，系阴阳、占筮之术，用以推断人事凶吉、国家气数和命运等。刘歆撰《七略》，内有“术数略”；《汉书·艺文志》遵此亦有“数术略”，下含天文、历谱、五行、蓍龟、杂占、形法六类。《汉书·东方朔传》载：“上尝使诸数家射覆。”颜师古注：“数家，术数之家也。”覆射为汉代一种与卜筮有关的游戏。《西京杂记》中称汉代皇甫嵩、曹元理之流“精于算术”，但察其言行，无非能够预卜他们自己或他人寿命长短。《四库全书总目提要》亦云：“物生有象，象生有数，乘除推阐，务完造化之源者，是为数学。”这些都清楚地说明了古代的“算术”或“数学”与现代在内容上的差异。

对于古代算术的双重涵义，南宋秦九韶已有明鉴。他说，数学“大则可以通神明，顺性命；小则可以经世务，类万物”，“今数术之书，尚三十余家。天象历度，谓之‘缀术’；太乙壬甲，谓之‘三式’，皆曰‘内算’，言其秘也。《九章》所载，即周官‘九数’；系于方圆者，为‘术’，皆曰‘外算’，对内而言也。其用相通，不可歧二”（《数书九章》序）。在这里，秦氏将古之“算术”按性质一分为二，把“神事”归于内算，“算数事物”归于外算，它们宗同于“算”，义异于“术”。

按照现代的观点，数学的“正宗”本应是外算。然而，古时卜筮的地位是崇高的，“王者决定诸疑，参以卜筮，断以蓍龟，不易之道也”（《史记·龟策列传》）。周以后渐兴的蓍卜与卦卜等都是以内算为基础的，“筮，数也”（《左传·僖公十五年》）。“昔者圣人之作易也，幽赞于神明而生蓍，参天两地而倚数”（《易经·说卦》）。这就使内算“喧宾夺主”，在某种意义上反而主宰了中国古代数学的发展和价值取向，为数学增添了许多神秘意义。例如，对于数的产生，刘向写道：“黄帝时，隶首作数”（《世本》）。这里将“作数”与“仓颉造字”等神话并列。再如将数的产生与八卦相联系，“自伏戏画八卦，由数起”。颜师古注：“言万物之数因八卦而起也”（《汉书·律历志》）。显然，在这里那些“通神明、顺性命”的大事反作用于数学，使之融入古代的神话系统。再请听几位古人对算术的赞辞：“夫算者，天地这经纬，群生之元首，五常之本末，阴阳之父母，星辰之建号，三光之表里，五行之准平，四时之终始，万物之祖宗，六艺之纲纪……”（《孙子算经》）。“万物莫逃乎数也。是数也，先天地而已存，后天地而已立”。“要其归，数与道非二本也”（《数书九章》序）。这些充满宗教色彩的言辞正是源于内算的“文化功能”，因为单靠计算，数学是不会达到如此神化程度的。

对于内算的另一种俗成的解释是一些带有神秘感的运算技能，它们可能与现代的心算、指算、速算等有关。《老子》中即有：“善计不用筹策，善闭无关楗而不可开”；汉高祖刘邦曾云：“夫运筹策帷幄之中，决胜于千里之外，吾不如子房”（《史记·高祖本纪》）。这些记载反映了古人运算的纯熟程度，并且用以说明一些人具有特殊的聪明才智。《北史》中记载了一段綦母怀文的故事：“……内馆胡沙门指语怀文云：‘此人别有异算术。’乃指庭中一枣树云：‘令其布算子，即知其实数。’乃试之，并辨若干纯赤，若干赤白相半。于是剥数之，唯少一子。算者曰：‘必不少。’但更撼之，果落一实。“綦母怀文不但能算数树上的枣子，而且可以分清生熟的个数，这就愈发神化了算术的功能。沈括更是生动而真切地记叙了盲人天文学家卫朴的内算才华：“朴能不用算推古今日月蚀，令人就耳一读即能暗诵傍通，历则纵诵之。尝令人写历书，写讫令附耳读之，有差一算者，读至其处则曰：‘此误某字’，其精如此。大乘除皆不下照位，运筹如飞，人眼不能逐。人有故移其一算者，朴自上至下手循一遍，至移算处则拨正而去”(《梦溪笔谈·卷十八》)。

长期以来，由于内算与古代神秘主义浑然一体，更兼其涵义隐微，机理玄妙，所以降及近代，人们常常将它摈于科学史之外，不作深究。这是对历史的一种偏见。其实，无论内算、外算，都是以算为基础的，所谓“其用相通，不可歧二”。正如中国古代天文学与占星术密切相关一样，中国古代的算学也相关甚至受惠于历法和卜筮等活动。像我国古代独具特色的运算工具“算筹”，就可能是卜筮的产物，或者说与卜筮所用的蓍草同源。算筹是由一些小棍组成的算具，“其算法用竹，径一分，长六寸，二百七十二枚而成六觚，为一握”(《汉书·律历志》)。算筹又称算策，“策”字“一义为古时用以计算的小筹，一义为古代占卦的蓍草”(《中国古代数学思想方法》)。由此可见，算与筮确实具有某种内在的联系。

与内算相关的另一个著名的例子，是现代数学中的“不定分析”与古代卜筮中“揲法”的关系问题。我国古代把这一方法称为“大衍求一术”，这个名字始见于南宋时的

《数书九章》。溯其源流，可至《易经》，“大衍”一词即源于《易经·系辞》：“大衍之数五十，其用四十有九。”而秦九韶更明白地指出：“圣有‘大衍’，微寓于《易》。”事实上，《易经》中用于卦卜的“揲法”已经蕴含了不定分析的思想，它是大衍求一术的远源。很长一段时间里，这种方法在古历法中得到应用的发展。但是由于历史上的历元推算具有神圣的意义，“古代历法的神秘主义把历法推算视为不可泄露的天机，这使得历家许多杰出的数学创作被禁锢在狭小的圈子里不能得以传播，大衍术便是这样一例”（李继闵《“大衍求一术”溯源》，见《秦九韶与〈数书九章〉》）。这些事实表明，古代诸如占卜、历算等活动，无论它们的目的如何，其中都不乏科学的内容。

历史事实提示我们：内算与外算既然同宗于“算”字，就都不应该忽视其历史的存在性。我们不能按照现代的观念简单地界分古代文化遗产，对其加以一概肯定或否定。而应该多做些去粗取精，去伪存真的分析和筛选，正所谓以科学分析的态度全方位地研究中国传统文化。对此，英国汉学家李约瑟说得清楚：预测命运不属于数学史，“然而，这并不意味着，对古代占卜方法作进一步的研究，不会为数学史的研究带来好处。十五世纪的沈括所说的‘内算’，是一个至今尚未探讨过的领域。我们亲眼见过算命瞎子用他们的指节迅速地推算顾客的生年。有些算命先生也用算盘。这些人的方法也许在过去曾包含某种关于排列和组合的经验知识，尤其是在推算中国历法中的六十甲子方面。唐代僧一行（七世纪）在组合计算和预测命运这两个方面都有巨大声誉，看来并不是偶然的。这是有待进行历史研究的另一门准科学”（《中国科学技术史》第三卷）。

10月27日

前不久，我社为组织一套中学生读物，曾经派人拜访了中华书局周振甫。今天，收到周的回信，全录如下：

> 承您大驾光临，非常感愧。嘱为青少年讲话，我写的书，不是为青少年中学生写的，是为青少年中学生的老师写的，因此读我写的书，怕青少年中学生听不明白，再加上南方口音，更不好懂。现在抛开口音不说，就讲的内容说，是否就青少年中学生知道的来讲，如毛主席的《长征》，估计青少年会背。我可讲学《长征》诗，先熟读，再研究它的命意和艺术手法：一、修辞学上的摹状格。主席写“五岭逶迤腾细浪”，即摹状五岭山脉的许多山绵延起伏，不是把山看成一座座静止的山，看成延绵起伏的山，看成有动态，用“逶迤”两字很好地摹状出众山的动态来。“乌蒙磅礴走泥丸”，用“磅礴”来摹状乌蒙山的大气磅礴。大气磅礴，不光形容山的高大，还有气势旺盛充盈的意思，即认为山有生命力，把山写活了。二、修辞学上的互文格。即不仅五岭山脉是“逶迤”的，也是“磅礴”的，不仅乌蒙山脉是“磅礴”的，也是“逶迤”的。“逶迤”和“磅礴”兼指五岭和乌蒙，这是互文手法。三、修辞学上的比喻格，把“五岭逶迤”比作“腾细浪”，把“乌蒙磅礴”比作“走泥丸”。四、修辞学上引用格。“走泥丸”是

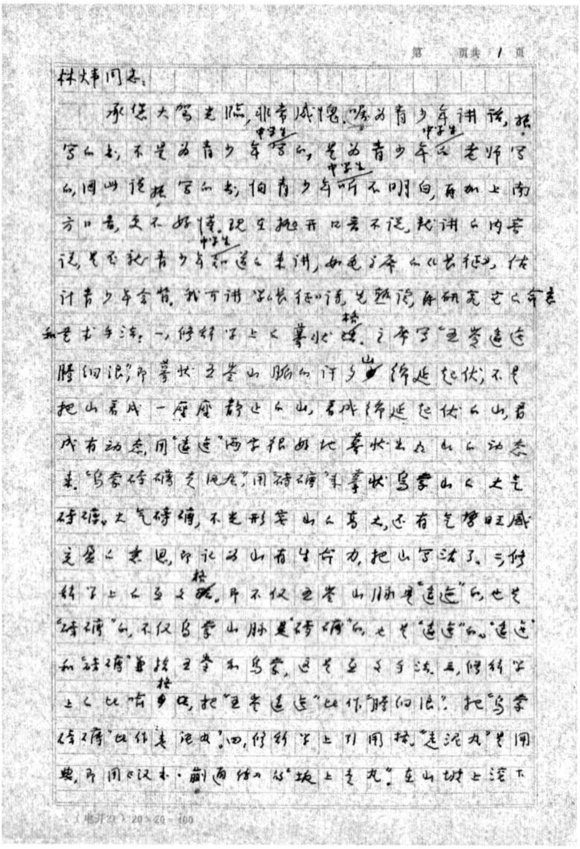

用典，即用《汉书·蒯通传》的“坂上走丸”。在山坡上滚下泥丸来。“走”是滚，山坂是倾斜的，所以泥丸会滚下来。山坂的倾斜是不光滑的，所以泥丸滚下来成一条跳动起伏的线，正好比山势的绵延起伏。五、修辞学上的映衬格。映衬是把两种相反的东西排在一起衬托出一种意义来。如五岭山脉和乌蒙山脉的山是极高大的，用“细浪”、“泥丸”来比，“细浪”、“泥丸”是渺小的，高大的山与渺小的“细浪”、“泥丸”相比，衬托出红军形象的高大来，即在红军

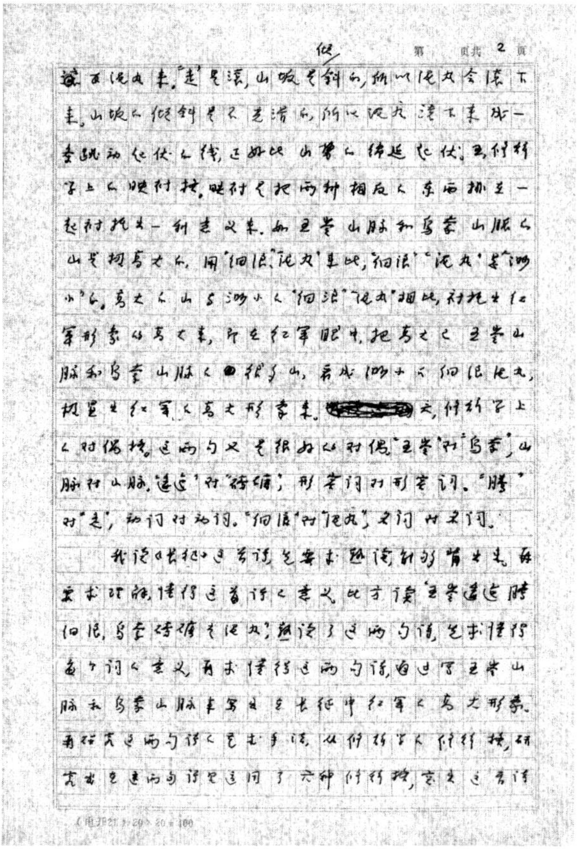

眼中，把高大的五岭山脉和乌蒙山脉的很多山看成渺小的细浪泥丸，极显出红军的高大形象来。六、修辞学上的对偶格。这两句又是很好的对偶，“五岭”对“乌蒙”，山脉对山脉，“逶迤”对“磅礴”，形容词对形容词。“腾”对“走”，动词对动词。“细浪”对“泥丸”，名词对名词。

我读《长征》这首诗，先要求熟读，能够背出来。再要求理解，懂得这首诗的意义。比方读“五岭逶迤腾细浪，乌蒙磅礴走泥丸”，熟读了这两句诗，先求懂得每个词的

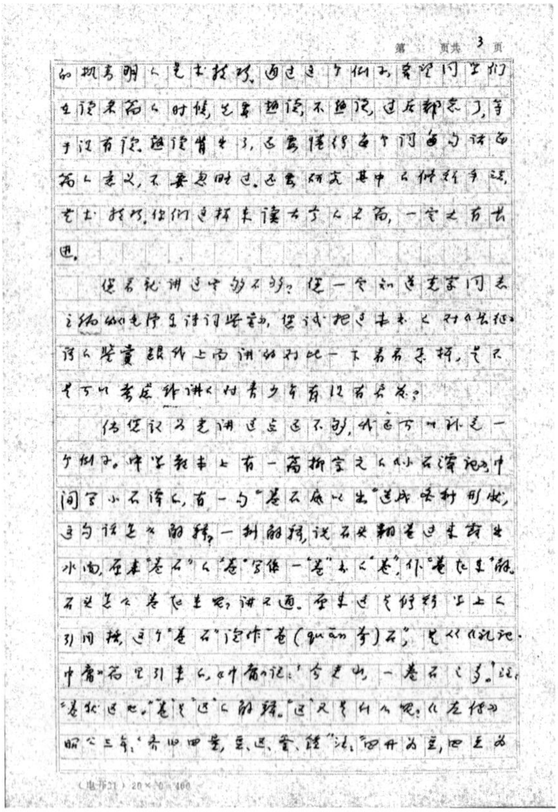
第　页共 3 页

的极高明的艺术技巧。通过这个例子，希望同学们在读名篇的时候，先要熟读，不熟读，过后都忘了，等于没有读。熟读背出了，还要懂得每个词每句话每篇的意义，不要忽略过。还要研究其中的修辞手法，艺术技巧。你们这样来读古今的名篇，一定大有长进。

[illegible]

（电字21）20×20=400

意义，再懂得这两句诗，通过写五岭山脉和乌蒙山脉来写出在长征中红军的高大形象。再研究这两句诗的艺术手法，从修辞学的修辞格，研究出在这两句诗里运用了六种修辞格，突出这首诗的极高明的艺术技巧。通过这个例子，希望同学们在读名篇的时候，先要熟读，不熟读，过后都忘了，等于没有读。熟读背出了，还要懂得每个词、每句话、每篇的意义，不要忽略过。还要研究其中的修辞手法，艺术技巧。你们这样来读古今的名篇，一定大有长进。

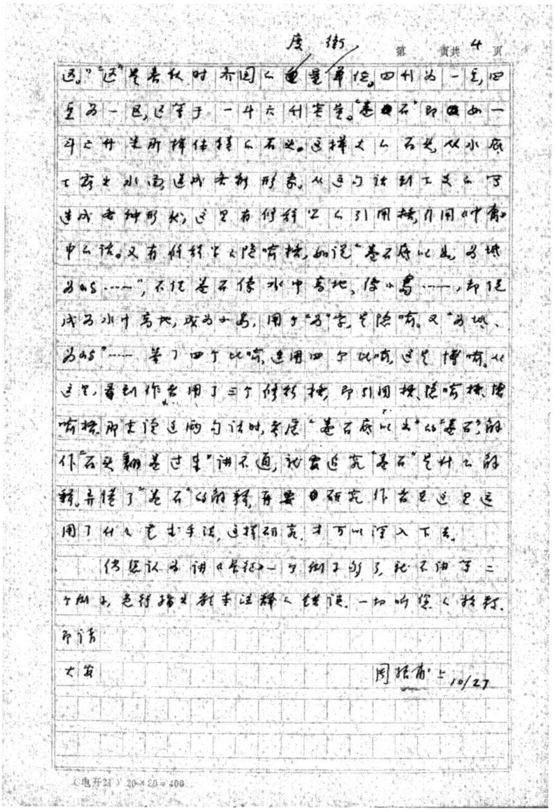

第 4 页

周振甫上 10/27

(电开21) 20×20=400

1991

您看就讲这些够不够？您一定知道克家同志主编的《毛泽东诗词鉴赏》，您试把这本书的对《长征》诗的鉴赏跟我上面讲的对比一下看看怎样，是不是可以考虑我讲的对青少年有没有启发？

倘您认为光讲这点还不够，我还可以补充一个例子。中学教本上有一篇柳宗元的《小石潭记》，中间写小石潭的，有一句“卷石底以出”造成各种形状，这句话怎么解释？一种解释，说石头翻卷过来露出水面，原来“卷石”

的“卷”写作一“卷”书的“卷”，作“卷起来”解。石头怎么卷起来呢？讲不通。原来这是修辞学上的引用格，这个“卷石”读作“卷（quan 拳）石”，是从《礼记·中庸》篇里引用来的，《中庸》记：“今夫山，一卷石之多”。注：“卷犹区也”，“卷”是“区”的解释。“区”又是什么呢？《左传》昭公三年：“齐旧四量，豆、区、釜、锺。”注：“四升为豆，四豆为区。”“区”是春秋时齐国的度量衡单位。四升为一豆，四豆为一区，区等于一斗六升容量。“卷石”即如一斗六升米那样体积的石头。这样大的石头，从水底下露出水面，造成各种形象。从这句话到下文的写造成各种形状，这里有修辞学的引用格，引用《中庸》中的话。又有修辞学的隐喻格，如说“卷石底以出，为坻为屿”，不说卷石像水中高地，像小岛……却说成为水中高地，成为小岛，用了“为”字，是隐喻。又“为坻、为屿”……举了四个比喻，连用四个比喻，这是博喻。从这里，看到作者用了三个修辞格，即引用格、隐喻格、博喻格。那么读这两句话时，考虑“卷石底以出”的“卷石”，解作“石头翻卷过来”讲不通，就要追究“卷石”是什么解释。弄懂了“卷石”的解释，再要研究作者在这里运用了什么艺术手法，这样研究，才可以深入下去。

倘您认为讲《长征》一个例子够了，就不讲第二个例子，免得指出教本注释的错误。一切听您的指教。

在去年的“国学丛书”编委会的会议上，我与周先生有过接触，他的故事很多，尤其是与钱锺书。他是我最敬重的一位编辑家，他这样的信件信手而为。环顾四野，有几位出版人、编辑人做得到周先生的学问？惭愧惭愧。

11月9日

昨日到京，在民族饭店召开《中国大学生百科全书》编委会。召集人是中宣部出版局宋镇铃，其中有几个人物给我留下较深印象，像副主编方复之、周之良；还有张小影。

今天，“国学丛书”编辑部开会，葛兆光、王炎、冯统一、陶铠、李春林、梁刚建都参加了。会上主要讨论：“国学”之后我们还做些什么？他们提出三个建议，一是《国学大辞典》；二是“清代学术集成”；三是组织一批七十至一百万字的学术著作，其意在搞出一些科目的全本、定本。这些都是好想法、好项目，遗憾的是，我已经接到通知，明年我可能要被送到辽西困难地区去支贫，地点是北票市，一个资源枯竭的老矿区。这样，我在一年的时间里，就没有编书的机会了。

11月18日

三月一日，《九章算术汇校本》出版。

五月五日，李学勤来信，其中附有对《九章算术汇校本》的评价函。中科院自然科学史研究所所长席泽宗、数学所副所长李文林、辽宁师范大学梁宗巨也都分别写了评价函。

六月二十三日，郭书春转来台湾九章出版社孙文先的信，他已经支付《九章算术汇校本》的版税，我方赠送他二百本书。

十一月十二日，此书荣获全国教育图书一等奖。

今天接到孙文先来信，其中有购买“世界数学名题欣赏”繁体字版权的合同，版税一千五百美元；另外，他还对后面将出版的《四色问题》、《比勃巴赫问题》、《英国海岸线问题》、《混沌问题》有兴趣。

补记：“世界数学名题欣赏”十三种繁体字版在台湾九章出版社出版后，由于我们没有及时地将样书和稿费寄给作者，所以一九九三年九月十三日，《不动点定理》的作者张奠宙还来信问：“是不是台湾出了盗版？”一九九三年十二月三十日，《哥德尔不完全性定理》的作者朱水林也来信问及此事。

12月6日

今天，收到中华书局胡友鸣来信。这一年“中国地域文化丛 1
书”在友鸣兄等人的支持下，全面铺开写作，目前已有四本面世， 9
十七本落实作者。现小结如下：一是十月十日，《光明日报》以《拓 9
宽中国文化的研究领域》为题，全文刊载了李侃为丛书所写的序。 1
二是我与责任编辑之一沈放联手，为丛书写了一篇《编者札记》。我们俩分工，我写头尾，他写中段；我写理论，他写实际。其中我的两段文字感觉不错，沈放也说好；这段文字还以《世纪末的文化探讨》为题，在《博览群书》(一九九一年第八期)上发表。摘录如下：

我们一直在探讨“文化”。

尤其是近些年，在“交叉科学”的旗帜下，与文化“联姻”的学科纷纷涌现：文化人类学、文化生态学、文化经济学、文化地理学等等。形式的媾和不排除牵强的因素，但其主体却对应了时代学术的趋向。它既承认传统学科存在的合理性，又拓深和丰富了人类的认识视野，为文化学研究带来一片生机。“中国地域文化丛书”，就是在这样的背景下产生的。

地域文化(Regional Culture)或称“区域文化”，是一门研究人类文化空间组合的地理人文学科，在某种意义上大同于文化地理学(Geoculrutelism)。它们都是以广义的文化领域作为研究对象，探讨附加在自然景观之上的人类活动形态，文化区域的地理特征，环境与文化的关系，文化传播的路线和走向以及人类的行为系统，包括民俗传统、经济体系、宗教信仰、文学艺术、社会组织等等。但在某些方面，地域文化又与文化地理学有着明显的区别。一般说来，文化地理学是以“地理学”为中心展开文化探讨的，其中的“地区”(District)概念具有极强的地理学意义，它疆域明确，系统稳定，与现实的“地区”是吻合的。而地域文化是以“历史地理学”为中心展开的文化探讨，其“地域”(Region)概念通常是古代沿袭或俗成的历史区域，它在产生之初当然是精确的，但由于漫长的历史逐渐泯灭了它们的地理学意义，变得疆域模糊，景物易貌，民人迁移，只剩下大致的所在地区了。如“齐鲁”概指山东，“关东”泛指东北等，在这里“地域”与“地区”的概念是有区别的，这是地域文化与文化地理学的“小异”之处。岁月的流逝虽然改变了古代区域的精确性，但这种模糊的“地域”观念已经转化为对文化界分的标志，深深地积淀在人们的头脑之中，并且产生着深远而广泛的影响。显然我们不应忽视或轻视这个文化范畴的存在。

……

自然环境和社会结构这两大因素，深深地影响中国地域文化的形成和发展。“古今沿革，有时代性，山川浑厚，有民族性。”(《九十杂述》)黄宾虹先生一语道破了个中三昧。

当然，作为一门兼济古今的“新学”，地域文化的研究不会仅限于对民俗风情的直观探讨，也不会停滞在对旧说的注释与阐述上。它将用科学的历史观剖析中国传统文化的组合形式和流变方式，进而探索其深层结构。立足于这一文化视角，我们将从中国形式的“大一统”和观念的“大一统”的背景下，看到一组生机勃勃的文化景观。

“新学”的建立，还需要有新的研究方法相伴。在地域文化的构建中，似乎大有改变方法的必要。我们知道人与文化密不可分。但就演化方式而言，人类生灭有序，文化却变化无常。我们以往许多文化学研究大概是受文化载体的生灭过程的影响，总是以时间为主线展开论说。这种方法便于一个学说的条理化，符合正常的思维方式，这些都是无可非议的。值得申明的是：这不是唯一的途径。以时间为主线的研究是一种线性的（或称“一维的”）研究，它不可能涵盖人类的全部文化。因为某一文化的形成、演变或进步过程，不完全是按照时间排序的，时间仅表现了文化的流变方式，却不能完整地反映文化的组合形式。应当看到：文化既赋予现实以意义，又需要现实的载承。而现实是一种动态的存在，是“变”与“不变”的复合体，“变”的表征是时间的流逝，“不变”的表征是空间的凝固。只有在这种时空构造中，文化才能够得到充分的认识。基于所谓“文化时空观”的臆想，我们不妨把文化作为环境的一个“人造部门”，在地理与文化相纽结的背景下，展开一种立体的（三维的）文化学研究。在这里，时间已成为“匆匆过客”，为一幕幕历史活剧提供变换的可能；空间却上升到了主导的地位，成为文化存在的根据。只有按照这样的方法展开论说，我们才能认清文化全方位占有人类的事实。其实所谓方法的改变，只是时间与空间的错位，这种主次交换的最基本的心理依据是：地球是人类永难变换的载体，我们不能忽略它的存在和它的文化学意义。

显然以空间为主线的研究具有非传统的特征，但它不是反传统的，而是对传统的一种发掘和认识。其实古代的学术思想流派常常有明显的地域性，《宋元学案》、《明儒学案》等著作甚至用地名标志学派。侯外庐先生明白地指出：

“各个学派的流传分布，往往也有其地域特点，大略的形势可以描述如下：儒墨以鲁国为中心，而儒家传播于晋、卫、齐；墨家则向楚、秦发展。道家起源于南方原不发达的楚、陈、宋。后来可能是随着陈国的一些逃亡贵族而流入齐国。楚人还保留着比较原始的‘巫鬼’宗教，同样在北方偏于保守的燕国和附近的齐国，方士也很盛行，后来阴阳家就在齐国发展起来。法家主要源于三晋。周、卫位于各国之间的交通孔道，是商业兴盛之区，先后产生了不少专作政治交易的纵横家。”(《中国思想史纲》)

这种带有地域特征的学派分析，使我们进一步感受到强烈的空间意识。

界说已划定，基础已奠立，然而这只是一个开端。当我们拂去岁月的风尘，步入中华文明的千年古殿，一种无名的压迫之感流变于心头：时间逝去了，历史活剧收场了，旷野也在不断地改变着模样。那高耸的山峰可曾记录着古战场铁马金戈的喧嚣？那残存的断壁是否映照着连云接日的霓裳舞姿？羑里的蓍草、天坛的净土、东海的蜃景、西域的驼铃……这些浸润着一个偌大民族古老精神的自然景观，潜藏着哪些深不可测的文化内涵？时间逝而不返，它带走了壮景，淘尽了英雄，也湮灭了平民，留下的只有散在的文化遗迹和如峰的圣典。在故纸的围迫之中，我们曾困惑，现在我们需要抖擞精神，为构建一个新的文化体系，再来一次艰难的起步。

快到世纪末了。

人类在本能的驱动下，开始了又一个百年周期的小结。

三是我们还创意，编完丛书后，再以此为基础，搞一部文献性质的大书《中国地域文化》，十六开本，精装；以一个个地域为章节，统一体例，统一风格，力求经典化。我将这一想法告诉胡友鸣，他在今天的回信中写道：“地域文化丛书出合集事，我考虑了一下。按目前组稿的情况，部分重合的现象恐难以避免。另外，还有一些比较相近，这都较难处理。似还得考虑数目上的好看，或曰习惯。暂拉一下：齐鲁、荆楚（包括近代湖湘）、吴越、巴蜀、中州、三秦、三晋（秦晋似较接近）、关东、岭南（广东、广西、越南北部——这是一般概念）、西域、燕赵（似可将北京作为其中的一个重点）、草原、滇黔（云南、贵州，以介绍少数民族文化为主）、闽赣、青藏、两淮（含徽州）、台湾。”他还写道：“另外，过去书目上有‘桂文化’，与我们都是四个字的书名不相称。桂有‘八桂’之称，若还来得及，请添一字，则更完美些。”（注：后来太忙乱了，这本合集一直未能启动。但我并未死心，我还与沈放有过一个约定，再联手为这本合集写一篇10万字的《编者札记》）

四是这一年，我共收到相关于“地域文化”的各种信件近四十封。为此，也结交了许多“新人”。像湖北王建辉（李春林介绍），写《荆楚文化》；陕西师大黄新亚（胡友鸣介绍），写《三秦文化》；淮南师专陈广忠（周山介绍），写《两淮文化》。

12月17日

上半年，《读书》编辑部宋远投稿《棔柿楼读书记》，后来接到几封催问信。例如，十月来信写道："日前与张中行先生遇，偶及拙编《棔柿楼读书记》，讯其下落，我亦懵然无所知。故不揣冒昧，烦请先生便中赐示。"此间，为广告业务，我曾经去过《读书》编辑部一次，见到主编沈昌文。此公矮矮的个子，毫无架子。因其名声太大，见面时我还是有些唯诺。十一月九日，宋远来信写道："沈先生与足下初见，有两句简短的评语：'气质很好，不俗。'"今天，收到宋的贺卡，画面是一幅竹子，引诗曰："野竹攒石生，含烟映江岛。翠色落波深，虚声带寒早。龙吟曾未听，凤曲吹应好。不学蒲柳凋，贞心常自保。"后面写道："竹是清物，故敢以持赠先生。只是先生吝惜字纸，清得令人因不得鱼雁而慨叹了！"

12月23日

今年，我做了一个最重要的写作计划，那就是向北京三联书店投稿，拟写一部《神秘的数术》。（补注：曾经定名为《数术发微》，后来由潘振平改名为《数术探秘》）为此，我开列了一些书目，读了一些书，其中最喜欢的书是顾颉刚主编的《古史辨》、陈遵妫的《中国天文学史》（四卷）等。这些书都是旧版，后者是湖北王建辉送给我后三册，复旦大学陈学明送我第一册；前者出版较早，却找不全了，我主要读第三、五卷，都是上海周山送给我的。今天写“卦辞与爻辞中的数”，突然想到一个题目《占卜与诗歌》，可另成一本小书。古代占卜中好诗不少，《红楼梦》中即有：“噫！来无迹兮去无踪，青埂峰下倚古松。欲相见，山万重，入我门来一笑逢。”玄不玄？

上半年，我将写作计划交给三联的编辑潘振平。七月，接到潘寄来的一份写作样稿，他准备将我的稿子列入“中华文库”，那份“样稿”就是文库中第一批书目中的一种《鬼神的魔力》；他让我按照此稿的章节、目录、风格落笔。他还说，这套丛书还将出版繁体字版，与台湾锦绣文化合作。今天，接到三联与锦绣共同寄来的贺卡，其中还有一个便签和一张表格，写道：

> 晓群先生：能邀请您为“中华文库”撰稿，万分荣幸，相信您的大作必会为“中华文库”增色不少。经过两年的努力，文库就要面世了。明年三月和六月，繁体字版、简体字版将先后在海峡两岸出版。您的大作也已排入出版计

划。为准确掌握出版时间，希望再一次确定您目前的写作进度及交稿日期，烦请拨空填妥下表寄回给我们。

12月29日

在这一年中，最热闹的工作依然是“国学丛书”。五月五日，《光明日报》全文刊载了张岱年先生为“国学丛书”所写的序言，题为《以分析的态度研究中国学术》。此后，书稿开始陆续交来。我最初审读了三部，都写了述评。

其一，《国学今论》，我写了一篇文章《圣典如峰，哲人辟境》，已在明年《博览群书》第1期发排。其中回答了五个问题，即什么是国学？国学究竟有多“博大”？国学在世界文化中处于什么地位？国学对立于西学或新学吗？国学研究的基本方法是什么？

其二，钟肇鹏《谶纬论略》，我写了《谶纬与谶纬论略》，发表于《读书》第十期。这是我第一次在《读书》上写文章，不大会写，让主编沈昌文退改了三次，才算合格。此文写道：

> 《谶纬论略》是四十年来国内第一部专论谶纬的著作。
>
> 谶纬的“身世”很怪，人们多有不晓。“谶”是所谓神的预言，而“纬”则是神学与经学的结合。“纬之为书，比傅于经，辗转牵合，以成其谊”(《释名》)。谶纬之学大炽于汉代，自汉武帝号令“罢黜百家，独尊儒术”，孔子迅速上升到“圣人”的地位，同时六经也作为“圣典”为皇权所用。但经学毕竟是古传之物，难与现实吻合，由此诱发了将儒学宗教化的倾向。其始作俑者系一代大儒董仲舒，他以战国时期邹衍的“五德终始说”为先导，以儒学为中心，以“类”、“数”为界说，将道、法、阴阳、五行等诸

说兼容并汇，创造了天人感应的神学目的论，成为经学与现实结合的先声。其后，儒教愈发神化，经学愈发得宠，加之王莽篡政、刘秀复汉，王朝起伏跌宕，争霸者无论在朝在野，都想证明其实现霸业是神的安排。于是汉代一批方士化的儒生显灵了，他们围绕经学编排种种骇人听闻的神话，一方面将孔子奉为“教主”，另一方面又忘却了“子不语”的古训，建立起种种神奇怪诞的学说。

值得强调的是，儒生们制造谶纬并不是为了消闲，而是为了逢迎皇权，达到“挟亡灵以令天下”的目的。帝王们也确实将这些方士奉为上宾，每遇日食月食、狂风骤雨、人间怪异、自然灾变，都要请他们界说明察，以解“天人感应”之预兆。《谶纬论略》中即辑录了百余种古人关于日、月蚀的占验和征兆，像“臣子谋，日乃蚀”。“主骄慢，日月失明”(《开元占经》)等等。汉光武帝也是以谶语：“刘氏复兴，李氏为辅”(《后汉书·光武帝纪上》)为根据，发愤兴兵，再成汉家霸业的。

然而，“亢龙有悔”(《易经》)，物极必反。谶纬原本人造之神话，随用随编，并无专属，皇家适用，平民亦可适用。汉末黄巾军即打出了“苍天已死，黄天当立”的谶语以毒攻毒；曹魏也以谶语：“代汉者魏公子”(《春秋·正版谶》)证明灭汉乃天经地义。如此神化之学，渐成灭国之利剑，令人望而生畏。所以魏晋时代皇家已深知谶纬可兴国亦可灭国，成霸业之后立即禁绝纬书之流传，后世均作此举，谶纬从此飘零散落，渐至衰灭。时至今日，虽几经历代后学暗中整汇刊抄、集结注校，终因时过境迁，再难成后汉之盛况，更无当年涉世之伟力，仅成二三学子抱残守缺之物。

作为一门屡遭查禁的“绝学”，今人要想理出些眉目来，确实困难重重。《谶纬论略》的作者广阅古今有关典籍，详加整理、阐述，终而成书。作为“四十年来第一部”，确有其意义。

谶纬实为由神话与传说组成的神学秘籍，通篇用语隐微、例说荒诞、虚实并储、鱼龙混杂。故长期以来，被视为“封建迷信”、“历史糟粕”，而很少进行深入的分析与研究。不过，读罢《谶纬论略》，却令人感到，无论在史学还是在其他的意义上，都不应无视谶纬的存在。首先它曾在后汉与古经比肩并立，被尊为“内学”和“秘经”，并且曾有取代经学之态势。对于如此显赫一时的学说，无视其存在并不能证其不存在，不究其内涵则难以体察古代之文化氛围及价值取向。再者，纬书的篇目极其可观，史称八十一篇，其中既有大量的神话，也掺杂着许多信史和科学知识。例如，《春秋纬》中即载有：“月为阴精，体自无光，藉日照乃明。”这些内容虽服务于荒诞之说，却无损其科学价值。正如古人所说：“经明其义，纬陈其数；经穷其理，纬究其象，纬之于经，相得日彰。”(《诗纬集证序》)此说虽嫌过分推崇，但可以从中认识到，了解谶纬对于研究中国古代学说的重要。

谶纬的典籍极其零乱，不易见到，即使见到了也往往难以悟得深透。《谶纬论略》是按照现代的学术观点分章立目的，作者在广集史料、详推细考的基础上，阐幽发微，比较全面地论述了谶纬的发生、发展、兴替、流变及影响，叙说兼济古今，脉络清楚，并且理清了许多疑点和问题。例如，关于谶纬起源，就列出了十二类说法；同时还对八十一篇纬书逐一考证源流，实乃不易之举。尤其是在阐述谶纬与政治、社会、宗教、科学和历史等方面联系时，作者运用科学的历史观，很有些临危不乱、无诓无玄的勇气。

这里面还有一段故事：《天学真原》的作者江晓原（上海天文台）来了两封信，提出要加综合索引，他写道："我打算搞一份综合索引，包括主题（某些重要书名也在内）、人名等。考之西人学术著作，这也是最常见的做法。参考文献，如果必要的话，可以考虑另附参考文献一览。"（五月二十二日）在我的作者中，最重视给书稿做索引的，就是写《世界数学史简编》的梁宗巨。但是，我写信请《谶纬论略》的作者钟肇鹏做索引时，他回信道："索引我没有时间做，这是技术性的，如果一定要做，我也得请人。别人提出：按国际标准编排是什么意思？索引的稿费怎么付？"（七月四日）

其三，张善文《象数与义理》，我写了《徜徉于易与不易之间》。文中谈了三个问题，一是读《易》的心境，二是明辨《易》学流派，三是读《易》的方法。在我的这篇评论中，有一段文字我颇为喜爱，即：

直到现在，象数与义理之争仍在继续。有人打着反迷信的口号提倡"得言忘象"，于是《周易》便成了所谓天文《易》、人文《易》、科学《易》云云。这实质上是割裂了象数与义理的"血肉关系"，片面地强调卦爻辞的意义，抛弃了卦体本身，结果必然步入"强枝弃干"的歧途。也有人提倡"得象忘言"，其意在于还卦体的本来面目，不要为卦爻辞所惑，那不过是古人用以解卦的例说而已。这种观点已属高人之见，但尚未达到顶巅。首先，"得言忘象"是思辨的第一步，它与"得象忘言"不是对立的，前者是后者的基础。但是由"得言忘象"到"得象忘言"，其中的"象"已有了质的变化，两者不可混为一谈。其次，"得象"还不是最终的目的，我们总不能捧着卦体在那静候着灵感的出现，那样就会陷入新的思维迷津。作为一种能动

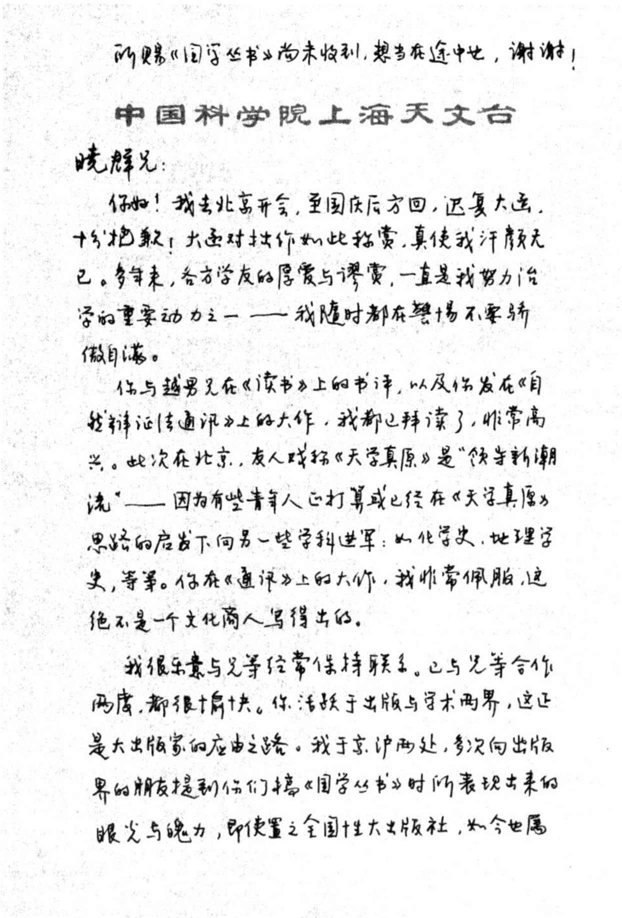
所赐《国学丛书》尚未收到，想当在途中也，谢谢！

中国科学院上海天文台

晓群兄：

你好！我去北京开会，至国庆后方回，迟复大函，十分抱歉！大函对拙作如此称赏，真使我汗颜无已。多年来，各方学友的厚爱与谬赏，一直是我努力治学的重要动力之一——我随时都在警惕不要骄傲自满。

你与越男兄在《读书》上的书评，以及你发在《自然辩证法通讯》上的大作，我都已拜读了，非常高兴。此次在北京，友人戏称《天学真原》是"领导新潮流"——因为有些青年人正打算或已经在《天学真原》思路的启发下向另一些学科进军：如化学史、地理学史，等等。你在《通讯》上的大作，我非常佩服，这绝不是一个文化商人写得出的。

我很乐意与兄等经常保持联系。已与兄等合作两度，都很愉快。你活跃于出版与学术两界，这正是大出版家的应由之路。我于京沪两处，多次向出版界的朋友提到你们搞《国学丛书》时所表现出来的眼光与魄力，即使置之全国性大出版社，如今也属

1991

的哲学思辨，我们还必须再进一步，深化"'象'的认识，达到'得意忘'"的境地。当然，这里的"忘"也不应同于王弼之"忘"，而应是一种对于"象"的升华，进而成为"意"的物质基础。

我对张先生的这部书稿颇为看重，这也与我正在为三联写《数

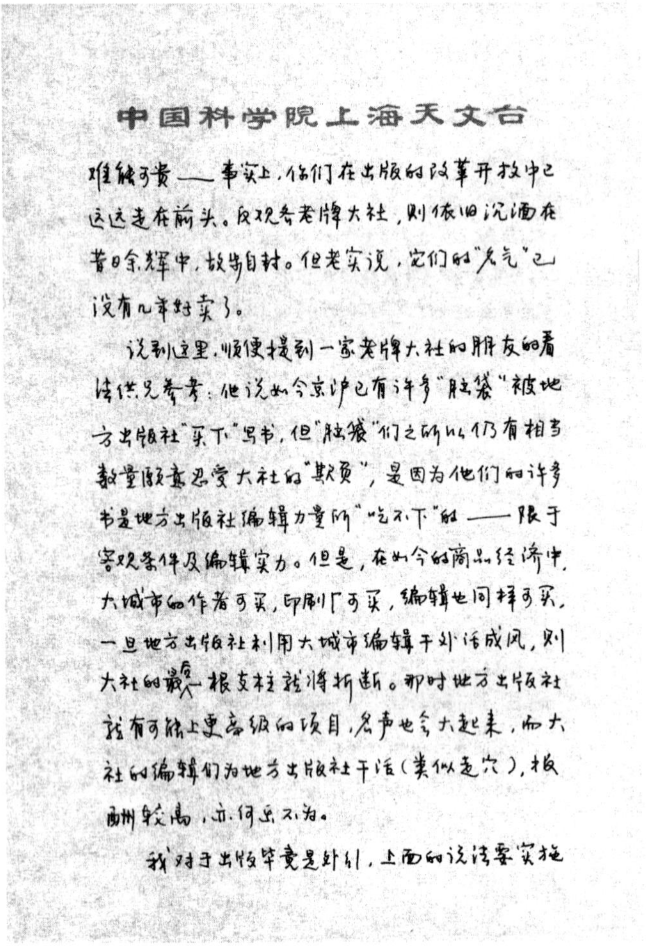

中国科学院上海天文台

难能可贵——事实上，你们在出版的改革开放中已远远走在前头。反观各老牌大社，则依旧沉湎在昔日余辉中，故步自封。但老实说，它们的"名气"已没有几年好卖了。

说到这里，顺便提到一家老牌大社的朋友的看法供兄参考：他说如今京沪已有许多"脑袋"被地方出版社"买下"写书，但"脑袋"们之所以仍有相当数量愿意忍受大社的"欺负"，是因为他们的许多书是地方出版社编辑力量所"吃不下"的——限于客观条件及编辑实力。但是，在如今的商品经济中，大城市的作者可买，印刷厂可买，编辑也同样可买，一旦地方出版社利用大城市编辑干外活成风，则大社的最后一根支柱就将折断。那时地方出版社就有可能上更高级的项目，名声也会大起来，而大社的编辑们为地方出版社干活（类似走穴），报酬较高，亦何乐不为。

我对于出版毕竟是外行，上面的说法要实施

术发微》有关。我在书稿的评审意见中写道："作者多有惊人之笔，功夫不浅，基础扎实。但少有异想，偏重平述。文风较老成，不肯独出心裁。却也难怪，千百年来攻《易》者不可胜数，注《易》者汗牛充栋，要想突破，谈何容易。能将数千年古史、数万种古籍理得清楚，就很难了。"（十月十八日）

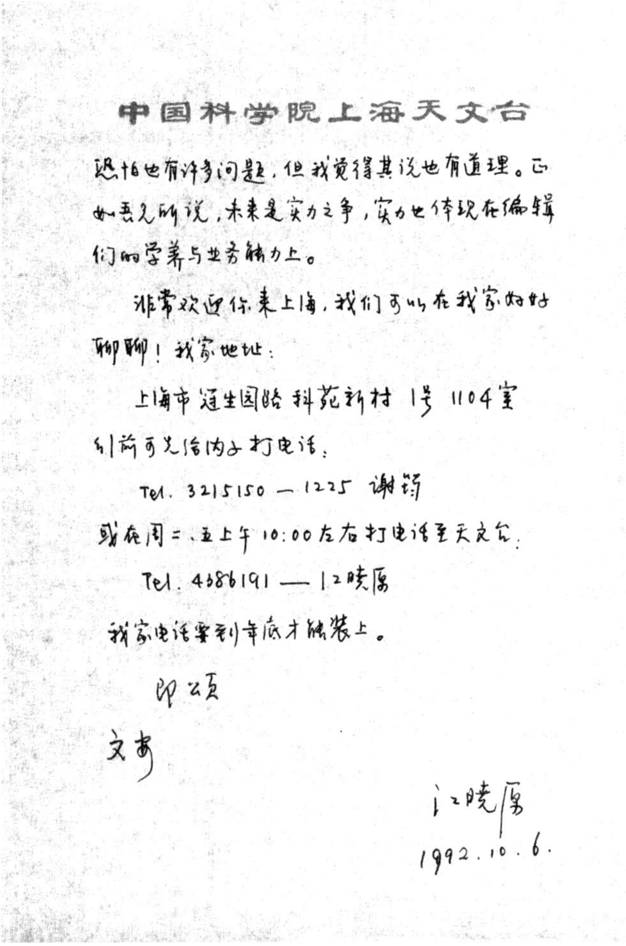

中国科学院上海天文台

恐怕也有许多问题，但我觉得其说也有道理。正如吾兄所说，未来是实力之争，实力也体现在编辑们的学养与业务能力上。

非常欢迎你来上海，我们可以在我家好好聊聊！我家地址：

上海市适生园路 科苑新村 1号 1104室

来前可先给内子打电话：

Tel. 3215150—1225 谢筠

或在周二、五上午10:00左右打电话至天文台：

Tel. 4386191—12 晓原

我家电话要到年底才能装上。

此颂

文安

江晓原

1992.10.6.

编辑“国学丛书”，我时常思想：只有拿出好题目来，才会引来好作者。此中人物，多有高招展现，时时令我目不暇接，大长见识。像主持编辑工作的成员之一李春林，他在十一月三十日来信，拟两段广告词，供我们选用。一是“老成人做笃实事，数典念祖；旧学问酌新知识，继往开来”。二是“绍述前贤两千年文化，一脉

深圳行政学院

晓群先生道鉴：

尊函、国学丛书简介、合同均收到，不胜感谢！

《公羊大义发微》提纲写好，寄上。至于个人简介、照片未敢寄上，因庆生性不喜让人知晓，尤不习惯宣传。学问只是自家生命中事，尽性立命而已。不知能否免此常例，望先生谅解。

虽然，庆之简况可告知先生。庆祖籍江苏徐州，一九五三年生于贵州贵阳，七八年就读重庆西南政法学院，后留校任教至八八年，后调深圳行政学院行政学研究所工作。早年即喜吾族文化，在重庆时识唐君毅先生视角，受新儒家影响。又识熊十力先生在渝学生，传授吾儒文化要旨。虽曾一度倾心西方学与佛学（近八年时间），最后归宗儒术。近年来激于吾族文化因应西方文化之无力，兴趣从宋学转向汉学，特究心春秋公羊学。（时已近三年）目前心中诸多心得体会，故能写此书也。再近年来所写之文章，多在港台发表，因国内难发表也。八九年曾获香港法住学院邀请参加"中国文化与宗教文化国际研讨会"，九〇年获香港法住文化学院邀请参加"太虚法师诞辰一百周年国际学术研讨会"，同年底获台湾中国文化基金会、鹅湖杂志邀请参加"当代新儒家国际

深圳行政学院

研讨会"。但因种种原因，只有一次成行。

贵社组织《国学丛书》，全力投入，宏扬吾族文化，庆非常感动！但愿丛书写到成功，重振吾族固有之学也。

谨颂

编安！

蒋庆上

九一年十一月二十九号于深圳

未坠；有所损益百万言著作，旧学新知”。而在纷纷来信中，文字最为让我喜爱的，却是研究公羊学的蒋庆。他在十月十八日信中写道：

> 公羊学乃今文经学之主干，今文经学又构成两汉经学之基础，故不懂公羊学，即不懂两汉经学。惜自康（有为）崔（适）以来，近一百年间，国内习国学者，多究心宋学，或潜心古文学，公羊学无人问津，几成绝学！贵社及先生不忍斯文之坠，发心为往圣继绝学，为吾族寻根本，庆深为感动，故不辞谫陋，拾遗钩沉，使古义重现于今。虽不如董（仲舒）何（休）有功于斯学，亦庶几使千年之微言不晦于今也。

蒋庆还用文言写了一篇个人简历，也是一段有趣的文字。节录如下：“早年即喜吾族文化，在重庆时识唐君毅先生亲属，受新儒家影响。又识熊十力先生在渝学生，备受吾儒文化熏习。虽曾一度倾心西学与佛典（近八年时间），最后归宗儒术。近年来激于吾族文化回应西方文化之无力，兴趣从宋学转向汉学，特究心于春秋公羊学（时已近三年）。目前心中诸多心得体会，故欲写此书也。”（十二月七日）

深圳行政学院

俞先生道鉴：

王焱先生约我撰写《公羊大義發微》一書，列入貴社主編的《國學叢書》中，并囑我將合同填好寄給貴社，故敢致函打擾先生。

公羊學乃今文經學之主干，今文經學又構成兩漢經學之基礎，故不懂公羊學，即不懂兩漢經學。惜自康（有為）崔（適）以來，近一百年間，國內習國學者多究心宋學，或潛心古文學，公羊學無人問津，幾成絕學！貴社及先生不忍斯文之墜，發心為往聖繼絕學，為吾族尋根本，慶深為感動，故不辭謭陋，拾遺鉤沉，使古義重現於今。雖不如董（仲舒）何（休）有功於斯學，亦庶幾使千年之微言不晦於今也。

寄上合同一式二份。

謹頌

編安！

蔣慶敬上

一九九一年十月十八號於深圳

1992

事件：去辽西支贫，完成《数术探秘》的创作。

图书："国学丛书"，《数学经验》

文章：《论中国古代数学的双重意义》，《圣典如峰，哲人辟境》，《天学的真谛》，《徜徉于易与不易之间》

人物：潘振平，刘钝，萧兵，江晓原，洪万生，王建辉，王前，张善文，胡道静，李一氓，刘向，刘歆，孔子，苏格拉底，释迦牟尼，大雄，董仲舒，耶稣，朱熹，但丁，汤一介，康德，老子，黑格尔，庄子，谢林，亚里士多德，任继愈，金克木，郑板桥，羲和，巫咸，史佚，苌弘，子韦，裨灶，甘公，石申，颛顼，司马迁，杜石然，Kuhn，Feyerabend，Lakatos，张衡，刘徽，李善兰，洪万生，荀子。

1月8日

因为派我去辽西地区支贫一年，今天到社里交代工作。一年之中，没有了编书的权利，心情自然不好。回顾起来，自从一九八二年大学毕业，我在出版界已经干了十年编辑工作。在这十年中，我先做数学编辑，后来又逐渐开扩到文理兼容的文化领域。实言之，去年是我编辑工作的一个高峰期，仅从来往信件的数量上看，它都要比其他年份多出二三倍。现在，为了锻炼我这个年轻干部，需要到最困难的地方去打磨。虽然“文革”之中，从随父母走“五七道路”到“上山下乡”，我的童年、少年、青年时代都是在农村“最艰苦的地方”度过的，我不怕去“支贫”，我太熟悉那样的地方了；但是，我也记得当年在农村的土炕上，我打着手电筒，趴在被窝里看书，准备高考；我还记得在大学期间，一位老教师说：“你们这一代人，是我见到过的最用功的学生。”我渴望从事我喜爱的工作，我热爱书稿，我热爱作者；我厌恶那些貌似崇高的“政治运动”，我厌恶一切类似于“运动”的口是心非的行为。噢，这一段感慨，让我用了太多的“我”字！个人主义！一个多么诱人而又受到唾弃的概念。况且，我知道政治的力量，我知道在“社会机器”面前，人是多么的渺小啊！

好在去年，我已经与北京三联书店签订了我的著作《数术发微》的出版意向书，我原来还怕没有时间去写；这回好了，连上班都不能了，时间有的是了。我立即跑回家中，把五花八门的书四处摆开，嘴里还喊着：“开始了，这一年的新生活！”于是，我想到一个大计划：我们能否用数学的逻辑结构，为中国文化建立公理、定义、定理、关系？其实阴阳、五行、八卦、九宫等就是一些“公理”，谁能证明世界就是用五种物质组成的？五行与阴阳、八卦是不同的宇宙代数体系，仅是后人将它们彼此嵌合了。

1
9
9
2

旋即收到湖北王建辉寄来的《楚辞的文化破译》(萧兵著)，萧是一个奇才，一个广揽学术、敢于论说的勇士。此时，我突然觉得自己也有了读书、写作的勇气。

1 月 10 日

《博览群书》第一期，刊载我的文章《圣典如峰，哲人辟境》，其中谈的是我审读《国学今论》时的笔录。其实，这也是我当时编辑整套“国学丛书”时的心情。开头我写道：

> 我有幸承担了《国学今论》的编辑工作。按照习惯，阅稿之余我常常也要论点儿什么，可这一次有些反常，提起笔来总感到语塞，竟失去“弄斧”的勇气。什么原因呢？是因为名家论著已臻完美，“增之一分则太长，减之一分则太短”？还是因为小可功力浅薄，无法领悟大师们一招一式的内蕴？……说不清楚。本想就此搁笔，可那一篇篇比肩并立的宏论又死死地占据了我的身心。我需要宣泄，好让更多的人与我共同扛起五千年的历史重负，一起领悟博大精深的国学真谛。于是便有了下面的笔录。事先申明：“笔录”本身已有了断章取义的嫌疑，一不做，二不休，干脆就按小可的主意“断章”吧。大师们，见谅了。

另外，文中还有一些数字和论点，值得我们常记：其一，“国学”就典籍而言，“据初步粗略统计，大约 10 万种左右”。（胡道静《谈古籍的普查和情报》）而这 10 万种都包括些什么内容呢？首先是丛书，中华书局出版的《中国丛书综录》收入丛书 38891 种，还可补充 5000 余种；其次是汉文佛教经籍，据任继愈先生统计，4100 多种；再有：地方志 12000 多种，通俗小说、民间唱本、地方剧本、家谱、碑帖、舆图和兄弟民族语文图书约20000种；其他还有约20000种，等等。其二，“国学”不是孤立的，金克木先生运用比较文化的方法提出：历史上有三个时期出大思想家，即公元前六至五世纪的孔子、苏格拉底、释迦牟尼、大雄；纪元前后的董仲舒与耶稣；中世纪的朱熹与但丁。（《主题学的试用》）汤一介先生在真善美的价值取向上认为：孔子的哲学思想接近于康德，老子接近于黑格尔，庄子接近于谢林或亚里士多德。（《再论中国传统哲学的真善美问题》）其三，国学研究大致有三个途径：一是从古籍的整理类分入手；二是着眼于不同历史时期的学术主流的断代划分；三是按照现代学科分门别类展开论说。就方法而言，首先应强调整理与研究相辅相成，“古籍的整理工作最终结果应有一个归纳，就是要总结出一部有关学科的概论来，这种整理方法就是研究。……研究也是整理，并且是很重要的整理方法”。（李一氓）其次，无论是叙录群书，还是著述历史，都应立足于学术的角度，提倡“辨章学术，考镜源流”。例如，汉代刘向的《别录》、刘歆的《七略》以及司马迁的《史记》，都是以研究学术的角度著书立说的典范。另外，国学研究切忌把现代人的观点强加于古人，那种随意打扮历史的方法是不可取的。当然我们也不能把国学当作博物馆中的陈列品“唯古是从”，正确的方法应当是在剔除那些过时的历史陈迹的基础上，整理和发掘出历久常新的精湛内容，达到“古为今用”的目的，中国学术是人类精神财富的一个重要组成部分，是我们中华民族得以自立于世界民族之林的基石。

1月16日

在辽宁西部北票地区支贫工作队。刚刚从中央电视台新闻联播中看到，“国学丛书”首发式在人民大会堂举行。我无缘参加，因为支贫是政治任务，不能请假。在电视上，我见到那些熟悉的作者、熟悉的图书、熟悉的同事……

好在我有了看书的时间。工作队的同事们在打扑克、麻将，我在读《天学真原》。此次带来:《易经外传》(王夫之),《中国古代官职大典》(张政烺),《周易通义》(李镜池),《中国哲学史》(任继愈)。还有重要的《中国科学技术史》(李约瑟)。李约瑟有一句话，点开了我的一处学术迷津：“中国人在五行的问题上，是‘避开本体，抓住关系’。”这个观点精辟极了，其实在阴阳、八卦等配列中，亦有类似的现象。

2月12日

刚过完春节，即收到江苏教育出版社寄来的《数学经验》样书。这是一本名著，属于科学哲学，我与王前合译。很不好译，主要是王前译的。

4月1日

今天，与老父亲一起去给我的母亲扫墓。回来后，父亲送给我三本书：《说文解字注》（上海古籍）、《郑板桥手迹》和《郑板桥手抄四子书》。

6月1日

《读书》第六期，刊载我的书评《天学的真谛》。此文是评江晓 1
原《天学真原》，最初的名字是《壮士补天》。实言之，我很看重 9
晓原兄这本书的学术价值，他的“思想突围”有胜于他的“学术 9
研究”。现将我的书评全录如下： 2

> 今天所说的天文学是自然科学的一个分支学科，是人类探索自然、改造自然的一项科学活动。在科学史的意义上，天文学包括观测天象、记录天文、指导民时、编制历书、制造仪器等等。但是，“天学”就不同了。按照《天学真原》的观点，它具有更为广泛的文化内涵，包括政治、哲学、军事、宗教、伦理等诸多方面的内容，上述“科学活动”仅仅是它的一个“子系统”。为了说明这一点，《天学真原》的作者采取了历史实证的方法，实事求是地阐释了古代天象观测的文化意义。
>
> 首先，古代天文学的涵义就与现代不同。“天文”一词最早见于《易传》，是天象的意思。而古人观测天象的目的是什么呢？《易传》中说得十分清楚：“天垂象，见吉凶，圣人象之。”就是说天象昭示着人事的吉凶，圣人根据它进行占卜。事实上历朝历代的所谓“天文学家”，诸如羲和、巫咸、史佚、苌弘、子韦、裨灶、甘公、石申等等，察其言行，虽然都有天文学的专长，但身份却一律是大占星家

所为。他们出入于宫廷之中，活跃于帝王之侧，假借天象谈论着王朝兴衰、君臣生死、争战成败、民心向背等政治时事，常常成为一些政治事件的核心人物。即使是司马迁的《天官书》，其中每一种星象都有占星学的解释，占辞多达二百余条。正如《汉书·艺文志》所说："天文者……以纪吉凶之象，圣王所以参政也。"所以与其说中国古代的天文观测是一项科学活动，不如说它是一项具有占星学特征的政治活动更为准确些。

当然，古代天文观测的性质是由当时的文化氛围决定的。从《尚书·泰誓》的"天下祐民，作之君，作之师"，到"天学"的集大成者董仲舒，"天"完全被拟人化，从而建立了系统完整的"天人合一"观念。这种"天人感应"学说既建立了古代占星学的哲学基础，又成为古代天文学研究的"原动力"。

正是在这样的文化氛围之中，我们的祖先建立了人类文明史上最庞大的天学体系。历代王朝都极为重视天文观测，"从理论上说，皇家天学机构应是无分昼夜、每时每刻都有人监视着天空，随时将各种天象记录下来并进行汇报"。(《天学真原》)《尚书·胤征》记载了羲和由于醉酒而没有能预报一次日食、遭到讨伐的故事，其中写道："政典曰：先时者杀无赦，不及时者杀无赦！"足见其重视程度。另外，中国古代天文观测与制定历法也是由皇家专控的。相传早在颛顼时代天地是相通的，民众可以随时上天向天帝诉说不平之事。后来颛顼为了强化王权，命令重和黎切断了天地之间的通道，从此"通天"就成了皇家的专权了。事实上，历朝历代对于私习天文者都是严惩不贷的，处以流放、充军、黥面乃至极刑。尤其值得指出的是从司马迁的《天官书》、《历书》肇始，历代的正史之中都有像

《历律志》、《五行志》、《天文志》一类的天学专书，而自然科学中的其他分支学科都没有这样的殊荣。这一切超出常理的现象都在提示我们：古代中国的天学绝不是单纯的科学活动，“其本旨不出为政治服务之通天星占之学及为择吉服务之历忌之学”。

可是现代的科学史研究为什么没能看到古代天学的这些基本特征呢？问题在于“价值取向”。我们正处于一个“科学崇拜”的时代，一切事物的认定与取舍都要用“科学”这把尺子量一量，历史也不例外。近一个世纪的科学史研究，大都是这把尺子度量的结果。在自然科学的意义上，这种做法是无可厚非的，科学家除了对潜科学或前科学稍加宽容之外，是绝不允许伪科学介入的。所以在科学史中剔除占星、宗教、政治、伦理一类的东西，只留下古人的观测结果、科学成就、创造发明等内容也是合乎情理的。令人遗憾的是，由于自然科学的强盛和人们对它的迷信，“科学”这把尺子竟然“量”向所有的领域，当然它也量向了自己的“母系统”文化学。于是，现代的价值观决定了历史的取舍与评估，古代天学的“主题”在自觉与不自觉之中发生了“偷换”。正是在这样的思维模式之下，“历史”在人们的观念中渐渐地改变了模样。

《天学真原》的作者坦率地承认，他也曾经在那条既定的道路上走了一段时间，走着走着，心底却涌现出诸多无法排解的疑窦，所以才下决心“回身过去”，重新审视古代中国天学的那块“科学化”的基石。他说：“作为基石它实际上至多还只有半块，即属于‘内史’的那半块，而‘外史’的那半块则尚属阙如。进而言之，没有后面半块，则其前半块也终不能臻于完善——归根结底，它们本来应该是一整块！”《天学真原》正是作者的“补天”之举。

6月10日

收到中国科学院自然科学史研究所刘钝五月二十九日来信，他正在英国剑桥李约瑟研究所访问。他主要是收到我四月二日寄上的文章《论中国古代数学的双重意义》之后，回复此信的。他写道：

> 文中有些情节正是我所怅然有所悟却感表达起来力所不逮的。自然，在我所置身的研究传统中，也不大可能投注较大的精力在你所用功的课题或取向上（approach）。杜石然先生曾数次教诲："你们要大胆地宣称自己是钱宝琮—李俨学派的后人。什么是钱—李学派的风格呢？我认为就是继承乾嘉学派的严谨考证的功夫，结合当代自然科学知识，对中国传统科学（主要是天算）进行细致缜密的研究与整理。"此话我记得很清楚，至今虽不敢以钱李私淑自许，但杜师的训导常在无形中规范了我的写作。我想所内衮衮诸公如你所熟悉的书春先生等，是可以堂而皇之地自称为李钱学派之传人的。
>
> 然而就我本性而言，是极不适于做考据性质的工作（如书春先生那样）的。近年来也开戒，力图在科学社会史方面做一点尝试，当然都是浅尝辄止。至于从大文化的角度来审视中国古代科学的努力，则自感缺乏材资及勇气。对于晓原兄（还有你这一篇中所表露之）灵气和洒脱，我是十分羡慕的。
>
> ……

我希望你能有机会把学问做到国外来，在较为自由和活跃的研究气氛中，或可获得更可观的成就。就我个人经验而言，虽然出来时间很短，但对学术价值观念及研究方法的理解已有进步，更勿论外边查阅资料的便利和学术辩论的认真。就科学史研究的方法而论，自本世纪初开始以来就一直存在着逻辑主义和历史主义这两大派别的争论，尽管50年代以后，Kuhn、Feyerabend、Lakatos等历史主义学派人物通过自己的工作（或理论系统）揭穿了那种按照现代逻辑构造科学史的荒谬，但那种为现代科学舍弃的标尺仍然顽固地、反复地出现在各类学科史的著作中。你通过对中算双重性质的阐述也表达了与历史主义者相同的信念。这使我想起Kuhn在读研究生时曾长期为亚里士多德的《物理学》所困惑，有一日突然顿悟：原来亚里士多德用的是另外一套语汇，如果完全改用另一部辞典来读，那么一切疑惑都消失了，一切原先认为不可思议的都变成可以理解的了。这是因为：在不同的科学传统之间存在着不可通约性（incommensurability），唯有借助观念的转换、置身当时的研究传统中去读当时的著作，才能得到合乎历史的理解。我们对算学、中算家，对他们的成果，也确实需要“身临其境”地加以理解。

补注：刘钝是一位我很敬重的学者。从他这封挥手而就的信中，足以体认到他厚实的学术功力。自他为“国学丛书”写《大哉言数》开始，我与他有了更多的接触，总体印象有如下四点：

一、他非常用功、非常勤奋，有着很好的文化根基。

二、他是一个极其细心的人，每一句话、每一个字他似乎都不会随便说出来；记得他的那部书稿原名为《古算源流》，为了说明他要改称为《大哉言数》的原因，他连续写了几封信，又是说明原因，又是讲道理，他写道：“关于书名，我在合同上签的是《大哉言数》，贵社选题单和广告上却是《古算源流》。我个人意见，前者涵盖较广，后者较俗、较专业。”（一九九一年二月二十五日）此后他又来信写道：“书名愚意以为《大哉言数》最好。因为钱宝琮先生已有《古算考源》在先，前时见报福建又出新书《中国古代数学源流》，书名重复不好。”（一九九一年十月八日）

三、他似乎有着很好的家庭教养，尊重师长，善待朋友，与人交往之时，谈吐举止都很小心。记得，一九九三年在西班牙国际科学史大会期间，一次正式餐会，我挨着刘钝坐。喝汤时，我有些受不了西方人用盘子喝汤的习惯，不自觉间就将盘子端了起来，捧到嘴边像用碗那样开喝。这时，在一旁的刘钝小声对我说：“不要这样，在西餐中，盘子是不能离开桌子的，那样不礼貌。”他怕我难为情，又解释道：“我们不习惯西方人的礼节，这就像我们小时候，妈妈需要提醒我们吃饭的姿态一样，习惯就好了。”后来我注意到，刘钝在使用刀叉时的动作，与老外一模一样，而且刀叉与盘子决不会碰出声音来。

四、像他这样经历过“文革”的人，有着十分难得的人生阅历。因此我觉得，无论环境怎样变化，他们都会显得那样冷静，“不以物喜，不以已悲”。我记得，在西班牙科学史大会上，他已经有了非常好的成就和地位；但是，有一天他在我的房间里聊天到很晚，他说：“不回去了。”于是就从我的床上拿下一个床单，铺在水泥地上，倒头便睡去了。我知道，这是“老知青”的风度。一九九三年十月五日，我在给刘钝的一封信中写道：“尤其是仁兄对于人生精确的把握与宽和的态度，更是给我留下深刻的印象。我体悟到一代承前启后者的力量，他们未来的作用具有世界意义，他们将有胜于二战培养的那一代人，这是‘广阔天地’的作用，是毛泽东留给世界的一份遗产！”

7月1日

收到第十九届国际科学史大会的来信，信中写道：

> 明年8月22—29日将在西班牙Zaragoza举行第19届“国际科学史大会”，国际数学史学会有意在此期间组织一个关于亚洲数学史的专题讨论，初步设想由16名发言人和4名评论者组成4个小组，有关的细节尚待汇集各方意见之后再行公布。我受托向您征询以下意见：
>
> 1.您是否希望与会并作为一名发言人？
>
> 2.如果是，您报告题目的中、英文名称是什么？（出于全盘考虑，组织者不得不建议您在以下范围内选择题目：中国古代数学与数术学）

我希望能参加这次会议，已经回复了论文题目，以及内容提要。基本设想，就是以“中国古代数学的双重性”为题展开论述。

8月10日

今天收到三联书店潘振平寄来的《玄秘的数术》(暂定名)正式合同。我是七月十三日签字，他们是八月六日签字盖章。稿费千字四十元。

8月15日

收到《自然辩证法通讯》第四期，其上有我的文章《论中国古代数学的双重意义》。写此文，我是下了工夫的。文章写好之后，我曾经寄给许多专家看，他们都说好，而且建议我的工作最好转到学术上来。我心里清楚，这是我今年去“支贫”的产物。因为我没有了编书的权利，自己又不甘于荒废时间，所以在人家闲聊、喝酒、打麻将的时候，写出了一些比“在岗”时要好的文章，权作一点精神安慰。在此文中我写道：

> 在中国古代文化中，“数学”的涵义与现代不同。目前的数学史研究，只是在科学的意义上将古代数学成就进行了细致的整理与分类；事实上，中国古代数学与现代观念中的数学是有很大区别的，它的领域更广阔，内涵更丰富，流变更复杂，形式更生动。
>
> ……
>
> 事实上，我们正处在一个“科学崇拜”的时代，科学的发展一方面推动了人类社会的进步，另一方面又使科学真理走向极端化。在现代人约定俗成的观念中，似乎一切事物的认定与取舍都需要用“科学”这把尺子量一量，“历史”也不例外。以往的科学史研究，大都是这把尺子度量的结果。在自然科学的意义上，这种做法是无可厚非的，科学史中当然不会容许占星、卜筮、占候一类伪科学的介

入。所以在科学史中剔除非科学的东西，只留下古人的“科学成就”也是合乎道理的。“然而，这并不意味着，对于古代占卜方法作进一步的研究，不会为数学史的研究带来好处。”例如，现代数学中的不定分析与占卜中的“揲法”即有一些历史渊源。我国古代把这一方法称为“大衍求一术”，这个名字始见于秦九韶的《数书九章》；溯其源流，可至《易经》，“大衍”一词即源于《系辞传》：“大衍之数五十，其用四十有九。”秦氏指出：“圣有大衍，微寓于《易》。”就是说《系辞传》中的“文王卦法”已经蕴含了大衍求一术的思想，是这一方法的远源。长期以来这种方法在古代历算中得到应用，但是由于古代历元推算的神秘意义，“古代历法的神秘主义把历法推算视为不可泄露的天机，这使得历代许多杰出的数学创作被禁锢在狭小的圈子里不能得以传播，大衍术便是这样一例”。所以李约瑟没有把古代占卜等“内算”活动简单地斥为伪科学，而说“这是有待于进行历史研究的另一门准科学”，正是看到了数学外史的学术价值。

李约瑟的观点是正确的，中国古代数术中确实有许多尚待发掘的科学思想和方法。但是这一观点的价值取向仍然停留在科学的意义上，还没有步入广义文化学的范畴。可以肯定地说，古代的数学不是（或者说不完全是）一种科学现象，但仍不失为一种文化现象，所以，对于它们理应在广义文化学的意义上加以评估。令人遗憾的是，由于自然科学的强盛与神化，“科学”这把尺子也“量”向了自己的“母系统”广义文化学。结果，现代的价值观决定了历史的取舍与评估，古人各类活动的主题在自觉与不自觉中发生着“偷换”。例如，有人说张衡是一位真正的科学家，因为他反对谶纬等迷信；但是却略去了他对于卜筮等迷信活动的肯定。他说："且律历、卦候、九宫、风角，数有在效，世莫肯学，而竟称不占之书……"(《汉书》卷五十九，"张衡传"）实际上他是用占卜反对谶纬，很有些"以毒攻毒"的味道。再如，有观点说刘徽、刘歆、一行、秦九韶之流对于数学的神秘化是为了应付当时的环境，而不是迷信等等。试问，这种观点"科学"吗？正是这种价值观念的错位，使文化学研究出现了"禁区"和"无人区"，导致了历史的割裂与扭曲。而且造成这种局面的最大的受害者，又恰恰是科学史本身！现在一些科学史家们在疾呼科学外史研究的薄弱乃至阙如，声言必须"回身过去"，为这方面的史学研究补上"外史"那半块基石。

中国古代史是一个复杂的巨系统。由于历代社会与政治等诸多因素的作用，现存的史典已经与史实有着很大的误差；20 世纪以来顾颉刚等人浩浩荡荡的《古史辨》系列，更使后学痛识"造伪"的贻害。好在今天我们扬起了实事求是的旗子，"全方位"的概念也渐渐地时髦起来，相信当代人不会再走顾氏笔下的刘歆的老路，也省得后代再为今天辨伪了。

10月6日

收到中科院上海天文台江晓原来信，他读到我在《读书》上点评他的列入“国学丛书”中的著作《天学真原》的文章，名曰《天学的真谛》，特意致谢。他说：“友人戏称《天学真原》是‘领导新潮流’——因为有些青年人正打算或已经在《天学真原》的思路的启发下向另一些学科进军，如化学史，地理学史，等等。”江晓原还赞扬了我发表在《自然辩证法通讯》上的文章《论中国古代数学的双重意义》，他说，如此活跃于出版与学术两界，正是成为出版家的应由之路。其实此文的思路，也受晓原兄的影响不小。

有趣的是，晓原信中还有一段文字，读来颇受启发，其曰：“现在一些地方出版社开始向一些老牌的出版社叫板了，你们的‘国学丛书’就是这样的例子。其实老牌出版社有两个支柱，一是作者，如今许多京沪的作者都在为地方出版社写书了；再一是编辑，一旦地方出版社开始利用大社的编辑干活儿，则大社、老社的另一根支柱就将折断。”

10月17日

台湾师范大学数学研究所洪万生先生来信，其中谈到两点，1
其一，他读到我的文章《论中国古代数学的双重意义》，为此写道：9
“目前数学史研究虽然热门，但佳作似乎不多，弟至盼再奉读吾兄9
进一步的研究成果，相信吾兄在此领域中，必可轻易地攻占一席2
之地！”其二，洪先生谈了他的写作计划，一是他的博士论文（英文，他希望请辽宁教育学院王前帮助翻译，他还赞扬了王前的专著《数学哲学导论》）；二是《李善兰与代数学》；三是论文集《李善兰研究：一个社会史的取向》。

12月1日

“国学丛书”获第六届中国图书一等奖。

12月10日

《博览群书》第十二期，刊载我文《徜徉于易与不易之间》。可以说，这部书稿我是“读进去了”。节录如下：

> 近几年，在“《周易》热”的鼓荡下，我也陆陆续续读了十几本关于《周易》的书。谈到印象，总有些“鱼龙混杂”的感觉。可以肯定地说，在众多的《周易》研究新著中，有许多严肃的、有价值的作品；但是也有些人却是打着《周易》的旗号，在那里兜售一些久已为人们唾弃的历史陈渣。最近，我拜读了张善文先生的《象数与义理》，深感这是一部很有特色的《易》学新作。它立足于学术性与历史性的研究，在考辨《周易》的产生、内容、作者、特色等问题的基础上，着重对历代《易》学的“象数派”与“义理派”详加论述。其中的许多观点对于正本溯源、扶正祛邪，都是极有意义的。
>
> 首先，《象数与义理》强调了读《易》的必要性。《周易》原本是一部占筮的书，稀奇古怪的卦画和含义隐微的爻辞似乎有一种超乎寻常的念摄力，使各方人士都对它有着特殊的“偏爱”。搞数学的人说：“圣有《大衍》，微寓于《易》”（《数书九章》）。搞医学的人说：“不知《易》，不足以为太医”（《类经图翼·医易义》）。《四库全书·总目提要》更是一言概天下：“《易》道广大，无所不包，旁及天文、地

理、乐律、兵法、韵学、算术、以逮方外之炉火，皆可引以为说。”孔夫子读《易》达到了“韦编三绝”，并声称：“加我数年，五十以学《易》可以无大过矣”(《论语·述而》)。秦始皇焚书坑儒，把书都快烧绝了，恰恰留下《周易》等几种不毁。显然，对于这样一部“千古绝唱”，不加研治是无法步入东方文明的堂奥的。

在确定读《易》的必要性的基础上，《象数与义理》一书着力阐明了《周易》的本质及读《周易》时应该具有的心境。《周易》有“经”、“传”之分。传，共包括十个部分，或称“十翼”，它们被公认为是一组颇有深度的哲学著作。而于经，就有些微词了。它确实是一部占筮的书，可荀子早已明示：“善为《易》者不占”(《大略》)。这是为什么呢？原因很简单，作为统治者的圣典，《周易》所决断的常常是一些与国家命运密切相关的军政大事。“事实上影响人们思想、左右人们行动的关键因素是筮书所表露的哲学内涵。换言之，要是抽掉了《周易》内在的哲学意义，则其书必不可能成为古代太卜所执掌的上层统治阶级奉为圣典的重要书籍”(《象数与义理》)。就是说，《周易》是借占卜的名义阐发着一整套极富哲理的世界观与方法论。对此，古人已有明鉴。朱熹说：“孔子恐义理一向没卜筮中，故明其义”(《朱子语类》)，才作了“十翼”。荀子说：“善为《易》者不占”，也是强调读《易》的关键是要体察其中蕴含的思想精华。其实，在先哲的心目中，读《易》是一件极为庄重的事情，需要择洁处、正衣冠、却邪念云云（见《周易本义》)，正是强调其脱俗的旨趣。

那么，究竟应该怎样读《易》呢？《象数与义理》中提出了两大要点。其一是“从源溯流”，就是首先要熟读经传本文，考明《春秋内外传》诸占例；其次，观汉魏古注；再次，观六朝隋唐诸家义疏；最后，参考宋、元以来各家之经说。论《易》的著作之多堪称世界之最，面对如此浩瀚的典籍，不究其源，不循其流，显然难以悟得《周易》的真谛。而所谓源流，正是原著为源，古注为流，否则就容易走弯路或陷入迷津。其二是“强干弱枝”。“须知《周易》源本象数，发为义理，故当以象数、义理为主干；其余涉及天文、地理、乐律、兵法、韵学、算术、以逮方外炉火，禅家妙谛，与夫近世泰西科学者，皆其枝附”(《象数与义理》引黄寿祺语)。这是为《易》学“拨乱”的又一要旨。《周易》所建立的本是一个法则，它在千锤百炼的基础上建立了中国人亘古不变的思维定式。因此，作为一个逻辑框架，它常常会产生一种“放之四海而皆准”的效应。但是，如果把《易》学比作一棵大树，至今已枝叶繁茂，大庇天下，而其主干却日见枯萎，这显然是一件极可怕的事情。“强干弱枝”就是主张读《易》要首先弄清它的基本原理，达到融会贯通、形神合一，进而才能自然而然地步入触类旁通的境界。

这里提到《周易》的两大主干是象数与义理。所谓象数，即《周易》的卦象、爻象及阴阳奇偶之数；义理，即六十四卦、三百八十四爻所蕴含的哲学至理。《象数与义理》一书认为：“历代《易》家无非两大类：或专注于象数，或偏重于义理。”“只有兼象数、义理两方面以研讨《周易》，才是可行的治《易》正途。否则，若舍弃象数而专明义理，则《周易》与《诗》、《书》、《礼》、《乐》诸经无所差别；若不信义理而专谈象数，则《周易》也将与术数、方技、谶纬之学混淆杂流。故研究《周易》，象数、义理不宜偏废。”这段论说从宏观上揭示了《易》学研究的实质，为人们理清历代纷争、辨明各方流派，提供了极好的理论依据。

12月30日

回顾这一年的读书生活，我最重要的收获就是写完《数术探秘》。翻阅我全年的读写笔记，你看：

一月：写象数，读《古史辨》、《易林》、《京氏易传》、《周易研究论文集》、《中国古代科学技术史》；

二月：写天数，读《中国天文学史》、《天人象：阴阳五行学说导论》、《春秋繁露》、《唐开元占经》、《史记》；

三月：写算数，读《算经十书》、《汉书》、《太平广记》、《河洛精蕴》、《易纬》、《酉阳杂俎》；

四月：写礼数，读《周礼》、《礼记》、《洪范皇极》、《论语》、《淮南子》、《温公易说》、《春秋繁露》、《尚书》；

五月：写命数、历数，读《孟子》、《中国古代神话》、《庄子》、《乐史》、《扬子法言》、《左传》、《公羊传》、《论衡》、《畴人传》、《白虎通》、《协纪辨方书》、《北史》、《晋书》；

六月：写律数、医数，读《史记》、《后汉书》、《黄帝内经》、《难经》、《岐黄医道》、《周礼》。

七月—十月：写绪论，誊抄书稿，约二十万字。

为了写好这本书，我用了不少心血，读了许多书，以上书目，不足十分之一。对于此书的哲学思考，我在序言中写道：

> 数术学是中国传统文化中的一个宏大的思想体系，长期以来，由于种种因素的作用，它一直被列为文化学研究

的禁区。但是，无视其存在并不能证其不存在，不究其内 1
涵则难以体察古人活动的文化氛围与价值取向。事实上，9
如果我们不首先弄清楚数术的深层结构与内涵，而欲开解 9
神秘的中国文化，那无异于隔靴搔痒、隔雾看花。当然，2
要想涉足于这样一个复杂的领域，不仅需要克服古人设置的迷障，而且还必须具备一种无诓无玄的态度和无忌无恐的勇气，在大文化的背景下，冷静地剖析古代术士们的思想和活动，达到真实地再现历史的目的。

本书主旨是对于古代数术学的一种揭示和初探，以“数”为结合点，从八个方面论述了这一怪诞的文化现象，即象数、天数、礼数、命数、历数、律数、医数和算数。需要说明，这一类分并无意于涵盖古代数术活动的全部领域，也不是对于数术学分支的一种划定，它只是一种随笔式的侃谈，一切现象的揭示都处在一个领悟、体悟或顿悟的过程之中。另外，在我创作本书的过程中，并无“定式”可循，因为古人的活动本身就具有明显的非逻辑或反逻辑的特征。所以我时时提示自己：我是在通过神思与冥冥中的古人对话，倾听他们诉说那久远的往事；我不必（也不可能）告诉古人今日世界的时尚与规范；我不想（也不可能）让先辈起死回生，与今人漫步于街头；我不敢（也不可能）改变那神圣的历史，以一时的苟且换取无限的沉沦……

正是基于这一理念，我暂时忘却了世间的烦恼与嘈杂，抖擞精神，向中国文化的深层一步步走下去。于是，才有了这部小书。

另外，按照三联书店“中华文库”丛书体例的要求，每本书的每章之前，还要结合本章的内容主题，写上一段题记，我写道：

象数：它从远古时代就与人类踽踽相伴，宛如一条游龙，一股暗涌，一座隐峰。在与不在，取决于大宇宙的弛张之力；显与不显，表征着时运回转的机锋。降及近代，天光隐隐，暮霭茫茫，人们似乎已经淡忘了象数蹊跷的历史，可心底却无时不体映着它的存在……

天数：真是太神奇了：深邃的苍穹，辉煌的日月，灿烂的星辰，震耳的惊雷，如注的暴雨，狂啸的飓风，如丝的晨雾，血色的暮霭，静谧的夜空……于是，我们的祖先荡起了思维的扁舟，向那浩渺无际的宇宙深处驶去。他们看到了开天的盘古，补天的女娲，追日的夸父，奔月的嫦娥，射日的神羿，无首的刑天……

礼数：昭示着天地尊卑、日月明暗、四时次序、阴阳协和、风雨时节、群品滋茂、万物宰制、君臣贵贱……是中华文明的基石。古战场铁马金戈的喧嚣，正是“礼”的威慑；旧殿堂连云接日的霓裳舞姿，正是“数”的构建！

命数：弹丸之地，活跃着一群懵懵懂懂的精灵。他们孱弱而托大，那异化的脑体可以包容宏巨的宇宙，可以明察细密的微毫。然而，只有一件事情令他们百思而不得其解，那就是：我们从哪里来？又往哪里去？谁赋予了我们的精神与存在？谁决定着我们的生息与消亡？……

历数：人类有言，也有生有死；天地无言，也无始无终。在有无之间、终始之际、生死之畔，先哲们创造了历的概念。它不但阐释着宇宙运行的确定性，也反映着确定之中的不定性，天帝的意志就蕴含在大自然的确定与不定之中。

律数：开辟鸿蒙，声的力量打破了虚无的寂静。人类在屏气凝神，追寻着超越时空的感应，倾听着天籁的回声，辨析着大宇宙的八面来风……

医数：占家在相面，相骨，相形；医家也在相面，相骨，相形。时间在流逝，占家们渐渐地死去了，医家们却长久地活着……

算数：俯瞰人类思想的版图，“数”徜徉于中国古文化的两极：于神学，它形成了庞大的数术体系；于科学，它构建了精微的数学学科。我们神游归来，伏案沉思：数术与数学，只是这一字之差，何以有千里之谬？

1993

事件：我开始主持辽宁教育出版社工作，参加第十九届国际科学史大会（西班牙萨拉戈萨）。

图书：《天学真原》，《古数钩沉》

文章：《“国学”中的自然科学》，《数与数术学》

人物：张岱年，郭书春，任争健，彭加勒，刘文，刘钝，江晓原，高罗佩，洪万生，胡适，王充，朱熹，李俨，钱宝琮，廖育群，翟方进，黄一农，洪有道，吴振奎，王常珠，梁宗巨，梁宗岱，梁宗恒，班固，刘向，刘歆，颜师古，刘徽，颜恶头，华佗，大挠，容成，隶首，黄帝，伏戏，尧，舜，李宣义，顾欢，李适，李亨，李豫，李隆基，王前，柯俊，李国伟，林力娜，道本周，郑毓信，孙宏安，孙文先，洪有道，杜石然，王建辉，张政烺，汤一介，姜长苏，钱逊，萧箑父，陈士强，陶铠，黄新亚，李春林，梁刚建，周云之，孙中原，李约瑟，十宿道人，胜冗子，丹耀，裴说，皮日休，于金兰，徐光春，王利器，姜长苏，陈士强，赵伯雄，钱逊，陈来，萧萌，萧箑父。

2月10日

年初，我向江晓原询问他目前的写作计划，他在今天的来信中写道："我手头正在做《历史上的占星学》一书，数月后当可完成，届时我在天学方面的写作将暂时告一段落，终于可腾出手来，重新回到先前那个较为庞大的中国古代性文化研究计划上。初步考虑，在此计划中，有两个小书的选题，愿请吾兄指教：其一为《长生梦中的性学》，专门考论房中术之源流、演变及性质、成就、中外交流等；其二为《性张力下的人生》，专论礼数、纵欲、性心理、性文艺、性变态及娼妓等问题。根据已收集的史料及详细提纲（皆为着手写《天学真原》之前已拟就者），此两题俱将作十几万字。"

补注：收到上函，我于三月五日回曰："您拟写两部书：《长生梦中的性学》和《性张力下的人生》都是好题目，按照仁兄的功力，一定会作出极好的文章。既然吾兄相信小弟，我愿意承担大作的出版，交稿时间可在1994年。在此小弟斗胆提出一点建议，即这两个题目是否可以合为一部来做？搞成一本大部头的性学专著。当然仁兄有自己的想法，如何操作，请告诉我，以便将合同寄上。"

四月五日，晓原兄复信："吾兄关于两题目合为一书，搞成大部头的建议，大大触发了我的灵感（或曰野心）。我以前虽然早有类似想法，但并未明确浮现出轮廓。这次兴奋之后，思考了个把月，雄心大起，兹先将初步考虑的全书框架写呈吾兄过目（见附件），请多指教。另有几点打算：1. 配图；2. 希望像写《天学》那样，

在读者层次、写作风格等方面不要对我加以限制，使我能尽情施 1
为（《天学》是我写得最畅快的一本书）；3. 交稿时间 1994 年 12 月。 9
回忆五年前，我第一本谈中国古代性文化的小书问世时，曾有人 9
以‘做中国的高罗佩’勉励我，我当努力。” 3

五月十三日，我回信云：“4 月 5 日大札已阅，小弟深感仁兄的想法很好，字数、体例、写作层次等都符合基本要求，尽可按照这个路子做下去好了。只是交稿时间略迟了一些，仁兄以质量为重，我是赞成的，只是国内正在骤变之中，谁知道三年后的天象如何？当然，只要小弟仍作书商，自然会‘万变不离其宗’。现寄上合同两份，请签好后寄回一份。有什么问题可随时联系。”

2月21日

国立台湾师范大学数学研究所洪万生来信，其中写道：“恭贺‘国学丛书’获奖，吾兄慧眼别具，当居第一功也。这十书中，弟读江晓原《天学真原》颇有所感，三月五日弟为此地私立淡江大学‘中国科技史讲座’演讲，其讲题正是‘推介《天学真原》，兼论中国科学史的研究与展望’，便中或可奉知晓原兄一声。”

补注：我在三月五日给江晓原去信写道：“《天学真原》面市之后，反响极大。近日台湾洪万生先生来信，还谈到他向台湾学术界推荐该书，对之大加赞赏！能出版这样的好书，实在是敝社的荣幸。”五月三十一日，江晓原来信称：“前不久，台湾中研院数学研究所所长李国伟来信叙谈，内言洪万生对《天学真原》大加赞赏，有‘天文学史研究之新纪元’等语，恰可印证吾兄上次大札中所言。此对弟而言，一则惶愧，一则亦不无鼓励也。”

3月6日

福建教育出版社约我写一本关于彭加勒的小书。今天，我给责任编辑任争健去信，其中写道：

> 争健：在您的主持下，正在编辑的“哲人科学家丛书”，实在是一个好题目。学术界的许多同仁都称赞这个选题出得巧，有深度。能够跻于这套书的写作队伍之中，确为吾辈的希望！现遵嘱，将我与孙宏安共同拟定的题目：《彭加勒：一个通才的绝唱》的目录寄上，请您指教！这只是一个初拟的写作思路，全稿将围绕着这样的主题展开对彭加勒哲学思想的论述。近期我们还将寄上其中一章的样稿，请您过目。
>
> 目录
>
> 引言 最后一位通才
>
> 一、“内在的眼睛”
>
> 二、纵横捭阖
>
> 三、答了九十年的问题
>
> 四、旋转的天空
>
> 五、美的神韵
>
> 六、创造的秘密
>
> 七、哲学期望

5月20日

收到河北工学院刘文来信。刘先生是“世界数学名题欣赏”之《无处可微的连续函数》一书作者，此次他寄来他撰写的王梓坤的小传。王梓坤是刘文的老师，南开的数学教授，后来任北京师范大学校长，他的成就是数学教育和概率论研究。而我更喜爱他在方法论和科学普及方面的一些文章，像《科学发现纵横谈》，其文笔妙不可言。你看他的座右铭：“我尊重这样的人，他心怀博大，待人宽厚；朝观剑舞，夕临秋水；观剑以励志奋进，读庄以淡化世纷；公而忘私，勤于职守；力求无负于前人，无罪于今人，无愧于后人。”我每次翻读王先生的那部小书都会如醉如痴，尤其是他结尾处的那个小诗，读起来让人热血沸腾。诗曰：“十年磨一剑，不敢试锋芒。再磨十年后，泰山不可当。”刘文知道我对王梓坤的敬重，所以将他写给科学出版社《中国现代科学家传记》中的“王梓坤”抽样本寄给我留存。

5月21日

今天,《光明日报》刊载我的文章《“国学”中的自然科学》。此文是针对“国学丛书”中的三部科学史著作《天学真原》、《岐黄医道》、《大哉言数》有感而发的:

> “国学”是人们对于中国传统学术约定俗成的称呼。就其内容而言,以往人们俗成的观念中似乎也认为:它是中国人文科学的总汇,不包括自然科学。这一观念的形成有着复杂的历史根源,清代以降即有人将中国传统学术分为义理、考据、辞章三类,强调经世之学。而于国外,大约在本世纪初,西方学术界也流行着一种观点:“西方产生了自然科学,东方没有产生。”其原因在于东方文化只容纳由直觉得来的概念,而西方人的学说则获益于“假设”的作用。确实,西方人的观点本身就反映了他们的“假设”传统。作为中国这样一个偌大的民族,对于他们悠久的学术传统,怎么好那样简单地“一言以蔽之”呢?不过要想全面、系统地驳倒西方人的观点,也不是一件轻松的事情。20世纪以来,胡适等人为了反驳这“假设”花费了不少气力,他们不但否定了“东方人只容纳直觉”的臆想,而且还从老子的自然主义和孔子的人本主义入手,以王充、朱熹等历代先哲的怀疑论思想为例证,阐释了中国古代文化中的科学精神与科学方法的存在性。与此同时,国

内外一些学者在科学史的意义上展开了对于国学的深入探讨，西方汉学家李约瑟青春矢志，皓首穷研，献上了浩瀚的多卷本《中国科学技术史》；我国科学史家李俨、钱宝琮等人也作出了卓越的贡献。

时至今日，中国文化中自然科学的“有无之争”早已经偃旗息鼓；一批中国科学史家以他们卓越的工作步入国际科学史研究的阵营，同时也在国内传统学术的研究中登堂入室，成为一支不容忽视的力量。前不久出版的“国学丛书”首批十本中即有二部与科学史密切相关的著作，其一是廖育群先生的《岐黄医道》，作者以坚实的医史与文化史学识为基础，面对博大的中医宝库择要而论，在传统与反传统的交错间踱步，儒雅之中透射着时代的精神与智者的灵感；其二是江晓原先生的《天学真原》，作者在步入科学史堂奥的旅途上蓦然回首、静夜沉思，竟然在天学与天文学之间读出一个“怪哉”来，于是便洋洋洒洒，有了这部数十万言的力作！“国学丛书”的第二批中还有刘钝先生的《大哉言数》，作者从古算概说入手，进而分述中国古算的三大支流；全书编撰体例貌似平缓，实则潜运着作者绵密的功力，给人以大音希声、大象无形的感觉。

总之，读过这三部著作的人都说它们与以往的学科史或科学史专著不同。究竟有什么不同呢？无非是文化氛围与价值取向发生了变化，作者们程度不同地挣脱了现代自然科学价值观念的束缚，在大文化的背景下历史地看待古人的“科学活动”，实现了或者正在实践着与人文科学的接轨。人们不要小看这一学术空间的位移，科研视角的变化会带来诸多有价值的成果，像江晓原先生提出的科学“外史”研究就是这一变化的产物，他主张对古人活动的性质和功能进行实证的研究，而不是以今人头脑中的概念去强迫古人就范。随着科学史研究的深入，这一观点显得愈发重要。再者，学术空间的位移又深化了科研工作者的哲学思考，像《岐黄医道》中关于“医学起源”的论述实在是一篇上好的哲学论文，作者在人的本能、经验与巫术、民众与英雄等方面深刻地阐述了“医”的意义，字里行间积淀的哲学分析强烈地撞击着一些俗成的观念。《大哉言数》在“古算与社会”的题目下，既阐释了中国古代封建大一统的数学观，又通过古代学术思潮的流变深刻地分析了古算方法的特征，指出儒家传统以“九数”为核心，具有鲜明的政治和人文色彩；墨家传统以几何学为核心，具有一定程度的抽象性与思辨性云云。由此看来，在传统学术的研究领域中实现人文科学与自然科学的合璧是人类理性的回归与升华，它对于科学史研究的开展与深化具有不可低估的影响和作用。

当然，在传统文化的研究中，科学史的开发以及科学方法的引入也有着十分重要的意义。台湾学者黄一农先生即运用计算机等科学手段分析二十四史中记载的重要天象，发现了许多极有价值的历史信息。像西汉末年丞相翟方进因为发生“荧惑守心”的天象而自杀一事，从前已有“历史结论”，仅把它作为占星影响政治的例证加以评价；现经黄先生科学推算，那是一次伪造的天象！（见《天学真原》）这样一来，历史就要改写了。究竟是翟方进伪造天象、犯上作乱，还是汉成帝排除异己、借刀杀人？看来只有“天”知道。

5月22日

新闻出版职称评审组传来消息，我申报“正编审”职称未获通过，原因有两个，一是五月四日辽宁电视台节目“青春——在这里闪光”，介绍十位辽宁省的杰出青年，其中有我。有评委说，评职称之前出现这种节目，有炒作之嫌；二是有评委统计了我这些年所写的图书、论文的字数，大约有两百万字，所以这位评委说：“如果是评教授，我同意；评编审，就要商榷了。”其实我也无所谓，去年以来，我自己的文章确实写得多了些，有什么办法呢？让我去“支贫”，不让我编书，我又闲不住，一下子列了那么多写作计划，就差一点儿没转行去当学者了。那位评委真有眼力。至于说我上电视“炒作”，就有些夸张了，就是我想炒，也不可能让其他九个人一起陪我呀。

5月27日

台湾洪叶文化事业有限公司洪有道发来传真，他们购买了“国学丛书”版权，正在排印书稿。《国学今论》排版难度太大，他们传来了一个长长的“询问表”，让我们确认。

6月1日

我的一部小书《古数钩沉》在北京师范大学出版社出版。此书分上下两篇，上篇为“大哉言数”，下篇为“造化之源”。书中的东西大多是去年我“支贫”期间，有了闲暇，挤时间写的；它们也是我在这一段时间里读书计划的一部分。正如此书的序言中所写：

> 我从事“数”的研究，可谓“一波三折”。先是四年的数学系学习，接着是五年的数论史探讨，最后是五年的“数文化”研究。今年我又“三箭齐发”，同时撰写三部关于“数”的著作，即《数术探秘》，以数术学研究为主题；《数与中国文化》，揭示数与中国传统文化的深层联系；以及本书《古数钩沉》。
>
> 从形式上看，三部著作以《古数钩沉》的篇幅最小，但它却是这个研究系列的起点和基础。本书分上、下篇，开列十三个专题，上篇侧重于数与算的文化界说，下篇则切入中国传统文化的底层，致力于开解以三才、五行和八卦构成的文化网络。可以肯定地说，没有本书的界说和推证，要想开展另外两个专题的研究是不可能的。因此，本书中的许多内容还将作为引论出现在另外两部著作之中，并且得到进一步的强化。

补注：我做这些事情，表面上是个人的学术研究；其实我的心里清楚，我是在为自己终生选定的职业“出版”做着全方位的“知识铺垫”。

这其中融入了我的爱好、感悟和辛劳，它的前提是“我愿意做，我还做得下去”。对此，外界怎么看呢？我的老朋友、数学教授吴振奎就有些看不懂了，他前些年就曾经质疑我的这些研究（一九九〇年二月二十日），他希望我老老实实地做数学，别走偏了人生的航向。你看，读到我的这部小书，他又写道：“君由于灵性乖巧，总比常人多悟到许多事情。然而，做到彻悟当凭功德了，或曰‘造化’，或曰‘命’。老辈能人颇多，也许出于保守，不肯做出这许多东西。君从横向纵观，将古数写得活灵活现，至少其中成语、典故、引文、略语，就使人几乎不敢相信，这书出自一位青年之手。中国人太聪明了，望君慎重。”（九月二十六日）另外，此书序言中提到的“三箭齐发”，《数术探秘》已在三联排印中；《数与中国文化》却因为我从“支贫”回来，又恢复了工作，就没有时间写了。（注：一直到二〇〇三年，我离开了辽宁教育出版社社长的位子，到辽宁出版集团工作，才有了时间，于二〇〇五年在中华书局出版《数与数术札记》，没想到这“第三箭”竟然发了十年。）

6月2日

写完昨天的“日志”，意犹未尽。因为《古数钩沉》的后记是一篇长长的“读书自传”，它记载了我大学毕业之后的读书生活。摘录如下：

回忆起来，早年我对于“数”或“数学”都没有什么特别的偏好，只是与其他学科平等对待；后来我投身于大学数学系学习，实乃出于外部因素的作用。不过4年学下来，倒也受益匪浅，其收获不仅在数学本身，而且更多地影响着我的思维方式与研究方法，许多理论模式潜移默化，在自觉不自觉中引导着我的学术实践，对此我常常引以自慰。

出师十年，又逢“猴年”——我的本命年，“同命者”大都在为逃避人生的“劫难”而忙碌着。我也在忙，但不是为避难，而是在想：该总结一下了，否则一旦有个三长两短的，何以“盖棺定论”？这大概就是所谓“逆向思维”的作用了。记得在上大学时，一位师长曾说：“一件事情出现了，人们大多从正面探究其发展；如果谁能倒过来思考一下，往往会产生意想不到的突破。像缝衣针的穿线孔，按照常理，自然处于针的尾部；可是在人们使用了几千年之后，突然有人异想天开，把穿线孔嵌在了针头上，于是有了缝纫机，于是人们的缝纫速度有了成倍的提高。”这段巧妙的例说极大地感染了我，更激发了我在实际生活中的奇思异想。所以在别人为“消灾”而奔波的时候，我却在为“救灾”而准备着，现在我的生日9月13日已过，37岁的“我”已经名正言顺，灾难没有发生，我却在虚惊之中得到了丰厚的收获，那就是我为“盖棺定论”而急就的诸多文字，本书即是其中之一！

言归正传。阴差阳错也罢，天缘巧合也罢，自从我进了数学系就与“数”结下了不解之缘。大学四年，遍览基础数学的各个学科，像数论、数学分析、高等代数、高等几何、泛函分析、拓扑学、近世代数、微分几何、微分方程云云，五花八门，万变不离其宗，都是围绕着“数”转。当然，那时我对于“数”的认识始终处于“计”与“算”的范畴之中；与此前比较，只是引入了“运动”的概念，使我的头脑中又增加了一种“流数”。流数的嵌入改变了我的哲学思考的贫瘠和僵化状态，使我开始用审视的目光看待既定的文化体系。从那时起，在我的心目中，“什么”和“为什么”两个概念变得同样重要了；此后不久，后者的重要性就超过了前者。

大学毕业后的最初几年间，我把大部分的业余时间都用在数论史的研究上。那是一种专题性的研究，归结起来，我在几种特殊的数字上纠缠了许久，最终竟搅出一本小书来，而且居然会出版，名曰《自然数中的明珠》。那书直接以8种数字作为章目，有完全数、亲和数、勾股数、梅森数、费马数、斐波那契数、伪素数、形数。在一种莫名的移情氛围中，我留下了10余万言自作多情式的著作，当时的心境，可以从该书的“前言”中表现出来：“记得有一位数学大师把数论中的问题比作一颗颗璀璨的明珠。当我们漫步在无垠的数学原野时，这些‘明珠’便闪烁着奇异的光彩，仿佛向我们轻轻地呼唤着：来吧，朋友，这里遍布着无限的珍宝！出于欣喜和宠爱之情，笔者从这些五彩缤纷的明珠中，信手择来8颗：完全数、亲合数、梅森数……”噫！尽是些自慰式的抒情和善意的诓语。回忆当时的创作过程，哪里是“信手择来”，其中的艰辛只有小可知道；哪里有什么“五彩缤纷”，即使我自己读起来也有生涩之感。当然，赞许的人还是有的，与我亦师亦友的吴振奎先生即叹道：“好书！我从中体悟到足下创作的底蕴。”听此言，我淡淡地笑了，他认真地笑了。

以上是我大学毕业后的第一个思辨过程。

当迂拙性的热情平缓之后，我开始了一段时间的理性思考。总结起来，按照比较正统的观点，似乎可以这样概括我以上的创作缘起：是古人的非理性情结激发了我的理性冲动！而我的冲动应该建立在一种趣味的、理智的、无诓无玄的、以启发智力为目的的、等等的基础之上。总之，古人皆醉“我”独醒，古人皆浊“我”独清，这是今人崇尚的观念。但是，在沉思之中，我的怀疑论思想开始渐露锋芒：今人真是那样的清醒吗？古人真是那样醉浊吗？这种想法一露头，立即引出了一连串的“什么”和“为什么”：

古人从事数学研究乃至科学研究的原动力是什么？

古人为什么要对完全数、亲和数等数学知识附加那么多非数学的解说？

古人在发现、发明科学知识的时候，具有什么样的心境？

古代的所谓“科学家”与今天的科学家有什么异同？

古代的宗教、迷信、伪科学等活动与当时的现代意义上的科学活动有什么样的关系？

……

其实这些问题在现代流行的一些哲学系统中已经给出了“定性”的解释，但是我仍怀疑，我仍发问，因为我需要塑造一个活的、真实的、富有个性的学术生命。然而这“问”字一出头却搅得我寝食不安，在一种潜意识的驱动下，总想从心底挖出个“究竟”来。当然那“究竟”不是凭空想得出来的，它需要一种缜密的哲学思辨；于是我开始步出数学，走向哲学。其实数学与哲学是人类思维运行的一个递进过程，对于接受过专门的数学训练的人而言，学习哲学就像经历过体能训练的候补运动员学习运动技巧一样，基础已经奠定，需要的只是方法和技能了。不过，实现中存在的贫困的哲学实在无法弥补我内心深处的哲学的贫困；情急之中，我面向远古，面向西方，一头扎入故纸堆中，不分青红皂白地阅读起来。诸如《周易》、《论语》、《道德经》云云，掺杂着《新旧约书》、《忏悔录》、《思想录》、《小逻辑》等等，不断地注入我的思想库，数年之中形成了一个自身存储与积淀的过程。那时我最大的愿望是在心灵深处辟出一个空间，给“非我”创造一个存在的条件，以便迈出自我否定的一步。后来我才感觉到，事情没有我想象的那么简单，因为正常的人都是“社会人”，所以在某种意义上，“我”与“非我”之争并不是个人的私事，它常常体映着观念的冲突、体制的更替乃至时代的变迁。我朦朦胧胧地察觉到：我们是在一种“集体无意识”的状态下，向一个时代诀别！回顾那段时间，我着实诌了几篇乱哄哄的文章，其中充满了疑问和断想。像《数，一个神秘的文化现象》,《人类的烦恼：“无限”的神学解释》,《论“易数”与中国古代科学的联系》,《论“五行说”与中国古代文化的联系》，等等。

文章虽然发出去了，但是并没有为我换来半点的轻松。因为对于那些玄而又玄的设问、反问或自问，我并没有给出恰当的回答；或者说，其中的许多问题都是“非构造性”的，没有办法给出实证的解释。所以我的心底仍然涌动着疑惑的波涛，再加上外界的朋友和非朋友发出的对我的“疑惑”的疑惑，更是加重了我的心理负担。几次梦中我求助于远古时代的怀疑论大师，但是他们远远地立着，一味地咏唱着《天问》之类的感慨，并不睬我！蓦然间，我的心底涌出一阵阵的悲哀，我为这孤独的时代而战栗！醒来却又悟到：其实每一个时代都是“孤独”的，一种“集体孤独”！于是我的精神胜利了，再做梦时，我也长成七尺身材，“堂堂一表，凛凛一躯”，在汨罗江畔游走；恍惚之中，似乎那位叫阿什么的人拖着一条长长的辫子也在众鬼影中晃动，还有一位留小胡子的硬汉在那里冷冷地笑。我被笑声感染，向他贴近，渐渐地看清了他棉袍下的那个“小”，我如鲠在喉，脑中充满了而已、而已……从此告别了人生的梦幻时期，也结束了我的第二个思辨过程。

跨入20世纪最后一个10年，人类在一种超意识的感召下，向着新世纪的文明迅跑。可是，在那连云接日、扬尘舞蹈的阵势中，却透射着一种野蛮的力量。

中华民族的步履迈得很重，东方与西方社会存在的现实落差强烈地震撼着中国人的心灵。人们或惶惶然，或愤愤然，或欣欣然，都在急切地寻找着自己赖以生存的支点。我从那梦境中归来，一时间清醒了许多，最初的念头即是理一理脑中无序的“思想库”。此一举真是使我“如梦初醒”，却原来我对人类文化的掌握是那样的薄弱，以至于问题成堆，搞得梦魂牵绕。于是我再度静下心来，开始有选择、有目的地规范自己的研究方向。几经论证，最终我从书桌上挪去了西方典籍，决定集中精力，致力于中国文化的研究。起初我的研究领域很窄，只是在大文化的背景下广泛地探讨“数”的意义。像《数在中国传统文化中的意义》就是这样的文章。

此文发表不久，我就在编辑“国学丛书”的过程中读到一部极好的著作《天学真原》(江晓原著)。虽然那书讲的是天学，但是其中阐述的科学观和历史观确实对我后来的研究工作产生了极大的影响。其序言中写道：“由于中国传统文化的特殊性，古代中国天学的性质与功能根本无法和现代天文学同日而语。研究中国天学史，而它的性质与功能竟被认为是根本无需考虑的，这对于仅仅编制‘成就年表’来说或许真是如此，但对于任何较为深入的研究尝试来说肯定是不可设想的。而对于中西交流与比较研究来说则尤为不可设想。因为古代世界的科学交流总是与广泛的文化背景密切交织在一起，绝对无法单独分离出来。或者还可以说，古代中国天学史研究，作为基石它实际上至多还只有半块，即属于‘内史’的那半块，而‘外史’的那半块则尚属阙如(从这个角度看，那后‘半块’自然也不止于性质和功能两方面)。进而言之，没有后面‘半块’，则其前‘半块’也终不能臻于完善——归根结底，它们本来应该是‘一整块’！”

这些观点化解了我内心中多年的郁闷，我终于找到了科学史研究的一个新的角度。此后不久，我在《论中国古代数学的双重意义》一文中，以及接着我又为三联书店撰写的《数术探秘》一书中，进一步演化了江晓原的观点。这一次，我还是以8类“数字”作为该书的章目，即象数、天数、礼数、命数、历数、律数、医数、算数。

回顾大学毕业后的这10年，我从撰写《自然数中的明珠》到《数术探秘》，同样写了8种“数”，其文化底蕴却是不可同日而语的。这段时间里，我还撰写了一些论文和两部著作，本书即是其中之一。就内容而言，都是上述学术探讨的一个组成部分，我又进入了人生的一个相对平衡时期，一切研究都围绕着一个既定的主题运行着。但是我的第六感觉告诉我：这仍然只是一个短暂的过程，我体内那个“怀疑论”的基因正充满杀机，时刻等待着下一次自我否定的到来！

补注：我的感觉没有错。果然在我写完这部书稿的两年之后，也就是一九九五年，我在《光明日报》“读书与出版”栏目上，开了一个专栏“蓬蒿人书语”。从此开始围绕着“书与人”，大量地写一些与自己的职业更加密切的文章，直至二○○三年结集出版《人书情未了——一个出版人的手记》，我真正地建立了自我精神生命的另一条主线。

6月3日

辽宁出版局局长突然找我谈话，辽宁教育出版社原社长李宝义调出，我仍为副总编辑，但主持全面工作。

6月4日

梁宗巨大病初愈，给《世界数学通史》责任编辑王常珠来信（六月二日），其中写到为了应酬一些会议导致生病的痛苦过程，阅后我的心里很难过。其中云："今后我打算少参加或完全不参加政治活动，也不接受新的任务，唯一的工作是写出那本《世界数学通史》。这是别人所不能代替的，好在其他的零碎工作（包括编《自然科学发展大事记·数学卷》）均已完成，带研究生的任务与写'通史'是相辅相成的。所以写'通史'始终是有把握的，虽然因病耽误了三个月。"他还写道："这次在北京，见到许多同行好友，他们对《数学历史典故》都给予很高的评价。不知还要重印多少册，这是我最关心的事。"

补注：梁先生的信中还提到："巴黎哥哥（梁宗恒）的《花都华人》已和四川文艺出版社达成协议，印数在2万册以上才要版权费。"此后，我参加西班牙科学史大会，途经巴黎，在9月1日，我和郭书春一同拜会了梁宗恒。他已经78岁了，人很瘦，但很有风度；他在巴黎生活了58年，现在孑身一人。他讲述了他们兄弟三人的旧事（还有梁宗岱），还讲述了二战时巴黎的状况。他说："那时我在中国大使馆工作。德国纳粹要炸毁巴黎，我们都躲在地下室里……"他还托我给梁宗巨带回一个治疗气管炎的仪器。最后，他请我们到一家中餐馆吃饭。他说："这家餐馆从前是我开的。现在老了，做不动了，只好请别人去做。"不知为什么，这次见面让我很伤感。

1
9
9
3

梁宗巨先生

7月10日

收到《文史知识》第7期样刊，载有我的文章《数与数术学》。由于有了《数术探秘》的创作和阅读基础，再写此类文章，实在是轻松许多。录文章如下：

刘向校书，分经传、诸子、诗赋、兵书、术数、方技各类，写成题要，称《别录》；刘歆承继父业，编写《七略》，其中亦有术数略；班固沿袭刘氏思想，在《汉书·艺文志》中取七略之六略，仍然保留数术略，只是数与术的位置做了调换。数术略的名下包括天文、历谱、五行、蓍龟、杂占、形法等，称其为“术”大约不难理解，《说文》注道：“术，邑中道也。”古代称国为邑，称行为方式为道。与国事相关的行为方式，无外乎一些处世的技术了。《后汉书·伏湛传》注中写道：“艺谓书、数、射、御，术谓医、方、卜、筮。”况且刘歆所说的天文、历谱与现代涵义不同，实为占星学与历忌学的总汇；即使其中包括科学内容，它们的价值取向也是服务于古代神秘活动的，而且它们是古人处世的重要内容之一，所以称之为术还是恰当的。而于“数”就有些令人费解了，《说文》写道：“数，计也。”《汉书·律历志》写道：“数者，一十百千万也，所以算数事物。”刘氏划定的数术范畴中确实有算数事物的内容，像历谱中蕴涵的历算，需要大量的数学知识和纯熟的运算技巧，所以三国时代的韦昭认为，术指占术，数指历数(《四库术数类丛书》)。其实事情并不那么简单。我们知道，中国古代与“术”相关的行为不在少数，像医术、权术、兵术等等，它们的称谓明了直观，概指所在领域的技术。只有数术例外，它并没有点明技术的实施领域，却涵盖了中国古代神秘主义的主体！为什么会这样呢？

细细分析，这其中有诸多方面的因素。首先在古人的观念中，“数”的涵义与现代不同，它被看作一种“先天地而已存，后天地而已立”(《数书九章》)的自在之物。尤其是在中国古代的神话系统中，“数”又被归于圣人创造。刘向的《世本》中即写道：“大挠作甲子，容成作历，隶首作数。”这里的大挠、容成、隶首都是黄帝手下的大臣。再如《汉书·律历志》中写道：“自伏戏画八卦，由数起。至黄帝、尧、舜而大备。”颜师古注：“言万物之数因八卦而起也。”它是说伏戏氏在推演八卦的时候产生了数的概念。这种观点颇有影响，魏晋时代的数学家刘徽在《九章算术》注序中即写道：“昔在包牺氏始画八卦，以通神明之德，以类万物之情，作九九之数，以合六爻之变。暨黄帝神而化之，引而伸之，于是建历纪，协律吕，用稽道原，然后两仪、四象，精微之气可得而效焉。”既然数是圣人和先王的创造，那么它必然具有神性。这就使数的意义超出了计算的范畴，成为一种内涵更丰富的哲学体系。在这里，不但数的整体扩充了文化功能，而且每一个数字也产生了超出计数之外的意义。例如，对于数字“一”，在古代哲学观念中，它被看作世界的本原，或者是宇宙初萌的表征。正所谓“一者形变之始，清轻者上为天，重浊者下为地”(《易纬·乾凿度》)。《老子》写道：“道生一,一生二,二生三,三生万物。”“天得一以清，地得一以宁，神得一以灵，谷得一以盈，万物得一以生，侯王得一以为天下正。”再如数字“三”，道家的“三生万物”与《周易》的天、地、人三才思想，使它成为人类思辨的第一个“终极状态”。古人行礼要三让、三揖，服丧要三年为期，做事要三思而后行，探病要三问，吊丧要三往，哭丧要三踊，祭祀要三饭，占筮不过三次，强谏不为三番，死亡有三不吊，君子有三畏，礼乐要一倡而三叹，做人要三十而立，夫不孝有三，夫大孝亦有三，兵以三军为制，政以三令为节，年以三月为季，历以三终为元，等等(集自《礼记》、《淮南子》)。应当看到，数字功能的外延是它与古代文化哲学体系发生互渗的结果，这一文化现象的形成正是“数”与东方神秘主义发生媾合的基础。

其次，刘向父子圈定的术数学内容也有一个共性的特征，即它们一致地表现出数字化倾向。像天文中的三光、四象、五星、十二次、二十八宿；五行中的五材、五色、五数、五帝，等等。这说明它们在形式上，就与数字有着不解之缘。当然，这些现象还不是核心内容，汉代将神秘活动冠以“数术”的主要原因还在于《周易》的作用。我们知道，汉代再造的神学系统是极力推崇《周易》的，称它为“群经之首”；而《周易》原本是一部占筮的书，所以它不但属于数术类，而且还规定着诸多神秘活动的运作。像刘歆在论说“天文”的神秘功能时，即引证了《周易》中的话：“观乎天文，以察时变。”论说“杂占”时又引证了《周易》中的话：“占事知来。”由此可见，在汉代的文化氛围中，《周易》具有统领五花八门的神秘活动的作用。另外，《周易》本身的构成也依赖于数字的功能，《说卦》中即写道：“昔者圣人之作《易》也，幽赞于神明而生蓍，叁天两地而倚数。”联系上面谈到的“八卦生数说”，可以得到结论：数既是《周易》的直接产物，又决定着占卜的操作！其实，当时《周易》衍生的各类占卜作品即有《数经》之称（《后汉书·华佗传》）。所以说数与《周易》是密不可分的，在这样的文化背景下，用“数”来总括各类神秘活动，实在是恰到好处！

通过数与数术学的互渗，数的文化功能得到进一步的强化，具备了自然法则的涵义。就是说世界上的一切事物都超不出数的限定，像自然界的阴阳现象是一种二元对应，所以它受到数字“二”的限定；木、火、土、金、水五种物质的存在与扩展是一种五元对应，所以它受到数字“五”的限定，等等。当然这还仅仅是在自然观的意义上对于宇宙运行规律的探索，它的深层表述则是一种神秘化的“定数”观念。古人经常用“天数已定”、“命数难逃”之类的俗语描述一些事情的确定性，事物的运行从发生那天起就在既定之中了。相传唐德宗李适降生时其貌不扬，他的祖父肃宗李亨与父亲代宗李豫都不高兴，但是他的曾祖父玄宗李隆基看过之后却说：“真是我的后代啊！你们二人的气数都不如他。”后来，肃宗当了五年皇帝，代宗当了十五年皇帝，德宗却当了二十七年皇帝，应验了唐玄宗的推断（《太平广记》卷一百五十，玄宗）。这种典型的宿命论思想，正是以定数的形式表现出来的。在这里，数已经异化为人神沟通的中介，人类的吉凶祸福都在神的控制之下，神的意志又通过数表现出来，正所谓“神虽非数，因数而显”。（《周易正义》引顾欢语）如上所言，中国古代经典《周易》就是一本通过取数探知天神意志的书，数千年来，它谱写了无数灵验的占例！仅举一例，据《北史·颜恶头传》记载，南北朝时的颜恶头即是一位占筮取数的高师，相传有一位妇人请他占卜，他经过推算之后说：“登高临下水，唯闻人声不见人。”那位妇人说：“我已经有了七个月的身孕，一次在井上提水，听到胎儿的声音，所以才来问卜。”可见，颜氏通过“数”得到了神的冥示，从而作出了准确无误的判断。

另外，在数与数术学相互交融的过程中，数术学又反作用于数字，使之不但是一种符号，而且还成为一种“神秘的实在”，可以对人事活动产生巨大的反作用。实际上，这是在文化学的意义上，抽象的概念又向具体化的一种回归；或者说，是人类象征哲学的一种异化。这种异化的直接产物是数字神秘主义学说，例如，数字“十二”便有因果报应的神秘功能，就是说如果一个人做了伤天害理的事情，那么十二年之内必有恶报。这一法则来源于岁星的占星学解说，因为岁星大约十二年运行一个周天，所以数字十二就有了特定的作用。再如，在中国建筑史上也出现了一个数字神秘主义的奇观，自汉代以降的古建筑大多以奇数开间，各类古塔的层数也是奇数；而建于明代的北京天坛中的圜丘，作为祭天之所，它的一切尺寸，包括石料的大小、件数等都用奇数。为什么会这样呢？它正是阴阳观念对于数字作用的结果，因为《周易》中规定，奇数对应天，属于阳类，象征着吉祥和幸福；偶数对应地，属于阴类，有阴冷和不祥的象征。而汉代是《周易》神秘化的鼎盛时期，所以产生了奇数建筑的现象，并且它们一直延续了两千多年，至今不绝！当然，我国古代也有偶数建筑，像北京的文渊阁就是六开间，它是仿宁波天一阁修筑的，取“天一生水，地六成之”之意。这句话又是五行说的产物了，它是说：天一生出水来，地六秉承着。天一阁是藏书的地方，最怕火，所以取对应水的数字开间，旨在达到水胜火的目的。 1993

综上所述可以得到结论：数与数术学的结合是一个互渗的过程，即数的抽象性与计量性作用于数术学，使之达到形式化与规范化；数术的神秘性与社会性又反作用于数，扩展了数字的文化功能，进而使数的计数和计算功能退到了次位。

9月27日

八月二十日至九月三日，我途经巴黎，到西班牙萨拉戈萨参加第19届国际科学史大会。这是我第一次出国，自然有些懵头转向；尤其是以一个学者身份参加学术会议，感受更加不同。有几件事情，让我印象极其深刻。

一、大会发言。我参加的是东亚科学史小组的会议，我申报的题目是《论中国古代数学与数术的联系》。会议要求用英文发言，只有个别老学者才会请翻译。这真的让我紧张坏了，一个晚上几乎没睡觉，更没有参加当晚的酒会，就在房间里准备英文稿子；最后，总算在大会上念出来了。回答问题时，由于我的题目太偏，参会者没有一个同类题目的论文，许多学者只是向我索要论文和我带去的小书《古数钩沉》，如此才过了这一关。实言之，那一夜"准备英文发言稿"的精神压力，可能会让我终生难忘。

二、还有一件事情，却让我难过了许久。那就是大会签到之后，我们见到了一位中国的科学家柯俊。于是，我们这些参加会议的中国学者就向他介绍各自的情况。当介绍到我时，他们说，这位是来自出版社的学者，他是搞数术研究的。柯俊突然有些生气地说："出版社的学者大多是假的。"此刻，我尴尬得几乎无地自容。他怎么会这样说呢？这时，一位学者出面打圆场说："柯老，这一位是真的，他还有专著出版。"于是我很勉强地将《古数钩沉》送给了柯俊。事后别人对我说，原来在前不久的一次国际会议上，也有一位出版社的编辑以学者的身份参加，但是轮到他大会发言时，

摄于西班牙，左起韩琦、我、郭书春、林力娜

1
9
9
3

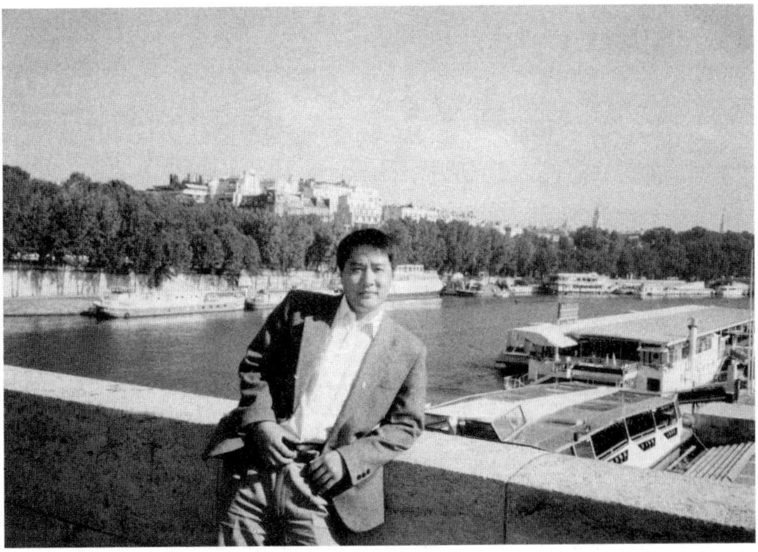

在巴黎塞纳河上

他却跑掉了；而此时柯俊恰好在现场主持会议，面对满座的外国学者，他被这件事情气坏了，所以才有了刚才的情绪。

听到上面的故事，我理解科学工作者的认真态度，因此，我也有些理解了柯俊对我的不礼貌。第二天，大会休息时，我正在与昨天“打圆场”的那位学者散步。突然，我们看见在一棵银杏树下，有一位满头白发的中国老人，坐在那里翻看一本小书。阳光下，旱黄的树叶零散地飘落，风儿吹得他的头发微微地动，我们看清楚了，他就是柯俊，他在看我的《古数钩沉》。

三、会上，我结识了几位很优秀的学者。像台湾的李国伟，他很有学问，彬彬有礼，但是言谈之间，我能感觉到他对两地之间经济文化落差的强调。今天，我还给他写了一封信，其中写道：“久仰先生大名。能在西班牙见到您，并且聆听您的精彩演讲，加之几番侃谈，令我至今难以忘怀。尤其是您敏锐的思想风格与洒脱的行为规范，更是深深地感染了我，使我领悟到当代东方学者的魅力！我身处出版界，只因耳濡目染，研究起了数术学。其实，我只把它作为一种学术体验的手段，以及充实心灵的游戏。”

补注：十月十九日，李国伟复信写道：“谢谢你的鼓励，你对我的夸赞也使我有些惶恐。其实我们在台湾环境好，思想也没有什么束缚，有点学术的新见解是应该的。你们在大陆能克服困难精进学问正道，才需要过人的毅力。我每次在国外与大陆学者相晤，都觉得很感佩。现在中国文化圈里的各种社会，也越来越能流通，我想是大家做一些深刻而独立的学问的时候了。你们出版的‘国学丛书’，我从香港三联书店的书讯中，已知道是非常精彩的一套书。而且江晓原与刘钝都惠赠过他们的书给我，品质更是出众。你们真的出了不少好书。”

还有一位法国学者，她的中文名字叫林力娜，是研究中国典籍《九章算术》的专家。林女士的法文名字是 K. Chemla，犹太人。我记得大会期间，国际科学史学会主席道本·周也略会一点中文，他还与林力娜开玩笑说："按照你法文名字的拼音，你不应该叫林力娜，而应该叫'怎么啦'！"道本是美国人，也非常热衷于中国文化，他正在主持《算经十书》的英文翻译，据说他的中文名字是南京大学郑毓信给起的。

林力娜是中国科学院自然科学史研究所郭书春的学生，也是后来的合作者。作为中法两国的合作项目，他们携手将《九章算术》翻译成法文版。林女士在中国学习了很长时间，非常聪明，中文也不错。据郭书春说，他最初给林力娜上课时，就是一边讲授中国古代算经，一边教她中文的。在科学史大会期间，林力娜一直与我们同行，她对中国人非常友好，请我们在凯旋门大街观看夜景，坐在玻璃房子的咖啡厅里品尝各种怪里怪气的冰淇淋。十分有趣的是，她知道中国的许多礼节，比如，她知道"礼要三让"，所以她认为，问中国人"需要什么东西"时，一定要问三遍，因为中国人前两遍的回答都是"虚话"，或曰客气；真正的想法是第三遍的回答。所以，她请我们喝咖啡时，先问："你需要咖啡吗？"你说："不需要。"她一定会再问两遍："真的吗？"才确信你的意思。

没想到在这次科学史大会上，林力娜的上述观点又起了作用。那是在大会闭幕式的活动中，有一次高标准的收费宴会，需要与会者自己再交费用。由于费用较高，我们几位中国人就推说有事不想参加了。林力娜听说后，也没打招呼，就代我们把费用交了。我们向她表示感谢时，她说："没什么，我请客。"

补注：回国后，我给林力娜寄了几本书，并且写了一封信（九月二十八日），顺表谢意。信曰："我从事数术学研究，实乃兴趣所致。虽然已有数年的研究心得，但是由于公务繁重，以及本人努力不够，成效甚微。此次科学史大会使我感触颇深，一则我更加感到数术学研究的重要和必要，再则我还体会到这方面国际交流的薄弱。由于您及诸位先生的鼓励和帮助，增强了我从事这方面工作的热情和信心。尤其是您对于中国文化的热衷和掌握，以及您与中国学者的特别合作，更是对我产生了极大的感染力。我们国内的许多同行都十分钦佩您的成就和能力，特别是您对于中国文化的接受力和理解力。”十一月十日，林力娜用中文给我回了一封信，她写道：“您寄来的书和信都收到了，感到很感动，非常感谢。书在书店已经看到了，当时没有意识到它们是辽宁教育出版社出版的，但是已经感觉到那些书很有意思，水平很高。现在能看它们，当然很高兴，对我很有用，谢谢您。至于您的信所包括的鼓励，我也很感激，当然对我很有帮助。有时，对于一个外国人来讲，研究中国的历史很难过，经常想自己水平不够等等。只有多亏了一些中国朋友的支持才能继续走这条路。因此很感谢您。我想您自己研究的题目真的很值得搞，很有前途。您已经做过的研究很多，成就很大，我恐怕不能给您很大的帮助，但是如果有任何事情可做，请告诉我。”林力娜的信写在一张白纸上，其中只有一处“作”与“做”不分，再没有一个错字；也没有涂抹，有几处大概是写错了，她都用涂改液覆盖了。

10月6日

九月二十九日，我曾经写信给湖北王建辉，信曰：“收到您的大作《人在书旅》，细细拜读，深为仁兄洒脱学风所感染。出版界有如此才思敏捷之人，实乃幸事！尤其是当前社会普遍认为‘出版社非搞学问的地方’，这就愈加显得仁兄所为的重要了。编辑这一职业是需要‘正名’的，‘名不正则言不顺，言不顺则事不成’。另有一事相求，近见岳麓书社出版《十家论易》，不知仁兄是否与该社有联系，帮我搞一部。若不方便就算了，切勿为难！”

今天收到建辉兄复信：“《十家论易》已请岳麓寄给你。今年以来，读书极少，作文也成点缀。萧兵等劝我往后抓个大专题，做点专深的东西，但我有苦衷。一是本性贪多涉浅，定性较差，二来是做了编辑，难以做教授去写高头讲章。时间不属我辈，好在希望日积月累，渐成规模与体系。有许多朋友的鞭策（这中包括老兄你），吾道不孤。”

10月29日

《光明日报》刊载孙宏安文章《数与中国文化》，评我的小书《古数钩沉》。他谈到此书的两个特点，一是实事求是，二是自然科学与人文科学的结合。其中写道：“此书不啻为我们提供了把握中国博大精深的传统文化的一个脉络，对于深入理解中国古代科学精神，对于弘扬中华民族的优秀文化传统有着重要意义。而且这本书对于中国古代文献的精到剖析，对数的文化特征的论述也蔚为大观，表现出一种大含细入的功力。”

11 月 10 日

今天收到《三秦文化》作者黄新亚来信，其中写道：“拙著本 1
来印刷甚佳，可惜 20 页与 225 页两幅图倒置，20 页的图放反了， 9
关系还不大。225 页的清真寺回文碑属《古兰经》圣训，不敢倒置， 9
因为西安回民甚多，加上西北地区穆斯林宗教情感甚重，我实在 3
怕因此出现‘拉什迪’事件，故紧急要求改版后再发行。”

补注：我十一月十六日复信：“两封大札均已拜读，大作《三秦文化》屡屡拖期，艰难面市；不想祸不单行，又有重要插图颠倒，实在令我汗颜不已！目前责任已经查明，乃工厂所为，苦也！我社已下紧急通知，将书全部收回，重新装订，重新发行。您收到的样书最好寄回来，让工厂改装后再寄给您。首次合作，不周之处甚多，十分抱歉！还望先生见谅！”

11月11日

本年中，台湾九章出版社孙文先多次来信。六月十五日来信，欲以一万元人民币购买梁宗巨《数学历史典故》繁体字版权。经交涉后，九月六日孙回函："基于我俩之友谊且有良好之合作基础，我社同意以1200美元的版税，购得贵社《数学历史典故》一书之繁体字版权。"今天，孙先生又来信，一是寄上台湾繁体字版"世界数学名题欣赏"丛书样书十套；再一是写道："你的译作《数学经验》是不可多得的好书，可否代为询问其他诸位译者，授权我社在台出版繁体字版？但此书为美国译著，依台湾法令，我社亦必须取得美国原著者授权，如双方均谈妥才可在台出版繁体字版。我社将尽力争取。"

补注：一九九四年二月二十二日，我给孙先生复信写道："几封大札均已收阅，敝社出版的《数学历史典故》及王前先生与我合译的《数学经验》，能够得到贵社的赏识，深感荣幸！关于《数学历史典故》的出版合同，敝社基本上同意贵社的意向，只有一点需要协商，即授权年限，按照国内法律与惯例，应以10年为好。现附上修改后的合同，请酌定。另外，我已经与王前先生商定，同意授权贵社出版译著《数学经验》的繁体字版，请孙先生寄来意向书或合同，在我们达成共识的基础上签署。由于此书翻译难度极大，所以希望贵社在付酬标准上予以优惠。至于国内版版权问题，由我们自行妥善处理。"

11 月 12 日

九月二十日收到张岱年先生推荐书稿的信件，其中写道：“最近中国社会科学院哲学所周云之同志提出撰写《中国名辩学》的计划，申请列入‘国学丛书’，周云之对于中国逻辑学有较深的研究，对于墨经、惠施、公孙龙学说钻研较细，在前人的基础上做了进一步的探索，估计能达到较高的水平。兹将他的申请书寄上，请费神予以考虑。”这是张先生推荐给“国学丛书”的第二部书稿，上一部是中国人民大学孙中原的《墨学通论》。

今天，我给张先生复信：“9 月 20 日大札收到，先生如此关心敝社出版建设，在组建‘国学丛书’的过程中，贡献巨大力量，实在令我们感动。该丛书首批出版后已经得到极大的赞誉，为此敝社衷心地表示对您的谢意！目前，‘国学丛书’第二批书稿（五本）已在印刷之中，待出书之后，我将及时送上，请先生审阅。感谢您为敝社推荐周云之先生的书稿，我们将认真审读、处理，勿念！”接着，我又给周云之复信：“关于您的书稿，主要是因为自去年以来‘国学丛书’就不再组稿了，目前只处理遗留的稿件，尚有十余部。所以您的大作列入‘国学丛书’是有困难的。但是，鉴于张先生举荐，以及您的写作质量，我愿意再想一想办法，玉成此事。只是请您不要着急，容我找机会争取一下。一旦有消息，我会及时通知您。您赠送我的书《墨经校注》已收到，谢谢！”

补记：张先生做事极其认真，去年初，我还曾收到李春林转来的一封信，张先生写道：“拙文《论道统与学统》在《辽宁教育学院学报》上刊出了，可惜其中有几个错字，今勘误寄上。请转寄辽宁教育出版社编辑部同志，如《国学今论》印页亦有同样错误，实亟须改正。尤其是倒数第二段中的错排，把意思搞反了，必须改正过来。”（一九九一年十二月三十一日）

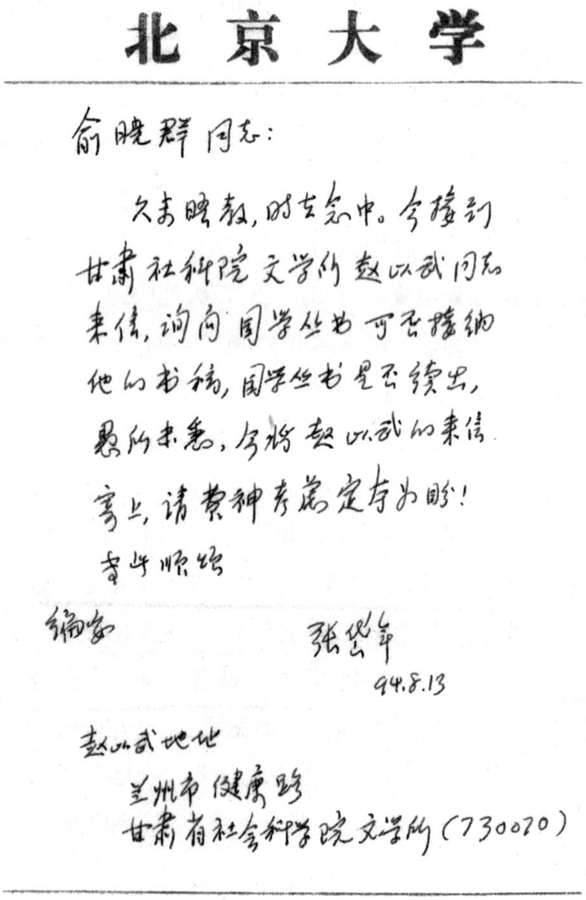
北京大学

俞晓群同志：

久未晤教，时在念中。今接到甘肃社科院文学所赵以武同志来信，询问国学丛书可否接纳他的书稿，国学丛书是否续出，愚所未悉，今将赵以武的来信寄上，请费神考虑定夺为盼！

专此顺颂

编安

张岱年

94.8.13

赵以武地址

兰州市健康路

甘肃省社会科学院文学所（730070）

1993

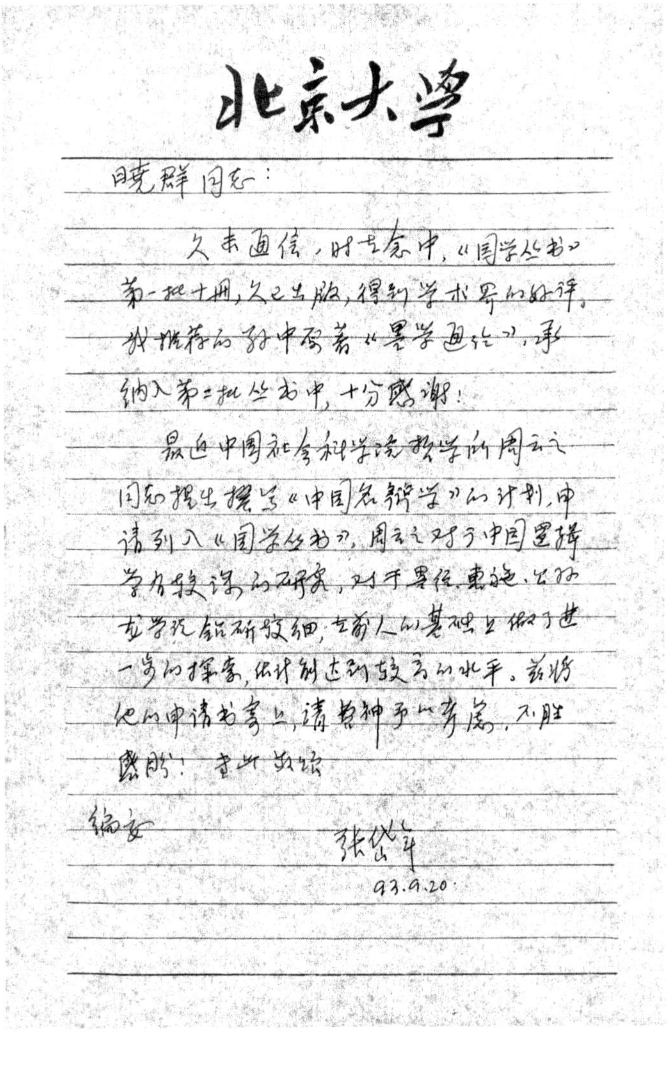
北京大學

晓群同志：

久未通信，时在念中。《国学丛书》第一批十册，久已出版，得到学术界的好评。我推荐的孙中原著《墨学通论》，承纳入第二批丛书中，十分感谢！

最近中国社会科学院哲学所周云之同志提出撰写《中国名辩学》的计划，申请列入《国学丛书》。周云之对于中国逻辑学有较深的研究，对于墨经、惠施、公孙龙学说钻研较细，在前人的基础上做了进一步的探索，估计能达到较高的水平。兹将他的申请书寄上，请费神予以考虑，不胜感盼！专此 敬请

编安

张岱年

93.9.20

11月26日

十月五日，我给远在日本的杜石然去信，寄上刘钝的《大哉言数》。并曰：“长期以来，先生为敝社出版工作给予了大力的帮助和支持；尤其是在‘国学丛书’的组织过程中，承蒙先生的指教和推荐，使我们能够出版优秀的书稿，在此再向先生表示真诚的谢意！先生从事科学史研究数十年，承前启后，成果累累，桃李满天下。去年我曾经冒昧地约请先生为敝社撰写一部《中国数学史》，至今此事仍然在我的计划之中。不知先生是否能够拨冗将这个项目列入日程，促成合作，敝社将不胜感谢。先生远在异国，万望珍重。”

今天收到杜先生复信：“蒙贵社不弃，使本人忝列‘国学丛书’编委，经本人介绍之‘天学’、‘医道’、‘言数’之卷已出全，经作者努力及社方帮助，三册均属上乘，本人也算不辱雅命了。虽然很重，已赐下的‘国学’前十卷，我已全背来日本。后十本也望全部赐下，以便拜睹完璧。感谢您的好意，约稿之意殷殷，当奋力复命。唯各方原因，一时难就绪。一俟有定，当即奉闻。”

12月8日

这些天一直在读刘钝的《大哉言数》，他很有功力。今天，我写出了一篇书评《“秘中之秘”新探》。这里面还有一个故事值得提及，那就是刘钝曾经请李约瑟博士为此书题写书名，七月七日，他寄来了李约瑟的题字“大哉言数”，落款却是“十宿道人”。这是什么含义？我们知道，李约瑟很崇尚中国的道教，他的名号还有“胜冗子”、“丹耀”，可这“十宿”语出何处呢？一时没找到。我倒是知道乾隆曾以“十全老人”自诩。

补注：二〇〇六年九月，我整理这段日志时，发现自己这么多年还是不知道“十宿”为何意。就用手机给江晓原发了一封短信：“晓原兄：请教，十宿为何意？语出何处？”晓原兄却回一电子邮件答道：

弟孤陋寡闻，只能姑提供如下两条，供兄参考：

一、据李说李之名“约瑟夫”(Joseph)在中国古代最早的译音是“十宿”，故李以“十宿”谐“约瑟”，且能隐喻星座。

二、唐诗中至少二见：

裴说：《旅次衡阳》

欲往几经年，今来意豁然。江风长借客，岳雨不因天。

戏鹭飞轻雪，惊鸿叫乱烟。晚秋红藕里，十宿寄渔船。

皮日休：《习池晨起》

清曙萧森载酒来，凉风相引绕亭台。数声翡翠背人去，一番芙蓉含日开。

茭叶深深埋钓艇，鱼儿漾漾逐流杯。竹屏风下登山屐，十宿高阳忘却回。

上述唐诗中所见应该并无深意。李自己的解释应该可取。

12月15日

晚，在北京与辽宁出版局局长于金兰一同，拜见《光明日报》 1
总编辑徐光春，还有陶铠、李春林、梁刚建。谈论与新闻出版署共 9
同创办一份关于读书的报纸的事情，请辽宁方面加盟。其实，此事 9
的第一次提出是在八月七日香山饭店，我与本社的王越男拜见了 3
《光明日报》的上述四位，那也是我初次见到徐光春。今天交谈之后，于金兰对我说，我们可以支持此项事情，但辽宁做创办方之一似乎不太合适，因为这其中有我们的上级机关，干脆就由辽宁教育出版社以广告费的形式加入好了。

补注：这里所要创办的报纸，就是今天的《中华读书报》。后来，辽宁教育出版社也确实是以广告费的方式支持该报创刊的。

12 月 21 日

本年中，“国学丛书”陆续面世，善后的工作却不少。现辑录如下：

一月二十一日，梁刚建转来张岱年先生电话讯息，武汉大学萧箑父同意写一部关于明清学术思潮的书，让我将合同寄给萧先生。我于二月四日寄上组稿合同，三月十九日萧先生之女萧萌来信，言其父在国外，回来后方可签约。信中她却称我为“女士”，看来是误读了我的名字。萧先生的名字用字很有些怪异，中间那个“箑”字，我们几次都读不出来或读不准音，一会儿读“捷”，一会儿读“刹”；电脑中也没有这个字（补注：现在有了）。其实应该读“sha”（去声），是扇子的意思。

二月十八日，汤一介来信，他写道：“我曾收到贵社寄来稿费 600 元，我想大概是我的论文《再论中国传统哲学中的真、善、美问题》收入贵社编的《国学今论》之故。但至今我未收到《国学今论》，能否请寄两册给我，邮费、书费我可邮汇去。又，我是‘国学丛书’的编委，贵社曾向编委赠送‘国学丛书’，当时因我出国讲学，未在国内，现在是否能补给我一套。”

三月十八日，《先秦儒学》作者钱逊询问样书情况，他批评我们没有很好地履行合同。他写道：“1990 年合同中写道，本著作出版后，出版者应赠著者样书 15 册，并可按批发折扣购书 100 册。现在的情况，无论样书还是购书都与合同相差甚远。两个月前，我给责任编辑王越男先生写信，可一直没有回音，因此写信给你，希望这次不要如泥牛入海。”四月二日，《宋明理学》的作者陈来也来过类似的信件，不满意出版社的工作态度。

四月十七日，读者姜长苏来信，指出《国学今论》排印错误，用词激烈。其云：“今读贵部出版《国学今论》，颇觉其中谬误太多，实不堪读。王利器先生的《谶纬五论》中尤甚。不知是何缘故？例：将‘王光谦《疏证》’误为‘《王光谦疏证》’；将‘桓谭’误为‘恒谭’等。文中标点、排字错误到处都是，令人触目惊心。连王先生这样一代鸿儒，写的文章都不能认真对待，别人的文章更不能被排印正确。出版如此一套丛书（尤其在今天这样的恶劣的环境下），嘉惠后学，其功甚伟，然以这么多的错误面世，却又有贻误后学之嫌。”

读罢此信，我的内心非常痛苦。六月份，我开始主持辽宁教育出版社的全面工作。我的心里非常清楚，在我们出版社里，从总编辑、编辑，一直到印刷、校对，甚至本地的印刷厂，都没有人能处理得了此类书稿。这就是我们这些新生的地方出版社，与那些老牌出版社的差距所在。不是有钱、有权、有理想、有干劲就能做好一切事情，这里还有一个非常重要的条件，那就是“职业化”建设。一套“国学丛书”就像一块试金石，让我们漏洞百出，我深深地感受到了前进的压力。

六月十六日，李学勤先生来信推荐南开古籍所赵伯雄《春秋经传研究史》。

九月七日，《光明日报》陶铠转来上海复旦陈士强信，陈说他

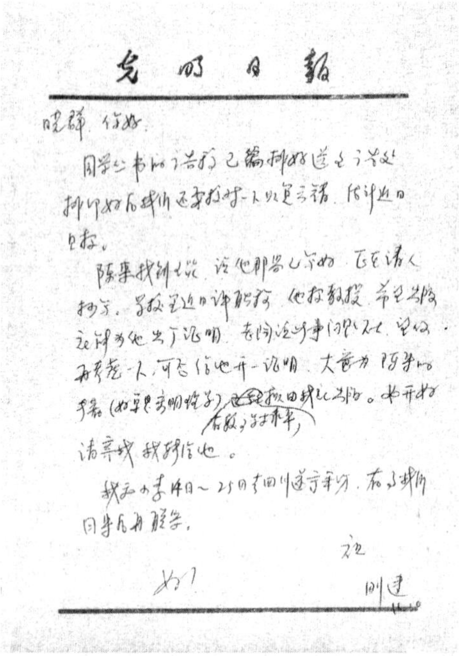

光明日报

晓萍：你好。

国学丛书的广告稿已编排好送至了学校，排印好后我们还要核对一下以免出错，估计近日见报。

陈来找我说，说他那部已写好，正在请人抄写。学校呈近日评职称，他报教授，希望出版社为他出个证明。我问这件事问你可以，望你再考虑一下，可否给他开一证明，大意为陈来的书稿（如果是写明题目）已被列入国学丛书出版计划（有报了选题未审）。如开好请寄我，我转给他。

我五月十四日～25日去四川遂宁采访，有事我们同事会有联系。

祝

好！

刚进

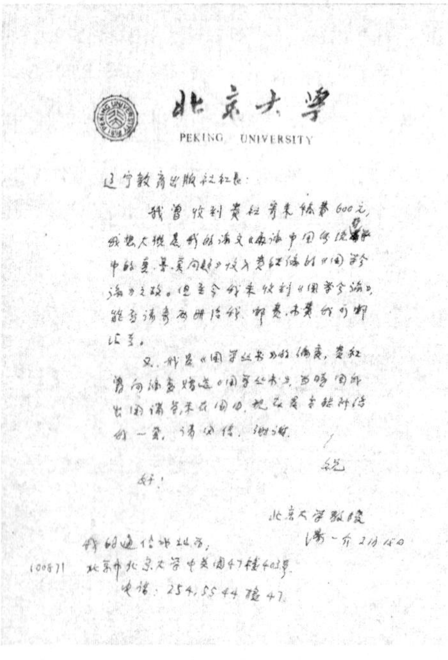

北京大学

PEKING UNIVERSITY

辽宁教育出版社社长：

我曾收到贵社寄来稿费600元，我想大概是我的论文《论中国传统哲学中的真、善、美问题》收入贵社编的《国学今论》之故。但至今我未收到《国学今论》，能否请寄两册给我，邮费、书费我可邮汇去。

又，我是《国学丛书》的编委，贵社曾向编委赠送《国学丛书》，当时我因出国讲学未在国内，现在是否能补送我一套，请回信，谢谢。

祝

好！

北京大学教授

汤一介 2月15日

我的通信地址：

100871 北京市北京大学中关园47楼403号

电话：254,5544 转47

的《佛典常谈》刚写了五章，就把眼睛累坏了，水晶体混浊，医嘱不能再看书、写东西。他写道："我已经三个月没有写东西了。过了这个月，如果视力比较稳定，我将继续写稿，完成最后五章。如果视力仍趋下降，那就只得告退了，烦请找一个快笔另成此书。"

十二月二十日，张政烺来信云："张岱年同志编著之《国学今论》已经出版否？定价多少？我是作者之一（73 页——《'十又二公'及其相关问题》），想买一些送朋友和学生。随函汇去一百元，请除下邮费能买几本算几本，打包寄下，越快越好。琐事打搅，至为不安。"说点儿题外话：张先生是一代鸿儒，名满天下。这封短信写得实在好，没有一个多余的字，没有一句话不精准恰当。大家、名家的信都是信手所写，最能看出文字的力道。

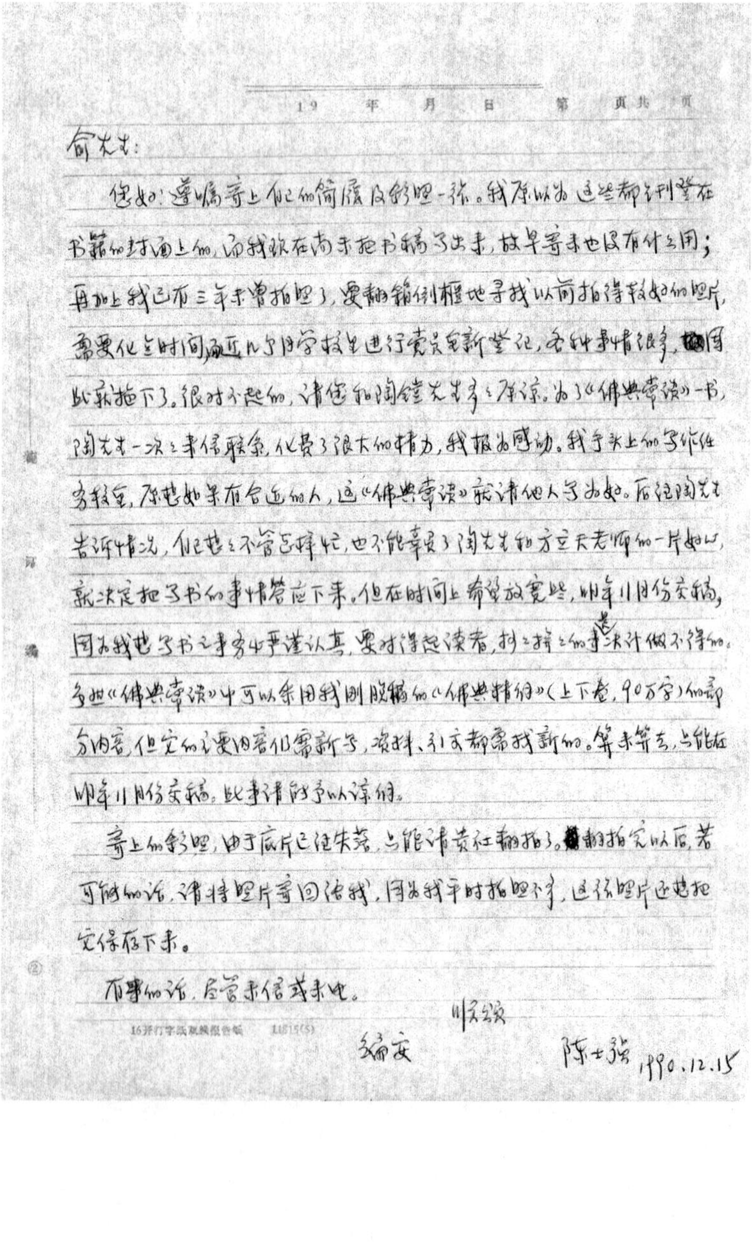

19 年 月 日 第 页共 页

俞先生：

您好！遵嘱寄上个人的简历及彩照一张。我原以为这些都会刊登在书籍的封面上的，而我现在尚未把书稿写出来，故早寄来也没有什么用；再加上我已有三年未曾拍照了，要翻箱倒柜地寻找以前拍得较好的照片，需要化些时间，而近几个月学校里进行党员重新登记，各种事情很多，因此就拖下了。很对不起的，请您和陶铿先生多多原谅。为了《佛典导读》一书，陶先生一次次来信联系，化费了很大的精力，我极为感动。我手头上的写作任务较重，原想如果有合适的人，这《佛典导读》就请他人写为好。后经陶先生告诉情况，个人想想不管怎样忙，也不能辜负了陶先生和方立天老师的一片好心，就决定把写书的事情答应下来。但在时间上希望放宽些，明年11月份交稿，因为我想写书之事务必严谨认真，要对得起读者，赶赶抢抢的事是决计做不得的。另外《佛典导读》中可以采用我刚脱稿的《佛典精解》（上下卷，90万字）的部分内容，但它的主要内容仍需新写，资料、引文都需找新的。算来算去，只能在明年11月份交稿。此事请能予以谅解。

寄上的彩照，由于底片已经失落，只能请贵社翻拍了。翻拍完以后，若可能的话，请将照片寄回给我，因为我平时拍照不多，这张照片还想把它保存下来。

有事的话，尽管来信或来电。

顺致

编安

陈士强 1990.12.15

1994

事件：我被任命为辽教社总编辑，“书趣文丛”、《世纪之交·与高科技大师对话》启动。

图书：《数术探秘》，《通才的绝唱》，《自然科学发展大事记》

文章：《“秘中之秘”新探》，《两种“万物皆数”观念及其对科学发展的影响》

人物：李玉和，刘钝，乔治·萨顿，杜石然，钱宝琮，周公，商高，孟子，老子，张丘建，李学数，陈从周，蒋介石，白杨，沈昌文，吴彬，赵丽雅，陆灏，施蛰存，金性尧，徐梵澄，舒芜，吴小如，迈克，林以亮，思果，脉望，黄裳，纪果庵，瞿兑之，周越然，谢兴尧，谷林，姜德明，邓云乡，米兰·昆德拉，如一，瞿鸿机，周劭，葛兆光、王炎、冯统一，梁宗巨，王常珠，孟祥林，刘天华，王一方，钟叔河，张岱年，张政烺，赵以武，彭加勒，金克木，卞孝萱，傅璇琮，曹道衡，王前，毕达哥拉斯，张衡，沈括，卫朴，孙宏安，詹鄞鑫，周云之，郑在勇，王建辉，吕叔湘，钱锺书，傅雷，顾毓琇，李俨，萧篁父，廖育群，潘振平、张琳娜，郑振铎，叶圣陶，邹韬奋，巴金，大江健三郎，山田庆儿，廖育群，胡守文，常成，曲仲，张增顺，黄允成，欧剑，王斌，马元春，成其圣，陈昕，胡光清，江淳，骆丹，杜辛，左健，张海潮，傅美琳，范军，唐振常，辛丰年，董乐山，金耀基，朱维铮，施康强，扬之水，朱丽兰，李鹏，孟祥林，汪成为，侯云德，师昌绪，蒋新松，王大珩，闵桂荣，赵仁恺，周山，陈学明，郭书春，王前，孙宏安，张锦，谭坚。

2月22日

辽宁出版局文件，任命我为辽宁教育出版社总编辑，依然不任社长。我分析应该有两个原因，一是辽教社有教材，每年产生大量的利润，领导不放心，需要有局长来兼职；二是我的个性，他们一直批评我的三个缺点：不懂政治，玩世不恭，锋芒太露。有言道："性格决定命运！"也许有道理。我也无所谓，老爸总告诉我："要夹着尾巴做人。"我再加一句："要挺着胸脯做事。"其实挺什么挺呀，就是想活得轻松些、个性些、真实些。我这个"走资派"的后代，有这点波折算什么？套用《红灯记》中李玉和的话："有'文革'十年垫底，什么样的事儿都能挺过去！"其实也不是什么"波折"，得陇望蜀，人之本性也。我的人生哲学还不够超脱，还需要自省。

3月30日

收到《读书》第三期，其中有我评刘钝《大哉言数》的文章《“秘中之秘”新探》。文中写道：

> 西人乔治·萨顿把科学史称作“秘史”，把数学史称作“秘中之秘”。那么，刘钝先生的新著《大哉言数》就可以称为一部“探秘”的力作了。
>
> 《大哉言数》是“国学丛书”中的一个题目，它的命名颇为有趣。那是在1989年深冬，天极冷。我们三五同仁在京城的一个角落里侃谈，席间葛兆光、王焱、冯统一三位先生开列出一个长长的国学编写书目，其中有《古算源流》；后经杜石然先生推荐，请刘钝先生撰写。刘钝考虑到先人钱宝琮已有同名著作问世，故更名曰：大哉言数。此语出自《周髀算经》，其中记载了周公与商高关于“数”的一段调侃，周公为商高的宏论感染，故而发出“大哉言数”的慨叹！中国古代称数为“大”，具有极强的人文色彩。孟子说：“充实而有光辉之谓大。”老子说：“道大，天大，地大，人亦大。”看来古人称“大”之物均非同小可。今人刘钝引用此语，一方面是在抒发他对于中国古代数学的“万般崇敬和欣赏之情”；另一方面也反映出他试图在科学史研究中建立一种新的阐述形式的愿望，以期达到与整套“国学丛书”风格一致的目的。刘钝的愿望实现了，他不但

恰当地选择了这样一个寓意深刻的题目，而且在这个浪漫的题目下他还彻底突破了俗成的编撰体例，正如杜石然先生的序言所说：这部著作“似乎既不是一部严格按照时间或朝代顺序编写的学科史，也不单纯是有关专题的汇编，可能和已有的中算史专著均有所不同”。这里所说的不同，主要表现在全书的结构安排上。作者开篇即以“古算概观”为题，率先以时间为主线专题性地介绍了古代数学家、数学经典、算制和算具、古算和社会等。以此作为基础，作者又以学术空间为主线，结合中国古代数学发展的深层结构，分三章对古算做了一番深刻的巡礼，即“粟米衰分”，论说算术；“少广方程”，论说代数；“商功勾股”，论说几何。实际上，这是一部“双轨制”的理论著作，作者按照时间与空间两条主线，分别从宏观与微观上阐述了中国古代数学的发展脉络和思想精髓，在一种立体的思维框架里展开理论研究。这种时空交错的研究形式既可以使我们多视角地概观历史，又可以起到深化一些专题研究的作用。

《大哉言数》阐述形式的变化，为作者的理论思考提供了一个新鲜的思维空间，进而得到了丰厚的收获。例如在“数的进位法”一节，作者从《周易》与二进制数理入手，纵向阐释了一般非十进制的理论和算法，脉络明晰，内容博广；尤其是关于《太玄》与三进制数理的论述，切入古算史研究的堂奥，被专家断为：“在国内，本书的叙述当为最早。”另外作者将现代知识的修养成功地运用于古史考证之中，开解了一些长期悬而未决的问题。像《张丘建算经》中著名的“百鸡问题”，其中的“术文”写道：“鸡翁每增四，鸡母每减七，鸡雏每益三。”后人对这一结论的来源猜测不一。作者通过布列方程求解，巧妙而正确地开解了问题的疑团。再如，作者在“内插法”一节中深刻地揭示了差分表在中算家招差术演进脉络中的中枢位置，并且对一般招差术的来源给出了精彩的解说，等等。

《大哉言数》另一个重要特点是：作者并不满足于对中算史成就的简单罗列和揭示，而是采取内史与外史结合的方法，使全书论述充满生机和人文气息。其中许多历史结论不但在狭义的科学史范畴中产生影响，而且在广泛的文化人类学意义上有着不可低估的作用。像作者通过“算制与算具”一节完整的历史实证，使我们领悟到一个深刻的结论：“中算家在算术和代数领域的成就长期居于世界前列，与其说他们比同时代的外国同行更聪明，不如说他们比后者更为幸运，原因是他们在记数制度和计算工具方面具有得天独厚的优势。”在这里作者实证性地说明了算制与算具的重要作用，即十进位制以及由此发展起来的算筹为中国人提供了数学研究的有力工具，进而在此领域内超前于其他文化群落。这一结论与那些带有种族色彩的历史臆断比较起来，显然更有说服力和真实感。再如作者在论述古算与社会的关系时，提出了一些非常有趣的历史现象，并且在理论上加以分析，作出了诸多精辟的论断。像作者在“从治、乱看数学”的题目下，揭示了这样一个事实：中国古代数学发展的两次高峰期，都发生在战乱频仍、集权削弱的时代；而在社会稳定的封建盛世，数学却较少表现出创造性来。作者还从古代学术思潮的流变中透视了两大数学传统的深层结构，即儒家传统以“九数”为核心，具有鲜明的政治和人文色彩；墨家传统以几何学为核心，具有一定程度的抽象性和思辨性。毫无疑问，《大哉言数》在上述研究中的理论突破极具先导性，为百余年的科学史发展带来一缕春天的讯息！

4 月 27 日

四月十五日梁宗巨信："听常珠同志说《数学历史典故》即将版权出让给台湾九章出版社，在台湾出版。在哪里出版，都是好事。但我想在大陆至少要再印一些。凡见到这本书的，都有好评。美国学者李学数（笔名）在台湾讲学时见到此书，想买买不到，就复印了两本，还寄来 2000 台币（合六百多人民币）书款。我想你会理解作者的心情，我现在写书绝不是为了评职称、评级之类，更不是想赚点稿费（这些目的我早已达到，名、利都已经到头）。唯一的希望是想使书落到读者的手中，对数学史这个方向尽一点力量。"

从这封信中，我听出来梁先生是有些不高兴了。今天，我复信云："4 月 15 日大札已阅，我因外出刚刚回来，迟复您的询问，深表歉意！大作《数学历史典故》面市之后，确实反映极好，但初版印得太少，读者四处找书，新华书店又与市场脱节，造成目前局面，实为憾事！日前我已下令立即组织再版，尽量补救先前的不足。具体印多少，还要看征订报数。您若有需要修改之处，请将改正本寄给我或杨力。台湾九章出版社已决定购买该书的繁体字出版权，并且在台湾地区发行，我社已同意授权。他们需要书内照相版插图，还望您抽暇及时提供。另外该社亦将支付稿费，待我社收到后，即按著作权法和合同的有关规定支付给您。《通史》进展顺利，我们非常高兴，我已与有关方面联系，希望同时推出简、繁体两种版本，在海内外同时发行。万望梁先生珍重身体，不可过劳。"

5 月 15 日

收到上海刘天华来信。刘是我社丛书“中国古代五大奇观”之《巧构奇筑》的作者，颇有才华；他的老师名声更大，即陈从周是也。我一直仰慕陈先生的著作，希望天华兄能帮我找到几本。此信中他写道：“兄所托觅陈师述著之事一直放在心上，但很不巧，近日各书店陈师所著散文均告售罄。后托师弟去同济出版社库中寻找，也只得去年刚出的先生最近一本《世缘集》。记得先前我曾留有几册先生书备用，于是翻箱倒柜，得《说园》及《帘青集》、《随意集》，现寄上，请查收。为寄书包装方便，附上一册我前几年的小作《十大名园》。先生散文尚缺《园林丛谈》、《书带》、《春苔》三集，前为上海文艺版，后两为花城版，估计很难集到了。因两次脑血栓，先生现病于寓中，晚景悲凉，二女随夫移居国外，独子 87 年在美国被害。去年由我撰稿，文化部援了 3 万元，由上海电视台拍了一集文化名人专题《我师从周》，已得大奖，我亦随电视台在全国转了一个多月。”

5月23日

四月初，我社图书《旧事重新闻——民国十大报文摘》被点名，说是封面上用了蒋介石的照片，还有一张穿泳装的女子小照也有问题，因为那女子可能是白杨。虽然此书的出版在我担任总编辑之前，但是我这个新官还是紧张得不得了，赶紧在四月十三日《新闻出版报》上发表“严正声明”，其中写道：“《旧事重新闻——民国十大报文摘》编选者违背与我社签订的出书合同，以书代刊，用一个书号出多本书，且在送审书稿之外又增加了某些不健康的内容，擅自开机印刷。为防止产生更加严重的后果，我社郑重声明，立即停止该书的一切出版发行活动，已印出的图书全部封存，不得出售。今后，如有以我社名义，继续印刷发行该书者，我社将追究其非法出版的责任。”没想到这个声明发得有些幼稚，给人以“此地无银三百两”的感觉；同时也让更多的领导看到了，再次责令调查此事。把我们折腾得够呛。

5月8日

四月二十日去青岛参加版权交易会，最大收获是结识湖南科技出版社王一方。此君年龄不大，颇有名声，此次会上得晤，自然侃谈到深夜。四月二十七日，一方兄信曰：“由青岛返长沙，杂务颇繁，聚敛不了精气神，不敢提笔给您写信，只是匆匆裹了几本书寄上，想必已收到。此次青岛之行，有幸与您结识并面谈，受益良多，您对科技史，乃至文化史、思想史之真知灼见，令我辈肃然起敬，也许日后这种面对面的交谈机会不会很多，希望在传媒工具中经常能读到您的文字，若结集，请能相赠（中国学人的一个坏毛病，索书，而且并非读完或读懂，应该去买，一是捧场，二是敬意，恕我未能脱俗）。回长沙后把您的意思与钟叔河先生面陈了。他对您的美意深表谢意，据言，今年不会有空当，若明年不迟，有可能会应承下来。他以为这个题目是一个时常放不下的一个题，很想能坐下来思忖、梳理一番。信笔涂来，应该说，他对这个题目是有所积蕴的。”

补注：关于“国学丛书”中《载道以外的文字》一稿，与钟先生有合同，但他迟迟未写；在青岛时，我向一方提到此事，一方说他与钟先生很熟，回去后代我问候钟先生，并催书稿。不久，一方兄又寄来钟先生签赠与我的一本小书《书里书外》，写作之事却未提。

另外，王一方的信中还附有他的一篇文章《由意达悟——中医传统思维方式与境界浅议》。我知道，一方兄是中医学史硕士出身，文章大有力度。今天，我复信云："4 月 27 日大札收到。青岛一晤，喜出望外。出版行当之中，精进之士实不多见。故而我身处其间、神处其外，不肯多做交流。仁兄之名，时有耳闻，此番有幸侃谈至深，愉悦之余，大有心神沟通之感！今阅《由意达悟》，堪称妙文。其中对国人意境之思辨，切中本原。小弟尤对'飘忽于虚实之间'的论说至为欣赏，由此引出'类比与联想'之论，顿时在我心底产生共鸣。实言之，仁兄哲学功力已属厚实，由此感悟下去，必可步入中华学术的堂奥！我回来之后，立即陷入忙碌之中。俗不可耐，不堪言及。寄上拙著《古数钩沉》，请指教。谢谢您代我向钟先生致意，请再转告：若先生不负己任，动笔有时，我愿一直等待！"

5月25日

1994

收到福建教育出版社寄来的我与孙宏安合著的《通才的绝唱——彭加勒》样书。这个书名字是说："彭加勒可能是数学史上最后一位数学通才。"这是一个令人震撼的文化现象。回顾历史，最大的通才是亚里士多德，他研究过力学、物理学、天文学、化学、生物学、气象学、心理学、逻辑学、政治学、历史学、伦理学、美学、诗学等，并且几乎在所研究的每个领域都有重大建树。牛顿也是一位通才，他的足迹遍布于数学、光学、力学、化学、历史学、科学方法论等；但是与亚里士多德比较，他的研究领域已经少多了。到了19世纪的彭加勒生活的时代，不用说这种跨学科的通才，就是做一门学科中的"通才"也很不容易了。比如数学，它的四大分支算术、几何、代数、分析，都达到了前所未有的程度，开始各自独立发展，一个人要想全部精通它们，几乎是不可能的了。我们历数当时的数学家，先是高斯还有这样的本事，接着就是彭加勒，此后就"再无来者"了。

此书是我与孙宏安合作撰写的。其实在十多年前，我在大学数学系学习时就知道上面这段故事，它也打消了我从事纯数学研究的信心。数学的知识链条太长了，一个本科念下来，连基础课都没学完；更何况数学分支林立，哪一条路径都足以耗尽你一生的精力。于是，大学毕业后不久，我就逃离了数学的伊甸园；即使不逃离，我也感到难以有所作为，因为我自知缺乏"数学天赋"。

8月13日

张岱年先生来信，其中写道："久未晤教，时在念中。今接到甘肃社科院文学所赵以武同志来信，询问国学丛书可否接纳他的书稿，国学丛书是否续出，愚所未悉，今将赵以武的来信寄上，请费神考虑定夺为盼！"说一句题外话，在老先生中，张岱年写信最为谦和简明，值得效仿；再一位写信文字绝好的就是张政烺了，他的行文像一副完美的骨架，每一处都如珠联璧合，每一处都动不得。

赵以武的书稿名曰《古和诗探解》，张先生的信中附有此稿的简介、南京大学卞孝萱教授的推荐书，以及赵先生写给张岱年的信。此信格式颇为有趣，每逢写到一些学术前辈的名字时，像张岱年、金克木、卞孝萱、傅璇琮、曹道衡等，他都要将这些字高出半格；而当写到"拙稿"等词语时，又会将字低出半格。如此写法，在原稿纸上自然显得高高低低，尊敬与谦卑之意却跃然纸上。

补注：八月十八日收到赵先生一封来信，询问"国学丛书"及他的书稿的情况。其书写格式依然是那样高高低低。

岱年先生：

恕冒昧：盛暑打扰先生，乃一不相识者。

写此信，意在询问：由先生主编之"国学丛书"（辽宁教育版）是属约稿性质，还是可容他作问津？时下"丛书"不少是未执笔即已安排就绪了的，不考虑"半路货"；或因筹资有限，印几种就半途而废。所以，我先打听一下这套"丛书"的行情。前者，我与克木先生联系，他搞的"丛书"（江苏古籍版）就只出两批（还少一种）便中止了。我不清楚"国学丛书"还是不是继续出下去？

先生《序》文例二段所明宗旨，甚为中的。我对这段话里所言："学术研究的任务是开拓认识真理的道路，揭发前人尚未发现的真理。"深感兴致，于是略陈个人的一滴发现。

我化了不少的精力，完成了一部《古和诗探解》的书稿。讲的是古代（从陶渊明到杜甫）唱和诗是和意之作，自有其体制和特点；清代学者注错了，今人不审，沿袭这一错误。这个主题似乎与"国学丛书"宗旨相合。我希望为先生主编之"丛书"採用。兹说明如下：

一、全稿已完成，共27万字；

二、打印出"前言、目录、绪论、第一章、结论、附论"，约计6万字；第二章至第十章复印出一份；

1994

三、随信寄呈"前言"、"目录"，以及卞孝萱先生为拙稿写的"推荐书"，请先过目；

四、如以为可继续交涉，我可将已打印部分先呈上，先请先生或他人看看有无价值，再作计较；倘觉得打印部分就经不住推敲，当然也就无需劳神全稿了。先生觉得此法是否稳妥可行？

五、打印部分给傅璇琮先生（他是"丛书"编委之一）、曹道衡先生分别寄了一份。傅先生前段住院，曹先生因夫人住院，虽复信给我，未及拙稿内容，当与未及审读有关。

我只是抱着试一试的心情，向先生写这封信的。请赐教。

着请暑安！

赵以武

1994，8，5

730070
兰州市十里店
甘肃社会科学院文学所

10×20=200 甘肃省社会科学院 第 页

8月20日

今年《自然辩证法通讯》第四期，登载我与王前合写的文章《两种“万物皆数”观念及其对科学发展的影响》。其中要点如下：

比较一下中西两种“万物皆数”观念及其对科学发展的影响，大体上可以得出以下几点认识：

第一，在人类认识发展的一定阶段上，“万物皆数”观念的出现是一种普遍的、必然的现象。各民族、各地区人们的数学观念，最初都要经历感性直观的阶段，人们对数和形的认识都是从直接经验出发的。然后，抽象的、具有演绎性质的数学认识逐渐产生和发展起来。在具体与抽象、经验与理论，直观认识与逻辑认验的过渡阶段，人们一方面感受到抽象的，具有演绎性质的数学观念的普适性，一方面又不能摆脱数和形的现实原型的束缚，于是就出现了把数和形实体化，作为构成宇宙万事万物基本单位的观念。作为从整体上把握宇宙规律的一种努力，“万物皆数”观念是有其进步性和合理性的。当然，由于古代人们掌握的数学知识有限，用来解释和推演万事万物很不够，因而难免出现牵强附会和主观臆断的成分。随着数学和自然科学的进一步发展，这种成分是逐渐减少的。“万物皆数”的观念包含某些数字神秘主义内容，但并不完全是数字神秘主义。无论在古希腊还是古代中国，这种观念都导致了科

学技术方面的许多积极成果。从这个意义上说，它的历史 1
地位和作用应予以肯定。 9

第二，“万物皆数”的观念导致了在科学技术和社会 9
生活各领域“数学化”的努力。从中西“数学比”的不同 4
途径和效果来看，要使数学化保持正确方向并不断深入下去，其前提是保证数学发展具有相对独立的地位。这一方面是指数学研究对象需要不断抽象化，不断从现实原型中提炼出来，另一方面是指数学研究活动本身要有相对独立的目标有专业的研究人员和机构。数学研究对象当然是来自现实世界的。然而只有经过抽象思维的加工，才能深入揭示各种数量关系的本质特点和规律性，进而通过定量分析更深入地揭示现实事物的本质特点和规律性。如果数学研究对象始终未能和其现实原型彻底分化，总保留着一些非数学的成分，那么人们的数学认识也就只能停留在经验直观的水平上。应该说，毕达哥拉斯学派的和中国古代的“万物皆数”观念，都是具体的东西与抽象的东西，理性的东西与经验的东西的混合物。但毕达哥拉斯学派偏重数的几何性质，且具有较强的演绎推理特征。其后的柏拉图学派发展“数”的抽象和理性方面。欧几里得把古希腊几何学知识整理成世界上第一个公理系统。抽象和逻辑思维的强化使西方的数学发展在许多方面走在自然科学和技术前面，为近代和现代西方科学数学化提供了思想基础和工具。与此相反，中国古代的“万物皆数”观念偏重数的算法性质，又如“以数取象”等观念的原型纠缠在一起，很难分化，其抽象性和逻辑性都是较差的。中国古代学者思考数与数的关系时，从一开始就要涉及各种数的丰富的文化内涵，恰如背上沉重的包袱赛跑，难免要落后。尽管中国古代数学在算法方面曾取得辉煌的成就，但近代数学却未能自然产生，“数学化”的总体水平也不高，原因就在于此。另外，古代西方的数学研究活动相对独立性较强，往往把认识数学规律本身作为崇高的精神目标，而已有专业研究人员和机构。中国古代的数学研究活动却往往要服从和服务于政治，经济、军事、农耕、贸易、宗教等方面的具体目标，缺少对专业研究的支持。东汉张衡为了迎合《易》，硬说天上恒星为11520个，恰好叫《周易》中“万物之数”。在这种扭曲作用下，要使数学化保持正确方向并深入下去，当然是很难的。

第三，尽管中国古代的“万物皆数”观念导致了很多消极的后果，但不能一概加以否定。从另一个角度看，在抽象性和逻辑性都不高的情况下，在数学研究缺乏相对独立性的条件下，中国古代数学在算法方面取得辉煌的成就，其动力在很大程度上来自中国古代的“万物皆数”观念及相应的“数学化”的需求。“以数取象”的活动，一方面使“数学化”遁入直觉体悟的世界，另一方面促使直觉体悟的思维方法进入“数学化”和数学思维活动之中。中国古代有过一些“神算家”，沈括在《梦溪笔谈》中记载了神算大师卫朴的一些事迹。卫朴双目失明，可是“朴能不用算推古今日月蚀。令人就耳一读即能暗诵傍通。尝令人写历书，写讫令附耳读之，有差一算者，读至其处则曰：‘此误某字’，其精如此。大乘除皆不下照位，运筹如飞，人眼不能逐。人有故移其一算者，朴自上至下，手循一遍，至移算处则拨正而去”。(《梦溪笔谈》卷十八，“技艺”）像这样的神算家，如果不借助直觉体悟的思维方法，恐怕难以达到这种出神入化的境界。当代科学方法的研究中，很注意直觉体悟在创造性思维活动中的作用，认为重视直觉有助于促进大脑左右半球的相互作用，提高思维能力。但直觉体悟的本事，不是靠逻辑思维强化训练而成的，它需要潜移默化的积累，更需要各学科思想方法融会贯通的熏陶。换言之，它是一种“大文化”的产物。中国古代的“数学化”历程中，可能积累了许多这方面教材，值得开掘和整理，发现其中精华，以暗示后人。这是毕达哥拉斯学派引导的西方科学数学化所不能比拟的。

9月20日

今日中秋，我已三十八岁，月光下忽然有感云：“圆月中天，多少孤寂在人间；聚散两翩跹，良辰成良缘，忽见秋色尽染。手拍栏杆，浩气慨然，白发黑发共叹：人生苦短，且闻钟鼓声声乱，已是惊魂梦断！”这是什么心境？不祥。

10月21日

如一、陆灏来信，提出欲编“脉望丛书”的事。陆灏信中写道：“‘书趣文丛’第二辑想到的选题有：施蛰存回忆类散文、金性尧读书笔记、徐梵澄的‘星花旧影’及其他，另外舒芜、吴小如亦可编集。香港方面的，迈克的《采花贼的地图》，林以亮、思果都有不少好文章。‘脉望丛书’辽宁有兴趣最好。你拟一个宗旨（可仿湖南的‘凤凰丛书’），介绍脉望的意思，编选体例有两类：一是再版已难找到的集子，如黄裳的《关于美国兵》、纪果庵的《两都集》；另一类是新编旧文，如瞿兑之、周越然、谢兴尧等。具体选目我们分头去征求意见，北京你可找谷林、姜德明、谢兴尧，我在上海找黄裳、周黎庵、金性尧、邓云乡，再把各人提供的选目汇总选择。这批书我都没有，所以很希望能出成。问一下老沈，米兰·昆德拉的《背叛的遗嘱》找到买家了吗？”

如一附陆灏的信写道：“关于‘脉望丛书’的作者，你可能有几位不太熟悉。即便熟悉，也不一定知道背后的一些故事。黄裳的《关于美国兵》，写于抗战胜利后，那时是中国人第一次接触到作为盟军出现的美国兵，所以有不少新鲜的感受。前几年曾交给三联，老沈满口应承，但由于另一位主事者坚决反对（理由是讲了美国兵的好话），终于没能付梓。瞿兑之是清大军机瞿鸿机之子，文史掌故极熟；周越然是著名藏书家（以在商务馆编印英语模范读本赚钱而成为藏书家）；周黎庵（即周劭）在上海沦陷时期曾主持一度被定为汉奸刊物的《古今》。瞿、周二人，都是《古今》的

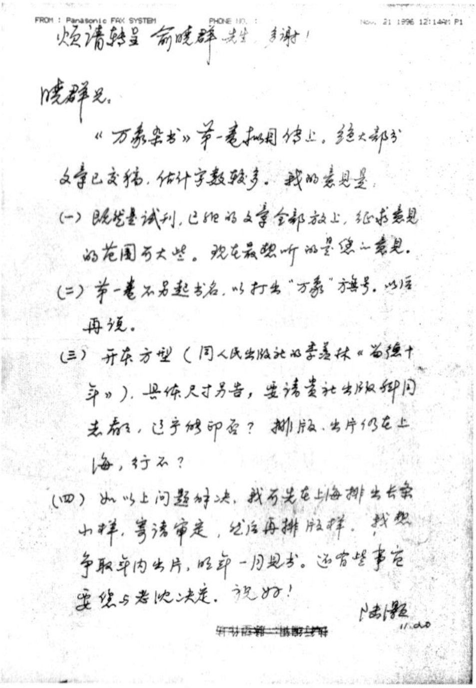

FROM : Panasonic FAX SYSTEM　　PHONE NO. :　　Nov. 21 1996 12:14AM P1

烦请转呈 俞晓群先生 多谢！

晓群兄：

《万象杂书》第一卷拟目传上。绝大部分文章已交稿，估计字数较多。我的意见是：

(一) 既然是试刊，已组的文章全部放上，征求意见的范围可大些。现在最想听的是您的意见。

(二) 第一卷不另起书名，以打出"万象"旗号。以后再说。

(三) 开本方型（同人民出版社的李益林《当代十年》）。具体尺寸另告，要请贵社出版部同志查一查，这可能印否？排版、出片仍在上海，行不？

(四) 如以上问题解决，我可先在上海排出书的小样，寄请审定，然后再排版样。我想争取年内出片，明年一月见书。还有些事定要您与老沈决定。祝好！

陆灏
11.20

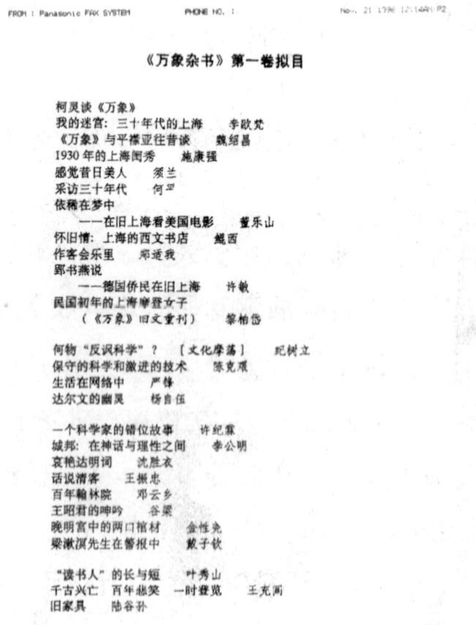

FROM : Panasonic FAX SYSTEM　　PHONE NO. :　　Nov. 21 1996 12:14AM P2

《万象杂书》第一卷拟目

柯灵谈《万象》
我的迷宫：三十年代的上海　李欧梵
《万象》与平襟亚往昔谈　魏绍昌
1930年的上海闺秀　施康强
感觉昔日美人　须兰
采访三十年代　何孚
依稀在梦中
　——在旧上海看美国电影　董乐山
怀旧情：上海的西文书店　鲲西
作客会乐里　郑逸我
郢书燕说
　——德国侨民在旧上海　许敏
民国初年的上海摩登女子
　（《万象》旧文重刊）　黎柏岱

何物"反识科学"？［文化摩荡］　纪树立
保守的科学和激进的技术　陈克艰
生活在网络中　严锋
达尔文的幽灵　杨自伍

一个科学家的错位故事　许纪霖
城邦：在神话与理性之间　李公明
哀艳达明词　沈胜衣
话说清客　王振忠
百年翰林院　邓云乡
王昭君的呻吟　谷梁
晚明宫中的两口棺材　金性尧
梁漱溟先生在警报中　戴子钦

"读书人"的长与短　叶秀山
千古兴亡　百年悲笑　一时登览　王充闾
旧家具　陆谷孙

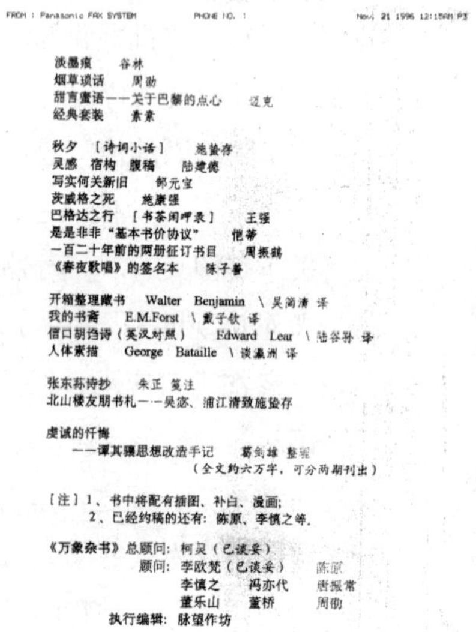

FROM : Panasonic FAX SYSTEM　　PHONE NO. :　　Nov. 21 1996 12:15AM P3

淡墨痕　谷林
烟草琐话　周劭
甜言蜜语——关于巴黎的点心　迈克
经典套装　素素

秋夕［诗词小话］　施蛰存
灵感　宿构　腹稿　陆建德
写实何关新旧　郁元宝
茨威格之死　施康强
巴格达之行［书茶闲呷录］　王强
是是非非"基本书价协议"　恺蒂
一百二十年前的两册征订书目　周振鹤
《春夜歌唱》的签名本　陈子善

开箱整理藏书　Walter Benjamin \ 吴润清 译
我的书斋　E.M.Forst \ 戴子钦 译
信口胡诌诗（英汉对照）　Edward Lear \ 陆谷孙 译
人体素描　George Bataille \ 谈瀛洲 译

张东荪诗抄　朱正 笺注
北山楼友朋书札——吴宓、浦江清致施蛰存

虔诚的忏悔
　——谭其骧思想改造手记　葛剑雄 整理
　（全文约六万字，可分两期刊出）

［注］1、书中将配有插图、补白、漫画；
　　2、已经约稿的还有：陈原、李慎之等。

《万象杂书》总顾问：柯灵（已谈妥）
　顾问：李欧梵（已谈妥）　陈原
　李慎之　冯亦代　唐振常
　董乐山　董桥　周劭
执行编辑：脉望作坊

作者，在上面发了很多文史札记，今日看来，仍极有价值。谢兴尧是研究太平天国史的，出道很早，当日享有盛名。纪果庵也是《古今》的作者，周作人曾为纪果庵、金性尧二人的集子合写过一序（收在知堂序跋集中），纪果庵的这本集子就是《两都集》。关于‘脉望丛书’之‘脉望’语出《酉阳杂俎》：‘蠹鱼三食神仙字，则化为此物，名曰脉望。’算是蠹鱼之雅称，并很有点美丽的意思。字面并不生僻，叫起来也上口。未知尊意如何？”

补注：后来“脉望丛书”并入“书趣文丛”，却以“脉望”作为总策划的笔名。当“书趣”名声大振之后，“脉望”也就成了一个谜。我在二〇〇三年曾经写过一篇文章，名为《脉望，爱书人的图腾》，节录如下：

不久前，有人评选出版社优秀社标，辽教社的社标“脉望”赫然在列。说起来，注册脉望作为社标，已经是七八年前的事情了；可直到今天，每当我看见一本本书上的这款标志，心中总会涌出一股暖流。因为从那时起，我们开始接受一个观点，那就是“一个编书的人，首先必须是一个爱书的人”！要爱得痴迷，爱得真切。为此，我们建立了营造“书香社会”的理念，出版了一大批文化品牌图书，成立了“爱书人俱乐部”，同时确定以“脉望”作为社标。

那么，何谓脉望？它源于何处？

记得在 1994 年，几位京沪的编书高手帮助我们策划“书趣文丛”，有沈昌文、吴彬、赵丽雅和陆灏。书成之后，不肯落俗套，大约是陆灏建议，署名曰：“总策划：脉望”。所谓脉望，据说是一种成了仙的“书虫”。由于知之者不多，故请赵丽雅引经据典，讲出一段精妙的故事：

脉望的故事，见于唐段成式《酉阳杂俎续集·支诺皋》中。古时读书人对蛀食书籍的小虫抱着复杂的感情。一方面是痛恨，但一方面也很羡慕。据说有的虫三次吃掉了书叶里的“神仙”字样，白己也就化为神仙，这就是“脉望”，“有时打开一本书，会忽地发现一条两三分长的银灰色的细长小虫，一下子就钻到不知什么地方去了。幸而捉住，用手指一捻，就成了粉……”据说这仙化为脉望的书虫，就是《尔雅·释虫》中称作“蟫”和白色的“衣书中虫”（郭璞注），那么是在没有纸的时候便先有了

"书鱼"。后来它就一直藏在书叶里，被各种各样的文字温暖着，至于"神仙"二字，其实倒是难得遇着。韩退之诗："岂殊蠹书虫，生死文字间。"也许是赞，也许是讽，不管怎么样，今先不妨取了这点意思来为"爱书人"作注。而食了神仙字之后的飞升，怕是"可遇而不可求"罢，只是这一点儿嘲讽式的浪漫特别觉得可爱而已。

如此编书，如此自命为书虫，不是很有趣么？一时间，几个人颇为得意，还有些意犹未尽。于是，又请郑在勇先生以脉望的故事为基础，设计了"书趣文丛"的书标：一朵小云彩，长着一双大大的眼睛，头上顶着一本打开的小书，飘然而至！这就是今天我们见到的形象化的成了仙的书虫——脉望！

"书趣文丛"的面世确实在读书界引起一些波澜，一方面使"书话"类图书市场走俏，另一方面也引发了人们关于"读书方式、方法、目的"的种种思考。同时，我们也经常听到询问："脉望是谁？"上面已经说过，它是几位爱书的人；但知情者还是说，脉望的那双大眼睛，颇有些像戴着一副大眼镜的沈昌文先生！大概是郑先生在设计的过程中，心中的潜意识起了作用。

那时辽教社还没有社标，我们请很多人设计，都不理想。最终决定，将脉望的文字和形象买断、注册，作为社标！我们还确定，它的主色调为深蓝色，像三联书店那样，意在追随韬奋精神！

10月25日

中国社会科学院哲学所周云之来信："拙作《中国名辩学》本可望在今年末完稿，因中间所里要我先把《公孙龙子正名学说研究》一书写出来，因此耽误了一段时间。我的著作的最大特点是要写出和论证：为什么说中国古代有名辩学？中国名辩学应当是什么样的体系？为什么是这样的体系而不是别的或任何人任意建立的一个体系？名辩学与逻辑学（中国古代逻辑）究竟是一种什么关系？等等。这些问题尚未有人真正讨论过。我为讨论这些问题查阅了100多本近现代学者的专著，认真分析了古代名辩学的代表作。当然我的论证不可能是完美无缺的，但这是名辩学研究上的第一次提出的详细分析和论证。我相信，这对于人们正确理解'名辩学'将是十分重要的、有益的。希望听到您的要求和意见。"

补注：十一月二十三日，我复信曰："10月25日大札已阅。桂林会议未能成行，错过与诸位先生面晤的机会，甚憾。目前'国学丛书'已列16部，但尚无《名辩学》这一题目。经研究初步决定可将您的题目列选，但有几件事需要做，其一，起一个与整套丛书风格一致的名字，诸如《大哉言数》、《佛典常谈》云云；其二，最好请张岱年先生撰一小序，并请他审稿，这样可以省去编委会汇审；其三，完稿时间愈早愈好，以防时变；其四，近日请寄来提要及目录供社内审阅，并研究合同事。"

11月15日

华东师范大学中文系詹鄞鑫是《汉字说略》的作者。他是葛兆光、胡友鸣在北京大学读书时的同学，友鸣常说，读书时他们就看到詹的不凡才华。组织“国学丛书”时，我们出版社的编辑王越男还专门陪着编辑部成员葛兆光、冯统一二位到上海去组稿，其中自然包括詹鄞鑫的《汉字说略》了。

今年，共收到詹鄞鑫两封来信，原因却是买不到他的著作《汉字说略》的样书。八月二十九日来信即言此意。我十月二十四日复信写道：“见到您8月来信，深为敝社服务不佳感到歉意！经查，我社发行科尚存《汉字说略》精装10册，平装100余册，您若需购买，请来信告之，并将书款寄到发行科。‘国学丛书’再版之事，大约明年春天要做，届时再通知您。”

十一月六日，詹先生来信云：“来信中说‘国学丛书’再版之事大约明年春天要做，不知所称‘再版’是指重印还是修订版面？若涉及版面修订，则请提早通知，以便寄上勘误表（订正的地方不多，且都是很局部的问题），并请预告重印的定价。《汉字说略》出版后，反响甚佳，但发行渠道似乎不是都很畅通，外埠朋友往往来信说当地书店未见，上海的书店也早已脱销，根据这些情况，‘国学丛书’中各书的印数可以参差有别，较畅销的书不妨多印一些。据一份香港的书讯统计，在港台新加坡一带，《汉字说略》曾列为最畅销的书之一。这是令人鼓舞的。《博览群书》1992年所发的书评文章，比较客观地反映了《汉字说略》的学术价值。重版

时如能附入书末，可起导读作用。请斟酌。” 1

我十一月二十三日复信：“11 月 6 日大札已阅。经查，您寄来 9
的书款已收到，我让发行科按照 7 折给您发书，大约 70 多本，近 9
期可收到。关于‘国学丛书’再版之事，正在与发行部门协商；您 4
尽可将勘误表寄来，最好不要改动太大。”

11月29日

为社内创办一个小刊物《荐文》。今天，创刊号由我编出，我先写了“编者的话”，其曰：

《荐文》之意在于推荐文章。

天下文章五花八门，欲“推荐”，自然要有个宗旨。身处出版界，其永恒的话题当然是书了。自从“经济”走红，时人便陷入市场与商品的氛围之中；书也是商品，但其价值与使用价值却不入市俗，故而冠以“特殊”二字。特殊商品是要受到特殊关照的，君不见时下关于书的传媒实在不少：南有《读书周报》、《读者导报》、《书与人》、《书城》，中有《新闻出版报》、《中华读书报》、《读书》、《博览群书》、《书摘》、《中国出版》，北有《中国图书评论》、《书缘》等等。至于见诸其他声像图文的专栏、专题性“书闻”，更是林林总总，数不胜数。而这些正是我们得以“荐文”的基础。

以谈书为宗旨，还要做一些精粗真伪的鉴别取舍工作。《荐文》的作用大约体现在三个方面：其一为推荐“美文”。美妙的文章既可以陶冶人的情操，又能够育人以明辨是非的能力，《老子》言：“天下皆知美之为美，斯恶矣；皆知善之为善，斯不善矣。”美丑、善恶之所在，恰恰产生于发现、认识与比照之中。其二为推荐“奇文”。所谓奇，兼蕴奇妙与奇怪两重内涵。“妙”则拍案叫绝，推荐出来，

与三五同仁共享内心的愉悦之情；“怪”则反侧冥思，诉诸 1
公众，意在“奇文共欣赏，疑义相与析”。其三为推荐“新 9
闻”。诸如大江健三郎引出的书话，《金光大道》再版带来 9
的风波，《胡乔木》之争诉诸法庭，云云。总之，文化主 4
流的波动正是潜伏在这沸沸扬扬的热点之中。

《荐文》是推荐别人的文章，编者不要说得太多，荐者也毋庸赘言。《易》曰：“一阴一阳之谓道，继之者善也，成之者性也。仁者见之谓之仁，知者见之谓之知……”天道是完美的，然而众生之间必然存在着心智、视角与德行的差异。所以推荐者只管推荐好了，把仁与智的识别与摄取留给读者吧！

最后，说几句题外话。人之为人，本在于精神生活的丰富性，而其“丰富”的内涵则是以文字的产生为突变的。在人类异化的脑体中，“字”的概念经历了一个嬗变的过程，客观的抽象与主观的具象相辅相成；继而是文字载体的创造，手的变异以“笔”的诞生为标志，脑海中形形色色的表象则催化出“纸”的流变。于是“书”有了产生的可能，我们也有了赖以生存的出版行业。“民以食为天”，我们的“食”源于人类文明的进步，那么我们应该何以为人、何以做人呢？乞同道者自鉴！

我推荐的第一篇文章是《长沙出版界四骑士》（萧乾，原载《读书》一九九四年第九期)。我在“荐者语”中写道:“说来孤陋寡闻,萧乾老先生竟也是编辑出身,且20世纪20年代即以出版为第一个职业。我们不感到荣幸吗?当然,值得夸耀的同行还大有人在,诸如郑振铎、叶圣陶、邹韬奋、巴金等等。但是获得荣誉的只是出版行业,至于身处其中的你我作何感想?只有自己清楚。颇具骑士风度的萧乾先生向我们引见了80年代的四位出版‘骑士’,其‘真意所在是向90年代的出版家们挑战!’让我们耐心听一听一位老者的絮语吧。”

12月1日

今年，收到中科院自然科学史研究所廖育群两封信，信中谈到两件事。其一，七月十六日：“台湾版《岐黄医道》收到。蒙兄之力，拙作能付梓并传播彼地，实为幸事。还望今后能有更多机会切磋学术，交流心得，或共图著述之事。近日在家读日人译注的印度古籍，虽有些文字困难，但兴趣却越读越大，以致星期日晚上的‘正大综艺’也不想看了。同时亦深感任何一个国家均应有一批世界名著的本国译本，这似乎也是一大文化工程。但看来近年来此事不会引起国内出版界的兴趣。唯望晓群兄今后能不忘此事，有机会时搞些这类工作，实在是利在千秋之举。”

补注：二〇〇二年，廖育群出版《阿输吠陀——印度的传统医学》（辽宁教育）；再回顾此信中的内容，可见此君于学术研究是大用心之人。

其二，十一月二十五日：“日前于北纬饭店闻兄言一代人继承文化、莫令其断绝云云之论，深感为肺腑之言。我等或可从各自所处不同立场，尽力为这一目标尽绵薄之力。寄上我为《古代东亚哲学与科技文化——山田庆儿论文集》所撰序言及全书的第一篇文章。前者请指教，后者供兄了解其大概。就我之见，文章的优点是脱去了‘自然科学史’框架束缚，令更多的人了解国外的研究方法与观点。”

补注：十二月二十一日，我复信写道：“11月25日大札已阅。山田庆儿先生的大作《古代东亚哲学与科技文化》确是一部好书，其中许多内容颇有启发性，且无思想禁锢，相信会给中国科学史研究带来一些新鲜的空气。仁兄的序写得极好，思域开阔，文采飞扬，足见您扎实的功力与博大的志向。我会尽力安排此事。”

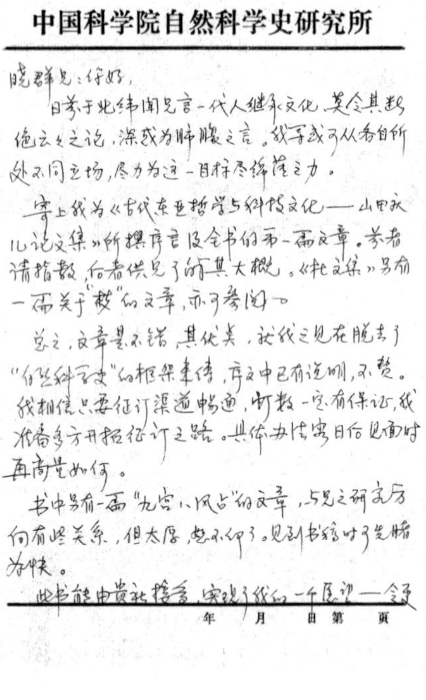
中国科学院自然科学史研究所

晓群兄：你好，

日前于北纬闻兄言一代人继承文化，莫令其断绝云云之论，深感为肺腑之言。我等或可从各自所处不同立场，尽力为这一目标尽绵薄之力。

寄上我为《古代东亚哲学与科技文化——山田庆儿论文集》所撰序言及全书的第一篇文章。务请指教，俾兄了解其大概。《论文集》另有一篇关于“数”的文章，亦可参阅。

总之，文章是不错，其优点，就我之见在脱去了“自然科学史”的框架来谈，序文中已有说明，不赘。我相信只要经营渠道畅通，销数一定有保证，我准备多方开拓经营之路。具体办法容日后见面时再商量如何。

书中另有一篇“九宫八风占”的文章，与兄之研究方向有些关系，但太厚，也不印了。见到书稿时可先睹为快。

此书能由贵社接受，实现了我们一个愿望——令更

年　月　日第　页

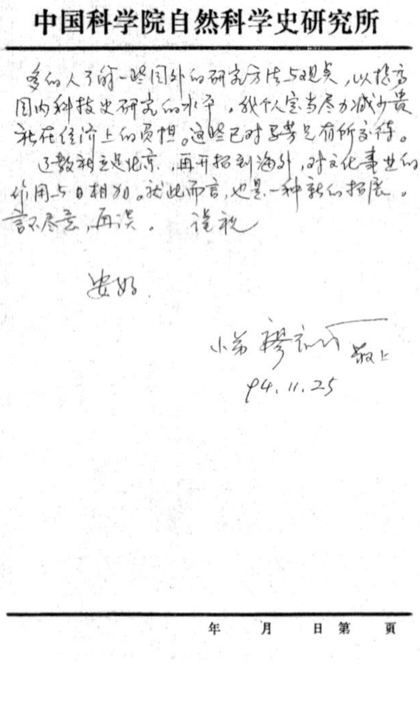
中国科学院自然科学史研究所

多的人了解一些国外的研究方法与观点，以提高国内科技史研究的水平。我个人定当尽力减少贵社在经济上的负担。这些已对另书兄有所交待。

辽教社立足北京，再开拓到海外，对文化事业的作用与日相加。就此而言，也是一种新的拓展。

言不尽意，再谈。　谨祝

安好

小弟　廖育群　敬上

94.11.25

年　月　日第　页

12月5日

收到沈昌文为“书趣文丛”第一辑撰写的序言，文章署名却是“脉望”。这篇文章中包含了许多故事，值得留存。现节录如下：

> 中国究竟是有几千年文明的古国。政治上闹感冒的时候，经济上犯穷病的光景，人们会发些“读书无用”、“百无一用是书生”的牢骚。日子一好过，政道一通畅，大家想到的多是如何建立一个“书香门第”——为自己的家，也为社会和国家。
>
> 所以，要说“读书有用”，古贤今哲，说过的话尽多，可举的范例也尽多。不过，读书要怎么才能“有用”？认识却未必一致。从历史到时今，占主要地位怕还是那种把“读书”和“有用”直接联系起来的看法，所谓“颜如玉”、“黄金屋”即是。要换个说法，也无非是说读书之后要立即用书中的知识去为实现任务出力，不然就有“遗少气”、“头巾气”之嫌！
>
> 我们编这套丛书，是想要说明，“读书”这件怪事，实在并不简单。读以致用是好事，并不立即“致用”也不是坏事。甚至可以说，作为一个知识者，人人都应有“致用”和“不立即致用”这两种读书态度的结合。什么是“不立即致用”，那就是把读书当作一种兴趣，简单说来，“书趣”即是。
>
> 我们请了一些读书的大行家来现身说法。不是请他们说自己如何读书成“趣”——那未免俗了，而是把他们“读

书成趣”的成果展示出来。这成品全是作为趣味的读书结果，却未必时时处处都点出自己读了什么书、做了什么“悬梁刺股”的努力方可臻此。作者们读书已成“趣”，所得的结果也大多能使读者觉得有“趣”，即可以读得下去。如果大家都以读书为一“趣”事，由此多产生一些“趣”，不亦有益于“书香门第”之建立乎？！

或谓，这种做法，其实只是拾古人之唾余，不是什么适合时代要求的办法。所谓“遗少”之责，多半来此。这涉及对中国读书传统的看法，这里不去辞费。要说的是，这种读书方法，要说“时代”，其实是最时髦不过的。我们现在最现代的读书观，便是反对主体和作品的对立，把所谓读书，说成只是领会作者的本意。好在这套丛书的作者，不管他们是不是“后现代”的，他们的读书，却都能跳出这一框子，不把读书看成教训与被教训、赐予与接受的关系，而只是一种“对话”。因此，他们方能不为某书某人所永久俘虏，而能以自己为本位，“自”得其趣。

自然，读书成“趣”，其病亦多。一个毛病，便是成了蛀书虫，变成书淫。在一个宽容的社会里，蛀书虫也会受到表彰，不是坏事，但究竟难以在商品经济中讨得生活，也难成为“大款”。我们几个编书匠，以“脉望”为名，也只是想以此表明自己已患此“病”而已。“脉望”是蠹鱼之一种，是蠹鱼吃了书中的神仙字化成的。传说服了用“脉望”煎的水，便可“白日飞升”。这是古人把读书“致用”和“不立即致用”两者相结合的一种美丽的幻想。我辈有幸，平时时常贪念当代读书成仙的大家的许多“神仙字”，然而现今不能飞升，却得蒙厚爱，允以所作编集问世。我们愿意永远抱有做“脉望”这一幻想，为中国的读书界做些微末的工作。

12月15日

收到江晓原来信，其中写道："有一事弟多有得罪，万望吾兄鉴而谅之！《古老的张力——中国性文化史》一书的交稿，看来不得不大大延迟了。弟发心撰此一书久矣，然而屡作屡辍，中间被打断数次之多，时间之长，大大超乎预料，这也要怪自己缺乏经验，事先未能充分估计到。"以下讲到诸多原因，不一一录下。晓原兄生性活泼，落笔生花，游思万端。我理解他的个性。

补注：因此，我于十二月二十日复信曰："12月14日大札已阅。闻仁兄已晋升正研，可喜可贺！当然，此亦是情理中的事，仁兄当之无愧。《古老的张力》是一个非常重要的题目，非急就可得。仁兄诸事缠身，无喘息机会，对此小弟非常谅解。当今正值吾辈黄金时光，社会不会放过我们，我们自己也不肯虚度年华。及此，仁兄尽可调整时间表，以1996年为限，如何？谨望仁兄珍重身体，不可过劳。"

12月16日

到京参加“青年编辑研究委员会”，这个委员会的年龄限制为四十五岁。我想，此后十年间，这些人是值得中国出版界关注的。故将名单笔记如下：胡守文，常成，曲仲，张增顺，黄允成，欧剑，王斌，马元春，成其圣，陈昕，胡光清，江淳，俞晓群，骆丹，杜辛，左健，张海潮，傅美琳，范军。

晚上，见到湖北王建辉。我们结交已久，这却是第一次见面，说起话很投机，业内业外、书人书事，都不用找话题。他说刚搞完《闻一多全集》，感触颇多。他还对我说：“有条件应该努力编一些大家的全集，这是一个承前启后的时代。”

补注：王建辉的这段话触动了我，我在后来的几年间，为策划出版“全集”的事折腾不已，涉及的人物有钱锺书、吕叔湘、胡绳、李俨、钱宝琮、傅雷等等，有做成的，有没做成的。

12 月 26 日

今年，共收到武汉大学萧箑父四封来信、两封电报，其内容都是为了他与许苏民的大作《明清启蒙学术流变》。六月七日电报，告知书稿已寄出；六月三十日电报，追问收到没有。实在是我方工作拖拉，让老先生悬念。

这一年中，整理信件，有几封信写得绝好，可为文人楷模。其中一位就是萧先生，他有两封来信均用特殊信纸竖写，落款加盖图章；用语文白相间，叙事准确恰当。略录如下：

六月五日来信："《明清启蒙学术流变》（原定书名《明清之际学术流变》，经细酌后改今名）书稿，终于抄正完稿，共计 1100 多页，近四十七万字（比原定字数稍多几万字），现仅快邮寄您审改定稿。收到后盼复示以释念。此书主旨，多年积思。经张岱年荐为贵社国学丛书撰稿后，乃与许苏民二人合作，议定提纲，广集资料，琢磨论点，草成初稿，复改订书名，厘定范围，一改二改三改成此粗稿。虽时限匆促，有些地方不免粗疏，但颇自信者，宏观主论，微观考史，发掘原始资料，采山之铜，自铸新意，颇有一些自立权衡、异于成说者；又为了增强可读性与知识性，言必有据，多引原作，复加诠解，故字数比原计划稍增。想编辑部同志一经尘目后，即能理解。至于此书稿如可用，识例是否需有前言、后记之类，示知后，当补写寄呈。"

九月十九日信："前去书，久不见复，多次电话，打不通，颇怅望！我与许苏民同志合撰之《明清启蒙学术流变》书稿，六月初以特快专递寄呈。弹指三月，想必入览。此稿乃遵张岱年先生之嘱，应您社之约所撰。想贵编辑部审阅后已作处理，伏望将结果见告，不胜企盼之至！专此驰布，伫候覆示。”

补注：从事出版工作，我颇好收藏信件。为此，我还专门写过一篇文章《书旅飞鸿趣意浓》，其中写道：

在出版社工作，少不了书信往来，一年积累一大包，数年下来便盈满一橱；闲时一望，不必翻读，自有万种思绪涌上心头。书信往来自有它的独到之处，一对一的文字交流给人以内心独白的感觉，因此人们可以超越人生的许多心理障碍，将心底的意愿尽可能地表述出来。给我写信的人大多是为了写书而写信的，所以无论其中说些什么，或恭维、或自谦、或不悦、或夸张……我都要把握好自己的心态，让自我意识独处一隅，平和地审视一个文化人与社会抑或人类文明的对话。我深知，编辑不是文化的摇篮，最多不过是一个文化助动者。

名人的信写得最轻松，且不说他们文字精当，仅从心境而言，显赫的声名使之较少“相求”的念头，故而谈吐平铺直叙，文品人品亦跃然纸上。一位学术界的顶尖人物写道：“书稿奉上，弹指三月，想必入览，伏望将结果见告。……专此驰布，伫候覆示！”寥寥数语，事情说得清楚明白，于情于理也恰到好处。非名人写信，想法便多了起来，他们既要推销自己，又希望被对方接受，于是多有溢美之词冠于彼此的头上。这时候最需要冷静地“审美”，尤其是看到他飞来的花环，诸如斧正、点睛、高论之类，切勿昏头，其意决不在高山流水，多为礼貌而已。当然精明的文化人却把精力用在书信的文采与整洁之上，追求一种含蓄、隐喻、幽默的文风，让你自然而然地消除戒备心理，被他的文思感化、与他的心思共鸣。一位作者为了敦促自己的著作早日出版，在信中写道：“冬日，我思恋春色的美好——春天并不遥远，我祈盼着您能在冬日的寒风中送来一缕春的信息。”此时我清楚地感觉到：一个文化人的渴望之情在强烈地撞击着我的心扉，于是一种责任感油然而生！

作者与编者是一对矛盾，但相处久了也会成为朋友。再写信时，花哨的虚礼会大大地减少，随之而来的是轻松的学术探讨。像一位朋友与我讨论一套丛书命名，信中写道：“此名太滥，彼名太窄。忽然想到《庄子》中的‘大知闲闲，小知间间’。‘闲闲’一词意思很好，有宽裕、从容自得之意；《诗经》中又有‘十亩之间兮，桑者闲闲兮’，是形容隐退田园的快乐。这两个意思都很可取，就叫‘闲闲丛书’如何？”信的上方又注道：“正要发出，又想起王安石的一句诗：‘微言唯有故人知’，这里自然用的是‘仲尼没而微言绝’。若取字面义，作微小讲，也未尝不可，则似乎命作‘微言文丛’也不错。”我真羡慕她那么善于“想起”，这大概就是厚积薄发的结果了。

当然，有的“朋友”却也交得蹊跷，某半老先生两封信后即与我称兄，我大感惶惑，一再表示年龄与学识的差距；他便以“某大师与夫人写信就称兄”为例，说明他视我为知己的心境。我无言，只有听任他“称”好了。后来他的大作出版了，来信也稀疏了，有一次我蓦然发现他已经不再称我为兄了，而以“同志”代之，我想他大概是考证了那位大师与夫人后来的称呼才这样做的。（一九九五年二月十六日）

在这篇文章中，我列举了萧箑父、吴振奎、扬之水来信的三个例子；文中没点名，按照顺序对号就是了。而这最后一个例子，也是一位很好的作者，只是做事有些古怪。他是搞数学的，才气很高，为他编书时，总称我为“兄”；书编完了，他可能不自觉地就改了称呼，因为在数学领域，我也确实应该是他的学生的学生。我的这段文字实为玩笑，但别人看来就有些挖苦，记得我的父亲看后还批评我说：“不要这样写文章，为人应该宽厚，为文应该光明正大。”

12 月 30 日

年终盘点，这一年何事最值得做“收官之笔”？当然是“书趣文丛”。为此书所接触四人，扬之水的笔最勤，陆灏的信大多是转来的，沈昌文的序言前面已经录入（十二月五日）；吴彬最少写信，收到一封，其中云：“俞晓群：抱歉，今早上托贵社的小陈给你带回的陆灏选题单漏了最后一页，特补上。吴彬 12 月 28 日。”在这些文字中，有些事情值得记录：

一、丛书名字：为此讨论了很长时间，五月二十五日扬之水信：“丛书名称，颇费思忖。‘文人’，似乎有自我标榜之嫌；‘读书人’，又用得太滥了。‘谈艺录’，面窄了点。忽然想到庄子《齐物论》中的‘大知闲闲，小知间间’（注曰：闲闲，宽裕也；间间，分别也。智慧宽大之人，率性虚谈，无是无非；小知狭劣之人，性灵褊促，有取有舍）。‘闲闲’一词，似乎很好。此外，‘闲闲’还有从容自得之意，字典中举有《诗经》的例子：‘十亩之间兮，桑者闲闲兮’，是形容退隐田园的快乐。这两个意思都很可取。即便不了解这两个典吧，从字面上解，也还明白。那么，可否就叫作‘闲闲文丛’呢？”当日又传来消息，沈昌文、吴彬、扬之水一致选定名为“书趣文丛”。

二、其间还有“书趣别集”、“书趣译林”、“脉望丛书”等创意，后来沈昌文认为还是一并称“书趣文丛”为好。

三、施蛰存的稿子原定名为《忆事怀人录》，后改为《沙上的脚迹》。其他作者为：金克木、谷林、唐振常、辛丰年、董乐山、

金耀基、朱维铮、施康强、扬之水。 1

四、由于“国学丛书”善后工作做得不好，所以编辑部中的葛 9
兆光、王炎、冯统一三位都有意见。而此中，葛、王是《读书》的 9
老朋友，冯兄更是吴彬的丈夫，他们一直提示与辽教社合作要加 4
小心，由此可见职业信誉的重要。六月二十日，我专门到京，在天桥饭店请三位吃饭，说明情况，补足费用；吴彬诸君的疑虑也就此冰释。

12 月 31 日

在这一年中，还有几件值得记忆的事情：

一、五月二十三日，在天桥饭店与沈昌文第一次正式会晤，谈“书趣”等事情，那时沈先生是想出版一本《书趣丛刊》，再搞一套“文人丛书”，后来就成了“书趣文丛”。

二、六月十八日，《自然科学发展大事记》在京召开发布会，严济慈、唐敖庆、路甬祥等六位院士到会。

三、六月十九日，在天桥饭店请中宣部孟祥林吃饭，提出选题《世纪之交：与高科技大师对话》；七月二十一日，祥林寄来全套选题创意材料。祥林兄白面书生，一表人才，做事精准无误，表里如一，是做大事的人。十一月九日，在京召开第一次编委会，确定全书体例，主要是以国家科委的一些朋友为骨干，总主编朱丽兰，全书按照“863”计划，分七个部类撰写，每个部分都由这个门类的首席科学家做主编，即信息技术：汪成为；生物技术：侯云德；新材料技术：师昌绪；自动化技术：蒋新松；激光技术：王大珩；航天技术：闵桂荣；新能源技术：赵仁恺。

四、十二月十七日，在天桥饭店见《光明日报》梁刚建、李春林，我创意试图编辑《钱锺书全集》，未果。

五、今天，收到三联书店潘振平、张琳娜托人送上的《数术探秘》样书一册，我真是欢喜无比，提笔在日记中写道：“收到《数术探秘》，印刷极佳，喜不自胜，乐不可支。十年辛苦，一载面壁，终有结果，当夜把玩不止。”所谓“一载面壁”，说的是去辽西支

1994

贫的一九九二年，那段时间里我不能编书，只有写此书了。据说时任总经理的沈昌文见到《数术探秘》大吃一惊，忙问道：“这个俞晓群，就是那个俞晓群么？”于是，又增添了几分亲近感。另外，我在此书的后记中写道：

> 我本是数学专业出身，近些年从科学史研究入手，转而在大文化的背景下涉足于数术学的领域，我自己也是始料不及的。在本书的写作过程中，我得到了许多朋友的帮助，上海社会科学院哲学研究所周山先生、复旦大学哲学系陈学明先生、中国科学院自然科学史研究所郭书春先生、辽宁教育学院王前先生、辽宁师范大学数学系孙宏安先生，以及张锦、谭坚等诸位好友，都从不同方面给予我极大的支持；尤其是三联书店潘振平先生，他为本书的构建提出了许多重要意见，在此一并致谢！
>
> 数术学是一个艰深晦涩的学科，当我埋头于故纸堆中，开解古代士术们设下的一个个迷障时，我还应该感念早年家父在古汉语方面对我的熏陶，以及在我写作的全过程中，我的妻子、文学硕士王逸梅女士的帮助，这些都是本书得以完成的基础。
>
> 今年是我的本命年，今天又是我的生日，俗语说：“儿生日，娘苦日。”我的母亲已经在八年前病故了，她的

早逝使我失去了人间一种永恒的爱。在这里，请允许我表述对于慈母的思念！

1992年9月13日完稿于北票支贫工作队

1995

事件:《吕叔湘全集》启动，开始与牛津大学出版社接触。

图书:“书趣文丛”第一辑,《世纪之交：与高科技专家对话》

文章:“蓬蒿人书语”,《向老辈们学习》,《透视历史的苍穹》,《数术学对哲学和科学史研究的意义》

人物：吕叔湘，陈原，恺蒂（郑海瑶），李约瑟，李大斐，周光召，沈昌文，董秀玉，吴彬，赵丽雅，陆灏，乐爱国，郑在勇，李春林，葛兆光，李醒民，王一方，萧乾，唐振常，刘杲，许力以，李学勤，王建辉，王逸梅，朱丽兰，李鹏，孟祥林，黄裳，朱维铮，施蛰存，吕霞，吴振奎，钱逊，陈来，周劭，土冕（鲲西），常风，舒芜，朱健（杨竹剑），陈乐民，资中筠，谢兴尧，吴小如，思果，王佐良，金性尧，邓云乡，陈子善，钱伯城，柯灵，王充闾，吴赞梅，林道群，钟肇鹏，王之江，梁宗巨，王云五，王佐良，吴方，贾非贤，刘敬敏，董乐山，周黎庵，文载道，纪果庵，谢刚主，熊佛西，罗莘田，瞿兑之，宋春舫，周越然。

1月3日

厦门大学哲学系乐爱国来信，他实在是勤奋之人，也是选书的高手。他在我这里译过《女性与上帝》，后来我们一直没有再找到新的合作点。他的这封信确实写得好，很值得学人与出版人借鉴。他写道：

> 近来，我看到《科学》（周光召主编）载文，说到李约瑟早年所著《科学前哨》一书，其科技史价值如何如何高，遗憾的是国内尚无译本，诸如此类。该书英文版，我早已见过，该书的价值之高已有多篇文字论述过，因此，我有点想将其译出来，现将该书的情况简单介绍一下：《科学前哨——中英科学合作馆文集》（1942—1946），作者：李约瑟及其夫人李大斐，英国 Pilot 出版社 1948 年第一版。该书是李约瑟在 1942—1946 年期间作为英国皇家科学院代表第一次来华，任英国驻华使馆科学参赞并在重庆筹建中英科学合作馆时，考察了中国的科学状况所写的一些报告资料，确属价值高的历史资料。该书的中译本是台湾中华文化出版事业委员会于 1952 年出版，以后 1955 年再版，书名为《战时中国的科学》，为编译本，作为现代国民基本知识丛书第一辑。该书，我也有。另：1947 年，上海出版过一本《战时中国之科学》，也为李约瑟的文集，但《科学前哨》1948 年才出第一版英文版，显然，上海的那一本

1995

不是《科学前哨》的译本，也有人撰文证明过这一点。所以大陆没有该书的译本，至少是至今我所见到的图书中。该书共313页，台湾的编译本313页，约18万字，估计全译有20万字。由于其中有一些是原作者转译中国人的诗歌，我们再译过来有困难，因为都是一些现代人而非著名诗人，所以难译，只能搞编译。另外其中有许多插图，属历史镜头，倒也很有趣味。

1月9日

扬之水来信，她已经请人民音乐出版社郑在勇为“脉望”设计出了一个形象，是一条成了仙的书虫，化作一朵云彩，头上还顶着一本书。我非常喜欢这个书标。

3月3日

收到三联书店寄来《数术探秘》稿费支付单及税票。总数八千多元，扣除上税及购书款，实收六千五百元。

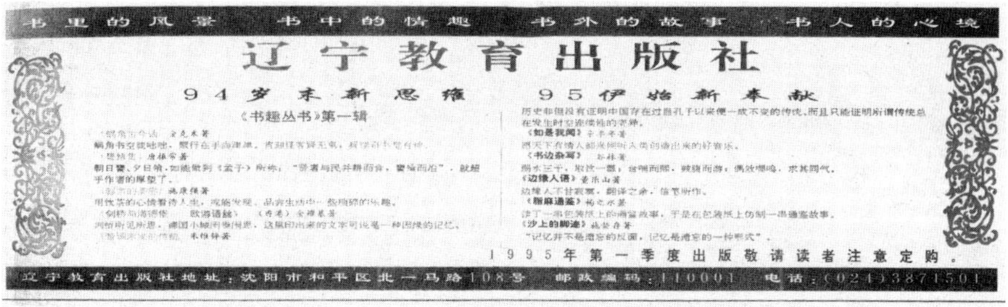

3月9日

在北京马克西姆，与脉望之沈昌文、吴彬、赵丽雅，以及管印刷的郝德华见面。我们在楼上，摆了一个长桌。恰好此时楼上没有客人，我们就像包下了一层楼一样。王越男、吴彬还开玩笑说，辽教的人与脉望的人两面对坐，有点儿像黑社会见面。我们谈的是“书趣文丛”第一辑的总结，还有第二辑书目和《吕叔湘全集》的相关事宜。席间有人说，商务印书馆的陈原老总也在楼下吃饭，我就与沈昌文下去拜见了一下，这也是我第一次见到大名鼎鼎的陈原先生。

补注：后来，我在《陈原，我们的精神领袖》(二〇〇六年)一文中，回忆了这次见面：“第一次见到陈原先生也有些偶然。那天好像是我们为了庆祝第一辑‘书趣文丛’编辑成功，‘脉望编辑部’的几位同仁在北京的马克西姆餐厅二楼小聚。不知是谁通报：‘陈原先生也在楼下用餐。’沈先生立即站起来说：‘你们都不要动，我带晓群去见一下就可以了。’我记得，一楼餐厅的散座，弥漫着法兰西的情调；恬淡的灯光，夹杂着几点午后斜阳的亮斑。当时我很紧张，记不得陈原老的相貌，记不得彼此说了些什么；哦，我大概什么也没说，只是握手致意，便退了下来。事后沈先生解释：‘陈原老是一个极好安静的人，近些年他更是约定，聚会最好不要超过三人。’我记住了这一点，同时在与陈先生的交往中，每当人数超过三人时，我的印象就格外深刻。”

此间，我还见到一位久闻其名的人物：凯蒂，她本名叫郑海瑶，生活在伦敦，经常在《读书》上发表一些好看的文章，栏目叫“英伦文事”。这次见面，只是打个招呼，闲聊了几句。最让我想不到的是，那么会写文章的“凯蒂”，竟然是一位二十几岁的小姑娘，真让人称奇。

补注：在今年《读书》第十二期上，读到凯蒂的《企鹅六十年》。这篇文章实实在在地把我打动了，再结合今年读到的王云五《印行“万有文库”缘起》一文，构成了年末我写《向老辈们学习》的思想基础。当然，这也是后来启动“新世纪万有文库”的思想基础之一。

与陈原先生（右）合影

3 月 15 日

年初，《光明日报》李春林劝我在该报读书版开一个专栏，写一组文章八篇。我犹豫再三，不是不想写，主要是不自信。我毕竟是学数学出身，为文之道只是爱好，唯恐写不好让人笑话。春林却说："我看过你的学术文章和书评，很有文字功底，你就写吧，一定能写好。"所以，过了春节，我设定了题目，最初专栏的名字拟曰"再思录"，后定名为"蓬蒿人书语"，语出李白诗句"仰天大笑出门去，我辈岂是蓬蒿人"。说起来这里面还有一段故事，那是在一九七四年，我中学毕业，按照当时的形势，需要"上山下乡"。作为"走资派"的子女，我被强令送到"最艰苦的地方"锻炼；我不愿意去，父亲就因此被贴了许多大字报，说他"走资派还在走"。无奈，我只好去了。临行前，我在一张纸上写了李白《南陵别儿童入京》中的那句诗："仰天大笑出门去，我辈岂是蓬蒿人。"后来被父亲看见了，他在下面写道："此儿素有大志。"接着，他也引李白的一句诗云："但仰山岳秀，不知江海深。"

在一个月的时间里，我陆续写完了这组八篇文章，送给春林兄看，他又鼓励我一番，他说："你的文章很有特质，你应该一直写下去。"在"蓬蒿人书语"这八篇文章中，最后一篇《独处书斋意绵绵》，最能够反映我的心境，我写道：

作为编辑，我既编书也喜爱读书，工作时出于职业的需要，每天与书打交道；工作之余，坐在书房里，沏一杯

1995

清茶，孤单单、静悄悄，思绪在读、编、写的缝隙间跃动游走，时而相倾、时而相战，文化边缘的无限情趣渐渐地升腾起来，再向周身的神经末梢散去……我崇尚这种心潮起伏、意境游离的快感，故而愈发喜爱那间供我精神游弋的书房。

书房是我精神的故园：一个孱弱的远行者，由读书到编书，有时也写书，身份不断地嬗变，对象始终不变；变与不变交织在一起，将你推向文化的苦旅，仿佛在花雾中寻觅，在梦醒间思索……这是一个编书人真实的心境，它处处暗伏着书与人之间难断难理的情结。记得我的一位朋友，编书编得走火入魔，以至于“精神错位”，决不读书、买书；我编书也很投入，却极怕染上那“职业病”，所以每当我从嘈杂的编辑部归来，跳出或喜或忧的“书城”，坐在自己的书房里，第一件事不是读书，而是静静地思考“书”的本义，清理脑中为商、为官的细胞。此时我的心灵得到充分的净化，然后再捧读自己喜爱的书，心底自然会浮现出一种回归的感觉！

书房是我人生的驿站：人在书旅，清醒和理智使你肩负着五千年的历史重责，何况我们是跨世纪的一代，跨入耶稣诞生后第三个一千年的一代！我在一套丛书的札记中写道：“当我们拂去岁月的风尘，步入中华文明的千年古殿，一种无名的压迫之感流变于心头：时间逝去了，历史的活剧收场了，旷野也在不断地改变着模样。那高耸的山峰可曾记录着古战场铁马金戈的喧嚣？那残存的断壁是否映照着连云接日的霓裳舞姿？羑里的蓍草，天坛的净土，东海的蜃景，西域的驼铃……这些浸润着一个偌大民族古老精神的自然景观，潜藏着哪些深不可测的文化内涵？时间逝而不返，它带走了壮景，淘尽了英雄，也湮灭了平民，留下的只有散在的文化遗迹和如峰的典籍。在故纸的围迫之中，我们曾困惑，现在我们需要抖擞精神，为构建一个新的文化体系，再来一次艰难的起步。”所以我们不能因为过早地成熟而过早地衰老，书房是我精神生活打尖休息的地方，时代需要我们鲜亮地活着！

书房是我生命的归宿：小时候我读过《一千零一夜》中的一段文字：“你难道不曾看见白发招你走向坟墓，替你散下讣告？……请问：可为后人前车之鉴的古代民族哪里去了？暴虐不可一世的中国古帝在哪里？翁顿和他苦心经营的金銮宝殿在哪里？无恶不作的乃睦鲁德在哪里？反叛成性的法老在哪里？死了，他们全都死了，男女老少死得一个不剩了。”读到这里，纯净的童心一阵抽搐，泪涌出，未落下，从此开始寻找生命的依托与归宿。后来时势把我造就成一介书生，洞明世事，却悟到人生无非演变着登场下场、辨析着他乡故乡。意渐渐地淡了，泪慢慢地干了，只有“书”与我相依，伴我同行……

突然，我悟了：书是我精神的依托，我愿终生与你同在！

补注：这八篇文章刊出后，颇有回响。例如：五月二十日，葛兆光来信即提到：“晓群兄在《光明日报》所撰编余随笔，实在精彩，左手为文右手编书者，尚不多见。”五月十五日，李醒民来信写道：“你在《光明日报》上写的几篇随笔，我都拜读了，很有情趣，从中也能看出学识、文字才华及思想底蕴。看来，忘情地干一种事业，总会悟出真谛。也许‘悠然心会，妙处难与君说’之处更多。庄子、维特根斯坦及波兰尼的高论是有道理的。”五月二十日，王一方信云：“《光明日报》‘出版与读书’专栏中读到您的随笔，常细嚼，总想寻找到相似的情愫及文外之韵。”

4月4日

收到《读书》寄来的“书趣文丛”第二辑的拟选作者名单，共十一人，即：

金性尧《伸脚集》；
王佐良《中楼集》；
常风《逝水集》；
舒芜《串味读书》；
朱健（杨竹剑）《潇园随笔》；
陈乐民、资中筠《学海岸边》；
谢兴尧《堪隐斋随笔》；
邓云乡《水流云在琐语》；
吴小如《书廊信步》；
王冕（鲲西）（此稿后来未收入）；
思果《偷闲要紧》。

《书摘》从我的《数术探秘》中摘一段《诊断的功能》，李学勤 1
见到此文，还在给我的信中写道："在《书摘》今年第四期拜读大 9
作《诊断的功能》，所论极是，也是应向您表示钦敬的。"现摘录 9
此文如下： 5

然而在实际上，中国古代的方士们与现代意义上的医生是截然不同的，他们不会那样严格地遵循医学的限定，历史的文化氛围决定了他们必然要兼医术与数术为一身。在中国古代医史中不难发现，许多著名的医学家同样也从事着占卜、算命之类的数术活动。像前面谈到的扁鹊，就有一则占梦的"医案"：

有一次，赵简子生了大病，五天不省人事，侍从们都害怕了，赶忙将扁鹊找来。扁鹊探视一下病情，出来说："这是血脉所致，不足为怪！当年秦穆公也曾经如此，昏睡了七天才醒过来。醒来之后对公孙支等人说：'这些天我到天帝那里去了，生活得非常愉快。我之所以这么久才回来，是因为学习了一些东西。天帝告诉我不久晋国将要发生动乱，五世都不得安宁。此后晋国会称霸天下，但是霸者又将不得善终。他的后代将危害你们秦国，带来淫乱之厄。'公孙支将这些话记了下来，形成了秦国的谶书。后来，晋献公之乱，晋文公之霸，以及晋襄公打败秦国、肆意奸淫等现象，一一印证了秦穆公的梦呓。现在赵简子的病与秦穆公的病相同，不出三天，他一定会醒来，醒来之后也会讲述一些谶语。”

又过了两天半，赵简子醒了，他对周围的人说：“我到天帝那里去了，与百神周游天堂，观看舞乐。天堂中的乐曲与人间不同，它的声音激荡，感人心扉。在我游玩的时候，突然有一只熊向我扑来，上帝让我射杀它，我一箭中的，熊当即死去了。又有一只罴扑了上来，我又一箭射死了它。天帝大喜，赐给我两个笥。另外，我还见到我的儿子站在天帝之侧，天帝指着一只翟犬说：‘等到你的儿子成人之后，就把这只狗赐给他。’接着，天帝又对我说：‘晋国开始走向衰落了，再经过七世就会灭亡。晋国灭亡之后，姓嬴的王侯将在范魁之西打败周人，但最终还是不能占有其国。’”大臣董安于将赵简子的话记了下来，并且收藏好。人们又将扁鹊的诊断告诉了赵简子，赵简子赏赐给扁鹊四万亩良田。后来，天帝又派来一位叫作子晰的人向赵简子一一解说了梦中的谶语，以及各种景象的涵义。

在赵简子的故事中，扁鹊的诊断与梦占、神话、谶语等诸多文化现象交织在一起，生动地反映了中国古代的医术与数术密不可分的历史事实。其实许多著名的中医大师在行医的同时，也从事算命之类的数术活动，像隋唐时代的医学家孙思邈就有许多神奇的占例，相传隋文帝时，朝廷让他出任国子博士，他自称患病不肯赴任，私下对家人说：“我已经推算出隋朝不会长久，再过五十年之后，将有圣明的君王出现，到那时我才会出来帮助他的。”后来，隋朝果然早衰，直到唐太宗李世民即位时，孙思邈才出来做官。

还有一则故事中写道：有一次，东台侍郎孙处约请孙思邈为他的五个儿子孙侹、孙儆、孙俊、孙佑、孙佺算命，孙思邈说：“在你的五个儿子中，孙俊最先当官，孙佑成名较晚；孙佺的名望最高，但是他将在执掌兵权上出现祸患。”后来，孙氏五子的命运一一应验了孙思邈的预言，尤其是孙佺，他在唐睿宗时出任左羽林大将军，结果，在征讨契丹人的战斗中不幸阵亡。

另据记载，有一位叫作卢齐卿的少年向孙思邈询问未来的前途，孙思邈说：“五十年之后你将出任刺史，我的孙子将在你的属下做官，到时候你要好自为之！”五十年之后，卢齐卿果然出任徐州刺史，孙思邈的孙子孙溥果出任徐州萧县丞。令人惊奇的是，在孙思邈为卢齐卿算命时，孙溥果还没有出生呢！

4月18日

收到吴彬来信，其中附“书趣文丛”第三辑作者名单。这个名单是上海陆灏开列的，吴彬信中言道：“这批名单也许官场中人并不欣赏，可以删去，也可以更换几位惹眼人物，以中性人物代替，请你考虑。”其拟目如下：

黄裳《音尘集》；
周黎庵《清明集》；
文载道《风土小记》；
纪果庵《雨都集》；
谢刚主《三吴回想录》；
熊佛西等《山水·人物·边疆》；
罗莘田《苍洱之间》；
瞿兑之《屯庐所闻录》；
宋春舫等《欧游三记》；
周越然《书与回忆》。

5月4日

在北京民族饭店，召开“书趣文丛”座谈会，到会者有萧乾、唐振常、刘杲、许力以、脉望全体、李春林、梁刚建、郑在勇等。席间沈昌文从三联带来几本我的《数术探秘》，送给刘杲、许力以。

补注：一九九八年，湖北王建辉撰文《同道俞晓群》，其中谈道：“他赠送过他写的个人著作《数术探秘》，书我却不大懂。一次刘杲同志跟我说，俞也送了一本这样的书给他，他也说他看不大懂，好像一本天书。刘杲同志，在出版界何许人也，能经他提起的人，一定不是一个孬种。”这其中，刘杲与建辉兄提到的书，正是我此次赠与他的。

此次会面，我对萧乾印象很深。他坐在我的旁边，总是笑眯眯的。当时社会上正在热炒他与文洁若译的《尤利西斯》，由于还有金堤译的《尤利西斯》几乎同时面世，所以话题就会多起来。我对萧先生说：“读者评价，你们的译本更好读一些，是这样吗？”萧没有正面回答我的问题，他还是笑眯眯地说：“让大家说好了。”

5月19日

四月十四日李学勤曾来信写道："前年承蒙介绍，辽宁大学出版社王逸梅同志印了我的一本小书《走出疑古时代》，我已看过校样，年末年初有两次我负责的会，本想在会上发一批，但未及出版。前些时中国社会科学院的一次会上，有同志提过我这一语（'走出疑古时代'），引起不少注意，因此我很希望书能早日印出。知您一直关心此事，故敢奉烦，代为促进一下，不胜感谢！"今天，我复信："大札已阅，逸梅给您打电话大概已说明了情况，大作《走出疑古时代》近日即可面市，勿念！"

这里面还有一段小故事：王逸梅是辽大出版社的编辑，是我的妻子。辽大出版社想组织重点书稿，我就把李先生介绍给逸梅；但组稿之初，逸梅并没有说明这一层关系。逸梅说，当时李先生手头有几部稿子，她就挑上了这一本。最初的稿名是《李学勤考古论文集》，但是逸梅在审稿时提出，这个题目不太好，是否可以选用其中一篇文章的题目，作为全书的题目？像其中的"走出疑古时代"，多好的名字！当时逸梅打电话到李家，李先生不在，是他的儿子李缙云接的电话。缙云在文物出版社工作，听罢逸梅的说明，他连声说："好，好！就这样改好了。等父亲回来我再告诉他，我想他是会同意的。"

补注：此书出版后反响巨大。比如，有朋友对我说，曾几何时，北大的学生在校园内散步时，都以夹着一本《走出疑古时代》为时尚。至于此后围绕着这一主题发生的学术讨论，更是风起云涌，波及广泛。

一九九九年，此书获得第三届国家图书奖提名奖。逸梅说，直到今天，这也是辽大出版社获此殊荣的唯一一本书。

5月28日

这些天，为《世纪之交：与高科技大师对话》一书忙得一塌糊涂。二十五日在国家科委召开座谈会，总主编、国家科委主任朱丽兰，辽宁省委书记顾金池，还有朱光亚等到会。二十六日“全国科技大会”召开，此书原本是作为礼品赠送给大会代表。

但是，这里面有一段故事：原来在编委会的设计中，此书是请当时的联合国秘书长加利献辞，请国务院总理李鹏作序。不过在请李鹏的过程中，一直不顺利，正式报请没有拒绝，却迟迟不见回告。后来科委的同志请一位老同志出面，他当年在延安时，曾经与李鹏在一个幼儿园生活过。这位老同志到李鹏的家中，又把我们的邀请信交给了李鹏的女儿；等了一段时间，依然不见回音。无奈，我们只好在科技大会之前，取消了“李鹏作序”的计划，而将加利的献辞改为序。接着，更让人震惊的事情发生了，在科技大会上，领导入场时，李鹏向朱丽兰走过来，他手里拿着写好的序言，对朱丽兰说：“你约我写的序写好了。书很好，不过我对书的名字提一点意见，不要叫‘科技大师’，最好叫‘科技专家’。”

讯息传来，我们欣喜万分，同时问题也来了。其一，样书已印好，为科技大会准备的礼品书正在从沈阳往北京运送，我当即打电话，送书的车已至锦州，立即返回，将书送回工厂换封面、内封、版权；科学大会的礼品书也就送不成了。其二，李鹏的序，新华社要发通稿，各大媒体都在头条播发，这些都好办；麻烦的是，当天晚上中央电视台新闻联播也要播发这一条消息，还要上书的封面，而序言中写的是“专家”，封面上写的是“大师”，怎么办？还是央视记者聪明，他们用书的腰封将封面上的那一行字盖上，才算把新闻发了出去。 1995

还有一件事值得提及：我为此书题写了两段广告词，一句是：“沉思人类生存热点，倾诉科人终极关怀。”另一句是：“世纪之交，千年之交，访谈五十位高科技大师；宏观在宇，微观在握，联袂评说未来世界图景。”

补注：这是我操作最成功的一本书，其中最大的功臣是中宣部孟祥林。在这个项目的运作过程中，我说他“指挥若定，大将风度”毫不过分。二○○二年我在一篇文章《编辑日志三记》中还写道：“《世纪之交：与高科技专家对话》，一九九五年出版，此书获第三届国家图书奖，第十届中国图书奖。时任联合国秘书长的加利先生曾为此书‘献辞’，李鹏同志作序。记得有一次评书，一位评委问：‘加利、李总理真的献辞、作序了么？’闻此言，我哑然失笑，岂止是作了，其实连书名都是李鹏同志改的。记得最初我们选题的名称是《世纪之交：与高科技大师对话》，并请李鹏同志作序。此后不久，在一九九五年‘全国科技大会’的开幕式上，李鹏同志将写好的序言亲手交给当时的国家科委主任、本书主编朱丽兰，他说：书很好，序写好了，书名最好改一改，将‘大师’改为‘专家’更准确。”

6月17日

收到上海复旦大学朱维铮来信，谈的都是他的著作《音调未定的传统》相关事情。朱先生才华自然了得，性格也是与众不同。他的信竖写，通篇整整齐齐，方方正正，字体却有些甲骨文的味道。

补记：我与朱先生在上海见过一面（六月二十二日），对其印象颇有压力。因此在日记中写道："在沪见到陆灏诸君，几次雨色中聚谈，云雾缭绕，湿风扑面，倒也轻松愉悦。朱先生谈吐间总是暗伏杀机，音调未定，我为儒者的传统所系，并未在意他时空连续性的变异。酒足饭饱之后，他一再强调赵丽雅对他的叮咛，我再谢再拜，他便飘然而去了。面对海派学人，我很有几分复杂的感慨，钦佩与平视之间，还夹杂着几缕淡淡的乡情。陆灏却给我留下极好的印象，不可多得的朋友。"（六月二十九日）

复旦大学
FUDAN UNIVERSITY
SHANGHAI
PEOPLE'S REPUBLIC OF CHINA

晓群先生：

拙作《音调未定的传统》，列入《书趣文丛》，承蒙贵社惠予出版，已感盛意。今得赵丽雅女士函，促使我不揣冒昧，直接致函先生，但请过问以下二事：

一、文丛出版时，我适在美国讲学，由赵丽雅女士向贵社代订拙书样书五十册。我回沪后，即致函赵女士，谓贵社出版物在上海稀见供应，而海内外友人索阅拙作者较多；按往例，拙作每种出版，须索购在百册以上。按以往诸出版社例，我希望贵社再允寄我拙作一百册，以应友人需索。赵女士回信，谓已告知贵社，且前又函询贵社，将由新华书店直寄。然今得赵女士函，谓新华书店因贵社账目未结清，拒寄。上月我得赵女士寄来样书二十册，现已分送殆无存。而但友人索书函电无以应付，且因七月我又将赴欧，更需拙作若干，据说只能径请贵社诸位去。因此，务请先生拨冗过问贵社对此事的问题，即予寄所订拙作样书。若书到来即当付费，当请回航

复旦大学
FUDAN UNIVERSITY
SHANGHAI
PEOPLE'S REPUBLIC OF CHINA

寄来二十册，可见是可寄实情。此事也只询问贵社人之名，已函询。

二、前得中国农业银行上海分行函，今得之悉彼所函知，令我去前取汇款。即我始知乃贵社所汇拙作稿酬，并因贵社财务部门将拙名写错，“维”误写为“静”，与身份证姓名不符，故而银行拒付，且谓即退贵社，要求改正再汇来。此种情形，在我尚属第一次未有之遭到。又贵社汇款至今未付稿酬标准，应付，如核，实付多少，也是我以前没有经历的。如今银行将汇款退回贵社，已过四月，尚未有新的汇款给我。赵女士函询先生要写三联作者，打听何时此种事能知，都只当作者的情形。因此，请先生拨冗过问此问事，则感。

赵丽雅女士要我写文字，正当我在美国时，故而她曾询问我愿稿，无由写，在我接到了来函。今之稿写成后，她将我旧贵社出版，然我从未有过类似经验，但对贵社这样成人之美的，我希望，以上二事，实事求是，无损于我和贵社的关系。专此布达，顺致

文祉

朱维铮 九五年六月廿日

1995

6月20日

在我认识的编辑中，湖南科技出版社的王一方颇有才气，文字也最好。关于书评，他每有妙论见于报端。他今天在来信中写道："今年伊始，有些反省，原来的日子里，但驭灵气，做些冲撞文章，无根无韵，隔些天看便只有些文字小趣，鲜有思想的颗粒，故改奉'多读少作'主义，沉淀几日，日后再图迸发。再者，就文坛而言，我辈属边缘，只有敲边鼓、放冷枪的份，难成太大的气候，而要斜杀出城垒，亦需要冷板凳上的修炼。"

五月二十日，他来信谈到我的《数术探秘》，信写得极好。其曰："惠寄的《数术探秘》收到，并置于枕旁，每天读一节。感觉是杂碎的，但不时泣起，自从文化新谱系取代传统老套之后，学者与学问沦为专门，被条条块块掣绊住，人人都在掘垂直的深井，忘了横向的交通，而粘合、沟通、启悟的哲学在被僵化了的马哲那里不仅失去了理性的活力，也人为地制造出许多盲点。于是，文化的旗幡下聚着许多野孩子与旁出的思路，先生的书大概可归于这类，'书的文化与历史透析'的范畴，它提供着一种新的视野与思考径路，在学术与历史的横断面上驰骋扩张，读起来有一种串糖葫芦的欣快，得益于编辑的职业训练，全篇结构、语言、层次的调度都恰到好处，激情所注的几章理与趣俱佳，但'医数'一章，似有些穿透力不足，在热闹的现象叙述之后，欠了些夯实的理性支撑和超拔的洞识，也许是我的挑剔，这一章有些浮，恰似悦耳的风铃声，还不是震耳的沉钟之吼，我想，这套中华文库的读者定位是大众，非专业人士，这种层面也就显得恰到好处，检讨自己，在旅游者面前掏出研究生的讲义，不免有些‘失言’。若是游客之中有高士，当言而不言，又有‘失人’之憾，总之，作者总是处在一种尴尬的地位，是受审者。”

读罢此信，六月一日我即复道：“大札已阅，仁兄对拙著品评极是，极有启发性，撞我心扉，激我心潮，痛快！痛快！湖湘人杰地灵，仁兄理应有大作为。另言：仁兄是否能为拙著写一篇书评？再谢！”七月十四日，一方兄果然寄上一篇评论文章，题曰：《数，可数，非常数》。他写道：

在今日，“科学无国界”已成为一种共识，常举的例证就有数学。在当代数学谱系中，绝找不到“法国数学”抑或“美国几何学”、“英国代数”、“荷兰概率论”等术语。大概全球的数学家们都清一色地认识到“步调一致才能得胜利”的道理，于是，便在某一个早上相约依照同一种思维逻辑思考问题，采用同一种标准评价成果。从此实现了数学世界的“大同”（这仅仅是一种假想，事实上科学理论与认识在全球的整合是科学的区域“霸权”的“殖民与扩布”的结果）。不过，数学史家们都常常抬杠，他们把目光投向历史，从文化史的旮旯里找出一大堆证据来说明在整合的那一个早上之前，确有着“中国数术”这种印有民族思维与区域文化特征的潜科学或准科学认识体系的存在。并认为它不仅是现代数学区域整合前的认识遗产，一种可以多角度文化阐释的“文本”，而且是数学史上浸透着东方神秘主义的“文化化石”，敲开它的外壳，掏出它的内核是一项十分有意义的寻根使命。读了俞晓群的新著《数术探秘——数在中国古代的神秘意义》，很自然地想到了这些。

其实，早在三十年代的中期，胡适之先生也有过科学寻根的探讨，他在《人与医学》序中以医学为例曾提出“文化画布上的科学风景”的命题，并不把“赛先生”看成是“纯种”的贵族，而是带有区域文化血脉因子的“文化骡子”。只是，胡先生识高暇少，惯于开题而无力作深入的诠释。而俞晓群的专著则对中国历史上数术发生、演进的过程展开了详尽的论述，算是掘了一口深井。

这本书囊括的具体内容包括象数、天数、礼数、命数、历数、律数、医数、算数八大类，揭示出数的科学认识之外的社会、文化、宗教认识内涵。在这里，数成了一块文化魔方，时而走向诡秘与恐怖，时而走向崇高与神圣；时而镀上灵光，时而还原成朴素；时而空渺无垠，时而精细入微。如果到老子那里去讨智慧，真应该仿“道，可道，非常道”的句式列出“数，可数，非常数”的偈语。

诚然，与西方数学发展轨道相比，中国的数之学无处不在古代人文传统（包括相当的玄学成分）的遮蔽与“污染”之中，它的一个明显的特征便是浓厚的思辨色彩，臆测的推断代替了自然数的逻辑演算，有心法而乏公理，常为士大夫、筮师旁通的技巧，而不是专家探骊得珠的智力活动。人们热衷于借此作世俗节目的解颐，而鲜有抽象的纯数学探究。致使数之学沦为政治权谋、礼仪盛典、伦理教化、观天测象、占卜前程、问医求药的工具，形成了发达的数术与孱弱的数学同在这种深刻的二律背反局面。严格地讲，中国古代数术与舶来的现代数学科学体系之间缺乏必然的知识续接，对它的历史阐释也许不在数学史的源流梳理本身，而在为古代科技史乃至文化生活史找到一种别样的类型，为科学思想史的研究揭穿一个谜底。即一部中国古代科技史实在是一部人文、科技交互纠缠的知识与方法的杂合史。在那个时代，科学有时还会认玄学为友。而科玄共轭的情形下，自然不会有纯净的数学。尽管在我们心中，不必忌讳这段不太干净的历史（西方数学亦源于贪婪与博弈等丑行），但也不必对神秘外衣之下的数术遗产抱太多改良的希望。并非所有的传统文化都能在现代生活中实现“创造性转换”。

我自知不懂数术之学，在此讲了一通外行话，祈请晓群兄多多包涵。难为他在“正统”与“干净”的数学史之外垦出这块神秘的领域来，并做了许多富有思想的阐释。

补注：此文刊载于一九九六年第一期《书与人》。

6月22日

到上海，阴雨绵绵。下午，陆灏引导我们拜见施蛰存，他九十多岁，住在一座小楼里。我的印象：旧舍，旧书，旧人；睡衣，瘦弱，昏暗。谈到《沙上的脚迹》，他问为什么会印那么多？他说自己正在做碑帖，他还说手头有《现代作家书简》。他自言："我大约还有两年的活头了。"

一个貌似孱弱的老者，精神却是极其坚强的。据说那年上海市把他评为优秀专家，让他上台就座、讲话，他说："这样的大讲台我一生只上过两次，现在是一次，上一次是我被打成右派的时候。"他这么说话，人家怎么会高兴呢？他说："我这个人不识抬举啊！"

晚上，在陆灏的安排下，请黄裳、朱维铮、唐振常吃饭。

补注：这次见面，勾起了我体内"南方人"的基因。我父亲是江苏人，母亲是北方人。从小听父亲谈论南方的旧事，时常构成"思乡"的心理；那种情绪毫无具象的依据，完全是精神的臆想。自从投入沈昌文、陆灏的文化圈子，我突然萌生出些许灵魂的归属感，请看我二〇〇三年年五月十三日写的一篇回忆文章《下雨了，我们还在忆旧》：

那天，夜已经很深了，我还站在黄浦滩上。刚一阵清雨过去，街灯下的路面闪着水渍的反光。这一刻，我又在想，从北方到南方，奔奔波波，我来寻找什么？

雨中的梧桐，遮蔽了变幻的光阴。我们撑着黑色的布

1995

伞，登上那一座座旧式的小楼，去拜见唐振常，拜见黄裳，拜见施蛰存……眼前的一切都是那样老旧，思绪也在历史与现实间跃动。

他们都老了。木讷也罢，枯坐也罢，都抹不去丝丝缕缕的文化情结。以往，他们在书中，在画中，如今就在眼前。记得叩响施先生房门时，我真的有些走神，想到旧日的上海滩，想到怒气冲冲的鲁迅，想到那场《庄子》与《文选》的争吵，耳畔自然响起“洋场恶少”、“叭儿本相”之类的叫骂；接着又想到施先生几十年吃尽苦头，想到他自嘲：“十年一觉文坛梦，赢得洋场恶少名。”现在，有为施先生鸣不平的，有说鲁迅是“仇恨政治学”的，那又怎样呢？见到施先生，只记得他问：“《沙上的脚迹》都是些忆旧的文章，为什么还会卖那么多？”一切都是那样的平淡，与旧日的时光比照，几乎是一种乏味！但活着就是胜利，我见到了胜利者！他用平淡击碎了仇恨。

黄裳名满天下，可是他太不好说话，无论在家中，还是在餐桌上。我们出版了他的几本书，有《来燕榭读书记》，我看不大懂；还有《音尘集》，其中收了《锦帆集》、《印度小夜曲》和《关于美国兵》，读罢这些旧作，更让我感动得不知其所以然。先是文字的精细，每一处都那样恰当，每段情节的描述都那样工整。我喜爱他文章中的江南秀色和才情，他说：“美丽总是忧愁的。”他还坐在茶楼上，“看着窗外的斜风细雨，打了伞在青石道上走着的女孩子。松子，桃片，黄黄的竹子的水烟筒，如此亲切又如此辽远……”我仰卧在塞北的大草原上，枕着手，望着蓝天白云，无论如何也唤不出黄裳的身影。我还不解他的名字，他本名叫容鼎昌，为什么取笔名“黄裳”？是取意于《易经》坤卦六五：“黄裳，元吉”么？大概不是。有说是他欣赏当年走红的“甜姐儿”黄宗英，便取“黄的衣裳”之义。钱锺书曾为他写过一联：“遍求善本痴婆子，难得佳人甜姐儿。”李辉撰文说，黄裳是“款款而行的风流！”但那是旧日的时光，为了过去，我们才沥雨而来。

唐振常就不同了，他非常健谈，通晓许多领域。写了《饔飧集》，又写了《四川军阀杂说》，书前题道：“‘斗酒纵观廿一史，炉手静对十三经。’录东坡句，借喻读书有深阅浅览之别，以赠辽宁教育出版社。”唐公活得轻松愉快，他还乐于让对方愉快，尤其是小辈，我们自然喜欢与他相处。“吃”是他生活中的主题之一，正如他在《颐之时》中所说，老子讲“治大国若烹小鲜”，我却主张“善烹小鲜，可治大国”。与他同去德兴馆，由于有美食家的盛誉，前后都有照应，他也总能点出一些奇怪的菜来。那次他好像叫了一道用鱼肠做的什么东西，餐后我的胃肠却受不了了。从心而言，我最喜欢唐公的豪爽与霸气，席间遇到几位狂傲的学者，有唐公在，都要收敛三分。

沪上组稿，沉入文化的底层，仿佛来到早年的旧巷，斑驳陆离，好多的追思与故事，伴着小雨，淅淅沥沥，断断续续，铺就了老辈以及我们这些后来者的编辑生涯……

7月13日

昨天，“书趣文丛”第一辑作者签字本在北方图书城拍卖，以六百元人民币卖出。

爱书人俱乐部成立，请沈昌文、董乐山来沈阳，做俱乐部的第一次讲座。晚，在中国医科大学学术报告厅，三百余人，座无虚席。我父亲也来了，他是俱乐部最老的会员。沈先生的题目是“我读故我在”，董先生的题目是“语言的次殖民化现象”。董的题目很尖锐，我们在《沈阳日报》上登广告时，他们还不给登。

左起俞江（我哥哥）、沈昌文、父亲和我

8月10日

我为出版社的内部刊物《荐文》推荐了第二篇文章，即张中行在七月二十九日《文汇读书周报》上发表的一篇文章《动笔前想想，如何？》，引起了一些争论，我对这篇文章有赞同之处，也有些意见，故而推荐出来，一吐心中存念。我的“荐者语”云：

张中行已经八十七岁了。耄耋之年，学术功力渐臻炉火纯青。一部《顺生论》，还有《负暄琐话》、续话、三话，以及《留梦集》，不但征服了学术界，而且打动了整整一代人的心。季羡林说他是“高人、逸人、至人、超人，淡泊宁静，不慕荣利，淳朴无华，待人以诚”。当张先生乔迁新居、离开北大朗润园的时候，季老叹道：“荷塘为之减色，碧草为之憔悴。‘此情可待成追忆，只是当时已惘然。’”张先生确实是这个时代的一位具有大智慧的老者，但他不是过去了的那个时代风雨兼程的英雄。不信你读一读《青春之歌》，那凄凉的雨夜、哀婉的少女、瘦弱的青年……在血与火的岁月里，他被描绘得那么孱弱、孤独、彷徨；别人轰轰烈烈地活着，他平平淡淡地活着。然而有趣的是到头来他们都成了各自时代的英雄，只不过此一时、彼一时罢了！感悟人生，需要读完一段历史的全过程，张先生愈老弥坚，我们还要认真地读下去。

请看下文，张老先生的平静受到编辑同人的骚扰，

故而列出十例严词批评。其中有些责任并不在编辑，像 1
“三十”改为“30”是“文件规定”，我们只好“照章办事”； 9
但许多意见是要认真对待的，否则一旦构成“十恶不赦” 9
之罪，砸了牌子，恐怕连“西瓜”也吃不上了。有感于吾 5
辈的不争气，也有感于前辈的“严厉”，故荐此文。

补注：我写此文时有些情绪。那时张中行红得不得了，说话间就有了一些霸气，这也可能是我的感觉不对。二〇〇三年我还在《可爱的文化人》一文中提到此事。我写道：“有些人学问做大了，常常会滋生霸气，让人敬畏。可是一不小心，演化成‘霸道’，就会变了味儿。像一位大学问家，文章写得绝好，为人也有长者风度，对小辈尤其循循善诱，时常让我联想起对郭靖、黄蓉倍加关爱的洪七公！忽一日，此公写了一文，教育晚辈不可乱改别人的文稿。文中多是温和教诲，读来使人感动；但有几段文字，却有些怪里怪气、寒气逼人，什么‘举恶扬善，都要凑足十项’（有“十恶不赦”之义！言重了。），什么‘面瓜、西瓜’之类的嘲讽，当时年方30几岁的我，一下子就想到了欧阳锋！”

10月1日

《数术探秘》出版后，见到几篇评论文章，像王前的《古算真情》，载《读书》第六期；孙宏安的《评数术探秘》，载《博览群书》第七期。

10月17日

在北京民族饭店，在沈昌文引荐下，请三联书店总经理董秀 1
玉吃饭。这是我第一次见到董女士，她很有气质，稳稳当当，叙 9
事不露声色。我也第一次看到沈先生有些紧张，平时沈总好开玩 9
笑说，他年轻时曾经追求过董秀玉，不知是真是假；现在他们都 5
有些老了，我也觉得他们不大般配。这次在董的面前，也不知为什么，沈不再表现得那样挥洒自如。我们主要谈的是在沈阳开办三联书店沈阳分店的事，董很赞成。

10月30日

本月，《读书》载我书评文章《透视历史的苍穹》，谈的是江晓原《历史上的星占学》。江颇赞赏此文，他来信说："今在《读书》上见到吾兄为拙作所写书评，高明之至！阐发鄙意极为透彻，兄真善读书者也，又真知我者也。不胜感激。"吾文曰：

> 江晓原先生新著《历史上的星占学》不是一部孤立的作品，而是作者天学研究系列的专题之一。大约在五年前，作者在他的另一部专著《天学真原》中谈到，他的天文学史研究起步于中西学者一个多世纪的学术积累，本来他的"历史落脚点"应该在修补、比较与整合上；但是作为中国天文学史的第一代博士，作者的学术灵感没有把自己引入那条"顺理成章"的道路，他认真地思考了古人天学活动的性质和功能，对天文学史的基石提出了大胆的质疑。认为科学史研究仅限于发现和整理古代科学成就是不够的，这类活动属于科学内史的范畴；而现代意义上的"非成就"的外史部分也需要构建，但这方面的工作尚属阙如。因此可以说，经过一百多年的努力，人们仅建立了科学史研究的半壁江山。所以作者在学术研究的匆匆行旅中蓦然回首，声言"必须回身过去，将这有问题的基石处理好了，才能再续前程"。
>
> 当然，个人的卓见离不开时代的孕育。为了补上那半块基石，作者需要说许多有悖于"常识"的话，而这话需

要有一个开放的社会的承接，即“三才”的和谐。如今这 1
些似乎都有了，于是作者说：古人的天学研究不是探索自 9
然、改造自然的科学活动，而是与彼时彼地相交融的政治 9
与迷信活动。按照这一思路，作者在《历史上的星占学》 5
中一针见血地指出：古代没有现代意义的天文学和天文学家，只有星占学和星占学家；星占学的前提和基本原理是迷信的，但其方法是科学的，“一种活动的性质和进行此种活动所需的工具，显然不能混为一谈”。再者，星占学不但孕育了天文学，而且还留下许多重要的科学遗产，像星占家绵延千年的天象观测记录，一些重大历史事件的天象报告等等，都有巨大的科学价值及年代学意义。比如有人推算出武王伐纣时出现的那颗彗星正是哈雷彗星，根据它的运行周期回推，其时间应在公元前1057—前1056年。这一切充分说明星占学研究的重要性和必要性。

《历史上的星占学》由外国篇与中国篇两部分组成，如此编撰既达到了形式上的统一，又实现了中外星占学的比较。作者将星占学划分为军国星占学与生辰星占学两类，他发现西方更重视以人为中心的生辰星占学，而“似乎常与东方型专制集权统治联系在一起的军国星占学，则在欧洲不那么重要了”。至于中国，“本土从未产生出生辰星占学”，而独步中国的军国星占学“大致在战国秦汉之际定型之后，几乎不再变化”。另外，中外星占学的哲学基础也不同，西方星占学家认为万事已前定，观天旨在窥破一个秘密计划；中国的星占学家也在体察天意，但那“计划”不是固定的，观察的目的在于校正行为、以德感天。再者，中外星占学的流变过程也有很大的差异，在西方，从哥白尼起始，天文学开始与星占学分道扬镳，哥白尼是第一位决无占星著作的天文学家，但他的科学著作却是后来星占学家的必读书。对此本书收入一幅精彩的图片：一位17世纪的星占学家，他双手握着天文仪器和圆规，身后一座天文台及望远镜，臂上有两部摊开的书，左为哥白尼的著作，右为第谷的著作（第谷是大星占家，也是开普勒的老师），自头至足还盘踞着象征黄道十二宫的神兽。这是那个时代天文学与星占学合为一体的真实写照，也是两者从此分离的纪念！而中国的天学“数千年来一直是星占学的工具，既未独立形成学科，当然更谈不到分道扬镳”。16世纪西学涌入，直至康熙年间才出现了以王锡阐、梅文鼎为代表的“只研究天文学而不谈星占学的平民学者”。这些生动的比较一定会引发人们许多深刻的遐想。

就国内而言，这部书大概是最完整的中外星占学历史研究著作了。内容的专业性很强，也很丰富，其中包括许多有趣的占例，以及数十幅重要的插图。最发人深省也最具嘲讽意义的故事莫过于“占卜死期”的悖论，国王问一位星占家：“你还能活几天？”无论怎样回答，国王都会错开那时间杀掉他，用以证明其推算失误。用这种方法国王屡屡得逞，除掉失宠的星占家。但有一次一位更聪明的人说：“天上的星象显示，我会比陛下早三天死亡。”于是国王无法动手了，还一直关心着那人的健康。听了这个故事之后，那些现在仍然痴迷于星占学的人是否可以清醒些？那些善意反对星占学研究的人是否能够轻松些？

11月4日

今年共收到清华大学李学勤来信二封，葛兆光来信四封，其中主要谈的是请辽宁教育出版社参与“二十世纪国际汉学及其对中国的影响”国际学术研讨会。我社同意资助此次会议，但是提出两项要求，一是会议主题之一有“从‘国学丛书’看二十一世纪中国人文学术的趋势”；二是利用会议之便，组织一套“当代汉学家论著丛书”。十月二十一日兆光兄信云：“晓群兄出的点子极好，我们已草拟了一份随邀请函分发的组稿函（不是每个被邀请者都有），说明拟出‘当代汉学家论著丛书’云云，相信会有一些汉学家参加进来的。此外，有一本杨百翰大学的《汉学史讲义》，一本剑桥鲁惟一等人的《古代中国典籍导读》已经版权在手，看来问题不是太大，只是找专门人才翻译，还需专家来校对，才是真正的麻烦。另外，关于‘国学丛书’，与李先生谈了一次，我们均以为如要再出，恐需重新设计选题及人选，选题若无更新，恐难有第一批之社会影响。所以我回家后又考虑了一次，认为如果要出，恐需加入类似‘中国历代植物志研究’（专门研究如《南方草木状》一类，《梅花谱》一类）、‘四裔志书研究’（对四裔之记载的考察与中国边缘地区文化研究）等较生僻的内容，及比较现代的如‘近代乡绅与城市地主的互动’（即中国特有的城乡一体化业主在近代之作用），‘近代中国民间信仰中的经济伦理’（用韦伯理论）等较活跃的内容，不知你以为如何？”

葛兆光是一位大智之人，开口无空话，落笔无虚言，每论出版，大有胡适之遗风。

11月15日

我向辽教社内部刊物《荐文》推荐了两篇关于介绍李约瑟的文章，一是何丙郁《李约瑟博士在世的最后几天》，一是王渝生《李约瑟博士生平》。我的“荐者语”写道：

剑桥的春天，依然是那样妩媚；湿润的风，依然携着嫩草的清香扑面而来。只是李约瑟研究所内的菩提树下，又添了一抔新土。一位英国老人，昨天还坐在轮椅上凝视着东方的彩霞，深深地沉浸在那如醉如痴、无怨无悔的“宗教情感”之中……现在他撒手尘世了，他自由了，他飘然来到早逝的两位爱妻身边，心情平静得像一湾清澈的湖水。新月初上，垂柳摇头，呷一口淡淡的香茶，诉两句脉脉温情，任思绪悠然往复于寰宇之间……

他叫李约瑟，他是中西文化交流的一代宗师。历经半个多世纪的思考，李约瑟为今日的世界打开了一条横贯中西的文化通道。他的工作震动了西方人，也打动了东方人，直至他平静地闭上双眼，他思想的惯性仍然推助着一个学术大潮的涌动，尤其是他四十年代开始创作的鸿篇巨制《中国的科学与文明》(现译为《中国科学技术史》)，给中国人留下了更多的感叹和思索：那著作是一座丰碑，客观地记录着一个偌大民族的科学轨迹；那著作是一座桥梁，跃然飞架于人类社会的两极；那著作是一座殿堂，精心地构筑着世界文化大同的框架。目睹李约瑟博士对于中国文化的崇敬之情，我们会感到骄傲和自豪；但是当我们冷静地面对他那庞大的创作规模和出色的工作业绩的时候，当我们清楚地看到在某些意义上，他对于中国文化的理解和把握甚至超过了我们中国人的时候，我们又会想些什么？说些什么？你可以浪漫地说：“门外青山如屋里，东家流水入西邻。”你也可以幽默地说：“The darkest place is the candle-stick.”（灯台照人不照己）你还可以略带几分轻视地吟道：“蜂蝶纷纷过墙去，却疑春色在邻家。”可是问题的关键决不在于想些什么或说些什么，而在于眼下我们应该做些什么？！

在这里我只是想提示大家：作为一个中国人，我们不应该不知道李约瑟。

11 月 20 日

自从去年末，湖北王建辉与我谈道："这是一个承前启后的时代，应该搞一些大家的全集。"我就动了心思。今年二月二十一日在京，我向沈昌文专门请教编"全集"之事。先谈到钱锺书，他说不肯做，一是钱先生的作品与三联、中华等老社渊源太深，沈先生出于多年的情感，不忍心下手；二是他即使想下手，也未必拿得来，以董秀玉等出版高人与钱锺书、杨绛的关系，沈昌文也不尽占优势。接着，沈先生列了一大排名单，我就从中挑出了吕叔湘。闻此言，沈先生面有难色，嘴里却开玩笑说："你倒识货。"但他还是应了下来。

二月二十三日，沈昌文先去了吕叔湘家，回话说，吕老同意了此事。其实我们清楚，吕老年事已高，哪里知道我们是谁？只是同意由沈昌文为他主持此事就是了。

三月十日，我们又去京，在沈昌文、赵丽雅的引导下，来到吕叔湘家，见到吕老及其女吕霞，算是初步确定了出版之事。第二天，沈先生代替吕老起草了一份委托书，在电话中向我宣读一遍。四月十二日到京，与沈昌文、吴彬敲定委托书及合同。

八月十一日，我到京，在沈昌文引荐下，在天伦王朝拜见陈原、吕霞，陈先生是商务印书馆前任老总，而吕老的许多作品版权都在商务，有陈原出面，自然就没有问题了。第二天，我们再次到吕叔湘家拜访，沈公在前，我等亦步亦趋。至此，我与沈公的"师徒之势"已有模样。

十一月十四日，在此前半年多的时间里，沈公一直建议，用《吕叔湘全集》的稿费建立一个基金会，陈原做主任；今天得到消息，未达成一致意见，只好作罢。

补注：《吕叔湘全集》由此时起步，一做就是八年。二○○三年，在此书出版之际，我还专门写了文章《天将以夫子为木铎》，纪念这一段难忘的历程。文中写道：

这一夜，我呆呆地坐在电脑前，周围万籁俱静，胸中却如碧海潮生。一时间，“心言手语”都失去了叙述的勇气！

一套刚刚印出的《吕叔湘全集》摆在我的面前，皇皇19卷，上市前，由我做最后的验收。可是，翻看下去，我的心灵受到一次次震撼和洗礼。禁不住叹道：“我知道了，何谓大师！何谓泰斗！”

最初与吕叔湘先生接触，大约是在8年前。那时我们启动“新世纪万有文库”，作为学术策划的沈昌文先生，选收了吕先生的两本旧译《伊坦·弗洛美》和《沙漠革命记》。当时我真的不知道为什么！后来才明白，吕先生的翻译一直被行家奉为楷模，叶圣陶曾夸赞“吕译有文章之美”；王宗炎更是赞道：“他的译笔像天际行云一般的舒卷自如，能曲达原著的意境和丰神，而又自然流畅，字字熨帖。只有一个有语言学的眼，同时又有诗人的心的人，才能有这样卓越的成就。……读吕先生的译品是一种享受，也是一种教育。”行文华丽的钱定平最为动情，他说，

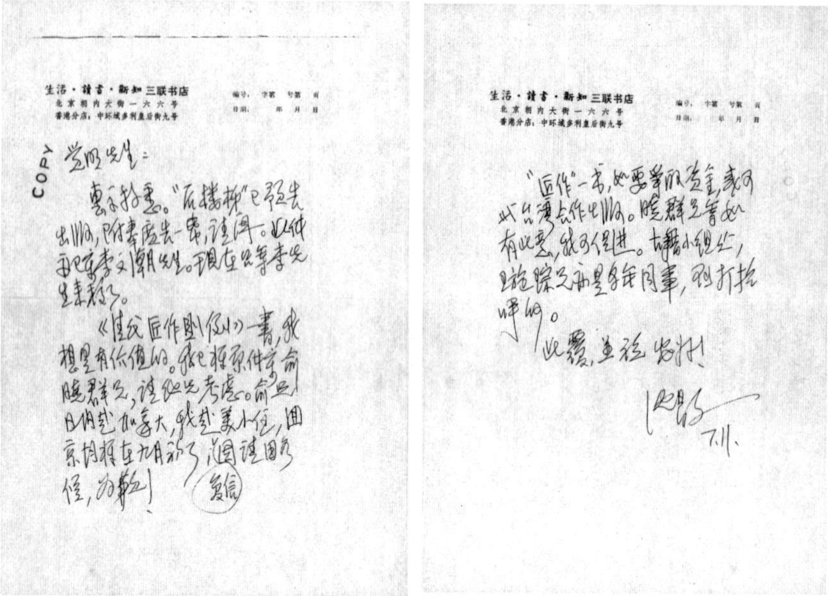
生活·讀書·新知三联书店
北京朝内大街一六六号
香港分店：中环域多利皇后街九号
编号： 字第 号第 页
日期： 年 月 日

COPY
觉明先生：
惠示拜悉。"反攻棋"已经出版，附奉样书一册，请阅。此件由北京李文潮先生。现在此等李先生来取了。
《世界巨作图解》一书，我想是有价值的。我已将原件交俞晓群兄，请他先考虑。俞兄日内去加拿大，我去美小住，回京将在九月初了，如回请回信，为盼！
复信

生活·讀書·新知三联书店
北京朝内大街一六六号
香港分店：中环域多利皇后街九号
编号： 字第 号第 页
日期： 年 月 日

"匠作"一书，如要争取资金，或可与台湾合作出版。晓群兄当如有此意，我可促进。古籍小组处，已经联系过，知道是多年同事，可以打招呼的。
此覆，并祝
安好！
沈昌文
7.11.

当年在复旦阅览室，将《伊坦·弗洛美》的原著与吕译对照阅读，"那种摄召魂梦、颠倒情思的感觉，一想起来，今天还会染遍全身。"

面对大师的才华，历来心境平和的张中行先生也有些激动，他说，比较而言，黎锦熙笔下既不清晰又不流利，王力笔下不能简练，只有"吕先生是真能写得好"。怎么好呢？单说一个"简练"，叶圣陶曾指出："你写成文章，人家给你删去一两个字，意思没变，就证明你不行。"张中行说，吕先生的文章"确是难以删去一个字"。他还讲到与吕先生合作写《文言读本续编》的注，"我起草，吕先生定稿，出版之后我看，心中戏言，这就是今代的《吕氏春秋》，不能增减一字。"张中行号召我们向吕叔湘学习，可反过来又说："学什么？天赋，我们无可奈何，只好尽人力。"

张先生这么一说，我们这些搞文字的人，从心底流出一连串的惭愧！再读到《全集》中吕先生给陈原的信，他说："随手翻阅阿英《关于巴黎茶花女遗事》，不一会儿就发现两个错字……我现在简直是得了错字过敏症了，原想写一篇文章把这股子气泄掉，谁知依然如故，真是

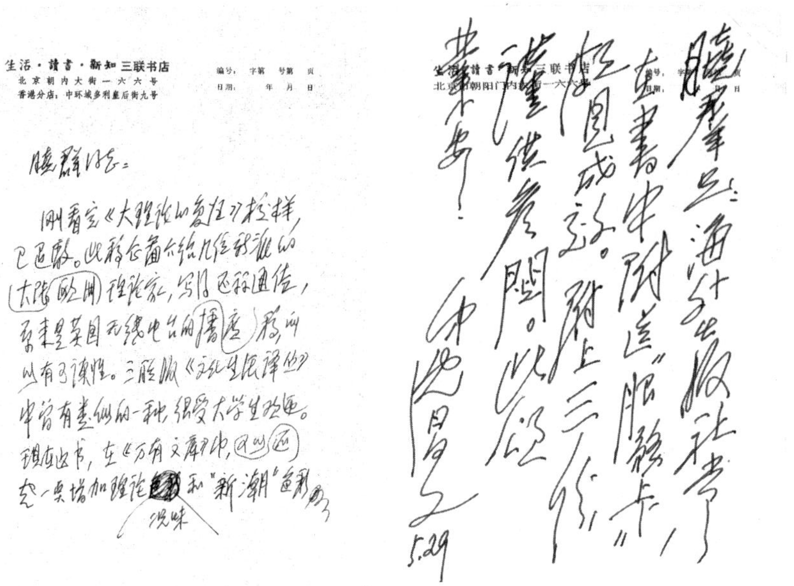

1995

不得了。”还有吕先生写给沈昌文的22封信，指出《读书》中的错误，此事在出版业内流传已久，从《全集》中，我第一次读到它们，阅罢不觉一阵阵冒出虚汗，许多错例我真的看不出来，即使干了20年出版，面对大师的点拨，也只剩下束手聆听的份儿！

我还喜爱吕先生的两篇书话，一篇叫《书太多了》，另一篇叫《买书·卖书·搬书》。吕先生的故事讲得真好，以小见大，妙趣横生。他说，有一位选书的高手，仅藏几百本书，但都是他发现的、别人不稀罕的“好书”。此人好像有一种本能，走进一家书店就径直走向那唯一值得一看的书架，看似无目的地登上一个梯子，不露声色地从最高格取下一本不列颠博物院所没有的书。在这种事情上，关键是他的博学在书店老板之上。但此人不是通过书本看人生的，他的职业是给一个学院编书目。“他划他的船，他喝他的酒，他仰看青天，俯视大地。然而他爱书。……他走到哪儿都随身带着一本小牛皮装订的旧书。”

吕先生讲的另一个故事叫“可怕的卖书人”。文中写道，买书的人希望“卖新书的人对他卖的书无所不知，卖旧书的人对他卖的书一无所

图书。其中，康斯特布尔的《原文及文学出版物精选》是最好的一套丛书，其光滑的蓝皮封面上印着金

上海文学翻译家现状堪忧

COPY

□王本德

上海翻译家协会成立于1986年3月，10年来陆续吸收了420名从事文学、戏剧、电影、音乐、美术等方面翻译工作的人才。改革开放以来翻译家们翻译了大量优秀外国文艺作品，其中不少翻译家在国际翻译评奖活动中不止一次获得最高奖，但在国内却得不到应有的重视，历次文艺评奖活动总没有文艺翻译份额。译稿的出版和稿酬也存在严重弊端。不少优秀外国文艺作品的译稿因新华书店订数不足或其他原因不能出版，翻译家长期伏案一个字一个字爬格子爬出来的作品无法同读者见面。目前翻译家的实际收入远比50年代要低，50年代翻译稿费为千字11元，到了90年代，千字仅为22元，跟不上成倍上升的生活水准和通货膨胀指数。

拥有注册会员420人的上海市文艺翻译家队伍，年龄结构严重老化，其中80岁以上的有26人，占6.2%；70—80岁的有61人，占14.5%；60—70岁的有129人，占30.7%；50—60岁的有97人，占23.1%；40—50岁的有66人，占15.7%；30—40岁的仅占9%；30岁以下的只有1人，并已出国。

420名会员荟萃了上海文艺翻译界的精华，拥有高级职称的达260人，占62%，其中正高级职称的占总数的29%。该协会还有10名专业翻译家，如72岁的会长草婴，代表译著有《托尔斯泰文集》12卷；80岁的冯岳麟，代表译作有陀思妥耶夫斯基的《罪与罚》；69岁的郝运，代表译著有司汤达的《红与黑》；74岁的钱春绮译著有歌德的《浮士德》、波特莱尔的《恶之花》等；65岁的陈良廷译著有《乱世佳人》、《斯佳丽》等；80岁的叶群译著有《海盗》等；64岁的蔡慧译著有《裸者与死者》等；77岁的侯俊吉译著有《少年维特之烦恼》等。但这批为外国优秀文学著作的传播作出大量贡献的翻译名家每月的基本收却少得令人揪心：草婴每月领有补贴257.50元，叶群217元，冯岳麟217元，陈良廷232元，侯俊吉202元，蔡慧202元，郝运202元，钱春绮无补贴，61岁的荣如德196元，译有《莫斯科郊外的晚上》等500首广为传唱的外国歌曲的薛范的月补贴也仅为200元。

（本文作者单位：上……《人才市场报》）　（其蒙摘编）

— 48 —

原载《出版发行研究》96.3, P.48

知”。有一位书店老板非常“可怕”，他不是行家，他不知道真正的珍品，但他知识的渊博是没有疑问的。只要你走进他的书店，他就会跟着你，一本一本介绍书的“外情”，像他介绍一本诗集的作者：“屠夫的儿子，律师的书记，有数学天才，剑桥给他奖学金名额。不幸早死，否则很可能成为英国文学史上的一颗明星。”他又拿出一本1784年出版的书，那里边说到制造首相的秘方：主要成分是虚伪、诈骗、腐败、撒谎。于是又扯到那一年的首相是谁，云云。可惜这种书店老板现在不多了。

读着这些故事，我的思绪又回到1995年初春，我们捧着鲜花来到吕家，签下《吕叔湘全集》的出版合同。一晃8年过去了，5年前吕先生瞑然归去；今天，当《全集》面世的时候，我想起《论语·八佾》中的一句话：“天将以夫子为木铎。”不禁又多了几分感慨！

生活·讀書·新知三联书店
北京朝内大街一六六号
香港分店：中环城多利皇后街九号
编号： 字第 号第 页
日期： 年 月 日

的作用，而"万有"两字接近湮灭。

不过，书中有一些篇涉及马克思主义，主要在介绍西方马克思主义者"阿尔都塞和哈贝马斯的文章中。这一点，请提醒责任编辑注意把关。我已作了些删节。不过，我一再声明，我是"宽容"派，恐已不能适应潮流了。何况，老眼昏花，常可走眼。

专此奉告。祝 安好！

沈昌文 7.11

又，本书首篇和末篇是唱反调。编者斯金纳写完首篇，又请人写一篇结语来狠命"砸"自己一顿。这种编书风格，实是我国国内编辑所绝不为。又及

生活·讀書·新知三联书店
北京朝内大街一六六号
香港分店：中环城多利皇后街九号
编号： 字第 号第 页
日期： 年 月 日

雁冰、亚琳先生：

辽宁教育出版社转来你们给他们的信。

我同雁冰先生曾经通过信，是到小朋友结婚。以后，先生曾寄来《上帝》译稿。1992年后，我退居二线，不再过问"三联"图书业务，只编《读书》杂志。1996年后，我完全退休，退出三联书店的一切出版活动。

退休完全后，我应邀为辽宁教

1
9
9
5

已复如下，请晓群兄阅。沈昌文 7.11

四川外語学院
中外文化研究所
INSTITUTE OF CHINESE AND FOREIGN CULTURE OF SICHUAN INTERNATIONAL STUDIES UNIVERSITY

辽宁教育出版

负责同志：

据1996年6月21日《中国青年报》第三版广告栏贵社刊登的《新世纪万有文库》精选书目载，贵社将出版我们翻译的奥特著《上帝》一书。我们注意到，出版该书的原香港社会理论出版社的林道群先生为贵社外国文化书系的学术指导。我们想知道，贵社与原出版社达成了什么协议，译者应享有什么权利和履行什么义务，如承蒙告知，不胜感激！

如该书已出版请寄样书1册给我们。另外，从书目中看到有我已故老师陈铨先生的《中德文学研究》，请在出书后，随即汇五册书款请为代购，寄我们当非常感谢！

盼待您的回音！ 顺颂

大安！

朱雁冰 冯亚琳 1996.6.26.

地址：630031 重庆四川外语学院 德语系

辽宁教育出版社 Fax=024-3871501

晓群兄： 共一帖

下午在外面借机将印东西，同时构思"画题"。久未得一灵感，竟成一词，云：

我读故我在
家备《万有文库》
何愁无书可读

先供参考。

沈昌文 3.8

俞晓群先生收

。

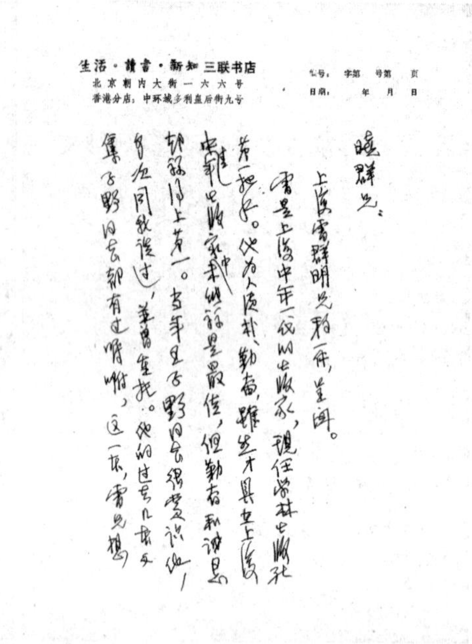
生活·讀書·新知三联书店
北京朝内大街一六六号
香港分店：中环城多利皇后街九号
编号： 字第 号第 页
日期： 年 月 日
晓群兄：
上海雷群明兄稿一册，呈阅。
雷是上海中年一代的出版家，现任学林出版社第一把手。他为人质朴、勤奋，虽然才具在上海出版家中未能称是最佳，但勤奋和诚恳却称得上第一。当年王子野同志很赏识他，（多次同我说过），并曾重托。他的过去几本文集子野同志都有些啰嗦，这一本，雷兄想

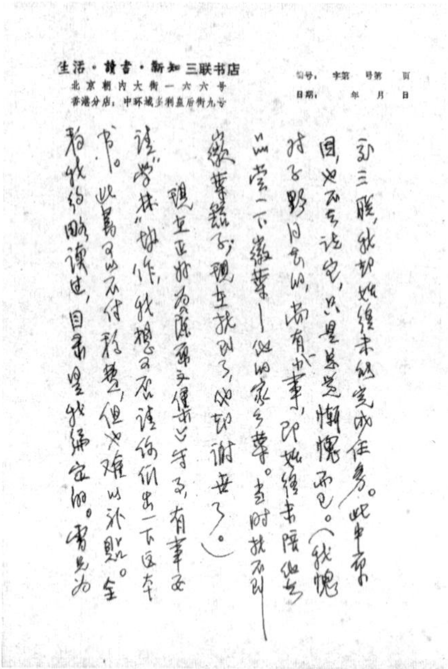
生活·讀書·新知三联书店
北京朝内大街一六六号
香港分店：中环城多利皇后街九号
编号： 字第 号第 页
日期： 年 月 日
到三联，我却始终未能完成任务。此中原因，也不去说它，只是感觉惭愧而已。（我愧对子野同志的，尚有此事，即始终未陪他去品尝一下徽菜——他的家乡菜。当时我不以徽菜为然；现在我改了，他却谢世了。）
现在正好为陈原文集等事，有事要请"学林"协作，我想可否请你们出一下这本书。此书可以不付稿费，但必难以补贴。全稿我均略读过，目录是我编定的。雷兄为

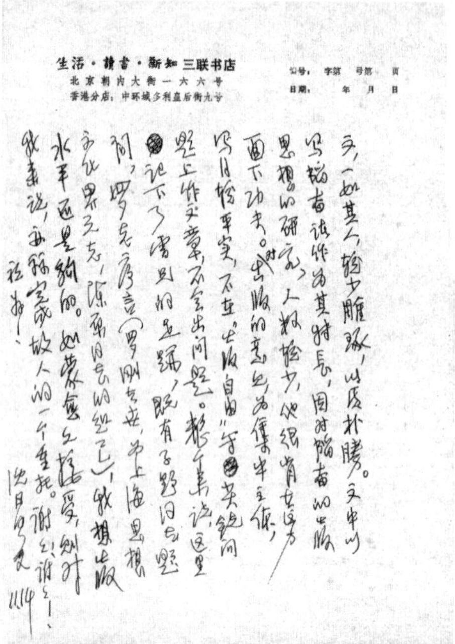
生活·讀書·新知三联书店
北京朝内大街一六六号
香港分店：中环城多利皇后街九号
编号： 字第 号第 页
日期： 年 月 日
文，一如其人，踏步雕琢，以质朴胜。文中以写编者谈作为其特长，因对编者的出版思想的研究，人数较少，他很肯在这方面下功夫。对出版的意义，为编集中主体，写得较平实，不在"出版自由"等尖锐问题上作文章，不会出问题。我本来认为这里记下了雷兄的足踪，既有子野同志题词，罗竹风序言（罗刚去世，为上海思想文化界元老，陈原同志的知己），我想出版水平还是够的。如蒙接受，则对我来说，也称完成故人的一个重托。谢谢谢谢！
社祺！
沈昌文
11.14

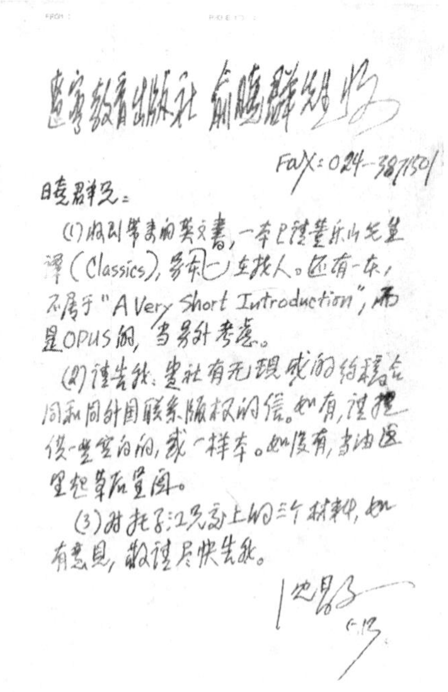
辽宁教育出版社 俞晓群总编 收
Fax：024-387150
晓群兄：
(1) 收到寄来的英文书，一本已请董乐山先生译（Classics），另本正在找人。还有一本，不属于"A Very Short Introduction"，而是OPUS的，当另外考虑。
(2) 请告我：贵社有无现成的约稿合同和同外国联系版权的信。如有，请提供一些空白的，或一样本。如没有，当由这里起草后呈阅。
(3) 对托子江兄带上的三个材料，如有意见，敬请尽快告我。
沈昌文
6.13

11月26日

吴振奎来信。他十年前离开沈阳去了天津商学院，是我最好的朋友。前些年他每年总要给我写十余封信，近来就渐渐地少了。今年，我只收到吴老师的一封来信，写得很凄凉，看来“空间”也是友谊的杀手，他要是不走，我们可能还会在一起做许多事情。他写道：“又是严冬时节，望着窗外光秃秃的一片，只觉得苍茫与荒凉，然而却使我念起愈加寒冷、苍凉的关外来，那里有我的乐观与痛苦，有我的对手与朋友，有我的成长与事业，有扶我一把的长者与老师……往事如烟，来津一晃整整10年了，这是酸、甜、苦、辣的10个年头，我后悔过，哀叹过，然而现实仍是无情。几次提起笔告知自己该给晓群君写信了，然而话到嘴边，又不知从何说起——真是麻木了，我也为此而感到悲哀。倘若仍在沈阳，倘若还在朋友们身边，倘若大家都还不老，倘若……一切将是多么美好！我真的想往。君之近况我不得而知，去载还偶尔见《博览群书》上君之大作。”

补记：翌年二月，我又收到吴老师的一封来信。我一并回信写道：“去年11月及今年2月收到您的两封来信，总感到情调低低的，有些压抑，由此愈发加深了我对您的思念。过去的永远过去了，随着时间的流逝，年龄的增长，那份思念更平添了许多愁楚。10年过去了，杨力的头发都已经半白了，人类真是可怜，既无法抵御时间的流动，也无法跨越空间的阻断，故而有了几多伤怀与慨叹！现在‘世界数学名题欣赏’备受欢迎，这更加激起我对当年的怀念，如果我们还在一起把它做下去，如果我们由此再开发一些项目，如果我们为此笔耕不辍……这10年将是何等的辉煌啊！又是一个早春时节，我已经忙得不可开交。人生的自由度越来越大，运作的禁忌却越来越多。近来数学书做得少了，文化类的书倒做得不错，寄上一套‘书趣文丛’，读一读可以清神。它主要是告诉人们：人的生存方式很多，关键是如何活得更好。1995年我写了20多篇文章，大多是杂文，影响最大的是载于《光明日报》3—5月间的系列文章‘蓬蒿人书语’，共8篇。还有两篇论文，一为比较中西方‘万物皆数’观念的，再一为《论数术研究对科学史与哲学研究意义》。功力不够，若您对哪些东西有兴趣，可告诉我，我即遵嘱寄上。另寄上我的《数术探秘》，请指教。”（一九九六年三月五日）

12月1日

1995

关于“国学丛书”，还是余响不绝。似乎每一位作者都没有好气。钱逊曾来过两封信，其五月三十一日信曰：“去年夏秋以来，屡次从台湾来京友人处得知《先秦儒学》已在台湾出版繁体字版。但一直没有从出版社方面得到正式的讯息，也未见到样书。两三个月前，曾写信向王越男先生询问，至今杳无音讯。故特再致函先生询问：台湾出版此书是否经过你们同意，抑或盗版？如是经过辽教社，则希望能按合同所定条款支付作者应付之版税，并希望寄赠样书。（听说有的作者已经收到了出版社寄赠的样书，不知为何对作者的做法还有不同）”6月7日，我复信：“来信迟复，抱歉。大作《先秦儒学》确实已出版繁体字版，是由台湾洪叶出版公司从敝社正式购买版权的，现将样书一册寄上，版税亦将于近日寄上。这套书后期处理有诸多不妥之处，主要是我们管理不善，台湾方面的出版与付费、寄书也是陆陆续续的，还望您原谅。使您如此悬念，我也深感不安！”

六月二十一日，陈来在来信中说：“此书出版后，作为作者，曾为有关事项多次写信给辽教社，均不见答复。其中有几本已在台出版（去年），但无人给作者寄样书，也未按规定付给作者版税或稿费，为此事我前一段曾写信给辽教社，仍不见回复。昨天钱逊同志来电话，说您现在重新负责处理有关事情。所以我特给您写信，请您督促妥善处理此事，以保证作者应享受的权利和尊重。”6月30日我复信道：“来信已阅，所言之事，使我备感不安。前一段时间因上级让我下乡锻炼，诸多工作只好放下，所以造成了工作上的疏漏，非常不好。在我离职期间，台湾洪叶出版公司购买了‘国学丛书’的繁体字版权，现正在陆续出版。前不久才收到《宋明理学》的样书及版费，我已经让人立即寄上。在这里，我向您真切地表示歉意。‘国学丛书’面市之后，一直卖得很好，近日已经全套再版，印5000套，全新包装，出书后即将样书寄上，决不能再发生从前的事情。有事请随时联系。”

就这样，我左一个道歉，右一个不安，写了许多道歉信。谁让我是总编辑呢！当然也有满意的，十月十三日，《谶纬论略》的作者钟肇鹏先生听说“国学丛书”要再版，就不但寄来了更正表，还附上了他的五十年学术研究的论文细目，题曰“求是斋丛稿”，分目录学、哲学、道教史、回忆及杂著，供我选择。

12月7日

到上海，与陆灏研究“新世纪万有文库”之民国部分书目。见唐振常、周劭、王勉、金性尧、邓云乡、陈子善、钱伯城。能够聚到这些老者，是陆灏的本事。

补注：二〇〇二年，我撰文《80岁，一个缠绵的年龄》，其中许多情节，都是这次见面时见到的。其曰：

近十年间，我编辑了许多与老辈相关的作品。像“世纪老人的话”，专门访谈那些耄耋之年的文化人，包括季羡林、费孝通、贾兰坡、张岱年、任继愈等，其中有些作品已成绝唱。还有，我们在编辑“书趣文丛”时，也刻意网罗许多老先生的集子，诸如施蛰存《沙上的脚迹》，金克木《蜗角古今谈》，唐振常《饔飧集》等。不过，最老龄化的丛书当属“茗边老话”，它选择作者的标准即为“70岁以上，80岁优先”，已经出版的集子有：张中行《闲话八股文》，邓云乡《吾家祖屋》，吴小如《鸟瞰富连成》等。

我之所以这样做，可以理解为我对历史的责任感，对老辈的尊敬，对文化的抢救……其实，它更本源于我的某些文化情结。首先，我钟爱老先生丰厚的文化背景，像张中行，季羡林先生称赞他是“高人、逸人、至人、超人，淡泊宁静，不慕荣利，淳朴无华，待人以诚”。当张先生乔迁新居、离开北大朗润园的时候，季老叹道：“荷塘为之减色，碧草为之憔悴。‘此情可待成追忆，只是当时已惘然。’”张先生确实是这个时代的一位具有大智慧的老者，一部《顺生论》，还有《负暄琐话》、续话、三话，以及《留梦集》，不但征服了学术界，而且曾打动许多人的心。但他不是过去了的那个时代风雨兼程的英雄，不信你读一读《青春之歌》，那凄凉的雨夜、哀婉的少女、瘦弱的青年……在血与火的岁月里，以他为原型的余永泽，被描绘得那么孱弱、孤独、彷徨；别人轰轰烈烈地活着，他平平淡淡地活着。有趣的是到头来他们都成了各自时代的英雄，只不过此一时、彼一时罢了！怀着这样的情绪组稿，别有一番滋味在心头涌动……

其次，我更为老者缠绵的心态打动。人老了，生理的衰弱常让人发出“寿则多辱”的叹息。据说周作人叹息过，张中行更是以此为题写道：“我老了，有时想到这句古话，原来轻飘飘的感慨就变为质实而沉重……天道远，可是不可抗，除了慨叹之外，还能怎么样呢？”记得有一次，我在上海约见一些老先生，其中有黄裳、周劭、鲲西等；还有一位，一时没有介绍清楚。我的一位同事即问道：“那位瘦小的老者是谁？为什么只埋头吃饭，却一言不发？也不听别人说话？”一问才知道，他就是大名鼎鼎的金性尧。金先生文章漂亮，且成文迅速，约稿“茗边老话”，别人一本未成，他却一口气写了四本，包括《亡国之君》，《清宫掌故》，《六宫幽灵》，《奸佞春秋》。他构思颇有大气，指点江山，运用自如。但是，他外在的衰老已经无法让人体察到他笔端的恢弘！尤其是他因耳背而难于交流……

说句真心话，我真的非常喜爱这些老先生，非常愿意听他们老而弥坚的喋喋絮语，甚至我有意不无偏激地集中出版一大批“老作”，用以表述我对时下浮躁之风的反感与反动！蓦地，我又想到金性尧先生为敝社所写的最后一部作品的结束语：

老话完了，新月如钩，茶犹未凉。

12月26日

李学勤夫妇来沈阳，为爱书人俱乐部讲座，题为“考古新发现 1
与中国文化”。李先生的沈阳之行还有一个重要的目的，即参观辽 9
宁故宫博物院的青铜器。我们与辽宁文物界的关系很融洽，再加上 9
李先生的学术地位，自然会安排得很好了。在观看一柄青铜剑时， 5
李先生希望看一看剑的背面，博物院也满足了他的要求。

12 月 27 日

这一年，最让我兴奋的事情就是“新世纪万有文库”的探讨与启动。今天，《沈阳日报》载我文章《向老辈们学习》。此文原本是七月二十一日湖北王建辉来电话，他说《中国出版》杂志请他组织一组文章，让我们这些青年编辑谈一谈如何跨世纪。这一年里，我的身心一直陷于王云五“万有文库”的“诱惑”之中。那是在六月五日，我社王之江告诉我，马路弯古旧书店正在处理当年王云五主编的“万有文库”，闻此讯息，我一连去了三次古旧书店，每次都捧回一大摞子早已泛黄的小书。阅后我的心情很不平静，尤其是看了王云五写的《印行“万有文库”缘起》一文，愈发自惭形秽。所以就着建辉兄的话题，写了这样一篇文章，其中写道：

> 跨世纪并不是什么新鲜事儿，前辈们已经跨了千回百代，每一次都有各自的辉煌和壮烈。所以我们最好以一种平常的心态对待那人为的一刻，冷静地思考一下我们能做些什么，怎样做？
>
> 说来编辑工作可以用一个“杂”字来概括，从初始掌握政策、研究市场、广交学者、博览群书，到中期信息综合、选题创意、策划包装，最后还要接受市场的检验以及文人七嘴八舌的品评，整个过程极为复杂。故而曾几何时，“杂家”几乎成了编辑的代名词。其实这称呼并不恰当，就学术而言，《汉书·艺文志》把诸子的书分为十家，其中就

有杂家："杂家者流，盖出于议官。兼儒、墨，合名、法。" 1
显然与今日编辑之"杂"风马牛不相及。当代被誉为杂家 9
的人也是有的，学者王利器学识渊博，著书二十余种，故 9
有人说他："国内有大杂家之称，海外有一代鸿儒之誉。" 5
由此可见"杂家"一词借用不得。若有人知道这词义却有意而用之，那就恰恰反映了当代编辑的一种不正常的心态了。也许是因为每天与专家学者打交道，不自觉中产生了成名成家的"从众心理"，殊不知一个"家"字可以将一个职业整体抬到一个极不恰当的社会地位，如果其中的分子浑然不觉，甚至集体认同，表现出一种阿Q式的愉悦；尤其是这行当中的晚辈一时拿不准自己的身份，染上妄自尊大的恶习，甚至把"跨世纪"也当作资本或专利，那才是一个职业的耻辱，一代书人的悲哀。所以要慎用那个"家"字，老老实实地做一个出版工作者，静下心来，为文化繁荣做一些"杂务"，这才是有幸跨世纪的编辑应有的基本心态。

我这样说并不是有意降低编辑的身份和地位，其实在一个自由的行业里，你可以埋头于某一个领域边做边学，志在成为一名专家；你也可以遵循古训，学贯儒、墨、名、法，做一个名副其实的杂家。但这都是个人行为，他们改变不了一个职业的基本特征。前不久一位出版界的前辈向记者说："我是个不三不四的编辑。"实际上他是学术界公认的一位编书的大行家，他谈吐幽默，光彩中夹带着一丝灰色的情调。我们不能无视那轻松自然的风范，因为这些正是我们所追求的东西；我们渴望超越前辈，但超越的方式绝不是二维空间的平移，牛顿说得好："如果我见的比笛卡尔远一点，那是因为我站在巨人肩上的缘故。"所以当"跨世纪"引起的无名的冲动和浮躁甚嚣尘上的时候，我们最好静下心来，看一看我们的产品和作品是否真有"不三不四"之嫌！

说来道去，我的脑海中愈发清晰地打印出一条标语："向老辈们学习！"那人为的世纪已经被他们跨了千回万代。且不说《永乐大典》、《四库全书》的辉煌和壮烈，就看一看二十世纪初商务印书馆的"万有文库"吧，论规模，"冀以两年有半之期间，刊行第一集一千有十种，共一万一千五百万言，订为两千册，另附十巨册。"论范围，"广延专家，选世界名著多种而汉译之。并编印各种治学门径之书，如百科小丛书，国学小丛书……"论市场经济，"一方在以整个的普通图书馆用书贡献于社会，一方则采用最经济与适用之排印方法，俾前此一二千元所不能致之图书，今可以三四百元致之。"论参与者，胡适之、杨杏佛、张菊生等均在其中。论编辑，王云五说："更按拙作中外图书统一分类法，刊类号于书脊；每种复附书名片，依拙作四角号码检字法注明号码。"这些话引自《印行"万有文库"缘起》一文，读罢我们无话可说。

又是一个世纪之交。让我们静下心来，因为前有古人，后有来者……

此时，我已经动了续编"万有文库"的念头。大约在八月间，

《读书》赵丽雅听我谈到此想法，就向我推荐了中国社会科学院语言所的杨成凯。九月二十五日，杨先生来到沈阳，他谈到此事可为，类分可有古代、现代、外国等部分，首批文字在一千万，云云。杨先生是吕叔湘的弟子，表面上看是一位典型的读书人，“敏于行而讷于言”，大和君子之道。最初的编写计划都是杨先生拿出来的；后来几经讨论，由于工作量太大，我们又不肯出手时规模太小，所以杨只做古代文化部分；十月，沈昌文接手外国部分；十一月，陆灏接手民国部分。至此，“新世纪万有文库”树帜。

12月28日

在上海，与沈昌文、陆灏、赵丽雅、王之江一同，拜见柯灵。他八十七岁，瘦瘦小小，精神却很好。我们说想重新创刊《万象》，请他出山做顾问，他答应了。

为《万象》之事，我们还在一间咖啡厅，约见华东师范大学图书馆馆长陈子善。这是我第一次见到陈，他太瘦了，很精神。我们一见面，他就从书包中拿出几本泛黄的老《万象》合订本。我们围坐在一起，好一阵子研究，对孤岛时期那些文化人的工作感叹不已。

此事缘起于前些天，沈先生来电话，谈到欲组织《万象》期刊的事。他谈到上海孤岛时期的《万象》旧事，提到当年的主编柯灵，说请他做顾问最好，师出有名。沈先生还提到辽宁的王充闾，他在沈阳讲座时，曾经见过充闾；前些天，王充闾在北京开会，沈与赵丽雅还去拜见了他。沈先生说："王先生的学识与文章当属一流，尤其是在官场中，像充闾先生这样关心文化、懂文化的人是很难得的，辽宁方面有他的支持才能成事。"当然，这里面还有一层深意，那就是沈先生即将离任《读书》。他是一个不甘寂寞的人，他还有满腹的想法没有发挥出来，他需要宣泄，他需要新的立脚点。而于我，当然是求之不得。我需要导师！

12月29日

为了参加明年初召开的“国际中国科学史会议”，我写了论文《数术学对哲学和科学史研究的意义》，约一万字。其提要如下：

> 中国古代的数术活动内容丰富、鱼龙混杂，存在形式是十分散乱的。长期以来，由于历史和现实等诸多因素的作用，人们对于数术缺乏正确的认识，也缺少系统的研究和整理。尤其是在现代文化的领域内，数术一直遭到彻底的否定。为了认清数术的真实面目，正确地评价它的历史价值和现实意义，本文首先全面地回顾了数术的产生和流变过程，理清了相关的历史人物和基本概念；同时考察了数术典籍的构成和变化，还考察了数术门派的发展源流。在此基础上，本文进一步阐述了数术衰亡的三个原因，即其一，由古代的官制的变化决定的；其二，由数术自身的性质决定的；其三，科学主义对于数术的否定又有四大因素，一是在方法论的意义上，二是在价值取向上，三是在数术与迷信的关系上，四是在文化系统的分野上。最后，本文概述了目前各个学术流派对于数术的认识，侧重探讨了它对现代哲学和科学史研究的影响和意义。
>
> 按照现代观念和方法对其作如下分析：一、将数术看作一个整体或称为一个学科，探讨一下它的哲学基础，包括在本体论意义上的探源、数与术等基本概念的界说、数

术在中国古代哲学中的地位等。二、按照现代观念，将中国古代的数术活动分为两大主流，其一是与古代社会的政治、军事、伦理密切相关的活动，像象数、礼数、命数等，它们实际上可以称为中国古代的政治哲学；其二是与现代意义上的科学密切相关的活动，大体包括天数、历数、律数、算数、医数等，它们具有强大的生命力和历史继承性。三、说明中国古代数术史研究的现状，包括典籍整理和出版情况、专著的出版情况等，从宏观上分析，这一领域几乎被社会科学工作者所独占，而科学史工作者基本上处于旁观甚至不屑一顾的状态。这种现象是不正常的，首先当科学主义与历史主义的交锋出现历史回转的时候，科学史工作者无法回避这一哲学问题；其次科学思想史的构建也需要数术史的填充；另外，当历史学家一再呼吁要有一部包容科技史的真正的现代意义上的“全史”的时候，当中外科学家已经认同中国古代科技的历史存在性并且完成了大量的历史构造性证明的时候，科学史已经到了“回归故里”的历史阶段，而在这一过程中，数术学恰恰是社会科学与自然科学交集的节点。

12 月 30 日

这一年还有一件值得铭记的事情，那就是我们在沈昌文的引荐下，启动了与牛津大学出版社的合作。此事缘起于一本书《牛津少年儿童百科全书》，据沈先生说，香港牛津欲出中文繁体字版，希望能找到一家内地的出版社合作，简繁体字版共版印刷，旨在降低成本。他们曾经与三联书店等出版社谈过，但都未成功。五月二十五日，沈先生来电话，问我是否有兴趣？我当然有兴趣，由此就开始了与牛津的谈判。六月二十一日，沈先生曾给香港牛津的编辑林道群发传真，向他们推介我。其中写道：“辽宁教育出版社乃此间出版社中之新秀，社长俞晓群先生，数学系出身，颇有论著，且热心文事。敝处同事所编‘书趣文丛’，即由该社出版，内容、装潢，俱有可观之处，此俞君之功，不可没也。近时俞君又斥巨资出版《吕叔湘全集》，弟受命协助，正在运作。俞先生与兄年龄相仿，为一青年才俊，此间出版界有‘人才断裂说’，因此，为未来计，兄等自以多多结识此间出版新秀为好。”

其间，还有两次重要的会见，一是十月二十六日，我与沈昌文在深圳约见香港牛津的林道群，林是早晨从香港赶到深圳的，我们从午间谈到晚上，他又回香港去了。初次见到林道群，印象瘦弱、机敏，学识丰厚，最看重学术出版。所以我们在谈论《牛津少年儿童百科全书》之余，自然也留下未来合作出版学术著作的伏笔。二是十二月九日在北京见吴赞梅，她是香港牛津的总经理，一个瘦小、精致的女人。交谈时沈昌文、陆灏等也在座，我们除

牛津大学出版社林道群与辽宁教育出版社签约“牛津学术精选”

了上面那本书之外，还谈到牛津学术著作的引进，以及吴女士对我们正在组织的“新世纪万有文库”外国部分的关注。

补注：关于牛津，我在一九九六年八月写过一篇文章，名为《梦系牛津》：

不知为什么，我们这些后来人总能在老一辈学人的记忆中读到牛津的故事。他们说：牛津是一个留梦的地方，恰威尔河上的小船载乘着一代代学人的梦……

我是在我的英语教师的故事中，第一次接触到“牛津”的概念的。他是一位鬓发斑白、瘦小精神的老者，他曾经就读于牛津大学，英语棒极了。据说在“文革”前，有一次他在课堂上说：“昨夜我做了一个梦，梦见自己又漫步在牛津的街市上，绿草如茵，星光灿烂……蓦然醒来，心底涌起无限的追思和惆怅。”为了这个梦，他在“文革”中被批得很惨，一切都破碎了，但他就是不肯放弃对于牛津的精神追求。他说：“那是一种文明、一种学术啊！你们不能亵渎牛津。”当他第一次为我们上课时，开口就郑重地说：“你们都应该有一部《牛津英语双解辞典》，因为纯正的英语出自牛津。”我清楚地记得，当时他的神情充溢着一种尊敬和信任，盖过了“十年动乱”在他脸上刻画的某些凝固的辛酸。由于知道他的故事，我理解他的不无偏执的情感，也对老一辈学人的“牛津情结”有了几分特别的关注。

后来，牛津的故事渐渐地多起来，牛津大学的风貌也愈加明晰诱人。你听，王佐良先生的描述：“这是我第二次回到牛津。牛津是回忆，也是梦。现实并未使我失望。每一个我所熟悉的地方我都再去品尝一下：在茂登学院的庭院里徘徊；在包德林图书馆的楼上阅览室看书；在莫德林学院里追寻爱迪生的足迹，从而又看到了鹿苑；在基勃尔学院里问路，为了想看威廉·莫里斯和其他先拉斐尔德派的艺术品；在基督教会学院的大草地里徜徉，终于又看到了恰威尔河和河上的小船，差只差自己已无撑船的本领……”王先生的这篇文章名为《牛津风度》，他早年就读于牛津大学，近半个世纪之后故地重游，人文景观的再现，回忆与不见故人的失落，在王先生的心底撩起梦幻般的漪涟。当然，他的情感并没有滞留在忆旧的浅层，他更多的思绪表现出对于一个文化群落的思索。牛津的学术精神是绵延不断的，也是富于个性的。例如，雄辩是一种牛津典型，不论是新潮还是名人，他们都会抓住要害，进行辩驳；牛津人似乎不在乎是否驳倒别人，要紧的是“驳”本身标志着思想文化领域内人与人之间的平等。羞于雄辩也是牛津的另一种典型，他们含而不露，问答用闲谈方式，说的也实实在在。总之，牛津的学术环境是宽松自由的，传统的凝重和现代的生机，使它的学术生命充满了活力和感染力，它不但塑造着一种文化精神形态，而且还把它的个性化为一种人的风度，这正是人们为之吸引的真谛所在。

我出于职业习惯，更关心牛津的出版业。牛津大学出版社有着悠久的历史，它出版的书遍布世界，素以严肃、学术和精致著称。在我国，许多文化人不惜重金收藏牛津原版书，以此作为一种乐趣，乃至一种身份或学识的象征。在京城的古旧书店里，你可以听到许多趣闻。请听一位老店员与一位藏书人的对话：

老店员：解放前，有一次我随师傅去梁实秋家收购旧书，看到一部两卷本牛津版《莎士比亚全集》，切口全是烫金的，那才叫精美呢！

藏书人：（心语：还有更加珍贵的对折本呢！）他们卖了吗？

老店员：没有，梁家把其他书都卖了，就是这部书死活不卖。

藏书人：（松了口气）这就对了。读书人非万不得已是不会把自己珍爱的书籍轻易作价卖掉的……

我想，作为一个出版者，如果能把书编到这样的程度，让人爱恋，让人津津乐道，那实在是一件天大的幸事啊！当然，我也从一些专家的评价中，进一步加深了对于牛津出版业的认识。比如我国的一位欧美问题的专家，他曾任国家首脑访美的高级顾问，当有人请教如何选译国外作品的时候，他说：“应该重视牛津的书，它们是有质量的。”出版界的老前辈、商务印书馆董事长陈原先生不但赞赏牛津的图书质量，而且向我们介绍牛津大学出版社的管理经验，他说：“在许多方面，商务印书馆也是向牛津学习。”

作为一个出版界的后来者，听到如此之多的关于牛津的故事，自然会产生一种向往，希望有机会向那座神奇的文化群落贴近。有趣的是梦幻与苏醒之间竟然只有一步之遥，近日我们有机会与牛津大学出版社合作出书，数次交往，几番攀谈，几代学人的梦渐渐地真实起来。现在，一些项目已见端倪，像《牛津少儿百科全书》、《让你读懂的哲学……》、《牛津学术精选》等等。在合作的过程中，我体会到，一流的出版社能唤起你的一种追求，它不仅是对形式的追求，也不仅是对市场的追求，而是对于文化品位甚至人生理念的一种提升。由此联想到张光直先生的预言：社会科学的二十一世纪将是中国人的世纪！我们靠什么迎得那诱人的时刻？在经济热得烫人的时候，我相信在理智的中国人心底一定喊着同一个声音：文化，文化，还是文化！让我们用明智的选择填补时代的缺憾，用辛勤的劳作接续文明的断层。

希望有一天，我们的故乡也有那么一处净土，让夷人留梦！

12月31日

一年中的最后一天，人心惶惶。我有总结的习惯，好伤感，无论好事坏事，过去了就逝去了，追思总会引出一种依依惜别的心境。尤其是这一年，几位与我有些关联的人纷纷地离开了人世：

一月十九日，北京外国语大学教授王佐良病逝，终年七十九岁；五月一日，辽宁大学历史系教授孙文良病逝，白血病，年仅六十二岁；八月十六日，北京大学吴方教授非正常死亡，年仅四十七岁；十月五日，辽宁省新闻出版局刘敬敏病逝，年仅五十一岁；十一月七日，辽宁教育出版社前任社长贾非贤病逝，年仅五十六岁；十一月二十日，辽宁师范大学教授梁宗巨病逝，终年七十二岁。

贾非贤、刘敬敏都曾经是我的领导，人生多舛，他们心情不好，都在五十岁左右得了癌症。今年日渐病重，他们的孩子又都在就业的关口，分别来找我，希望在辽宁教育出版社安排工作。那天刘敬敏来找我，他病重得已经说不出话来，需要喝一口水才能说一句话，还一再托付我关照他的小女儿；那种关爱之情是超乎自身性命的，目睹那景象，我的心里一直在流泪。贾非贤是一个才子，爱豪饮而不胜酒力，善言辞而不拘小节。生病后，他整理出自己毕生的文字汇成一册，名曰《书枝艺叶》。十一月六日，他说想见我一面，我下班后来到他的病床前，他拼命地握着我的手，还是没有了力气；他勉强地说出希望我关照他的小儿子，我说你放心吧，我一定会的。他那瘦弱变形的手就滑落了下来。第二天

晚上，他告别了这个世界。 1

梁宗巨是我最敬重的作者之一，在许多方面，我也把他奉为 9
老师。几年来他一直身体不好，但是，八月二十六日他还曾经给 9
我来电话，向我述说《世界数学通史》的写作情况，还询问《数 5
学历史典故》的再版事宜。没想到三个月后，他突然告别了人世。王佐良更是在为“书趣文丛”之《中楼集》赶写完序言后，嘴里说着“该歇一歇了”，没想到当晚心脏病突发……最让人难过的是吴方，他也是在为“书趣文丛”之《斜阳系缆》确定书名后，毅然悬梁自尽。当时赵丽雅告诉我这个消息，让我不要外传。

补注：我是在十年后朱伟的文章《亡友吴方十年祭》中，更完整地知道了这个悲伤的故事：“《斜阳系缆》是我好友吴方遗作的书名。吴方于 1994 年起被检查为肝癌，几经治疗，人瘦弱不堪。1995 年酷暑，因考虑其子马上要进高三面临高考冲刺而受其影响，决心从容弃世而去。《斜阳系缆》为 1992 年他记俞平伯一篇文章的标题，我觉得这意境真是一种伤感中的壮丽。1995 年 8 月 16 日约中午前，编完这本最后的文集，他趁妻上街买菜之际以电话告诉冯统一，书名就叫《斜阳系缆》，然后将自己悬于门框之上。那天中午我刚好在《读书》编辑部。接到吴方妻电话，我跟着《读书》同人骑自行车赶去，记得同去者还有雷颐。当时院里停着急救车，吴方脸色极为苍白。我参与帮助人工呼吸，手按压在瘦骨嶙峋的胸膛上，其实一切只是徒劳。吴妻凄厉地喊着一定不要停手，屋外暴雨如注。事隔已十年，当时场景依然历历在目。”

直至一九九六年二月，我的情绪还是跳不出那些“死亡”的梦魇。于是写了一篇文章《无法忘却的纪念》：

岁末的钟声响过。我合上日记本，也合上双眼，不是睡去，也无法睡去。我在想这一年的感受、收获和缺憾……一桩桩，一件件，都离不开那个主题：作者。是啊，作为一个编辑，每当辞旧迎新的时候，我总要清点一下囊中的名单，为老作者的稳定而欣慰一回，为新作者的加盟而兴奋一回，为或老或新作者的辞别而惋惜一回。可是今年“这一回”令我实在无法平静，不是因为我得到的太少，也不是因为我失去的太多，而是因为那得失来得太偶然、太突然，使我一时竟乱了方寸，内心不断地呼喊着：难道他们真的就这样去了吗？

是的，他真的去了。我提起笔，试图从名单上划去他的名字：梁宗巨教授，一时心底涌现出无限的惜别之情。他不该走，他是一位一流的数学史专家，从他的第一部专著《世界数学史简编》问世，至今已经和我们有了十多年的合作，先后撰写了《中学数学实用辞典》、《数学历史典故》等上百万字的书稿，我们一直为拥有这样一位“功勋作者”而骄傲。他不该走，他真正的“关门之作”《世界数学通史》刚刚完成上卷，“一生心血，半部经典”。前不久台湾出版界还在与我们商量购买他的繁体字版权，这是一件多么令人扼腕慨叹的事情啊！他不该走，中西数学史两大主流在他的手中渐成融会贯通之势，而且他为澄清一些细微的历史问题所做出的工作也是卓越和独到的，我们不会忘记《零的历史》、《有关祖冲之的一些问题》等优秀的文章。然而，这世界上“不该”的事情真是太多了。其实梁先生的逝去也非偶然，“十年动乱”摧残了他的身心健康，也夺走了他创作的黄金季节；这些年他给人一个总体感觉就是“抢时间”，他几乎推辞所有的社会活动，也不肯出国，终日潜心于创作，直至生命的最后时刻，他还在向助手嘱托如何完成《世界数学通史》的下卷。想必是死神的追逐久已笼罩在他的心头，他是在写作的抗争中力竭而死的。

他也去了，一位刚刚列入我的作者名单的人：王佐良教授，我们还没见过面，他就匆匆地去了。王先生早年就学于清华，后毕业于西南联大，四十年代赴英国牛津大学深造。他是一位学贯中西的大学者，多年来倾力于文学史的创作，先后有《英国二十世纪文学史》、《英国诗史》、《单卷本英国文学史》、《英国浪漫主义诗歌史》和《英国散文流变》等著作问世。人们评价王先生“谈吐从容不迫，举止温文尔雅，一派儒雅的英国绅士风度”。组织《书趣文丛》第二辑时，总策划脉望问是否收一部王佐良先生的随笔，我说：“求之不得。”可是收到书稿《中楼集》不久，就传来王先生突然病逝的噩耗，一时间学界一片惋叹之声。我读着《中楼集》的校样，别有一番无名的感想不断在心中涌现，王先生的夫人说：“他刚编完《中楼集》，又应约写了一篇谈穆旦的文章，说这下可以彻底休息了。不料第二天突然心肌梗塞……”我读他最后的那篇文章《谈穆旦的诗》，结尾写道：“人们不由得生起希望来。但希望落空了……诗人因心脏病突然发作而死在手术桌上。”我内心突然恐怖起来，觉得那书名也有些不祥，“中楼”之称本源于王先生的住所“清华中八楼”，何以这“中”字竟与“终了”的语音吻合！恕我胡思乱想，人生的磨难愈多，禁忌也愈多。还是读一读穆旦最后的诗句，让我们的心灵得到净化：“我爱在雪花飘飞的不眠之夜，把已死去或尚存的亲人轸念，当茫茫白雪铺下遗忘的世界，我愿意感情的热流溢于心间，来温暖人生的这严酷的冬天。”

还有一位未曾谋面的作者：吴方教授，年仅四十七岁，竟也去了。以前我时常读到吴方的文章，总有些空灵飘逸的体验，你会为他感动，但不会冲动。张中行评价他：“常常是鹰隼盘空之际来一些蜻蜓点水。”他的一位挚友写道：“吴方的文字含蓄绵密而秀美出尘，就像作者本人一样有着不尽的余蕴。”他的著作《世纪风铃》、《末世苍茫》、《仁智的山水》都是非常优秀的。“书趣文丛”第四辑集合了一些中青年学者，吴方也在其中，但书题迟迟未定。脉望介绍说：“吴方是一位绝好的好人，可惜他身患癌症，且已病入膏肓。”一天突然传来消息，说吴方去了，临行前打电话对脉望说：“那部书名改为《斜阳系缆》好了。”他确实是系着书魂去的，去得那样理智，那样平静。蓦然我觉得对于吴方来说，“斜阳”似乎包含着一种不寻常的哲理。在他的《世纪风铃》中，首篇又是《夕阳山外山》，它引自那首让人伤感的《送别》：“长亭外，古道边，芳草碧连天；晚风拂柳笛声残，夕阳山外山。天之崖，地之角，知交半零落；一觚浊酒尽余欢，今宵别梦寒。”在这篇文章里，吴方追想着弘一大师“一曲未终，铮然而变”的人生情结，体悟着大师由风华才子到云水高僧的顿悟过程，最终悟到：“真正的美除了静默之外，不可能有别的效果……每当你看到落日的灿烂景色时，你可曾想到过鼓掌？”是的，吴方在斜阳的余晖中系着书魂静静地去了，那样清凉、肃散，如一片浮云，一带青山……

岁末的钟声响过。我实在无法睡去，也无法忘却这些令人伤怀的事情。

1996

事件:《牛津少年儿童百科全书》、“牛津精选”、“世纪老人的话”、“新世纪万有文库”、《李俨钱宝琮科学史全集》启动；开始与美国万国集团孙立哲合作；沈昌文年初从三联书店退休；“爱我家乡，爱我辽宁”丛书获中宣部第五届“五个一工程奖”。

图书:《世界数学通史》(上卷)，“书趣文丛”第二、三、四辑

文章:《说年龄》,《三年之丧的流变》,《时运的数理》,《无奈的“万有”》,《无法忘却的纪念》,《夜色中的生命断想》,《方术——中国文化的另一条主线》,《读孔的奇趣》

人物: 孟祥林，郭书春，刘钝，孙立哲，吴赞梅，林道群，王蒙，黄一农，王元化，唐振常，周劭，朱维铮，王勉，葛剑雄，吴兴文，东年，林载爵，陈子善，柳青松，王越男，王前，刘君灿，孙文先，施恪，陈原，任慧英，沈昌文，吴彬，赵丽雅，陆灏，李零，王建辉，王一方，李醒民，冯统一，冯其庸，林佩芬，郝明义，梁宗巨，傅钟鹏，王常珠，王充闾，于金兰，杨成凯，董秀玉，钱锺书，冷冰川，席慕蓉，孙机，陈四益，谢翰如，王之江，武斌。

1月1日

父亲已经八十五岁了，我们为他祝寿。我在日记中写道：

“共饮竹叶青。老有所思，少有所感，说破无趣，无言难解，权作醉态，左右言他罢了。”

我为什么会写出这样一段莫名其妙的话呢？我也说不清楚。我深爱父亲，我崇拜他，我敬重他，但是我很少与父亲做思想交流。

我们兄弟姐妹四人，我最小。母亲说，她和父亲原计划就是要生四个孩子，最好是两男两女。但是在我之前，爸妈的这个目的已经实现了，他们已经有过四个孩子，即：大姐安娜，大哥小平，二哥悠悠，二姐小勇。不幸的是，二哥生来身体虚弱，在三岁时就夭折了。姥姥时常说，都是因为名字没起好，你看“安娜”安全，“小平”平安，“小勇”勇敢，可是“悠悠”多不稳当啊？

悠悠哥的死，使妈妈受了很大的刺激，在一段时间里，她看见谁抱着孩子，都想走过去看一看是不是她的小悠悠。所以妈妈才下决心，一定要再生一个孩子，那就是我了。可能是有了前面的事情，妈妈对我极其溺爱，为此父亲经常提出意见。后来，我读《红楼梦》，就觉得父亲有些像贾政。有一次父亲说：“贾政有什么不好，不能说他‘假正经’，他不过是做事有些‘方方正正’而已。”闻此言，更印证了我的感觉，我与父亲的关系也始终表现得尊敬有加，亲热不足。

不过，有一点我与父亲心心相通，那就是“爱书”。父亲有许多藏书，这在那些当年跟着毛泽东打天下的老干部中是不多见的。那时许多老干部的生活是很享受的，业余活动很多；可是父亲不抽烟，不喝酒，不玩牌，不结党，整天买书、看书，办公室里也摆满了书柜。因此，他后来被任命为党校校长，在老干部的圈子里有“老夫子”的称号。

我懂事时，父亲已经被打成“走资派”。那些书先是被“造反派”抄家收走，后来退还给我们，它们被装在一个个麻袋里，就放在我家的一张大床的靠墙那一边。我也睡在那张床上，头朝外，脚抵着那些装书的麻袋。那时“文革”闹得很凶，大字报都贴到我家的大门上，我记得有一个题目是“向高薪阶层猛烈开炮”；我们不敢出屋，外面的小孩见到我就喊“狗崽子”。比我长 7 岁的大姐，看到我被外面的口号声吓得发抖，总好把我搂在怀里，轻轻地抚摸着我的头发。没有办法，我们兄弟姐妹只好盯上了父亲的那几麻袋书。我记得，哥哥看《少年维特之烦恼》最来劲，看到激动时还学着维特自杀的姿势，用手指着头部作开枪状，然后轰然倒在床上。有一天，哥哥正在与我谈此书时，被心绪烦乱的父亲发现了，他抢下书，把它撕得粉碎。不久，哥哥又读起了鲁迅，激动时挥笔将鲁迅的四句诗抄下来贴在墙上。诗云：“梦里依稀慈母泪，城头变幻大王旗。忍看朋辈成新鬼，怒向刀丛觅小诗。”父亲看到后二话没说，又给撕掉了。这次哥哥反驳说：“主席说，鲁迅是中国文化革命的主将。”闻此言，父亲苦苦地笑了。更令父亲苦笑的事情还在后面，一天他给我一元钱让我去买菜，我却花了6角钱买了一套新出的毛主席接见红卫兵的照片；跑回家中，高高兴兴递交给了父亲。当时他表情的尴尬，我都不敢看了。

那时父亲的罪名是特务。记得抄家那天，已是半夜时分，我家的门被敲得山响；一位“造反派”头头一进门就大声宣布：“俞未平，根据我们内查外调，你是国民党特务。”他的话音刚落，父亲突然朗声大笑。那是一个勇士的笑声！我们都被那超大的声音震得呆在那里，只听那个“造反派”低声说：“你不要笑，我们是有证据的。”妈妈很沉着，她小声问那位头头：“是哪个派系的特务？”那位头头答道：“中统CC特务。”当时，年仅10岁的我心里乱极了，想到了渣滓洞、白公馆、李玉和、密电码，也想到了前几天，我与二姐还翻出了一张父亲穿国民党军装的照片，当时胆小的二姐脸都吓白了。二姐从小就胆小，所以爸妈才给她起名曰“小勇”，希望她能勇敢起来。后来我们才知道，那张照片是父亲在陈毅同志的领导下，按照党中央的指示，进入国民党傅作义部队去做统战工作的。事后，我还问妈妈：“CC特务是什么意思？”妈妈说：“CC代表陈果夫、陈立夫，他们都是国民党的大特务头子。”后来，我们也问过父亲：“你为什么那么沉着？”他说：“因为我经历过延安整风。”

在这样的环境中，我还能做什么？只能偷看父亲的书。为什么要“偷看”？因为父亲说，那些都是“封资修”，看了会中毒的。他越这么说，我越想看。先是偷看插图本的《水浒传》，接着是《一千零一夜》、《聊斋》、《红楼梦》。我记得父亲的那套《红楼梦》是线装的，分两函，每函8本。我偷看时，只能一本一本地抽出来，看完后再塞回去，换看另一本。可是我抽出一本书之后，函套就会松下来，很容易被父亲发现；为此，我想出了一个好主意，我抽出书后，把一片与一本书一样厚的海绵夹在空档里，海绵的颜色又与泛黄的旧书相同，再系紧函套，很难被发现。我这样做，骗了父亲好长时间；终于有一天，他发现了，勒令我把书交出来。我交书时，偷看一眼父亲的表情，他很得意，其中似乎还蕴含着一些对我嘉许的目光。

其实，我的一切都在母亲大爱的笼罩之下，她不需要父爱的补充，她甚至拒绝社会对我的评判。记得“文革”时，造反派批判母亲对我娇生惯养的大字报就贴了整整一面墙；许多人都说我不会有出息，饭来张口、衣来伸手，上学都要有一个保姆在后面跟着。即使“文革”冲掉了我这种优越的生活环境，但是他们仍然无法破坏母亲对我拼命地呵护，记得我下乡的那一年，母亲没能把我留住，急得上火，一下子拔掉了三颗牙齿。直至我二十六岁结婚的那一年，母亲对我说：“小四，你可以自立了，你现在一切都是健康的，妈妈身体不行了，但我一直会呵护你的人生。”两年后，妈妈离开了人世。这些年来，每当我想起母亲的这段话，都会满眼含泪，心如刀绞。

也可能是超强的母爱影响了父亲的发挥，因为母亲时常教育我说：“对你来说，父亲永远是正确的。”所以，我与父亲没有平等交流的机会和节点，只是在他的藏书中，我与他产生了心灵的碰撞，从儿时的阅读到后来文化品格的塑造，让我渐渐觉得父亲的身影无处不在，父亲的精神源远流长。从那一沓沓的藏书中，我终于读到了另一种爱。不，不是另一种，而是生命孕育的另一半，他就是与母爱同样伟大的父爱！

写到这里，我想到去年在《光明日报》所写的专栏“蓬蒿人书语”，其中的第一篇文章《孤灯童趣读书梦》就表现了父亲对我巨大的影响力，现录如下：

我喜爱读书，并且与书有着很深的因缘。小时候虽然赶上“诗书扫地”的年代，父母被关进牛棚，我却因祸得福，有机会随意翻读家中四处散落的书籍。那时外界是无书可读的，所以家庭几乎成为我唯一的读书天地，每天都在几麻袋书中翻来倒去；一旦相中某书，便独卧灯下磕磕绊绊地读起来，其中自有无限的乐趣。我家的图书构成以中国古代典籍为主，尤其以文学名著和哲学经典居多，不料这样的书境竟然至今还影响着我的阅读兴趣和学术走向，它使我感悟到文化空间对于塑造一个人的文化修养的重要作用。“文革”结束后，心头的余悸和厌倦之情，曾一度促使我试图削减自己对于文史哲的兴趣，转而攻读数学，并且就职于数学编辑岗位。但是早年读书的万种情愫依然萦绕心头，天罡地煞、水帘洞天、善狐恶鬼、绛珠仙草，编织着我儿时的五彩梦境；老聃的青牛、庄周的蝶梦、孔子的忧思、孟子的缺憾，深刻地嵌入我的心底，构成思绪绵绵的忧患基因。事实上当机会来到的时候，那段兴趣果然萌发了。在编辑工作中，我先由数学转向数学史，再接下去编辑“人间透视书系”、“中国地域文化丛书”直至“国学丛书”，它们使我童年梦幻中的凤凰涅槃而再生，抖落空想的羽毛，翩翩然舞蹈于真实而蔚蓝的天空之中！

当然，早年的那段书缘对我的影响并非仅限于此，当时的社会风气以及读书行为的独立性特征，还使我过早地追求独坐慎思的处境，形成了孤独的内在性格。孤独是读书人的一种境界，一种物我两忘的必备条件，一种无以名状的精神享受，书与人的沟通正是以此为桥梁实现的。它使我时时企盼着排开外界的纷扰，静下心来，与书独处。多少年来，这种心境一直伴随着我，即使在前些年我为一套丛书的序言中仍然写道：“我们没有很高的奢望，只求在绿草如茵的郊外辟出一席之地，静静伫立。当人们在嘈杂的世间头脑发胀、无处排解的时候，尽可处身其中，伴着浩渺无际的宇宙，默默沉思……”

沉思是超越的前奏，孤独是沉思的基础。不过孤独也有它的两面性，它既创造一种独立思考的氛围，又在有意与无意之中阻断着人与人之间的交流，当个人的悟性和读书的环境存在缺憾的时候，这种“阻断”就愈发显得可怕了。回想早年我阅读《水浒传》时就经历了这样一段心路历程，由于家中仅有一部七十回本的《水浒传》，加上当时恶劣的读书环境和我孤独的个性，我不知道《水浒传》还有其他的版本，因此深信那一百零八位英雄是不死的。后来社会上风行的评《水浒》运动使我蓦然听说还有百回本与百二十回本，阅罢不禁潸然泪下，它们打破了我儿时构建的精神公理，不死的英雄死了！至今我还常常骂道：“招安，招安，招甚鸟安！”从此决不再读那书。

早年的读书梦，清淡而悠长。它是一种美好的回忆，也是一种精神存在，它将永远永远留驻我心。

1月3日

收到沈昌文一封颇为正式的来信，他写道：

> 亲爱的朋友：我已遵示退休。为便于交接，经商定，《读书》杂志至一九九六年第四期止，仍由我担任执行主编；第五期起，我即不复主持《读书》编务。

以下是一大段回顾文字。最后一段写道：

> 我退休以后，还将以各种可能的形式，服务文化，服务学术。希望海内外各位朋友仍然时赐教言，提示意见，为本人提供为中国开放、改革继续效力之机会。

1月15日

收到一封读者来信，名曰陈历春，信是写给脉望的，非常有趣。他写道：

> 昨年底我在七色书店购得“书趣文丛”之中的《饔飧集》（唐振常著）。细看之后发现书中多处出现四五个字、两三个字占一排的现象，要么又四五排占一页，有的地方又莫名其妙地空一排，篇名又要竖排，一个小标题也要占很宽，真是疏处可走马，密处要透风，让人不得不佩服呀。为了在商品经济中讨生活，脉望，你可真会利用这些机会。看了你编的书，我深深感到文化振兴有望矣。在纸价大涨之时，你们能在这种倒冷不热的书籍上费这么多纸，这说明什么呢？说明领导之重视，基层之支持，先生们之把持，都是在为读书界做好事啊。你们常常叫嚷这种书看的人少，干嘛又这么编排，卖那么贵呢？我是不敢再厚爱了，什么时候发了财，再来看吧。蛀书虫，什么时候长胖了，可以拿来煎水，告诉我一声，白日飞升，谁不想呢！

1月17日

我正在深圳参加“国际中国科学史大会”，并在会上作“数术学对于数学史和哲学研究的意义”发言。杨振宁、吴阶平等名流到会。今天出版社传来消息，说出版局已经下文件，任命我为辽宁教育出版社社长。至此，我已经主持辽宁教育出版社工作近三年，才实现名正言顺。

1月18日

中宣部出版局孟祥林来信："寄上一本《国际汉学》，供参阅。此书第一辑由商务来出，以后准备从该社拿出来，每年一辑或二辑。我看了一下，觉得此系列书的档次还可以，出好了能有一些社会效益及经济效益。该书由我研究生同学张西平搞的，他听李学勤介绍过贵社。您看如对辽宁教育出版社有好处就出，不要为难。现在我正忙于找一些人谈《世纪老人的话》，同时打印修改计划，估计再运行一周左右能有个雏形。到时再把计划交给您。我对此书充满信心。这的确是一项事业，争取能干大、干好。当然，具体运作起来难度很大。"

2月6日

二月二日到京，做了三件大事。一是四日中午在凯莱饭店约见陈原、沈昌文、吴彬，请陈原做“新世纪万有文库”总策划，并拟为陈先生出一套“语言学文集”。关于“新世纪万有文库”，陈原说：“这是一个好项目，工程很大。在辽宁出版，需要有地方政府的支持；辽宁的王充闾是一位非常好的散文家，有他这样的人支持最好。”二是三日晚见中宣部孟祥林，讨论出一套“听世纪老人述说”的书，此事最初的念头源于《光明日报》李春林，他两年前就对我说，一些老年学者岁数大了，写东西有困难，很值得为他们搞一些“口说历史”类的书；祥林兄是有心人，他很快就有了操作的思路，命名曰《世纪老人的话》。三是五日到中国科学院自然科学史研究所，见到郭书春，我和王越男问他是否可以编辑一部《李俨钱宝琮科学史全集》，郭先生说考虑考虑。

补注：这是一个大选题，一年中我们一直与郭老师、刘钝等人研究此事。九月八日，郭老师来信说：“又接到王越男的电话，我们商量一下，尽可能快地编好李钱二老的全集，是我们的共同愿望，因此同意你们的看法和进度要求，争取十月份交出四卷，其余六卷年底前交。”郭老师是一位说到做到的人，11 月他就开始陆续交稿了。

2 月 12 日

收到《书与人》第一期，其上载王一方文章《数，可数，非常 1
数》，评我的书《数术探秘》(此文见日志一九九五年六月二十日)。 9
另外，今年一月八日，收到台湾九章出版社孙文先寄来的美 9
国版《数学经验》新版的样书。此书的旧版经王前与我翻译，前 6
几年在江苏教育出版社出版。孙先生请我们翻译新版，在台湾出版。今天，给孙先生复信写道：“来函所提翻译 P. J. Davis，R. Hersh，E. A. Marchisotto 所著 The Mathematical Experience-study edition 一书，我们同意承担此项工作，译者为我们两人，采用全译方式，时间一年左右，请按国际惯例处理好翻译版权事宜，翻译此书难度较大，望能在计算费用时作相应的考量。”

3月7日

《中华书局》之《文史知识》第二期，载我的文章《说年龄》。此文完成于去年十月，五千多字。就文风而言，这是我写作生涯的一个新探索。从前我写文章，遵循旧制，论文就是论文，随笔就是随笔；前者高堂讲章、板着面孔，后者信马由缰、轻松愉快。此次我力争二者作一点调和，写得通俗些、明快些、生动些。收效还不错，《文史知识》将此文题目列在封面上，作为本期的重点。请看：

> 人的年龄素有年、岁、龄之称，这些称谓的源流颇有歧义。清顾炎武说："天之行谓之岁……人之行谓之年。"他还认为人们称年龄为"岁"始于《史记·秦始皇本纪》"曰年十三岁"。(《日知录·岁》) 其实此说并不准确，首先就"天"的运行而言，《尔雅·释天》写道："夏曰岁，商曰祀，周曰年，唐虞曰载。"疏曰："年者，禾熟之名，每岁一熟，故以为岁名。"由此可见，称岁为年由来已久。其次称年龄为"岁"亦非始于太史公，《诗经·鲁颂·閟宫》即有："万有千岁，眉寿无有害。"再有《孟子》、《赵策》中也都有称年龄为岁的记载，这些大约都是顾氏的疏漏。至于年龄一词，古时本无"龄"字，只作"令"或假作"聆"，汉人加"齿"为龄；《礼记·文王世子》载文王语："古者谓年龄，齿亦龄也。"汉王充解道："古者谓年为龄。"(《论衡·感类》)
>
> 年龄是一个数字概念，它将一个个连续的生命过程离

散化，在人们的观念中刻画出独特的文化轨迹。古人对于年龄大体有两个方面的认识，其一是在生命的意义上偏重于人的自然属性的思考，也就是对于不同年龄的生理特征的认知。古人将女性的发育确定为每七年一个周期，即七岁开始精气旺盛，十四岁月经来潮，二十一岁肾气满溢，二十八岁肌肉丰满，三十五岁气血渐衰，四十二岁面容枯黄，四十九岁气血衰竭。类似地，将男人的发育确定为每八年一个周期，八八六十四年则精气无存。(《素问·上古天真论篇》)周礼还对老人细分道：人到五十岁开始衰老，六十岁非肉不饱，七十岁非帛不暖，八十岁非人不暖，九十岁有人帮助也无法暖身了。(《礼记·王制》)这种按照年龄划定生命周期的做法大约奠基于古代的经验医学，然而它们与数字神秘主义已经只有一步之遥了，同是《黄帝内经》中的“年忌说”就沾染了数术的色彩，它说七岁是人生的第一个大忌之年，以后每九年一忌，即十六岁、二十五岁、三十四岁、四十三岁、五十二岁、六十一岁都是大忌之年，需要格外注意保养，以防疾病的侵害。(《灵枢经·五味论》)这些缺乏因果律的结论必然使年龄与论断发生互渗，从而使数字本身滋生出计算以外的含义，最终反作用于事物的主体。例如人们最关注的寿命问题，即以年龄为核心产生了许多鱼龙混杂的观念。《庄子·盗跖》称：

"人上寿百岁，中寿八十岁，下寿六十岁。"既然人生有限且有夭寿之分，那么判断一个人的生存年限就显得格外重要了。这实际上是一种"终极关怀"，它的操作和问题本身就兼具医理与神秘的特点。像"什么样的人能活到一百岁？"这样的问题，古人指出：那些明堂、阙、庭、蕃、蔽等部位端正、宽大、丰满、十步以外还能看得清清楚楚的人，一定有百年之寿……而颜面的地阁和面颊部分塌陷的人大约只有三十年的寿命。(《灵枢经·五色、寿夭刚柔》)在这里，立论依据是生理性的，评价机制却是模糊的，数字的功能也由计数而弱化为计短长，最终异化为带有某种神秘力量的符号。

当然，人是社会人，所以关于年龄的自然属性的思考必然受到社会属性的渗透。比如"寿坎"之说认为，一个人到了某些年龄时需要"过坎儿"，否则有性命之忧。此说在形式上类似于上述的"年忌之说"，但背景却不尽相同，像流行至今的七十三、八十四岁的坎儿，大约本源于人们对于圣人寿命的痴迷，因为它们分别是孔子与孟子的寿禄。还有以德增寿的故事叙述了宋景公面对"荧惑守心"的险恶天象，说了三句舍己为人的佳言，故而感动了上天，使荧惑一夜之间迁移三舍，宋景公也因此延寿二十一年。(《淮南子·道应训》)而最有趣的故事是文王与武王的一段莫名其妙的对话，武王说他梦见天帝赐予他九颗牙齿，文王说这意味着你有九十年的寿命，而我有一百年的寿命，就给你三岁吧。结果文王活了九十七岁，武王活了九十三岁。(《礼记·文王世子》)在这里，人的年龄已经完全突破了生理的樊篱，圣人或天帝操纵着人的夭寿，生命的主体性和客观性都失去了意义。

由此我们可以深入探讨年龄的另一种文化功能了，那就是人们对于它的社会属性的认识。在中国的传统礼仪中，以年龄为尺度制定的礼节很多，《礼记·曲礼上》中即写道：“人生十年曰幼，学；二十曰弱，冠；三十曰壮，有室；四十曰强，而仕；五十曰艾，服官政；六十曰耆，指使；七十曰老，而传；八十、九十曰耄；七年曰悼。悼与耄虽有罪，不加刑焉。百年曰期，颐。”这段界说将人的自然属性与社会属性完整地结合起来，但它还只是一个框架，相关的定义还有许许多多，例如对于男子，六岁开始识数辨形，七岁男女不同席，八岁学习礼让，九岁掌握干支、朔望，十岁拜师，十三岁习乐，十五岁习射御……对于女子，十岁深居习礼，十五岁行笄礼，二十岁出嫁，如遇父母之丧则推至二十三岁，妾不满五十岁必须每五日与丈夫同床一次。最繁琐的礼数是对老龄者的关照，例如：五十岁的人要乡间供养，吃精细的食粮，在家拄杖，不服劳役，要封爵，守丧不必形容枯槁，守猎不作走卒，乡饮时要立侍在六十岁者之侧；六十岁的人要国家供养，常吃肉食，置办一年才能备齐的丧具，在乡拄杖，不服兵役，不亲往学校受业，守丧不必形容损伤，乡饮时就座，用三个豆器；七十岁的人供养在大学，参加诸侯的养老礼，用双分的膳食，置办一季才能备齐的丧具，在国拄杖，不在朝廷听政，不应酬宾客，可以告老还政，七十岁以上的人参加丧葬可以只穿衰麻丧服，夫妇可以同处同藏，守丧可以饮酒吃肉，国君请教要设坐席，官拜三命的族人只能对七十岁以下的人不论年辈，乡饮用四个豆器；八十岁的人接君命时可以只跪拜叩头一次，常吃美味食品，置办一个月才能备齐的丧具，在朝拄杖，国君每月派人问候，可以不参加丧礼，可以有一子不赴征召，国君请教要到家中，八十岁以上的人行走时晚辈不得超越，乡饮用五个豆器；

九十岁的人可以让人代接君命，饮食不离寝室，也可以携带出游，置办一天才能备齐的丧具，国君求教要带上礼品到家，还要每天派人送食品，全家可以不应召，乡饮用六个豆器；天子巡守侯国，首先要看望百岁老人。(《礼记·王制、内则、杂记下、祭义、乡饮酒义》)

有了这些礼数，人们就可以根据年龄对号入座，从而约束自己或评价别人了。有趣的是周朝的缔造者周文王首先违反了周礼，因为他十五岁就早育生了武王，并且根据武王还有兄长伯邑考可知，他大约早婚于十二岁，所以后人批评他说："礼三十而娶，文王十五而生武王，非法也。"(《淮南子·氾论训》)孔子是非常崇尚周礼的，他曾经叹道："周之德，其可谓至德也已矣。"(《论语·泰伯》)回顾人生旅途，孔子说："吾十有五而志于学，三十而立，四十而不惑，五十而知天命，六十而耳顺，七十而从心所欲，不逾矩。"(《论语·为政》)显然，这一以年龄为线索的界分与周礼一脉相承，只是他调换了制度与人的主客体位置，更强调一个人自身的发展。其实作为一个观念，周礼已经深深地根植于孔子的思想之中，每每论及一个人的发展，他总是要将"周礼化"的年龄概念信手拈来，作为立论依据或界分标准。比如他说："后生可畏，焉知来者之不如今也？四十、五十而无闻焉，斯亦不足畏也已。……年四十而见恶焉，其终也已。"(《论语·子罕、阳货》)在这里，孔子把"四十岁以后"看得很重，因为那是周礼中的"而仕"之年，也就是一个人能否功名显世的分水岭，所以需要不惑、知天命云云。当然这也不是知学的尽头，否则孔子不会说："加我数年，五十以学《易》，可以无大过矣。"(《论语·述而》)而且读得"韦编三绝"。更为严重的记载说孔子五十一岁还不知"道"为何物，故而南往沛县求教于老聃，并称曾经学五年度数、学十二年阴阳都不见成效。(《庄子·天运》)可见年龄只是一个限定，一条规矩，一种参照，人生依然是连续的，知学依然没有止境！

值得提到的是，在古人的观念中，突破以年龄为标志的礼数也不完全是坏事，比如对于早慧的儿童就要打破常规，予以重用。此事发轫于后汉年间，对于年幼才俊者，拜为“童子郎”。像汉末司马朗，九岁时有一位客人直呼其父名字，司马朗说：“慢人亲者，不敬其亲者也。”那人当即致谢。十二岁他考取童子郎，考官见他身体壮大，怀疑他隐匿年龄，便再三诘问。司马朗答道：“朗之内外，累世长大，朗虽稚弱，无仰高之风，损年以求早成，非志所为也。”考官大异其才。(《三国志·司马朗传》)唐时科举设童子科：“十岁以下能通一经及《孝经》、《论语》，卷诵文十，通者予官；通七，予出身。”(《新唐书·选举制上》)当时著名的神童有刘晏，据载：“玄宗封泰山，晏始八岁，献颂行在，帝奇其幼，命宰相张说试之，说曰：‘国瑞也。’即授太子正字。”(《新唐书·刘晏传》)其后举荐神童的事情一直绵延不断。与此形成鲜明对应的是对于老者的制约，明宣德二年，有人上奏皇帝，提倡清理科举中的生员，“凡五十五以上及残疾貌陋不堪者，皆罢为民。上从之，凡斥去一千九十五人。”类似的举动后来又发生多次。(《日知录·恩科》)这一放一收，只与年龄维系，令世人平添几分莫名的感慨。当然也不是所有的皇帝都忍心“只见新人笑，不闻旧人哭”。汉献帝就曾经下诏，将那些年逾六十，“结童入学，皓首空归，长委农野，永绝营望”的人一律封为太子舍人。故而当时长安街市上的民谣唱道：“头白皓然，食不充粮。裹衣褰裳，当还故乡。圣主愍念，悉用补郎。舍是布衣，被服玄黄。”(《后汉书·孝献帝纪》)

唐昭宗也做过类似的事情，宋代干脆就设立了“恩科”，以告慰那些屡试不中的失意者。(《日知录·恩科》)

好了，我们不必再细说了，你只要寻着这思路走下去，一定会发现更多关于“年龄”的故事。它是一个大文化网络中的一段游丝，编织着一个民族的生命形态。当月亮的银辉泻满古老的大地，当清风伴着夜虫轻轻吟唱，我们族中的智者又在梦境中开始了超越百岁的思索。你听：有人唱着“自信人生二百年，会当水击三千里”，也有人唱着“人生不满百，空怀千岁忧”。我们也踏着古朴的余韵，歌着那“年年岁岁花相似，岁岁年年人不同”的古音。

3月19日

在北京。晚，宴请王蒙。那是一家上海菜，沈昌文很熟。席间 1
饭店老板还过来致意，王蒙也如约送上一幅字，曰：“绕梁三日。” 9
其意大概是说饭菜的香气“绕梁三日不绝”。大家一致说好，王蒙 9
却一再自谦，他还自我解嘲说：“我的字写得不好，都怪早年家教 6
不力。”这是我第一次见到王蒙，他没有官气，面部轻松，表情自然，衣冠整洁，还围着一条短围巾，愈显出刻意修饰的痕迹。谈笑间，大家都很随和；但是，在王蒙的身上有一种震慑力，当时，我还真的有一些紧张。

3 月 27 日

台湾学者黄一农来沈，为爱书人俱乐部讲座，题曰：“天主与妾——谈明末中西文化的冲突”。

3月28日

香港牛津大学出版社吴赞梅来沈阳，谈《牛津少年儿童百科全书》版权事宜。她听说晚上“爱书人俱乐部”有黄一农讲座，就主动要求参加。这次讲座是在中国医科大学术报告厅举办的，大约有三百多人到场。见到那么多人自发地来听讲座，活动组织得井井有条，吴女士很感动，连声说：“没想到这里会有这么好的文化氛围，没想到一家出版社会有这样的文化志向。”后来她说，牛津在进入中国之初是很谨慎的，当时他们只认商务印书馆，而对地方出版业一无所知。这次吴赞梅到辽宁来，本身就有考察的任务。应该说我们的这次见面是成功的，这也是我们第一次与海外出版社接触，第一次与国际大牌合作。

补注：后来我们愈发体会到，与牛津的合作不单是一本书的问题，而是与国际一流出版机构开启沟通的先声。在此后的很长一段时间里，随着国际化交流的增多，我们再与外国的其他出版机构谈判，他们往往会问我们曾经与国外哪家出版社合作过？我们总会骄傲地说：牛津大学出版社。他们有时也会给牛津发询证函，吴赞梅就给出过多次证明，向他们说明，辽宁教育出版社确实在与牛津合作，有着很好的能力和信誉。

3月29日

在《博览群书》第三期上，刊载了我的文章《方术——中国文化的另一条主线》。此文点评的是李零的大作《中国方术考》(人民中国出版社，一九九三年)。在当代中国学者中，李零的“方术研究”最让我敬佩，读他的书、评他的书，也是我的自觉行为。当然，李零也是我社的作者，在“书趣文丛”第四辑中，就收有他的集子《放虎归山》。我写道：

四年前就从《读书》杂志上知道李零先生的《中国方术考》将要出版，还知道他叙述的是“思想的另一种形式的历史”(葛兆光语)；前不久才见到这部历经周折的书，翻看之间不由产生了许多想法。这是一部通过“细致严谨地爬梳考古资料以印证文献记载”的著作，作者“以考古资料透视思想史的方法”赢得了学术同人很高的赞誉。我也十分钦佩作者的学术功力，尤其是他能将“方术”这样一个棘手的问题，从中国文化的大背景中整理得如此精微恰当、有条不紊，确实难能可贵。我觉得它不但受益于作者准确的学术切入点和正确的研究方法，而且更反映出作者对于中国文化的深刻理想，以及对于世界文化的宏观把握。

“方术”一词见于《后汉书·方术列传》，大约是数术与方技的统称。说到数术、方技，人们自然会产生许多联想，像东方神秘主义的渊薮，中国迷信的大本营等等。毋庸讳言，从古至今“方术”始终不是一个轻松的题目，在漫长而绵延不断的历史过程中，它表现出极大的复杂性；并且在近现代的世界文化版图上，由于学术类分的迷惘和文化营垒的对峙，方术不但在观念上被极端地负面化，甚至其历史存在的客观性和现实研究的意义都受到严重的歪曲和抹杀。在这样的文化背景之下，《中国方术考》的作者在展开论述的时候，并无意于为方术开脱那些既定的“历史责任”，他的志趣只是面对强大的历史有序化的势力，冷静地叩问现实“人造时空”的历史误差。为此，他巧妙地借助雅斯贝斯的“轴心期”理论敏锐地提出：在研究公元前500年前后人类文明“轴心期”突破的时候，单纯地关注诸子百家表层的嬗变是远远不够的，我们还应该了解其“下边和这种思想活跃的前面，真正作为基础和背景的东西到底是什么”，它们才是人类文明“突破”的真谛所在。这一思路的直接推论是对中国文化主流的存在形态的质疑，作者指出，以往把中国文化理解为一种纯人文主义文化的认识是片面的，儒学的独尊和官化，以及孔孟一脉相承的人文教育和不语怪力乱神的信条，都不能掩盖另一条文化线索的存在，“即以数术方技为代表，上承原始思维，下启阴阳家和道家，以及道教文化的线索”。为了实现方术这一文化线索的存在性证明，作者从中国学术的流变入手，认真地清理了诸子百家背后的知识系统，将古代的官学大致划分为七类，附以对官学下替、私学秦禁汉弛的分析，得出一个非常重要的结论：其一是七类官学的知识可以分为两类，一类是数术、方技以及工、农艺之学，另一类是以礼制法度和簿籍档案为中心的政治、经济和军事知识；其二是诸子之学从知识背景上也可以分为两类，一类是以诗书礼乐等贵族教育为背景的儒、墨两家，另一类是以数术方技等实用技术为背景的阴阳、道两家以及从道家派生的法、名两家；其三是秦汉以后的中国本土文化也分为两大类，即儒家文化和道教文化，前者以存扬诗书礼乐、杂糅刑名法术、结合上层政治为职任，后者以数术方技为知识体系、以阴阳和道家为哲学表达、以民间信仰为社会基础，在民间有莫大势力。

正是基于这样的思考，《中国方术考》的作者以掌握最新的考古动态为先导，对方术展开了全面的资料整理与学术分析。他认为古人研究“天道”的学问叫“数术之学”，而研究“生命”的学问叫“方技之学”，后者被视为前者的复制，前者又渊源于“人法地，地法天，天法道，道法自然”。它们都有自己的学术传统、知识体系和概念术语。这样的划分使天人合一的思想以及天地人三才之道进一步实体化，也使中国文化的研究由虚浮向真实逼近。书中大量的插图有许多是十分引人入胜的，正文论述以丰厚的资料而见长，但其条理明晰、实事求是，都是无可挑剔的。还应该提到的是这部书的辅助文献《中国方术概观》，洋洋十卷，十三册，其整理与选文也是精当的。

作者的上述思考所完成的文化再现与整合十分重要，其现实意义是多方面的，像对哲学的本体论问题、宗教的存在性问题等研究都会带来突破性的进展。在这里，我只想侧重探讨一下中国文化在以科学为标志的现代文明中的处境。20世纪初，伴随着西方科技的发展和东方文明的衰落，西方式的科学主义在一段时间内几乎达到完胜。它很快地表现为在现代科学的系统中对于中国历史的全面否定，早些时候一些西方学者公然宣称：“西方产生了自然科学，东方没有产生。”（薛尔顿《东西哲学的主要不同》）以及“（东方）很少有超过最浅近最初步的自然史式的知识的科学。”（诺斯洛浦《东方直觉哲学与西方科学哲学互相补充的重点》）对于一个历史悠久的文明古国来说，这样的评价确实是令人尴尬的。后来西方人努力清除傲慢与偏见，尤其是李约瑟的出现和他对中国文化产生的信仰上的“皈依”，才开始客观地承认中国古代科学发现和技术发明的存在性，并且“往往远远超过同时代的欧洲，特别是在15世纪之前更是如此”。但是讲到近现代时，李约瑟也迷惘了：17世纪以来当中国科学逐步融入近代科学的整体之中时，“中国的科学为什么持续停留在经验阶段，并且只有原始型或中古型的理论？”（《中国科学技术史》）正是这一道著名的“李约瑟难题”使我们再度实质性地陷入尴尬的境地。进入80年代，张光直先生目睹中国传统的二十四史和近年来逐渐积累的史前史，感慨地说：“我预计社会科学的21世纪应该是中国的世纪。”结果引来了许多方面的非议，逼得张先生不得不运用他的大手笔将人类文化一举裂分为两大型态，一是萨满式的“连续性的文明”，即以中国和玛雅为代表的具有世界普遍性的文明；再一是“破裂性的文明”，即西方的文明。其结论是：“西方的形态实在是个例外，因此社会科学里面自西方经验而来的一般法则不能有普遍的应用性。”（《连续与破裂：一个文明起源新说的草稿》）他实际上是说，西方人不要用他们的方法对中国文化妄加裁定，因为我们彼此缺乏系统的相容性。

在这里，我不想品评这些学者的观点的正误，只想把他们视为一类文化现象，用以提示我们注意：在中西文化的交流与碰撞的过程中，由于中国文化和西方的科学思想在术语和概念上的差异，尤其是评价机制、价值取向和文化氛围的相背甚至冲突，比如方术活动中科学与迷信之间的千丝万缕的联系和纽结，再加上方术本身的世俗化和神秘化的活跃倾向，因此造成了一条历史文化主线在现代文明网络中的断裂和散落。例如在科学的营垒中方术的价值遭到了彻底的否定和唾弃，它所造成的最直接的恶果是中国思想史研究的残缺和由无知引发的东方神秘主义的甚嚣尘上，像以著作《原始思维》而闻名的西方学者列维—布留尔在列举中国文化的时候，甚至会犯一些知识体系方面的常识性的错误。现在看来，跳出狭隘的西方观念，全面、完整地认识中国文化显得尤为重要了。其实李约瑟早已提示过人们：不要把中国古代方术一类的活动简单地称为“伪科学”，而称为“准科学”似乎更恰当些。我想，这些例证足以从一个侧面说明《中国方术考》所做出的一些实证性的工作的重要性和必要性了。

当然，在我们强调中国文化的另一条主线“方术”研究的重大意义的时候，也会自然而然地想到那些与数术方技相关的迷信活动的死灰复燃。这是一件很令具有良知的中国人难过和难看的事情，其实古人早已提示：“及拘者为之，则牵于禁忌，泥于小数，舍人事而任鬼神。”（《汉书·艺文志》）文化研究往往具有双面的效应，愿那些游荡于街头巷尾的世俗之徒不要再往祖国母亲的脸上涂抹五色油彩了，想一想民族的利益，也想一想莘莘学子为了完造中国文化的大同而前赴后继、力求中国学术一脉未坠的苦心吧。

4月4日

经沈昌文介绍，台湾出版人吴兴文来沈阳，为“爱书人俱乐部”讲座“我的票趣”。吴先生初次来中国，显得很单纯，他热爱出版，热爱藏书票，还爱酒。来东北之前，沈先生大概并没有向吴兴文介绍东北人豪饮的习俗，所以一见面他就说，在大陆喝酒从未遇到过对手。他的酒量也确实很大，我是干不过他；但他的狂放却激怒了我们出版社的另一位同事王玉林。吴兴文讲座的那天晚上，会场气氛很好，大获成功。讲完后吴先生很兴奋，我们一起去喝酒，结果他与王玉林较上了劲，直至喝得人事不省，王还亲自开车把他送回酒店。第二天早晨，我问吴先生怎么样？他说：“很好。就是酒店的电话总响，没睡好觉。”我们笑着说：“你当时烂醉如泥，被放在床上。我们怕有事，就让酒店服务员每隔一小时，给你的房间打一遍电话，听到你接电话的声音，就证明没事了。”

补注：说到台湾出版人，我最初认识九章出版社的孙文先，本年二月五日，还曾经在北京与联经出版社总编辑林载爵夫妇吃饭。总体印象真的很好。二〇〇二年，我还专门写过一篇文章《彼岸，那些可爱的同行们》：

我与台湾出版界打交道，大约有10余年的光景。最初是20世纪80年代，与台湾九章出版社孙文先合作出版《九章算术》汇校本。孙先生原本研攻数学出身，经商后痴心不改，每有盈利就投资数学出版，在大陆购买许多数学书版权，像我编辑的“世界数学名题欣赏”13种、《数学历史典故》等，都是经孙先生之手，在台湾出版繁体字版。他还在北京开办九章书店，与中国数学会，以及一些数学家都有很好的关系。后来两岸交流日渐活跃，我陆续结识了更多台湾出版人，总体感觉真的很好，其意不仅在商业水准的落差，或“同宗同祖”之类的情绪，更在于他们行业人格的本质。在这里，我从几位熟悉的出版人入手，采一点记忆的吉光片羽，作为印象的反映。

先说林载爵。林先生五官周正，谈吐平静文雅，一副学者风度。据说他早年在联经工作有了业绩，受到《联合报》前辈的赏识，送到牛津学习，回来后出任总编辑，还兼任一所大学的历史学教授。我与林先生合作始于“剑桥集萃”，这套书是由剑桥大学出版社推荐上百个学术书目，然后我们特聘赵一凡先生从中精选出20种出版。赵先生是我国“文革”后赴哈佛攻读博士学位第一人，曾任社科院外国文学所副所长，他选的书林载爵非常喜欢，当即决定同时在台出版繁体字版。最近我们与联经的合作却时尚得不得了，那就是《F4闪亮周年特集》，而且事态还在继续……

再说东年。东年也在联经工作，是副总经理兼副总编辑；还是一位作家，他的小说《我是这样说的——希达多的本事及原始教义》很有特质。他是我认识的台湾出版人中最具个性的一位，经常是一身雪白的西装，皮鞋也是雪白的，辅以一头长发和黝黑的脸庞，他戏说在台湾常被人错当“大哥”。我与东年有两面之交，一是关于电子书的交流，再一是我们在一次书展期间宴请几位出版人，东年在座，他说他喝酒有一个特点，那就是经常吃不到最后一道菜，因为那道菜还没上来，他已经醉倒了。那天东年又倒了，尽管李学勤、葛兆光、冯统一等先生在座。

最后说一说吴兴文。吴先生与我的交往就要更多些，他不但曾代表联经、远流等出版公司与我们谈过业务，还曾经为爱书人俱乐部做过“藏书票讲座”，并且在辽教社出版了精美的《藏书票世界》。吴先生的个性特征也很鲜明，他酷爱收集藏书票，当他向人展示最精品的书票时，经常手舞足蹈，口中还要奏响贝多芬《命运交响曲》。他的酒量似乎也不小，但即使醉了，甚至伏案“坐睡”，也决不倒下。他半醉时对我说，他在中国有三个第一：一是第一“酒”，这一点已被我们东北汉子破掉了；二是第一“手”，他那双长长的、白皙的、软软的手确实让人称奇；三是第一“票”，那就是藏书票了，但我听说董桥的藏书票更厉害，更特色。当然，近日吴兴文的藏书票又在三联出版了，他的收藏一定进步了，更更厉害了……

我不是在谈台湾出版，只是对几位同行做一点人本的追忆；当理想的欲望渐渐衰减的时候，在我的心底做一点自由的钩沉。

4月15日

收到沈昌文寄来的《读书》第四期签字本。这是他编辑的最后一本《读书》，其中还附有一张纸条："亲爱的朋友：这是我编的《读书》最后一期，也许也是我期刊编辑生涯中所做的最后一个不像样的工作。谨此签名奉赠，以为纪念！本期内容，与过去相比，并无任何特殊之处。《读书》之更加值得阅读和值得关注，当在未来。所以签名相赠，只是敝帚自珍，如斯而已。第五期以后对尊处的赠阅，当由《读书》编辑部继续履行。敬请释念。"

4月21日

读到一本杂志《东方》，其上有李锐、朱学勤的文章，尤其是朱的文章《愧对顾准》，读来让我大为震动。

补注：后来，这本杂志停刊了。直至二〇〇三年，我在一篇文章中还回忆过这一次阅读，题曰《我记得，这三篇文章或书》，其中写道：

> 《愧对顾准》，这是朱学勤的文章，原载于20世纪90年代一本杂志。杂志的名字忘记了，只记得有人说其上的文章很有分量。我找来几本，尤其是这一本，有些文章果然有分量，其中之一就是朱学勤的《愧对顾准》。后来那本杂志丢了，我是在google网上又搜索到这篇文章。读此文时，我的心思似乎并不在顾准，更想知道的是谁“愧对”了顾准，阅后不禁大为震动。却原来朱学勤将现时代的人划分为三类，第一类是“七十多岁的那一辈，也许是目前大陆上尚能保存早年所受民主教育与人道底色的唯一一代人。”第二类是“至今尚难从苏联文学的光明梦中完全清醒的人。”第三类是四十岁左右的一代人，他们更容易接纳欧美学理，但这代人能否达到与顾准那一代人对接的境界，身处其中的朱学勤表示怀疑。它所说的愧对顾准，正是担心这第三类人做出“愧对”的蠢事；同时他还感到危机，因为二十几岁的小辈们比我们还关注顾准，“我们不跨过去，下一代就可能跨过来……”我感叹此文的叙述勇气，还感叹自己没有勇气，连引文都加了修饰，更不敢像顾准那样，正色言说好友孙冶方如何如何，那言辞真让人震撼！

4月26日

我与王越男、柳青松一同到深圳，约见香港牛津大学出版社总裁施恪与吴赞梅。我们共同签署了《牛津少年儿童百科全书》的合同。

补注：这是我第一次见到施恪，一位英国绅士。我在二〇〇二年的一篇回忆文章《海外淘书札记》中写道：

施恪（Scott）是英国人，牛津大学出版社亚洲地区的总代理，也是我开展版权贸易之初，接触到的第一位"洋人"。他高大魁梧，不苟言笑，典型的英国绅士风度。在出版《牛津少年儿童百科全书》的过程中，他始终很友好、很配合，甚至还主动帮我们修改英文合同中对我们不利的条款。1997年4月，我们到香港处理书稿，施恪请我们吃饭，席间谈论的多是闲话。有两件事我印象颇深，一是我说我很喜欢英超联赛，他立即表示不喜欢，他为英国足球流氓的行径感到耻辱。二是谈到香港回归，他表现得有些忧心忡忡，许多观点与彭定康类同。话别时他说："五年后看吧！"我们也引用当时的流行语："明天会更好！"五年过去了，施恪善意的担忧可以消除了，他也已经卸职而去了。但有一天我突然发现，施恪成了广告明星，每天晚上拿着一部电子辞典在电视上侃侃而谈，因为那里面装了《牛津英语辞典》！

4月30日

我为《荐文》推荐两篇文章：王佐良的《牛津风度》，潘晓松的《寂寞的京城淘书人》。后一篇文章我还传真给了香港牛津的吴赞梅、林道群，他们非常关心大陆文化人的思想动态和情感走向，从中让我看到了职业化的体现。我的“荐者语”写道：

> 过去的事情，不但能勾起多情的记忆，还会唤醒人们对一个文化群落的思索。一段时间里，我不断地扪心自问：为什么王佐良先生重游牛津的时候，会那样动情于故旧的人文景观？他为回忆而梦魂牵绕，也为不见故人留下无限惆怅，但王先生的情感似乎没有滞留在忆旧的浅层，是“牛津风度”呼唤着他的心灵。我还要问：为什么梁实秋先生在卖光家中存书的时候，唯独一部切口烫金的牛津版《莎士比亚全集》不肯出手？其心思显然不在金钱上，是至爱无价！是精神的嵌入引导着梁先生的行为。我仍在问：为什么潘小松先生京城淘书，如此孜孜不倦，又如此孤独寂寞？
>
> 此时，我迷失了推测的思路。还是让我们回到现实中来。近日我们有机会与牛津大学出版社合作，见到该社的施恪先生和吴赞梅女士，攀谈之间，几代学人的梦渐渐地真实起来。文化交流需要跨越国界，人类文明的进步更是全人类共同的事情。与牛津合作，别有一种心情推动着我

们。现在，一些项目已见端倪，像《牛津少儿百科全书》、《让你读懂的哲学……》等等。我从中体会到，一流的出版社能唤起你的一种追求，它不仅是对形式的追求，也不仅是对市场的追求，而是对于文化品位甚至人生理念的一种提升。张光直先生预言：二十一世纪将是中国人的世纪！我们靠什么赢得那诱人时刻？在经济热得烫人的时候，我相信在理智的中国人心底一定喊着同一个声音：文化，文化，还是文化！让我们用明智的选择填补时代的缺憾，用辛勤的劳作接续文明的断层。希望有一天，我们的故乡也有那么一处净土，让夷人留梦！

其实每一个文化人都有一个梦，在那里，清凉的雾色渐渐淡去，晨曦映照下的人文景观秀美绝尘……

5 月 24 日

在上海老半斋酒店，宴请一大批文化名人：王元化、唐振常、周劭、朱维铮、王勉、葛剑雄等，沈昌文、陆灏在座。此次聚会的目的，主要是介绍“新世纪万有文库”的情况，听一听专家的意见。这其中王元化名声巨大，我们也是第一次见面。我记得当时他晚来了一会儿，我就想把“正座”留给他；但唐先生笑着说：“不必，他最好迟到，随便留一处就可以了。”王先生来到之后，果然没有在乎座位的事情，坐下就聊天、吃饭。后来他发现服务员总在他身边上菜，他才不经意地问了一句：“怎么总在我身边上菜呢？”看来他这位大领导兼大学问家，还是没有坐过“菜道”的位子。饭后，我们还到王先生住的酒店坐了一会儿。面对这些名人，当时我确实有些拘束，发言时还碰翻了一个杯子。

6月7日

在北京王府饭店，约见席慕蓉，沈昌文在座。席女士的诗颇受我们这一代人的喜爱，所以能见到她，我是很兴奋的。总体印象，她是一位文静、体面的中年女性，有些发胖，谈话不紧不慢，对人也很谦和。谈到我们拟编一套《席慕蓉文集》，席女士很高兴，聊了许多相关的事情。

补记：六月三十日，沈昌文来信写道："刚收到龙应台女士送我的签名本《龙应台自选集》，上海文艺版，共五册，其中初次印行的，居然每种印四万册，其余，亦两万余册。这印数令我骇异。希望你买一套参考。也许可供你们考虑《席慕蓉……》时参考。"此后，我们为出版这本书做了许多工作，最终因故未能促成它的出版。对此，我的心里一直怀着一种憾意。

6月25日

《沈阳日报》刊载我的文章《读孔的奇趣》。此文完成于四月中 1
旬，最初投到《光明日报》，被一位总编辑指名退稿，原因是其中 9
谈到了“文革”。所以我才转投《沈阳日报》，他们没说什么就登 9
出来了。请看： 6

> 一部《论语》，有六七种版本在我的案头排列着：影印的，繁体的，横排的，白话的……阅读时，有些本子要经常翻阅，还有些本子只是在不得已的时候才查对一下。许多年过去了，有一天我突然发现一个有趣的现象，在这些版本中，使用率最高的竟出版于“文革”期间。它当然是“批林批孔”的产物了，书名为《〈论语〉批注》，封面白底暗花，图案是镰刀、斧头和枪，“论语”二字为黑色，“批注”二字以及作者、出版者的署名均为红色，正文简体横排。此书使我钟情大约有三个原因，其一是书中将全部段落按照章节编号，后面还附有古今地名对照、名词人名索引，查阅起来方便极了。其二是书中注释明白，难字还附拼音，同时在每一段下面都给出了白话译文。可见古文今译并非始于近些年，“文革”中也是有的，只是目的不同。其三是此书中绝少有错字，为什么？大概与当时特定的历史环境有关，那时一字之差常常会引来天大的横祸。实言之，虽然这些年出版繁荣、花样翻新，但是在古籍新版方面做得如此认真、全面的书，还是不多见的。为什么在世称“文

化浩劫”的“文革”时代，会出现这样的怪事呢？细想一下倒也不奇怪，无非是“批孔”导致“读孔”，所以人们才有机会认真地出版这书。当然那时的情况与现在不同，“认真”的原动力不是学术研究和商品意识，而是政治挂帅和群众观点，阴差阳错，阴错阳差，一段多么有趣的出版史啊！

在这部“文革版”的《论语》中，还有一大块儿更有趣的内容，就是附在每段正文之下的“批判”。其实反对儒学的事情并不新鲜，古往今来，例子很多。但“文革”这一回批孔，确实批得非同小可，全民上阵，骂声连天，而且骂得“妙语连珠”。从《〈论语〉批注》的“批判”条目中，就可以看到那一段奇异的“文化景致”，请听该书的前言中骂道：“《论语》黑话连篇，毒汁四溅，荒谬绝伦，反动透顶，完全是糟粕。”这样的全盘否定显然是空前绝后的。以此作为主旨，孔子的一切言行都要逐一批判，坏话批其坏，好话批其伪，于是笑话便油然而生了。试举几个骂例：

子曰：学而时习之，不亦说乎！

批判：训练奴隶制的帮凶。

子曰：有朋自远方来，不亦乐乎！

批判：拉拢来自远方的反革命党羽。

子曰：父母在，不远游。

批判：有破坏知识青年上山下乡的作用。

子曰：温故而知新。

批判：旧的就是旧的，孔老二怎样温来温去也不会变为新的。

子曰：朝闻道，夕死可矣。

批判：复古之道，复辟之道。

子曰：逝者如斯夫！不舍昼夜。

批判：不管风吹浪打，胜似闲庭信步。

子曰：君子耻其言而过其行。

批判：满口仁义道德，一肚子男盗女娼。

子曰：君子有三畏……

批判：彻底的唯物主义者是无所畏惧的。

骂得好吗？骂得可笑吗？注意，当时的骂者可是认真的。其实这也正是我喜爱此书的另一个潜在原因，你想，当你在空寂的神殿中正襟危坐，聆听先哲说教的时候，一连串李逵式的叫骂声平地而起；纷乱之中，自有几多情趣溢于心头。这是天人之际情感的失衡与错位，也是圣俗之间跨越时空的碰撞与交流。此时此刻，君子、小人，还分得清楚吗？

写到这里，思绪一下子竟“往事越千年”了，听说董仲舒的“贤良对策”让汉武帝吃了一惊，没想到世间还有这等惊天地、泣鬼神的学问，于是变了味的儒学便独尊了起来。一“尊”就是几千年，批不倒、斗不臭，旧儒尊腻了，又尊新儒；海内道不通，海外却遇知音；儒士未见落魄，儒商又风光起来。为什么会这样呢？说不清楚。那就再读一读《论语》吧：礼之用，和为贵；入太庙，每事问；食不语，寝不言；寝不尸，居不客；席不正，不坐；祭于公，不宿肉；食不厌精，脍不厌细……你看，多么通俗的语言！其实正是一个“俗”字，才引发了董子的高论，使儒学能够俗而入官，官而返俗，妇孺皆知，人人明白。此等学问，已经在千百次形神互化的过程中达到出神入化，它托起了一位脱俗的圣人，又化无形为有形，融入一个偌大民族的精神底层。其实凡是活着的中国人，都躲不开也避不过儒学的网络，因为它无处不在。怎么办？答案是：孔子不能不尊，孔子不能不批，孔子不能不读。这就是我们可爱的时代！

7月3日

收到湖北王建辉寄来的文章《怀念编辑》，其中有一段写道：

> 1992年秋，我要去日本访问，写信给辽宁教育出版社的一位编辑黄晓梅和当时任副总编的俞晓群，充满期望地问他们能否将我交给该社出版的《荆楚文化》赶印出来。不是苍天济人，而是充满友爱的人们在帮我。当时书在制作之中，尚无印数。俞拍板第一版先印500册供我访日急用。编辑和她的同事们又于远在朝阳的印刷厂和沈阳之间来回奔波，终于在我临上飞机前一天专程送到北京。捧着他们送来的书，我实在太感激了，难道仅仅归结于他们有雄厚的实力吗？非也！为了学术，为了文化交流，他们作出了自己的贡献，联想到这些年辽教社在俞晓群主持之下所取得的令人刮目的成绩，任何人都不能说这是偶然的了。

今年共收到建辉兄三封来信，他对“书趣文丛”大加赞赏，曾在人民日报上发表文章《老学人的心境》，点评“文丛”第二辑。

8月2日

今天，香港牛津林道群传来“牛津精选”的书目。六月七日，我曾在京拜见吴赞梅，在谈过《牛津少年儿童百科全书》的相关事宜之后，我们又谈到引进一批牛津的学术著作，即编辑一套“牛津学术精选”，初拟一百本，每年推出十本，渐成规模。道群兄最支持此事，他当初向我推荐的一套小册子《让你读懂的哲学》、《让你读懂的文学》等等，都纳入这套精选之中了。

补注：八月二十九日，辽宁日报刊载我的文章《梦系牛津》，正是记叙了我这一段时间与牛津合作的心境。此文见一九九五年十二月三十日日志补注。这套书出版后，在学术界的反响极好，董乐山等许多名家也参加了翻译工作。一次，在北京的一个读书会上，一位学者说：“这其中的许多本书是西方文化的经典，如果有人说看不懂，那一定是你的学识出了问题。”十年之后，也就是二〇〇六年九月十八日，我与沈昌文、柳青松在京宴请葛兆光、戴燕，兆光兄还说：“当年的辽宁教育出版社确实出了一些好书，尤其是‘牛津精选’，编得真不错。”

9月2日

《文史知识》登载我的文章《三年之丧的流变》，此文完成于今年四月，其风格是接续《说年龄》那一篇文章，四千字。我原来的计划是以《说年龄》为发端，陆续写下去，最终构成一本书，名曰《数与中国文化》。最近我还写了一篇《时运的数理》，见后面十二月三日的日志。《三年之丧的流变》文曰：

在我国，为逝去的亲人“服丧”有着十分久远的历史。服丧的规格以亲疏为差等、以时间为界限，大体有斩衰三年，齐衰一年，大功九月，小功五月以及缌麻三月之分，统称“五服”。这里以“斩衰”的规格最高，时间最长，也最为古代礼制的“孝弟之道”重视，正所谓：“故三年之丧，人道之至文者也，夫是之谓至隆。”（《礼记·三年问》）孔子说：“三年无改于父之道，可谓孝矣。”他还说：“夫三年之丧，乃天下之通丧也。”（《论语·学而、阳货》）汉律中也确实有“不为亲行三年服，不得选举”的文字（《汉书·扬雄传》应劭注）。此后与此相关的官制与民风数千年绵延不绝，这些都是有目共睹的。但是，对于这样一个重要而俗成的礼制，溯其源，究其流，却有许多需要梳理的事情。

首先，关于五服之说起始于何时的问题。《礼记·三年问》中说：三年之丧“是百王之所同，古今之所一也，未有知其所由来者也”。这话说得有些来头，相传尧帝死时，

百姓如丧考妣，三年之间全国停止一切乐音（《尚书·尧 1996
典》）。后来孟子在阐述尧、舜、禹禅让的事情时，也提到他们相继都服了三年之丧（《孟子·万章上》）。但是，说服丧之事“自古有之、不知起始”也有些绝对化，因为还有记载写道：“古之葬者，厚衣之以薪，葬之中野，不封不树，丧期无时。后世圣人，易之以棺椁。”（《周易·系辞传下》）可见它总有一个发展过程。何况曾几何时儒学并不是一个时代的金科玉律，而是诸子纷争的一家之言。那么对于服丧的事情，其他诸家是如何看待的呢？这里与上述说法最为相悖的就数墨家了，《墨子·节葬下》中记载了这样一段对话，有人问：“厚葬久丧不是圣王之道吗？”墨子说：不是的，尧、舜、禹都是在旅途中死去的，他们着衣不过三件，占地不足三尺，下不至泉水，上不透臭气，甚至任凭牛马追逐、市人践踏。“故以此三圣王者观之，则厚葬久丧，果非圣王之道。”又问：既然不是圣王之道，为什么人们“为而不已、操而不择”呢？墨子称这是“便其习而义其俗者也”。他列举了各地一些流行不止的丧葬奇俗，诸如：沐国人将长子肢解吃掉，认为宜于生养弟弟，祖父死后将祖母抛弃，认为不能与鬼的妻子同住；炎人国人将死去的亲人剐掉皮肉，仅葬其骨；仪渠国人的亲人死后聚柴而焚烧，以尽孝道。墨子说：“此上以为政，下以为俗峴，为而不已，操而不择，则此岂实仁义之道哉？”由此可见在服丧的问题上儒、墨两家针锋相对，而“百王之道”究竟如何又悠谬难稽，因此说它与生俱来、天经地义显然是不恰当的。作为儒学的一家之言，早年尚有同是“显学”的墨学与之论争；汉代初年，仍然有人以禹王受洪水之患、朝死暮葬的故事来说明圣王应时而变的道理（《淮南子·齐俗训》）；即使到了儒家概言天下的时候，反其道而行的人还是有的，像汉成帝年间，刘向曾经上疏反对厚葬久丧，他列举大量先贤薄葬的例子，包括黄帝、尧、舜、禹、汤、文、武、周公、仲尼等，说明“德弥厚者葬弥薄，知愈深者葬愈微”的道理，又以秦始皇等人的厚葬为例，指出“无德寡知，其葬愈厚，丘垄弥高，宫庙甚丽，发掘必速”。（《汉书·刘向传》）这种论点对于“述而不作，信而好古”（《论语·述而》）的儒家信条来说，无异于断其根脉，是大不敬的。无论如何，“通丧”之事是要打问号的，说它源于儒家的世代传承大约更确切些；至于五服的说法究竟肇始于何年何月，倒确实是无法说得真切了。

其次，关于五服之中各种服丧的时间尤其是斩衰中的“三年”之制是根据什么确定的。这里需要说明的是，丧制中的“三年”并非实数，正所谓“三年之丧，二十五月而毕”。它是将齐衰的丧期加长一倍（《礼记·三年问》）；当然究竟应该二十几个月还是有争议的（《日知录·三年之丧》）。现在我们侧重探讨一下这些时间概念的文化背景，对此最一般的解释为：三年的丧期表示隆重，一年和九个月表示折中，三个月和五个月表示节省（《礼记·三年问》）。此说貌似平淡，但数字本身的性质比较直白，大约最合古义。当然这只是诸多说法中的一个，还有一些十分有趣的解释，我们不妨一一道来。

其一见于《尚书·无逸》中的一段故事，那是在周成王成年即位的时候，周公告诫成王要向殷商几位优秀的帝王学习，其中高宗即位后听信冢家，三年之中从不轻易说话，一旦说话就能迎得人们的欢悦，所以能够在位五十九年。周代以降的儒生不断地赞颂他“三年不言，言乃欢”。(《礼记·檀弓下、坊记、丧服四制》) 但他的“三年”丧期从何而来呢？司马迁说，高宗即位后立志复兴殷国，但找不到辅佐者，所以三年不说话，静观国风。一天他梦见一个名字叫“说”的圣人，于是按照梦中的形象四处寻找，找到这个人后，“得而与之语，果圣人，举以为相，殷国大治”。(《史记·殷本纪》)

其二见于孔子与宰我的一段对话，宰我认为守丧三年时间太长，一年足够了；孔子背地里大骂宰我“不仁”，并说：儿子生下来，要到三岁才能脱离父母的怀抱，所以天下通行为父母守丧三年的做法。难道宰我没有从他父母那里得到三年的抚爱吗？(《论语·阳货》) 孔子的说法古朴单纯，极具人情味，作为一项“大礼之源”，虽然缺乏崇高的意义和神秘色彩，却十分贴近人性的本质。

其三见于周武王的一段故事，文王去世之初，武王继位，天下未定，武王为了使文王的美德昭明天下，让夷狄各自带着他们的财物前来进献；道路遥远的地方不能按时到达，于是便治理三年之丧，把文王的尸体大殓于两楹之间，用来等待远方之人(《淮南子·要略》)。这段故事听起来让人产生一种不良印象，似乎拉长时间只是为了等候他人“以其贿来贡”。其实不仅这段记载令人可疑，就连武王是否老老实实地为文王服丧三年都是问题，像司马迁记载：“西伯卒，武王载木主，号为文王，东伐纣。伯夷、叔齐叩马而谏曰：‘父死不葬，爰及干戈，可谓孝乎？以臣弑君，可谓仁乎？’”(《史记·伯夷列传》）刘安的另一段记载中也写道：“武王伐纣，载尸而行，海内未定，故不（衍文）为三年之丧始（衍文）。”(《淮南子·齐俗训》）注意，这两处衍文事关重大，“为”与“不为”意思正好相反，有没有“始”字关系到是谁最先服三年丧的。后来的儒生最希望这句话中没有“不”字，以免武王承担破坏古礼的罪责；他们又说没有“始”字，否则又与以往的记载矛盾了。可见这里面确实存在疑点，不然为什么周公不让成王向武王学习，而让他向殷国的高宗学习呢？

其四，也有解释说，拉长丧期是为了使同族的繁衍不快，正所谓“为三年之丧，令类不蕃。”(《淮南子·道应训》）此说的含义有些蹊跷，为什么要控制人口增长的速度？其意是在控制人口数量还是在提高人口素质呢？说不清楚。有趣的是《墨子》中的记载竟然与此说截然相反，其中写道：“据说儒家主张厚葬久丧可以增加人口数量，是这样吗？”墨子答道：不是的。因为按照儒家的规定，服三年丧的人要使自己目陷颜黑，耳目不聪，立必扶，行必杖，这些人“冬不仞寒，夏不仞暑，作疾病死者，不可胜计也”。哪还有力量交媾繁衍？所以说这样做只能使人口的数量下降，而人数的衰减又会导致国力的衰落（《墨子·节葬下》)。你看，墨子的观点与淮南子的记载不谋而合，但儒家的本意究竟如何却无从考证了。

最后，我们再探讨一下五服之说官制化和民俗化的前过程。结合上面的研究可以推断，古时丧服本无定制，三年丧也只是儒家的创制。例如，墨家不但反对儒家厚葬久丧的繁礼，而且认为儒者将亲人按照亲疏关系划分等级也是不对的，像《仪礼》中规定妻、长子与父母的丧期相同，伯父、叔父等的丧期却较短，这不是最大的悖逆之事吗？

儒者在人死之后陈尸不敛，登堂窥井，挑鼠洞，探涤器，“以为实在，则赣愚甚矣；如其亡也必求焉，伪亦大矣！”（《墨子·非儒下》）道家的观念更为豁达，他们认为儒家的三年之丧和墨家的三月之丧都是“不原人情之终始，而务以行相反之制。”前者丧期太长，使人无力为之，只好伪饰情感；后者丧期太短，让人强制绝情，不近情理。有思念之心的人即使不服丧也会食不甘味，夜不安寝；无伤怀之意的人即使服丧也会戏笑其中，思心其外（《淮南子·本经训、齐俗训》）。显然，道家主张的是重情感、轻礼仪的“无丧制之丧制”。

值得注意的是这种观念的冲突不仅发生在诸子之间，同时也发生在儒家内部。像宰我不肯服三年丧与孔子之间的争吵，一时间闹得沸沸扬扬（《论语·阳货》）。当然也有表现好的，像子贡在为孔子服完三年丧后，又“反筑室于场，独居三年，然后归”。（《孟子·滕文公上》）令人遗憾的是孔子本人却有不光彩的记录，在他为母亲披麻戴孝的时候，一听说季氏举行宴会，就急忙跑去赴宴，结果被阳货赶了出来（《史记·孔子世家》）。可见礼制与人性的冲突有多么深刻。不过为了实现入世独尊的欲望，儒家们是不惜一切代价的，其重要表现之一就是神化礼制的功能，将儒学宗教化、数术化。春秋时期就已经出现了将丧礼与命运相联系的做法，像鲁昭公的母亲齐归死了，昭公安葬归来，脸上毫无悲色。叔向说：“国有大丧，却不停止阅兵；有三年之丧，却无一日之戚，看来鲁国的地位要下降了。”后来果然应验了叔向的推断。还有一次，周景王在一年之中遇上两次三年丧期，但依然大摆宴席。叔向又说：“天子恐怕要不得善终了。因为我听说‘一个人喜欢什么，必然死在这上面’。而天子为丧事而欢宴，所以他将来自然要死在忧伤之上了。”(《左传·昭公十一、十五年》) 从叔向的论说中，你是否体验到一种诅咒味道？这正是“礼教杀人”的先声。到了汉代，儒家逐渐实现了一统天下的目的，三年丧制的实行也不断地强化。直至安帝时，三年丧已成为选举的一种资格，这种官化的直接结果自然就是民俗民风的蔚然而成了。

9月6日

冯统一陪伴冯其庸来沈阳，为“爱书人俱乐部”讲座。冯先生讲座的题目为“曹雪芹的祖籍问题”。

9月10日

八日，沈昌文陪同台湾郝明义来沈阳。郝先生曾任时报出版公司总经理，成就极大。如今自立门户，成立大块文化出版公司。我们在一起谈了两天，我发现此君绝顶聪明，并且出版思维怪异，谈论问题总好从平常处入手，以日常生活中的所见所闻说明大问题，阐幽发微，钩深致远，举重若轻。我们是在不同的文化背景下成长起来的同龄人，知识结构他胜我们一筹，业务经验也远在我们之上，很值得尊重。我们谈了许多具体的事项，比如漫画书的出版，郝先生预言了非常好的商业前景。

补记：十二月十日，收到郝明义寄赠的《福尔摩啥》。这是大块文化出版公司出版的第一本新书。

9月14日

台湾女作家林佩芬为“爱书人俱乐部”讲座，她的题目是“历史与历史小说”。

收到李醒民来信，谈了两件事，一是为“新世纪万有文库”推荐书目，他列了十一本书，有《科学规范》,《自然哲学讲演录》,《能量命令》,《德国科学》,《保全现象》,《科学家和诗人》,《通俗科学讲演》,《我的世界观》,《晚年集》,《科学模型和人》,《科学的智慧》。这些书的作者都是庞加勒、爱因斯坦一类的大科学家，李先生开列的是英文书目。二是他写道：“上次建议贵社出《科学文化丛书》，其中红、黄、蓝三个书系分别是哲人之石、国人之思、西洋之智。初次推出对弘扬科学文化，促进两种文化合流很有用，也是国内独家选题。”对于第二个选题，我确实大为动心，无奈今年以来，“新世纪万有文库”启动，书稿铺天盖地，我实在没有了精力。

9月17日

《沈阳日报》刊载我的文章《夜色中的生命断想》。此文落笔于八月八日，当时梁宗巨先生的夫人陈善魂与我联系，她说："梁先生故去已经一年了，今天我们将他的骨灰下葬，入土为安。您为我们赶制出来的《世界数学通史》(上卷)，也放入其中了。"放下电话，我的心情特别不好，就写了这样一篇文章：

> 北方的夏夜，给人一种凝固的感觉。没有飘风，也没有躁动。星空下，夜虫在不紧不慢地鸣唱；无意之间，几朵清云飘来，雨雾就罩满了大地，水珠大大小小，直落下来，融化在夜色之中；于是，人也融化在这自然的清凉之中！
>
> 我坐在灯光前，感受着夏夜的惬意，可心情却并不轻松。刚刚响过的电话铃声，打断了我对于生存的赞叹，却唤起我对于死亡的思考。电话是梁宗巨教授的夫人打来的，她说："梁先生逝去快一年了，我为他买了一块墓地，想在8月8日安葬。不知梁先生的那部遗著《世界数学通史》上卷能否赶制出来，放在墓中，了却他平生的志愿。"放下电话，我的心中一阵阵感慨，时间过得真快，转眼之间梁先生离开我们已经这么久了。回想起几年前，在大连黑石礁的一座望海楼上，与梁先生的一次相聚。那也是在北方的夏夜，景色和今天一样的好，梁先生大病初愈，又瘦了许多，但精神很好。他是广东人，不适应北方的寒冷，常

年受到肺病的困扰；他说只有夏季状态最好。接着，他又 1
兴致勃勃地介绍自己的写作计划，不时掏出洁白的手帕， 9
掩口轻咳几声。现在，北方的夏天又来了，我们又可以享 9
受这夏夜的清凉；梁先生却不在了，我们怎能不为生命的 6
嬗变而感慨，怎能不为一位大学者的逝去而神伤呢？

伴随着夏夜的寂静，生与死、美好与哀伤的情思交织在一起，在我心中扭成一个结。于是，我再度想起那个哲学母题：人，为什么活着？为什么死去？这本来是一个很单纯的问题，可是现在我有些迷茫了。我知道梁先生是为写作而生的，据说他第一次来到编辑部是在“文革”结束后不久，当时他穿着一件很旧的深色呢子大衣，瘦高的身材，削瘦的脸庞，一副纯粹的学者气质。他说他原本毕业于复旦大学化学系，50年代开始研究数学史，花费10年时间撰写了一部45万字的世界数学史，不料在1966年的夏天横遭迫害，大部分书稿被焚毁，10年功力，毁于一旦。现在他想从头做起，填补我国在这方面的空白。从此他开始埋头写作，先是《世界数学史简编》面市，深厚的功力和优美的文笔，使梁先生一举成名。于是他又签署了《世界数学通史》的写作合同，预计一百万字，两卷本，10年完成。这一次梁先生的信心更足了，有国家资助，有海外亲友的支持，他的小屋四处都放满了书籍和资料，写作是他生活的主题，他确实是为写作而生的。

但是，我还知道梁先生也是为写作而死的，“文革”的那一场磨难改变了他的生活，被焚烧的不仅仅是他的书稿，还有他精神的完形。当小女丧失理智的啼笑声回响于耳边的时候，当兄长梁宗岱惨遭迫害的消息传来的时候，当夏夜的静谧与残酷的现实形成鲜明对照的时候，梁先生渐渐地冷静下来，情感的缺损转向理性的彻悟，他憎恶活人那善变的嘴脸，故而愈加执着于历史的凝固和数学的精确。当然，历史是以死亡作为基奠的，让我们相信死亡吧，因为它不会欺骗你！于是，梁先生努力排开外界的纷扰，包括官途、党派、出国，甚至也排开了必要的生存调节，全力投入他那如诉如泣、如诗如画的存在性证明之中。但是，当梁先生的心境在历史的浪漫主义情思中得到充分净化的时候，当夏夜再度清凉、天人重新和谐的时候，他发现死神随着秋日梧桐的落叶飘然而至，在文明的绝顶，亢龙在翩翩舞蹈，此时此刻，死亡已经成为他唯一的对手。1995年11月20日夜，梁先生的写作和精神被永远地嵌入历史，任天花乱坠，任百鬼跳梁！

8月8日，又是一个清凉的夜。梁先生的夫人打来电话说：“今天的天气真好。我们安葬了梁先生，《世界数学通史》上卷也放入墓中了。”放下电话，我想起了陶潜的那首诗：“亲戚或余悲，他人亦已歌。死去何所道，托体同山阿。”

简介：梁宗巨，1924年2月27日生于广西百色，原籍广东新会。1946年毕业于复旦大学化学系，自1953年始执教于辽宁师范大学数学系，教授。从50年代初开始从事数学史研究，主要著作有《世界数学史简编》(1980)、《中学数学实用辞典》(1987)、《数学历史典故》(1992)等。他花费毕生精力撰写的《世界数学通史》仅仅完成了上卷，就溘然长逝了。目前，该书的下卷由他的助手整理完成。

9月20日

“爱我家乡，爱我辽宁”丛书获中宣部第五届“五个一工程奖”。这一奖项与中国图书奖、国家图书奖并称“中国三个最高等级的图书奖”。在此之前，辽宁教育出版社只得过中国图书奖，其余两项大奖都未曾染指。细说起来，这里的“五个一工程奖”最难评。其一，此奖偏重于政治类读物，本来就不是我们的长项。其二，所谓“五个一”，总体上是以省域为划分，即每省评一部好电视剧、好电影、好戏剧、好理论文章、好书等等。每年评下来，绝大部分省份都很难拿满这五个奖项，有的省甚至一个也评不上。在辽宁，自这项大奖创办以来，辽宁人民出版社在任慧英社长率领下，年年独占鳌头，将“五个一”中的图书奖安全拿下，深受辽宁省委信赖。因此，辽宁的这项工作也就几乎成了他们的专利。请看：

《邓小平生平、思想研究丛书》(第二届)；
《中国国家能力报告》(第三届)；
《中国人权丛书》(第四届)；
《邓小平设计中国改革开放实录》(第五届)。

显然，作这类图书，我们不是任社长的对手。但是，今年我们还得到一个消息，为了鼓励优秀的少儿读物出版，对于那些有能力的省份，除了正常评选一般图书之外，如果还有优秀的少儿读物出版，可以打破“五个一”的限定，增加一种的名额。此时，我们恰好刚刚推出一套“爱国主义教育系列”图书的第一个项目“爱我家乡，爱我辽宁”丛书，一共发行了50多万册。我们就及时地申报了这个项目，去竞争那个附加的名额，获得了成功。

9月23日

由于我们与牛津大学出版社的合作全面铺开，大家兴致很高，于是又有了一个更大的创意，那就是辽宁教育出版社与香港牛津大学出版社联合成立一家“中国人文编译所”。今天，我们开列出了工作宗旨，以及近两年的工作计划。其大体内容包括：组织翻译社会与思想丛书（五十册），组织翻译 OXFORD YOUNG BOOK（十册），组织翻译万有文库外国文化部分（五十册），组织翻译文化、社会译丛（五册），计划设立住所编译专家制，定期邀请海内外翻译专家来香港指导工作和审阅译稿。

11月4日

今年共收到科普作家傅钟鹏三封来信。傅先生原本是一位建筑工程师，业余时间写一些科普文章，他的文笔绝好，能将一些科学事件衍化出文学的色彩。前些年，他的科普著作在国内名噪一时，像《中华古数学巡礼》（辽宁人民，一九八四年）、《数学故事拾趣》（新蕾，一九八五年）。如今，他老了，退休了，被聘到厦门去盖一座大厦。他也是梁宗巨的挚友，梁先生的去世让他痛苦不已。四月八日，他来信说："去年梁先生来信曾云：'《世界数学通史》上册52万字已校清样，今年内出版，到时送你一本，比过去那本《简编》好得多，因为我为了写此书，又下了十四年的功夫。'我与梁交往多年，得益匪浅，且友谊至深，痛惜他遽作古人，又以未睹他的遗著为憾。"

我在四月二十五日，曾复信云："突然收到您的来信，非常高兴。知道您的身体还那样好，从事大量的技术工作和创作，我们深感欣慰，且望珍重。梁先生溘然长逝，使我们伤痛不已，尤其是他的大作未竟，更增添了几分思念之情。目前《通史》的上卷正在校对之中，尚未见书。一旦完成，即寄上，勿念。"九月间，我又给傅钟鹏去信写道："久已收到您的来信，近日，梁先生的遗著《世界数学通史》上卷刚刚印出，有些毛病，正在重印，暂时寄上一册，以解先生渴望之情，待修改本正式印出后，再寄上。王常珠老师身体很好，时常可以见到，梁先生的书仍然是她责编的。近日写了一篇怀念梁先生的文章，附上一阅。"这里提到的王常珠是梁宗巨、傅钟鹏的第一任责任编辑，现在已经退休，但是梁先生的稿子还是由她来编辑，这也是梁的愿望。今天，傅先生来信写道："前几天接到你的来信，读怀念梁先生的文章，真切哀思跃然纸上，令人感痛不已。今日收到《世界数学通史》（上），睹物思人，追忆往昔交情，备添伤悲。翻出他 1995 年 9 月 27 日来函，说道：'我还在继续写《世界数学通史》（下），不敢赶进度，现在是健康第一，工作第二……'字迹历历在目，不忍再度回顾了。"

11月18日

《中华读书报》刊载我的文章《无奈的“万有”》。此文原本是为“新世纪万有文库”的总序准备的文字，写成之后自觉功力不够，就化成一篇文章发表了。

补记：此文发表之后，反响极佳，沈昌文就赞不绝口。他还说：“陈原也说你的这篇文章写得好。”我说：“这只是一点感受，不足以承担‘总序’那样的大任。还是劳您动笔，为‘新世纪万有文库’写一篇总序吧。”沈先生答应了。十二月二十四日，他的总序写好了，其前半篇就用了我的那篇文章的部分文字。一九九七年三月九日下午，我们到陈原家做客，他果然对我说：“晓群，你的那篇《无奈的‘万有’》写得好。”当我坐在他的电脑桌前与他合影时，他说：“出版人要是能克隆该多好。”现将我的那篇文章录于下：

“新世纪万有文库”甫一树帜，我就陷入一种复杂的心境之中。有欣喜，有艰辛，也有几分无奈。为什么会无奈呢？因为我心里明白，在建造这样一座新旧交织、中西错落的文化大厦的时候，我们始终都没有摆脱先人的窠臼。

你看，题目是旧有的。当年商务印书馆的“万有文库”风靡一时，至今余响不绝。我们照抄原名，冠以“新世纪”，以示时代差异，以防版权纠纷；但承继之意是不言自明的，超越之心倒显得有些虚弱，不然何以非用“万有”，不用他词呢？当然，要设计一个所谓世纪工程，选编一些人人当读的书，“万有”一词是再恰当不过的。这就像把物体间的引力称为“万有引力”一样，它无所不包，无处不在，不叫“万有”，还叫什么！我们只能赞叹王云五和他的友人、同人的聪明才智。现在，我们既然要承继前贤，也就顾不得那许多说道了，只好继续“万有”下去，此无奈之一也。

题目不变，操作方法是否可以变一变呢？其实也变不了。王云五先生已经是不得了的大学问家了，他发明的“四角号码检字法”是尽人皆知的；但是他在编辑“万有文库”时，仍然得到一大批顶尖人物的支持，有蔡孑民，胡适之，吴稚晖，杨杏佛，张菊生，高梦旦等三十余人。我们这一代人，得失与短长都是显然的，无论是“比不得”还是“不可比”，专家都非请不可，于是也有了陈原，顾廷龙，金克木，董乐山等三十多位大家出任总顾问或学术指导。当然，聚合这样一些顶天立地的人物，不是我们的功劳，我们也无此能力；他们是冲着那张“时代书目”而来的，更是受几位学术策划的感召而受命的。我不知道当年王先生暗里是否请了这样一些事关重大的“策划人”，我们还是非请不可，这大约是无奈之中的无奈了，此无奈之二也。

再说推销手段，我们提出的口号是：“爱书人，你的简装书来了！”立意无非是在广收佳作，降低书价，面向大众。这种做法更不是我们的创造，六十年前就有成功的范例。英国人莱恩养育“企鹅”的传奇故事，让每一位出版人肃然起敬。他从一座教堂阴湿的地下室中起步，在不到一年的时间里，就使六便士一本的企鹅版平装书迅速占领市场，发行三百万册，推动了读书的大众化，引起英国出版业的一场革命。今天，莱恩早已故去，但“企鹅”依然活跃在书海中。当然，同样在六十年前，商务的“万有文库”也是在廉价简装上做文章，而其销售则以图书馆作为主要对象，其手段大同于企鹅版的书。唉！在那个时代，前辈们纷纷创新、革命，留下了许许多多的好方法、好经验，其中决不乏市场观念、群众观点云云，而今我们只有“再创”的机会了！此无奈之三也。

当然，一切成功的基础是选得好书。所谓好书，既要畅销又要高雅。此事依然不新鲜，当年老莱恩，就因为他的接班人戈德温追求装帧刺激、采用反教会的选题，而免去了他的职务，虽然戈德温在任期间使企鹅出版社的营业额翻了三番。莱恩确实是选书的高手，荷马史诗《奥德赛》正是在他的手中成为畅销书的，由此引发了企鹅古典系列图书的出版；《尤利西斯》在英国的初版也是莱恩的杰作，他在去世的前一年，自知已患癌症，又再版此书，作为与出版界的告别；不过莱恩也有惹祸的时候，他首先出版了全本的《查特莱夫人的情人》，为此被告上法庭，虽然胜诉，并使英国进入一个“宽容的社会”，自己却已身心交瘁。时代不同了，国度也不同，相同的东西还是存在的。我们何尝不想为一个时代留下一点回响呢！但莱恩太精彩了，我们现实的氛围又充满了浮躁，超越是一个真实的操作，我们的故事会编得那样生动感人吗？此无奈之四也。

“无奈”也罢，“有奈”也罢，我只是想说：我们正在做一件好事情。先人已经做得很好了，我们还要老老实实地做下去，力争好起来。

1996

556
×
557

辽宁教育出版社
祝贺《爱我家乡　爱我辽宁》丛书（15卷）
荣获中宣部第五届
精神文明建设
“五个一工程”图书奖
大贺第七届全国书市在深圳隆重开幕！
我们的理念：
为建立一个书香的社会而奠基！
■精品书目　■精品书目　■精品书目　■精品书目　■精品书目　■精品书目
*以上图书均可在深圳书城辽宁教育出版社展销台进行订货，欢迎广大图书发行界同仁莅临指教！
*辽宁教育出版社发行科（沈阳市和平区北一马路108号）邮政编码：110001　联系人：柳青松　李芝军　电话：(024)3860920　3858161　电传：(024)3871501

11月22日

拟编《万象》的事，已经准备一年多了。今年一月四日，我与王之江专门拜见了王充闾，向他表述了沈昌文等人的敬意，以及请他出面支持搞一本杂志的愿望。王先生对我们的动议很理解，他当即表示会全力支持的，并让我们抓紧时间准备材料。一月三十一日，我又专门向出版局局长于金兰汇报此事，她说，有充闾的明确态度就好办。但是，后来期刊号一直没有拿到，大家都有些灰心。七月二十四日，沈昌文在美国来信中即写道："关于《万象》，我眼下已经心灰意冷，什么也不想做，所以《万象》也可以放下为好。"沈先生一月退休，四月告别《读书》，心绪之复杂可想而知。

没想到沈先生回国后，情绪突转高涨，此事也出现转机，我们动议先用书号编"杂志书"，等到有了刊号再正式创刊。十一月三日，陆灏写了一封信，对于未来的《万象》做了绝好的注脚：

> 《万象》是一本典型的海派杂志，沈公要求继承这一风格，并再三强调"俗"，认为这简直是刊物的生命。我现在还不清楚沈公所谓的"俗"是什么样的。这几天每晚陪伴张爱玲，感受四十年代的气息。张爱玲能将世俗艺术化，又能将艺术世俗化，大概就是沈公所谓的俗话雅说。但这只是一个原则，一种境界，真正做起来并不容易。
>
> 我想先编出一个样子出来征求意见，准备十一月底发稿，明年出书。样本初步考虑有这样一些内容：

（一）为接上四十年代的《万象》，我想约一组关于旧上海的文章，大致有：1. 柯灵访谈，介绍当年《万象》的背景等情况；2. 摘录李欧梵学术回忆录中关于上海的一段；3. 重刊《万象》中的一篇短文“三十年前（民初）上海的摩登女子”；4. 我在旧书店中买到一本一九三〇年出版的照片集《闺秀影集》，约请施康强、须兰各写一篇观感；5. 四马路的会乐里已夷为平地，周黎庵写《做客会乐里》；6. 昆西写旧上海买西文书；7. 约辛丰年写租界里的音乐会；8. 介绍旧上海华夷共处的情况。（一篇补白：《万象》时期上海的杂志。）

（二）一组专题性的文章，1. 纪树立介绍西方目前关于科学终结的讨论；2. 西方史学界有一新观点，认为年代在史学研究中并不重要（钱文忠）；3. 电脑游戏与人的思维（严峰）；4. 大陆文学界又出现了道德批评（郜元宝）；5. 话说清客（王振忠）；6. 北大的教育方针（许纪霖）；7. 达明一派诗歌的文化味（沈胜衣）。

（三）一组中外文史人物掌故，如《梁漱溟在警报中》（戴子钦）、《茨威格之死》（施康强）、《雪茄史话》（周劭）等。

（四）一组中外散文：1. 旧家具（陆谷孙）；2. 淡墨痕（谷林）；3. 读《巴格达之行》（王强）；4.《藏书琐谈》（本雅明）；（补白一篇：书和妓女）5. G. Bataille 的几篇妙文。

（五）朱正笺注《张东荪诗选》；配图英汉对照 Edward Lear 的 Nonense Poems 选译（陆谷孙译）。

（六）陈（寅恪）门问学琐忆；思想改造手记（谭其骧），一到两万字。初步有这些设想，可能还会增加，譬如幽默、游戏文章，艺术类的作品等。

11月20日，陆灏又给我发来一份传真，写道：

《万象杂书》第一卷拟目传上。绝大部分文章已交稿，估计字数较多。我的意见是：

（一）既然是试刊，已组的文章全部放上，征求意见的范围可大些。现在最想听的是您的意见。

（二）第一卷不另起书名，以打出“万象”旗号。以后再说。

（三）开本方形（同人民出版社的季羡林《留德十年》），具体尺寸另告，邀请贵社出版科同志看看，辽宁能否印？排版、出片仍在上海，行不？

（四）如以上问题解决，我可先在上海排出长条小样，寄请审定，然后再出排版样。我想争取年内出片，明年一月见书。还有些事宜要您与老沈决定。

他的后一封信中的拟目更为丰富，让我赞叹不已。陆灏，一个三十岁出头的年轻人，就会有如此丰富的思想和经验，日后的前程真是不可限量。

12月3日

《中国典籍与文化》载我文章《时运的数理》，编辑姜小青。此文是《说年龄》、《三年之丧的流变》一类文章的第三篇，也是我在这一年中写的最重要的三篇文章，它们都是为《数与中国文化》一书作的文字准备。文曰：

在中国哲人的头脑中，“时”是一个很重要的概念。它的意义不仅是时间，还广延为时候、时机，汉扬雄说：“君子得时则大行，不得时则龙蛇，遇不遇命也，何必谌身哉。”(《汉书·扬雄传》)他所说的“时”就是此意。追究起来，“时”的哲学化本源于《周易·彖传·蒙》：“蒙亨，以亨行时中也。”它是告示人们实行亨通启蒙要把握时机且适中。后来有人说：“易道深矣！一言以蔽之曰：时中。”(清惠栋《易汉学·易尚时中说》)此说显然失之偏颇，但也确实点破了易理之中对于“时”概念的阐释和运用。接着，时务、时势以及时运之类的概念便衍生出来，本文单说“时运”。在这里，时运取意于“某时的运数”，它描述的对象可以是人或朝政等。

自古以来，“时运”始终是一个让人头痛的事情，它来无迹，去无踪，谁都无法真正地把握其运行规律。但是，人们也从来没有停止过对于时运的研究与解说，而这项活动的核心就是将“无常的时运”数量化、数术化，达到化无常为有常的目的。一般说来，古人首先关心的是时运的长短，像春秋时期，有一次楚王向周大夫王孙满询问九鼎的大小轻重，表现出取而代之的意思。王孙满答道：当年周成王安放九鼎的时候，曾经卜占吉凶，得到的结果是周朝将传世三十代，享国七百年。因此“周德虽衰，天命未改，鼎之轻重，未可问也”。(《左传·宣公三年》)这里的数据来源于数术活动，它使一个王朝的时运定量化，这也是古人关于时运研究的最主要的手段之一。春秋时期的另一段故事，更加清楚地阐明了时运的“数理”：一次，吴国攻打越国，史墨说：“用不了四十年，越国会灭掉吴国的。因为吴国在越国得到岁星的时候用兵，必然遭到报应。”在这里，史墨运用了星占学的方法，即当岁星处于某国分野的时候，俗称“福星高照”，谁侵犯它，都将在“三纪”之间反受其害；一纪为十二年，是岁星运行一个周天的时间，三纪恰好三十六年，所以史墨做出了“不及四十年”的预测。此后三十八年，越国果然灭掉了吴国(《左传·昭公三十二年》)。

当然，人们也关心一个人或国家走运或倒运的规律。对此，早些时候的思想表现似乎比较散乱、迷惘，像西伯戡黎的时候，祖伊说：“天子，天意恐怕要终止殷商的国运了。大王淫荡嬉戏，天人都抛弃了我们，龟卜也不见吉兆了……”纣王说：“我不是有福命在天吗？”（《尚书·西伯戡黎》）这段记载既表现出德行的力量，也反映了帝王对于时运变迁的迷乱心态。大约到了孟子时代，情况开始发生变化，孟子对于以往的王朝变更进行了总结，发现一个十分有趣的现象，即从尧舜到汤，经历了五百多年；从汤到文王，经历了五百多年；从文王到孔子，也经历了五百多年。故而孟子提出一个五百年周期说，即“彼一时，此一时，五百年必有王者兴”。（《孟子·尽心下、公孙丑下》）更为完整的思想体系产生于邹衍的“五德终始说”，邹衍运用五行相胜的原理，将历代帝王的更替嵌入一个神秘的运行体制之中。他指出：凡是帝王将要兴起，上天一定会显示出吉祥的征兆。黄帝时，上天让大螾大蝼出现，黄帝说：“土气胜。”所以尚黄事土。大禹时，上天让草木秋冬不衰，大禹说：“木气胜。”所以尚青事木。汤时，上天让金刃在水中出现，汤说：“金气胜。”所以尚白事金。文王时，上天出现火，赤乌衔着丹书集于周社，文王说：“火气胜。”所以尚赤事火。将来取代火的一定是水，上天将使水气胜，从而尚黑事水（《吕氏春秋·应同》）。这样一来，王朝的命运就完全按照五行的机制发展了。

战国末年，邹衍的五德终始说很盛行。秦建国之初，始皇为了证明自己应了“水气胜”的天象，将黄河改名为“德水”，以冬十月为年首，崇尚黑色、数字六、十二律中的“大吕”以及主张刑杀的“法令”。秦亡后，汉代究竟应该崇尚什么？在汉初的许多年间，此事似乎有些乱了套。先是以刘邦斩白蛇的故事为依据，认为刘邦是赤帝之子，所以为火德，崇尚赤色；但张苍认为汉代仍旧为水德；又有公孙臣提出秦水之后，汉代应为土德，上天将有黄龙出现；接着发生了新垣平伪造天象和玉杯的事情，弄得汉文帝无所适从；汉武帝时接受了汉为土德的说法，崇尚黄色、数字五等，甚至官印都要用五个字，不足五个字的用“之”字补充，像“丞相印章”要改为“丞相之印章”(《史记·封禅书、孝武本纪》)。后来，董仲舒“五行相生”的理论以及“三统说”，为汉儒们梳理历代帝王的流变提供了方便，刘向刘歆父子又将《周易》与五行杂糅，修改了邹衍的五德终始说，扩充了参与五行相生的帝王数目，搞出一个可以自圆其说的帝王世系表，即以“帝出乎震”(《周易·说卦传》)作为起点，这里的“帝”是包羲氏，震卦对应五行中的木，所以包羲氏受木德，接下来的炎帝受火德，黄帝受土德，少昊帝受金德，颛顼帝受水德，喾帝受木德，尧帝受火德，舜帝受土德，禹帝受金德，殷商受水德，周代受木德，直至汉代受火德，恰好与“刘邦是赤帝之子、斩白蛇而起”的故事吻合。至于秦代，有说他身为水德，却处于周代和汉代的木火之间，属于“生不逢时”(《汉书·律历志》)；也有说他行错了政令，本应“金气胜”(《汉书·高帝纪》应劭注)，却误认为“水气胜”，自然要二世而亡了。由此可见，古人对时运的运行规律是何等重视!

但是，为什么有些人总是时运不济，有些人却会时来运转，万事亨通呢？这是一件复杂的事情。在古人的观念中，时运受到许多因素的影响，像伦理道德、习俗礼制等因素，比如战国时期触龙与赵太后的一段对话中写道，触龙问：“从现在往前数三代，赵国君的子孙凡是受封为侯的，现在还有继承的吗？”太后说：“没有。”(《战国策·赵策》)为什么他们的福运不过三代呢？触龙认为，原因是他们的子孙“位尊而无功，奉厚而无劳”。显然此处的数理十分单纯，没有数术观念的介入。但是，孟子的一句名言的含义却就有些议论，他说："君子之泽，五世而斩；小人之泽，五世而斩。"（《孟子·离娄下》）这句话的本意似乎也没有神秘色彩，只是说一个人的思想光华或曰福运延续不过五代，他是强调时间太久了；但是如果把五世、五行以及五百年周期说联系起来，就有问题了，数字"五"产生了特殊的含义。荀子曾经把五行的泛滥归罪于"子思唱之，孟轲和之"（《荀子·非十二子》），此处的"五世说"是否为罪状之一？不然他为什么不说四世或六世呢？类似的时运判断还可以在孔子的言论中见到，他说："鲁国的政权落到季孙氏的手中已经四代了，所以他们该衰落了。"为什么？因为孔子认为，天下有道，礼乐征伐应该由天子决定。如果由诸侯决定，则政权维持不了十代；由大夫决定，则维持不了五代；由卿、大夫的家臣决定，则维持不了三代（《论语·季氏》）。而季孙氏是大夫，他们已经掌握鲁国的大权到第四代了，自然要衰落。在这里，孔子是说明违反礼数对于时运的影响，但需要注意的是，孔子在界定时运的时候，用到了三个数字：三、五和十。一般认为它们是虚数，不过孔子在应用这一理论评论季氏命运的时候，却以实数看待它们。可见此处"数"的性质徘徊于虚实之间，这也正是数术观念的滥觞。

当然在古人的观念中，影响时运的主要因素是所谓"天意"。孔子说："死生有命，富贵在天。"（《论语·述而》）可谓一语道破天机。也就是说，一个人即使才华横溢、功德盖世，如果生不逢时，也会有命无运的。比如孟子，他说每经过五百年一定会降生一代帝王，可是周代延续到孟子之时已经七百年了，为什么还不见新一代帝王兴起呢？孟子解释道："论年数，已经超过了五百年；论时运，现在正该是圣君贤臣显世的时候了。上天不想平治天下也就罢了，如果上天想平治天下，当今之世，舍弃我还能有谁呢？”（《孟子·公孙丑下》）你看，在圣人的心目中，天意有多么的重要！后来，刘向刘歆父子在按照五行相生的原理编排帝王流变表的时候，就剔出了几个所谓生不逢时的人，其中有共工氏，他的身世属于水，却处在属于木的包羲氏之后；而木生火，所以“共工伯而不王，虽有水德，非其序也”，结果让属于火的炎帝接续下来。类似的时运还发生在秦始皇的身上，他的前世周代属于木，而秦代却属于水，依然不得其时，匆匆让位给属于火的汉代（《汉书·律历志》）。还有一件大事一直困扰着历代儒家们，那就是为什么周文王五百年之后，孔子没有称王天下呢？此事也可以用五行相生的原理解释，因为孔子通过吹律听音推断出自己是殷商的后裔（《论衡·奇怪篇》），殷属于水，孔子自然也属于水了；而周代属于木，又是木生火，又是生不逢时，最终孔子只能落得个“素王”之称（《孝经·钩命决》）。

说起来倒是王莽聪明，他听说汉代是尧的后代，属于火，就四处散布自己是黄帝的后代，属于土；火生土，尧帝又有禅让天下的遗风，再加上一个名叫哀章的无赖投其所好，做了一个铜匮，其中有一图一书，图曰：“天帝行玺金匮图”，书曰“赤帝行玺某传予黄帝金策书”，声称天帝让汉代把天下禅让给王莽，由此实现了王莽篡汉的目的（《汉书·王莽传》）。由此可见，五行化的时运观念是很可怕的，难怪到了明代，帝王们在起名的时候，都要按照五行相生的原理，取以金、木、水、火、土为偏旁部首的字作为名字，像明成祖朱棣的“棣”字以木为偏旁，他的儿子仁宗朱高炽的“炽”字以火为偏旁，正是取义于木生火！

12月10日

孙机《中国圣火》付印。孙先生也是“书趣文丛”的作者，著有《寻常的精致》(与杨泓合作)。《中国圣火》系年初经宿白、俞伟超二位推荐，在敝社出版。我在审读中发现，孙先生学识博不可及，深不可测，此稿能落户辽宁教育出版社，应该是一件幸事。孙还自费做一些羊皮封面的收藏本。

补注：直到二〇〇六年，有一次辽宁出版界去北京某部委汇报工作，当他们向听汇报的领导询问喜欢辽宁的哪本书时，一位高官说：“你们在十年前，辽宁教育出版社出版过一本《中国圣火》，还能找到吗？”

俞晓群先生：

承蒙贵社出版拙著《中国圣火》，至感。此书我自费装订了一小部分特精本，今奉上一册存念，敬请哂纳。

耑此，顺颂

编安！

孙机

1997.4.3

北京市西营装订厂印制 九五.四

1

9

9

6

孙 机
中国圣火
中国古文物与东西文化交流中的若干问题
辽宁教育出版社

12月20日

今年，经王前引见，结识台湾科学史学者刘君灿，六月二十六日，收到他寄来的论文《忘尘斋科技史札记》，以及著作《谈科技思想史》。他在信中对我的《数术探秘》发表了许多看法：“《数术探秘》今读毕，该书点明每一数术之所以成为数术的来源，明畅晓达，毫不晦涩，足见吾兄之功力，而此书不言数术之实际推算机制，却对其作一后设层次（neta）的探讨，更为难得。台湾因为社会转型成工商业社会甚剧，人心灵多不安定，近来奇门遁甲、紫微斗数等算命、占卜、风水之风非常兴盛，书店中命理之书有专架、专柜展示，开班授徒者也甚多。两岸沟通后，也引进了不少大陆谈占卜的书。这次因看吾兄之书，弟也浏览了一些视占卜为文化现象的检讨书，诸如华中师大王玉德教授主编的‘中华方术文化丛书’等。深觉数术文化是一个很值得检讨的文化对象，中国古代的科技与迷信往往是交糅在数术之中，只不过过分沉溺在推算的机制之中，在今日恐不相宜，但检讨这文化现象，理清老祖宗的思维却极值得从事，毕竟‘占卜术流行的重要原因之一是全社会对人的作用和价值的认识与发现，以及人们对自身价值的寻求’。（引自卫绍生著《中国古代占卜术》）在这个个人价值的寻求下，台湾这几年也盛行来自欧美的心理咨商与生涯规划，在各大中学都设有心理辅导室，社会上、媒体上更是盛行，连西方的黄道十二宫占星术在台湾也有市场。这自也是源自同一种心理状态。就我们研究中国科学思想史的人而言，当然更应该注意科技与数术的交糅，这几年我也颇觉得我《谈科技思想史》一书对数术的忽视，可能错失了‘通过不同的方法与技巧，按照一定的表述方式，为求问者释疑解惑。’的‘术’（方法与技巧）。所以这方面急需你与王前兄的指导。因为观察分析自然现象来释疑解惑，就是‘科技’啊！对了，台湾的学者近来也把‘占卜’视为民俗学，对民俗医疗也开始重视探讨，卫先生的《中国古代占卜术》即列为‘民俗文化丛书’之一册，而该丛书的编者、淡江大学教授郑志明先生就是这方面的专家之一。只不过他不搞科技史就是了，因为他系中文系出身，对科技有点隔阂，这可能也是台湾数十年来，台湾高中教育即文理分科的结果。”

八月间，我又收到刘君灿的两部著作《科技史与文化》、《天工人为》。我在八月二十日曾复信云：“陆续收到您的三部著作及信，几天以来一有时间就读上一段，时而感慨，时而敬佩，当然也有诸多惭愧之处。仁兄的论著包容广泛，切题准确，阐说深刻，尤以思想性见长，能有如此绵绵功力，足见仁兄传统文化功底的深厚。我在科技史领域也有多年的思考，但许多问题思之无解，或解而无知音相对，读罢您的大作，深感自己寡闻，其实在思想史的意义上，您的见识已经很完整，足以为再造中国本土文化的完形树立一个模式。面对您如此优秀的工作，我自然有惭愧之感了，同时也为能与您结识而高兴。本想在信中多谈一些感想，但愈读您的大作，想法愈多，故而拟写一篇书评，待完成后再寄上。”现在，我在信中所提到的书评已写完，名为《悲情与猛志》。

12月23日

回顾这一年，“新世纪万有文库”的启动，占据了我最多的时间。这里有一些相关的“纪闻”，它记载了我们与顾问、编委、策划人、作者之间的交流与互动。应该说，对于一个编辑而言，“新世纪万有文库”不仅是一套书，它也是一所大学校，我们可以从中学到许多东西。我这里只是摘出一点文字，作为一段历史的珍藏；还有大量的信息、资料留存在我的书房里和心中。

纪闻之一：二月四日，我与沈昌文在北京凯莱饭店拜见陈原，请他出任总顾问；因为“万有文库”毕竟是商务印书馆的老家底，由陈原老出面，才显得名正言顺。陈老应允后，我们才开始了大范围地搜寻专家，形成了一个极好的专家阵容。请看：

> 总顾问：陈原、王元化、李慎之、任继愈、刘杲、于金兰；
>
> 传统文化书系学术指导：顾廷龙、程千帆、周一良、傅璇琮、李学勤、徐苹芳、傅熹年、黄永年；
>
> 近世文化书系学术指导：金克木、唐振常、丁伟志、黄裳、董桥、劳祖德、朱维铮、林载爵；
>
> 外国文化书系学术指导：董乐山、殷叙彝、陈乐民、蓝英年、汪子嵩、赵一凡、杜小真、林道群。

纪闻之二：“新世纪万有文库”的第一个广告，见于三月二十九日《光明日报》、《中国青年报》、《中华读书报》等，其中

在香港文华酒店，左起王之江、董桥、我、柳青松

除了公布编委会、计划在一九九六—二〇〇五年的跨世纪十年中推出一千部、预售方式、优惠条件等内容之外，最有趣的内容是广告词，为此事我们也确实费了很多心思。这个广告上有三句广告词，即“我读故我在”（沈昌文），“家备‘万有文库’，何愁无书可读”（沈昌文），“精选的书目，精致的印装，精简的价格，精神的伴侣”（俞晓群）。其实我还编了一句特酸的广告词，没拿出来：“千载一梦，唯世代书香袅袅；百年再思，仅方家墨彩婷婷。”六月十九日，当我们在《光明日报》等公布首批书目时，其中又加入了我的一句新的广告词：“爱书人，你的简装书来了。”

纪闻之三：谈到策划人署名时，杨成凯报上“林夕”，陆灏报上“柳叶”，沈昌文最初报的是“蓝菊花”，后来又改为“王土”。他解释说，他的本家姓沈，后来由于父亲吸食烟土，家道败落；为了上学，他跟了一位姓王的远房亲戚。现在起“王土”这个名字，沈先生开玩笑道：自己原本是一个“土包子”，再结合本姓，就是“王土”的由来。

补注：二〇〇六年十月三十日，我在整理这段日志时，曾经再次向沈求证这两个笔名的由来，他回邮件写道：“蓝某某和王某两笔名都是在编《读书》时取的，什么用意想不起来了。蓝名可能想同编辑部里某人的笔名相呼应。这人是谁？多半是赵丽雅。但现在找不到她，无法核查。王某可能是因为我读小学时曾改姓王，而且普天之下莫非王土，想表明凡用此名所做之事，必是公家的不得不为之事。”

纪闻之四：沈昌文不愧为老共产党员，做事最为负责。以董桥的书稿为例，他几番在处理意见中写道：“内容有些问题，我已改了两遍，当删则删，自问是可以 pass 了。但还是要提醒辽宁，请他们认真看看。我近年颇主宽容，自己的稿子好说，有板子来自己去受即可。但不能是我做的宽容却让俞晓群去挨板子。这要有

人提醒他们才好。”（二月二十六日）

纪闻之五：沈昌文在五月三日给陆灏的一封信中，表述了编辑“新世纪万有文库”的极好的意见。其曰：“万有新目传真收到。觉得比过去好看不少。但我于此道十分贫乏，很难提出建设性意见。只觉得，这种目录是否应有一形式上的表示，请诸学术指导指示意见。最好搞一份‘简报’，以收集思广益之功。未知晓群兄如何看法。另外，看到张荫麟的《中国史纲》，想到张先生曾有一稿在‘三联’，始终未出。这是近四十年前的事了。现有一校样存‘人民’资料室，今日取出，复印前数十页，仅供参阅。详情如何，可询杭大徐规教授。又，李剑农、漆树芬、王亚南等人的经济学（史）著述，四十年前大家评价不低，不知今日如何。（也许不少现在已印过）还有，宾四先生有一通俗的中国思想史讲话，其哲嗣钱行先生曾送我一册，当时读过，印象不错。现在一下子找不到，异日找出送上。钱行在苏州，甚博洽，您可就近联系。再有，从补缺门说，我记得前辈们常称赞一位苏菲女士（留美的）的世界史著述。这位女士本姓陈或程，是留学生中的名姝，英文名字 Sophie吧。吴于廑先生在世时常同我说起。书见过，文笔特佳。现在要钻进图书馆去工作一段时间，才能说出意见。最后，还是那句话：最好三部分定期有汇报给俞兄，他可让人编成简报，分送各顾问、指导。不然我怕老人们虽然省了事，却反而有意见。”

纪闻之六：七月十一日，沈昌文在审阅《大理论的复归》一稿后，给我写了一封信，信中点破了出版人的许多玄机：“刚看完《大理论的复归》样稿，已退改。此稿企图介绍几位新派的欧洲大陆理论家，写得还算通俗，原来是英国无线电台的广播稿，所以有可读性。三联版‘文化生活译丛’中曾有类似的一种，很受大学生欢迎。现在这书，在‘万有文库’中，还可以起一点增加理论况味和‘新潮’色彩的作用，为‘万有’两字摇旗呐喊。不过，书中有一篇涉及马克思主义，主要在介绍‘西方马克思主义者’阿尔都塞和哈贝马斯的文章中。这一点，请提醒责任编辑注意把关。我已做了些删节。不过，我一再声明，我是‘宽容’派，怕不能适应潮流了。何况，老眼昏花，容易走眼。”接着，沈先生又补充了几句很重要的话：“又，本书首篇和末篇竟唱反调。编者斯金纳写完首篇，又请人写一篇结束语来狠命‘磕’自己一顿。这种编书风格，真令我们中国编辑叫绝不止。”

纪闻之七：沈昌文还有一个主意，那就是许多本译著，他都请了相关的名人作序。比如：《尼罗河传》，陈原序曰：《重读尼罗河传》；吕叔湘译《伊坦·佛洛美》，王宗炎序曰：《从老手学新招》；《哲学的后楼梯》，叶秀山序曰：《“登堂入室”方是“挚友”》；《未来千年文学备忘录》，刘心武序曰：《一千年太少》；《杨柳风》，杨静远序曰：《独具一格的动物童话》，等等。

纪闻之八：沈昌文在这一年正式退休，作为一位职业出版家，其心情可想而知。可以肯定地说，在这一年里，他把许多精力都投放到“新世纪万有文库”上了。他给我写的信、发的传真，足足有一大袋子，信三十余封，传真更多。我经常叹道：“赶上沈公退休，是辽宁的福分，是我俞晓群的福分。”前几天，三联书店总经理助理潘振平还对我说：“你小子，抓住一个老沈，就抓住了半个三联。”记得年末我们在一起聚会，沈公有些醉了，他说：“这一年，我失去的最多，也得到的最多。帮助辽宁做事，与俞晓群合作，我心情很愉快，实际上我的权力比在职时还要大一些。”我心里清楚，沈公是用才华、信誉、资源征服了我，他与陈原、刘杲、许力以……是我们这一代新出版人的导师！

12月24日

三联书店董秀玉、杨进来沈阳。董总出任三联书店总经理之后，即以“北京韬奋中心”为龙头，在全国开了许多分店。这两年，我们在沈昌文的教育下，一直立志把三联书店的分店开到沈阳来，名曰三联书店沈阳分店。但是，要想用三联的品牌是需要授权的，况且我们开店的本意也在追随韬奋精神，走三联的路。基于此，去年十月我曾经在北京向董秀玉表达过此意；今年十二月十六日，我还到京，专门到董总的办公室，与她商量开店之事。董很忙，但她说：“你们这些新生代的出版人，是很值得重视的。”我也知道她有在海外工作的体验，以及一个职业出版人的优良素质，所以她能够在年底之前，还专程来到沈阳，实地考察我们的资质。

董总此行让我们很感动。圣诞夜，我专门安排在中山大厦西餐厅，点起蜡烛，我们几个年轻人与她围坐在一起，聊得很高兴。那天董很有兴致，很有西方式的文化人色彩，很有编辑家的风度；我们也由衷地喜欢与她东说西说。值得提及的是，这里面还有一个背后的故事，那就是由于我们谈得愉快，不知不觉地，时间就很晚了；此事的撮合者沈昌文却急坏了，他焦急地等在电话机旁，唯恐我们的谈判出现问题。席间，我给他打了一个电话，告诉他“圣诞非常快乐”，他才算一块石头落了地。

补注：一九九九年平安夜，董秀玉给我寄来一张贺卡，其上写道：“晓群：极为钦佩你的改革思路和事业精神，祝你在新的一年再创辉煌。”信中还有一本三联印制的小日记本，深蓝色的封面上印着一张藏书票：

一位绅士正在向一个书摊上的淑女借阅图书。日记本的封底写着：“阅读： 1
终生的承诺。”日记本中的插图精美至极，尤其是用冷冰川的画所作的插 9
页，给人以梦境的联想。董秀玉主持三联书店以来，我最喜欢她推出的 9
冷冰川的画；当然，更喜欢《钱锺书集》，那堪称精美绝伦。 6

12月25日

在这一年中，我还结识了一位最重要的人物，他就是孙立哲。其实在一九九五年我与孙先生就见过面，他当时来到辽宁开发市场，经我社郭明引见，他来到我的办公室坐了一会儿。当时，孙先生送给我几袋子书目，大多是计算机一类的书，他说一二年间，他已经在北京做到数千万码洋的规模。实言之，我当时并没有相信他的话，故而那次见面所谈的事情也就放下了。

今年七月，我与几位辽宁出版界的人到美国访问，由孙立哲安排接待。这一次见面使我们彼此加深了了解。除了工作之外，我对孙有两点认识颇好，其一，他与其他的“接团”者不同，即他绝不挣我们的差旅费。他说，他接团的目的不是搞旅游，只是为了结交中国出版界的人士。其二，他对手下人员的管理井井有条，在短短的接触中，处处都能体现出他们做事的规矩，尤其能表现出孙立哲本人的大气。他的父亲是清华大学的教授，他是当年知识青年上山下乡的先进典型，曾经官至中央领导，相当于今天的卫生部副部长。后来去美国读书，读到医学博士后，此后又去经商。这次美国之行，孙一直陪我们到香港，一路交流，自然有了彼此之间的认同。

我们之间再次重要会面是在十月十九日，那时我随辽宁新闻出版局的访问团在温哥华，孙先生刚从法兰克福回到美国。由于有我们合作的预期，孙很兴奋，在法兰克福期间买了一大堆版权，其中还有一大批文艺类作品。但是，在书展期间，孙见到了我社的

与孙立哲（右二）合影

1
9
9
6

副社长杨力，杨力做事素以沉稳见长，他见孙如此大轰大嗡，有些担心，还善意地向他泼了一些冷水。孙先生就有些急了，他听说我在加拿大，就从洛杉矶飞了过来，我们又谈了许多合作意向，做了进一步的了解，他还拜会了于金兰局长。

十一月，我们开始了图书项目的引进工作，其中涉及医学类、工商管理类、教育类等；其中最重要的项目是汤普森的《工商管理大百科全书》。此书为五卷本巨著，我们拟分别出中文、英文两种版本，英文采取影印的方式，还要出单卷本、简明本等。

在此期间，我也向孙立哲介绍过“新世纪万有文库”的构想，尤其是外国文化部分；孙为此开了一个巨大的书目，我给沈昌文看，沈看罢有一些晕了，给我回了一封长信，不知如何下手。我也感到，他们不是一个路子，各有各的理念，各有各的门道，一个主张以文化敲开商业之门，一个主张以极端的商业化手段全覆盖文化的旷野。他们都是具有超强的智慧与自信的人，只有各做各的好了。

12月26日

由于“书趣文丛”第一辑一炮打响，印数一举突破二万册，大 1
大地增强了我们的信心与热情。今年，第二、三、四辑同时启动， 9
一举推出了三十本，并且第二辑当年就再版一万册。这三辑的区 9
别是：第二辑是老学者，第三辑是海外学者，第四辑是中青年学 6
者。我对后者最为关注，其作者有赵园，葛兆光，陈平原，李零，汪晖，黄梅，李庆西，刘东，王振忠，吴方。

补注：二〇〇五年，我曾经写过一篇回忆文章《那一缕书香，怎消得独孤寂寞》，反响不小。此文还被收入花城出版社的《二〇〇五年中国散文年选》之中。请看：

清晨，伍杰先生来电话，他让我帮他找一本很久以前出版的书。伍杰先生是我们的老领导，更是一位专家型的官员；他撰写了许多很好的关于书的文章和著作，对于书的认识和评论非常专业，像他在《中国图书评论》上发表的系列文章，就很有品质。同时，他与其他老领导一样，很关心我们这些后来者的学习、成长，比如几年前，他就曾经来电话问我“几米绘本”的出版情况，谈得很细，其中对于时尚文化的许多思考很有见地，让我深为震动！这一次，伍杰先生提到的是我10年前组织出版的常风的《逝水集》，以及收编此书的“书趣文丛”，使我又一次为之震动！实言之，听到伍先生提起常风的名字时，我都有些淡忘了，赶忙搜寻记忆，才清晰了书与人的影像。

提起“书趣文丛”，不知为什么，我的心底总会冒出一丝丝忧伤的情绪，那心境，如冷雨中摇曳的残荷，如月色下幽深的桃花潭水。不是说这套书编得不好，有沈昌文、吴彬、扬之水、陆灏这些高手操刀，有施蛰存、金克木、金耀基、吴小如、舒芜、谷林、施康强、董乐山、金性尧、陈乐民、资中筠、董桥、黄裳、费孝通、王充闾、葛兆光、李零、陈平原这些顶天立地的人物加盟，怎么会编不好呢？也不是说这套书没有影响，曾几何时，“书趣”二字几乎成了辽宁教育出版社的代名词；而这套书的书标“脉望”，后来竟然成了出版社的社标！应该说，“书趣文丛”表达着一些爱书人的人生旨趣，讲的是方法、格调和品位。我们陆续出版了六辑五十五册，琳琅满目，还是意犹未尽！

你听，止庵先生在不久前还说：“‘书趣文丛’的价值或许有待时间的考验，然而其中至少谷林翁的一册《书边杂写》，我敢断言是经典之作，可以泽及后世。”一个编书的人，得到这样的评语，应该备感欣慰！

但是，时光还是冲淡了那一段热情，一个爱书人的盛宴，一个死而不僵的书魂，只能默默地润入中华大地，化作一缕幽香，在爱书人的心中游荡！

我伤感，是因为一张死亡名单不断地涂抹着我鲜活的记忆：施蛰存、吴方、王佐良、董乐山、胡绳、唐振常、金克木、邓云乡、周劭，就这样一年一年地写下去。人的生命，真的禁不起岁月的琢磨！留下的文字，其实是文化的庆幸；逝去的灵魂，只能造成无法补救的缺憾与怀念！

我伤感，是因为我想起编辑“书趣文丛”之初，沈昌文先生朝气蓬勃的样子。他经常背着一个大书包，穿一条牛仔裤，上衣总是不大整齐，里外分不出层次，一见面先向我们分发稿件、资料。我还记得，当时沈公做白内障手术，我们要给他送一束鲜花，他说：“鲜花就不必了，鲜饭倒可以考虑。”结果手术当天，他就戴着眼罩跑出来与我们开会。现在，沈公依然带着他灰色的幽默快乐着，但年龄已使他时而显出一些快乐的疲惫；前些天中午我们相聚，谈话间他坐在桌前小憩，面色红润，调息着他的“小周天”！我幽幽地思想：此时沈公入静了么？他的“周天”之上是否有一条玉龙盘旋？我更相信，命运与性格，决定了沈公的人生态度，他心中的蛟龙可以悠闲自在地游动，洒几滴霪雨，送几缕信风；但他绝不会挺剑而起，绝不会“搅得周天寒彻”！如此生命与生存的道理，在我的内心中隐隐认同！

我伤感，是因为我们几位追随沈公编织“书之梦”的人，都没能逃过岁月蹂躏的窠臼。吴彬依然在《读书》，还算稳定，在去年“三联风波”的噪声中，隐约可以见到她的锐气；但作为我们当年团队的“大姐大”，我总觉得，今天的吴彬少了某种锋利！这么多年，我只见过吴彬的两段文字，一是纪念吴方先生去世的一段消息，只有几十个字，我非常喜爱其中的个性和文采。她写道：“吴方的文字含蓄绵密而秀美出尘，就像作者本人一样有着不尽的余蕴。”记得当时我还赞道：“这就是吴彬的风格！”还有一篇是前不久纪念冯亦代先生的文章《别亦难》，文字工工整整，叙述婉转精当，其风格已与当年“述而不作”的吴彬大不相同。大概是冯老独具的身份使然，才让她这样落笔！

当然，伤感的事情还包括几位核心人物的离散，也就是“脉望”的组成人员。先是扬之水，她早早地离开《读书》去做研究员，关于《诗经》研究的著作一部接着一部；从网上见到，她已经做了研究生导师。还有上海的陆灏，他倒是没有遁去，却终日为《万象》的柴米油盐苦斗！辽宁方面，有两位主要的责任编辑，一位是王之江，他已经离开辽宁，去了南开；还有一位是王越男，他刚刚48岁，前些天不幸病逝！

最后就是我了。三年前，因为工作变动，我不再担任辽宁教育出版社的总编辑。升迁也好，改革也好，此后的处境，真的比从前风光了许多；可我也真是没出息，即使在花拥锦簇的环境里，还是忘不掉那段如诗如梦的“书趣情结”。尤其是随着时间的推移，我的思绪不但没有弱化，反而转变为一种貌似老年人的症候，经常陷入人生回望的状态之中不能自拔，内心繁衍着对于旧日书香的眷恋，不时盘算起今昔行为的价值判断！

没出息！甘愿在爱书的心境中堕落；握一柄鱼竿，在文化的寒江上垂钓！

12月30日

《瞭望周刊》陈四益来信写道："我们在筹划新'万有文库'的聚餐会上见过一次，后来就看到了这一套丛书的第一批书目的广告，其中有许多书是我想要的。全套买，财力不能及，但单本买是否允许？现将想买的几册书名开具如下，如可，能否在出版社邮购？如可，请告知当寄书款多少（加上邮费）？汇到哪里？若可优惠，当然感谢，不可优惠，也当书款照付。现在要自己去书店买，太难。一是外地书进北京的就不多；而是何时进，哪些书店进也弄不清，一错过就难以买到了。以琐事相扰，敬希见谅。"

接着，陈先生开列了十本书：《通鉴胡注表微》，《明清之际党社运动考》，《经学历史》，《屯庐所闻录》，《书舶庸谈》，《鸭池十讲》，《矩园遗墨》，《一士类稿》，《国剧艺术汇考》，《洗冤集录》。又写道："此外陈垣先生的《清初僧争记》，不知贵社是否印过，是否收入'万有文库'？辽宁教育给人雄心勃勃的印象，希望能多出好书。"

补记：我在翌年元月六日给陈先生复信曰："大札收到。此前在京曾与先生聚会，先生的谈吐与风度至今在目，实乃'人如其文'，故而内心又添了许多敬慕之情。先生载于《读书》中的文章，我是每篇必要细读的，其中的文采与机智，常常令我拍案叫绝，它们实在是一个独特的文化景观。敝社工作多承同人、学者点拨和支持，仅仅是刚刚起步，来日还需要先生多多关怀。现寄上《洗冤集录》，信中所言其他书，将于近期出版，届时我将会赠阅与先生。"

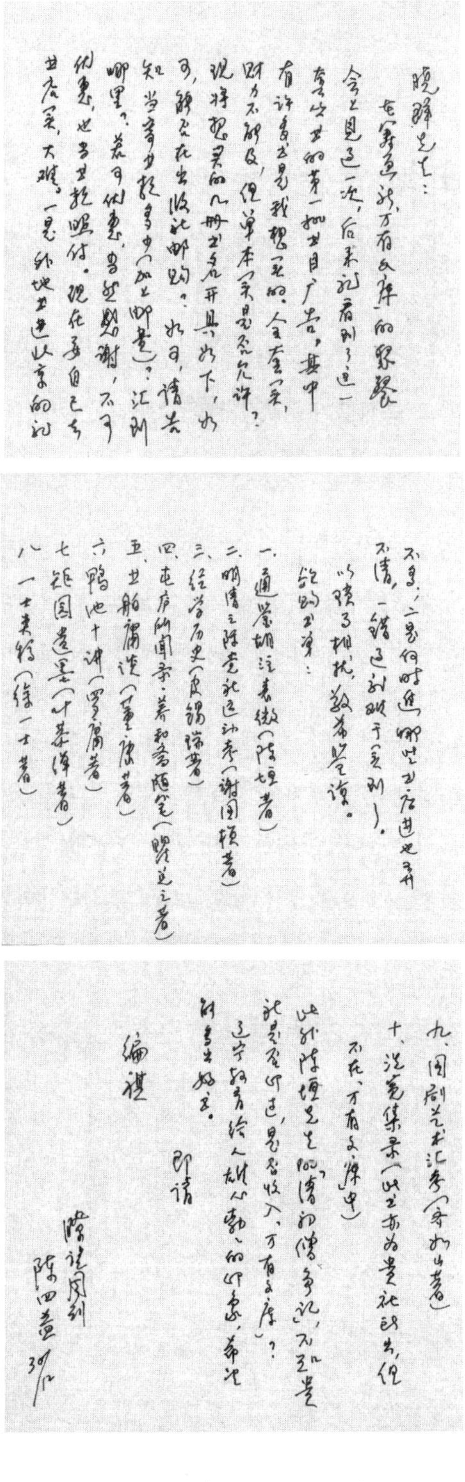

晓辉先生：

在《新世纪万有文库》的预告，今已见过一次，后来就看到了这一套丛书的第一批书目广告，其中有许多书是我想买的。全套买，财力不能及，但单本买是否允许？现将想买的几册书名开具如下，如可，能否在出版社邮购？如可，请告知当寄多少钱（加上邮费）？汇到哪里？若可优惠，当然感谢，不可优惠，也当照付。现在要自己去书店买，太难。一是外地书进北京的很不多，二是何时进，哪些书店进也弄不清，一错过就难于（买到）。以后多相扰，敬希见谅。

所购书单：

一、通鉴胡注表微（陈垣著）

二、明清之际党社运动考（谢国桢著）

三、经学历史（皮锡瑞著）

四、杶庐所闻录·养和室随笔（瞿兑之著）

五、书舶庸谭（董康著）

六、鸭池十讲（罗庸著）

七、矩园余墨（叶恭绰著）

八、一士类稿（徐一士著）

九、国剧艺术汇考（齐如山著）

十、洗冤集录（此书亦为贵社所出，但不在《万有文库》中）

此外陈垣先生的《清初僧诤记》，不知是否印过，是否收入《万有文库》？这本书有给人惊心动魄的印象，希望能早出为好。

即请

编祺

瞭望周刊 陈四益

30/12

1

9

9

6

12月31日

今年的最后一天，阴云密布，雷声隆隆。入夜，暴雪。

冬日响雷，本不是好兆头。回顾这一年，我写的文字很多，经历的事情很多，非常累。有哪些事情最值得我在此时记载呢？思来想去，应该是一句话，或曰一个口号，或曰一个理念！那就是今年辽宁教育出版社提出的一个新的广告词："为建立一个书香社会而奠基！"这句话的思想根源，当然是我们今年所做的"书趣文丛"之类的事情了，但它的文字演变还是有一个过程的。最初是总编室让我为我社在《光明日报》的一个整版广告题写一句广告词，我即写道："辽宁教育出版社敬告旧雨新知，我们的理念：为建立一个书香门第的社会而奠基！"当时，总编室的几位工作人员不知道"旧雨新知"是什么意思，主任王之江还挥笔将解释写在总编室的玻璃隔断上。后来，辽宁学者武斌看到了这个广告，他对我说："立意很好，是否将'门第'二字去掉，那样就更通顺、上口了。"我们接受了武斌的意见，改为"书香的社会"；最后，又将"的"字去掉，变为"书香社会"。至此，辽宁教育出版社办社宗旨也有了思想基础。

后记

俞晓群

早年，我没有写日记的习惯。究其原因，主要是两件事情的影响。一是我的父亲，他一生不肯写文章，不在纸上留只言片语。他也一直告诫我们，不要写日记，不要搞文学创作，不要热衷政治，最好学理工科，那样生活会安稳些。父亲到了晚年，每当我们发表文章，拿回家请他看时，他总会说："不要乱写啊！"但哥哥对我说，我们走后，父亲会将那些文章认真收好，有空暇时间，便拿出来翻看。哥哥还说，在父亲去世前几年，他吃过午饭后，喜欢躺在书架旁的沙发上小憩。此时，经常见到父亲拿起我写的小书《人书情未了》，一遍遍翻阅。

还有另一段故事，也对我颇有影响。我的岳父祖籍山东，祖辈迁居北方，世代行伍出身。他早年在家乡务农，高高大大的身材，用铁锹劈死一个日本兵，只好离开家乡，只身从军。他作战勇猛，打残了一条胳膊，职务做到营长。解放后，随王震去北大荒军垦农场当场长，当时丁玲就在那个农场劳动改造。岳父说，王震曾经去看过丁玲；还嘱咐他，要适当照顾好丁玲的生活。

可能是出于与生俱在的基因作用，我大学读

完数学系后，最终还是投身于人文编辑工作。随着“文革”后社会环境的好转，我从一九九一年开始，打破父亲的戒律，写起了生活日记。但落笔时依然心有余悸，只记一些简单的事情，不写思想动态。就这样，一记就是二十多年。除此之外，我还为自己设立一个计划，即把日常工作中写的文章、来往信件、所见资料、审读意见和重要日记等，按照时间排序，有目的地汇集起来，作为日常记事的另一条主线，期待日后有闲暇的时候，再结合自己的日记，做进一步的整理。

二〇〇三年，我离开辽教社，离开出版一线，被调到出版集团工作。日常事务不那么忙了，因此在二〇〇六年的某一天，我下决心，开始整理自己的那些资料。我按照年代排序，从一九八二年开始，到二〇〇二年截止，共二十一年。经过一年多的时间，总算理出一个眉目，汇拢出一个“四不像”的东西，大约有五十多万字。我最初称之为《我的编辑日志》，后来曾经改称为《为书二十年》，最后确定为《一个人的出版史》。

在整理过程中，我发现两个问题，其一，从一九八二年到一九八六年，我从事理科编辑工作，接触到许多科学家，与他们的信件往来不少，但在一次办公室搬迁中，大部分丢掉了。那时还没有电脑，信件都是纸制品，遗失后就找不到了，所以这部分内容整理，只有靠其他资料填充。其二，大约在一九九〇年代初，办公电脑开始进入我们的生活，还有复印机、传真机等设备的出现，人们逐渐不邮寄信件了，而是大量发传真。这样做提升了办公效率，但我在整理材料时发现，传真件的留存时间极不持久，过一段时间，字迹就会自动消失。后来网络逐渐开始流行，传统信件越来越少，传真件也越来越少，它们统统被电子邮件所替代。但是与纸质书信相比，人们书写邮件，多数不大注重言辞，随手表达，说清楚事情就好，因此失去了传统书信文化的许多情趣。尤其是电子邮件容易丢失，邮箱换来换去，病毒四处流窜，邮箱容量有限，种种新问题的出现，都会改变我的资料构成。值得强调的是，电子邮件有一个最大的好处，那就是双向来往的信件，都可以存储下来。

另外有一点说明。在整理这些日志之初，我还未确定出版方式，只想将逐年文字尽量收全，以备不时之需。没想到随着时间的推移，这些资料愈发难以见到，因此也愈发让我舍不得删除。更为有趣的是，这样按时间排序整理资料，许多文字翻阅起来，会让人产生一种极为独特的感觉，完全不同于通常独立文章的阅读。

在这些文字整理过程中，我曾经请几位老师和朋友翻阅，他们从不同的角度，给予我许多指导和鼓励。

首先是沈昌文先生。他见到此稿时，正在应郝明义先生之邀，为台湾大块文化出版公司写个人回忆录《也无风雨也无晴》。我的记录之中涉及沈公晚年的事情不少，他一面翻读，一面赞不绝口，还曾经在几篇文章中，说过自己的感受。他说：“看了晓群的年代记录，深深感到回忆要趁早，写作要趁早。现在我老了，才想写，许多资料都散失了，许多事情都忘记了。”他还说：“俞晓群是有心人，工作之余做那么详细的笔记，看来他做出很多优异的事情，也不是偶然！”另外，按照惯例，本书成稿后，我要请沈公写序。他没有推脱，只是说：“稿子太长，我会读完再写，要慢些。”现在序写好了，依然非常好看。一位八十五岁的人，思想常葆青春，思维丝毫不逊于年轻人，实在让人敬佩。由此我想到半年前，沈公为我的另一部小书《精细集》作序，其中谈到一次活动，他说我在场，是记错了。我后来与上海王为松说过此事，为松说：“别改了，那是沈公的错啊！你将来写文章时，再讲一讲这段故事，不是很好么？”

其次是王充闾先生。王先生一面从政，一面写作，对人生之路的认识最为深刻，让我敬佩。我在辽宁工作时，几乎每个月都要拜见王先生，请他信马由缰，谈一谈对一些事情的看法。王先生对人情世事，悟得极为深透，因此我始终将他奉为人生导师，每遇问题，总会请教。他最初对我了解，源于我的一本小书《数与数术札记》，我请他写序，他首先考问我：“你知道《易经》与《易传》的区别么？”读过此稿后，王先生说：“依你的才华，真不该去做出版。”我知道，王先生对出版的认识，类似于胡适的观点，自己能做学问，为什么要替别人做“嫁衣裳”呢？所以他几次劝我，不要陷于出版界的钩心斗角之中，到头来会得到什么呢？但是，当王先生看过我的这部《一个人的出版史》部分章节后，他恍然大悟，惊讶在这一行当中，接触各类人物如此之多，人物的层次如此之高，文化热点如此之丰富，资料汇集如此之生动，实在太有意思了！当然，王先生是站在作家的角度，看待我的编辑职业，他看出了出版的情趣，看出了文化的价值，看出了写作的噱头！

再有是柳青松。此君是我的小兄弟，大学历史系毕业，跟着我做出版有二十多年。他基础好，有思想，做事循规蹈矩，老老实实。用沈公的话说，小柳也属于好人家的孩子。当年他在辽教社，从编辑室主任、发行部主任、总编室主任，一直做到副总编辑，三十几岁已经是正高级职称。他最大的优势是审读书稿，极为认真又有水平，主持过《吕叔湘全集》、《顾毓琇全集》和《李俨钱宝琮科学史全集》等项目的编辑工作，还担任过《万象》杂志执行主编。他看稿子我最放心，当年沈公与陆灏编《万象》，也曾经开玩笑说，首先要过小柳这一关啊。此次出版《一个人的出版史》，我虽然已经离开辽宁，还是想到让小柳帮助我看一遍，其中的许多内容，他都十分熟悉。小柳接过书稿，一看就是半年，发现很多错字，提出很多修改意见。读完书稿后，小柳也很感慨，他说自己也没想到，我们这些年的出版经历，回顾起来，竟然如此丰富，真是难得了！

促成此稿出版，首推的人物是梁由之。初识梁兄，大约是在二〇〇八年，那时他已经在网上呼风唤雨，我还只是一只菜鸟。说来还是我主动与他打招呼，约谈他在网上的文章《大汉开国谋士群》和《百年五牛图》，后来在辽宁出版了《大汉开国谋士群》；《百年五牛图》却落户广西师大出版社。此一段接触，面上是在出版往来，实则在内心中，我凭借多年的职业经验，感到此君言行举止，颇有大将风度，未来很有成就一番文化事业的潜质。《诗》云："嘤其鸣矣，求其友声。"这正是我与梁兄最初结交的深意。我的《一个人的出版史》初稿，梁兄久已知道，阅到部分章节后，大为赞赏，三番五次希望早日出版。他帮助我联系出版社，确定合同，细阅书稿；还约老六（张立宪）在《读库》上发表部分章节，可谓无微不至。时至今日，我时常感叹，我与梁兄关系，起于网络萍水之间，我从文字而知其豪放，他从做事而知我宽厚。另外梁兄说，他从未给别人写过序言，此番却答应为《一个人的出版史》动笔，说来也是第一遭。拜谢！

李忠孝、吴光前和郭明追随我来京，为了这部稿子的整理出版，他们都费了不少心思。还有杨小洲、张万文、曾德明、杨云辉、商务的阿紫、刘忆斯、朱立利、于浩杰、张国际、曹振中、郝付云、慕君黎、张镛……都曾经为此稿出版、传播和修改，投放精力与关注，深致谢意。

最后要感谢周青丰。我初次认识他，是在到京工作之后。有一次，我在《万象》时的旧部董曦阳来看我，青丰与他同来，是我们第一次结识；后来知道，青丰也是梁由之的小兄弟，他在商务印书馆出版梁兄的《梦想与路径》，就显示出超群的魄力和勇气。近些年他在几家大公司做事，编了许多好书，名气渐长。更兼青丰做事稳稳当当，谈话不紧不慢，满身儒雅气质，这些都是做独立出版人的本色。一个人立足于社会靠什么？诚信，水平，能力。这些青丰都有了。因此把稿子交给他，我很放心。

谢过诸位，还有一点说明。由上述可见，此书内容，最初设定为一九八二年—二〇〇二年，共二十一年。此次周青丰接受出版，梁由之与青丰商定，希望我从二〇〇三年始，接着再写出最近十余年的事情。三十几年出版时光，分三册陆续推出，应该更好。实言之，最近十年的“编辑日志”，我确实已经有了资料，只是尚未整理出来。现在只好再努力一下，以求完成梁周二位仁兄美意。不过我想，这样一来，篇幅太大，一定会给青丰带来更多压力，让我颇感不安，在此深深致意！

二〇一五年五月二十五日

图书在版编目（CIP）数据

一个人的出版史 / 俞晓群著 . —上海：上海三联书店，2015.9

ISBN 978-7-5426-5233-1

Ⅰ.①一… Ⅱ.①俞… Ⅲ.①出版事业—文化史—中国 Ⅳ.①G239.29

中国版本图书馆CIP数据核字（2015）第148768号

一个人的出版史

著　　者 / 俞晓群

责任编辑 / 陈启甸　朱静蔚

特约编辑 / 周青丰

监　　制 / 李　敏

责任校对 / 张思珍

出版发行 / 上海三联书店

(201199) 中国上海市闵行区都市路4855号2座10楼

网　　址 / www.sjpc1932.com

印　　刷 / 山东临沂新华印刷物流集团有限责任公司

版　　次 / 2015年9月第1版

印　　次 / 2015年9月第1次印刷

开　　本 / 690×960　1/16

字　　数 / 280 千字

印　　张 / 38

书　　号 / ISBN 978-7-5426-5233-1 / G · 1398

定　　价 / 68.00元